新城济语

同济新城建设研究集

彭震伟　主编

同济大学出版社 · 上海

编 委 会

前言

在上海浦东开发开放30周年庆祝大会上，习近平总书记对上海提出了新时期的期待，提出了围绕人民城市思考城市精神、提升城市品质、激扬初心使命的新要求。

在“十四五”开启之年，上海全面深入学习领会习近平总书记重要讲话精神，用自己的方式探索当下与未来，诠释使命与担当。上海市委书记李强指出，上海要加快建设具有国际影响力的社会主义现代化国际大都市，把上海打造成为国内大循环的中心节点、国内国际双循环的战略链接。新城建设就是上海创造奇迹的新抓手，上海市委、市政府正带领各行各业和全体市民，共同将新城建设成为引领高品质生活的未来之城、全市经济发展重要增长极、人民城市建设的创新实践区、城市数字化转型的示范区和上海服务辐射长三角战略的支撑点。

“与祖国同行，以科教济世”是同济人的光荣传统。围绕上海新城发力战略，同济大学认真学习市委、市政府的战略部署，认识到要发挥好高校的治理优势，搭建高水平的研究平台，围绕上海新城建设发展过程中需要重点解决的问题和政策开展研究。2021年4月，同济大学联合国内外多方资源，成立上海新城建设研究中心。该中心聚焦上海新城建设的新思想、新理念、新动力、新架构、新技术，为新城建设提供决策咨询的预判、规划设计的技术支撑、建设运营管理的推演，旨在成为支撑上海新城建设的重要研究平台。此外，上海新城建设研究中心还将探索学科前沿与实践需求双轮驱动，打造政府、企业、高校共同参与的协同创新模式，打通政产学研用各环节，构建高校服务社会的新模式。

2021年8月9日，上海市委书记李强调研同济大学时指出，同济大学要积极参与“五个新城”建设，在新城规划建设以及城市历史风貌保护、城市公共空间打造、城市家具设计、城市有机更新、城市精细化管理等方面提供高水平智力支持。根据李强书记的新指示，同济大学组织专家学者深入研究新城建设中的前瞻性、全局性、战略性问题，在超大城市规划和精细化管理，新技术应用于城市基础设施投融资，可持续发展，新型城镇化，公共卫生服务应急体系建设，韧性城市与风险防范体系设计，产业链、供应链现代化，上海全球资源配置功能升级，以及科技创新和成果转化等城市发展与治理关键领域产出了一批具有影响力的研究成果和同济方案，凸显了同济城市智库的亮点和特色。《新城济语——同济新城建设研究集》正是同济大学近一年工作成果的集中展现。本书的"观点"章节，反映了同济学者对新城发展新理念的思考，"研究"章节，反映了同济在新城创新创业、精细化治理、风貌保护与城市更新、双碳技术、韧性安全、道路交通、紧凑发展、数字化转型等新技术领域的全面探索。

新城建设是一场需要韧力的越野跑，我们希望以此书发轫，让上海新城发展的每一步都走得更坚实。同济大学也将是上海新城建设长跑中，永远的伴跑者！

同济大学党委书记、教授

方守恩

2022 年 1 月

目　录

一　观点

数字赋能，焕彩新城

陈 杰

2022年新春伊始，《求是》杂志发表了习近平总书记《不断做强做优做大我国数字经济》的署名文章，指出当今时代，数字技术、数字经济是世界科技革命和产业变革的先机，是新一代国际竞争重点领域，强调中国一定要抓住先机、抢占未来发展制高点。

21世纪将是一个坐落在数字底座之上，属于未来之城的世纪。数字技术在催生跨界、融合同时，也促使城市空间形态发生变化。互联网正在为世界增加一个新的维度，一种与物理世界相当的信息空间，公司、城市、货币、社区都成为互联网上的节点。科技的快速发展，尤其是信息技术的突飞猛进，将在一定程度上改变全球秩序、重塑城市。21世纪，随着城市空间向复杂巨系统演进，数字经济时代的城市空间溢出效应将逐渐增强，虚拟现实与物理世界、人类社会将深度融合。人工智能技术开始从技术平台走向产业平台，场景的价值越来越大，我们正在步入一个通过场景感知快速高效解决问题的“数字城市”。

上海作为中国的头部城市，2021年GDP位列全球第四，仅位列纽约、东京、洛杉矶之后；其在新城数字化转型过程中需要如何把握关键点，实现整体性转变、全方位赋能、革命性重塑？五个新城既是上海市经济发展的重要增长级、服务辐射长三角的战略支撑点，也将是数字化转型的示范区。

1 分布式架构将有效支撑五个新城“统筹规划、统一标准、共建共享”

上海五个新城转型的关键是“面向未来城市的基础设施”，也就是以智能化综合性数字信息基础设施打通新城与主城区之间经济社会发展的信息动脉。数字信息基础设施及其所支撑的生产生活方式和治理模式，突破了物理空间的限制，也给城市治理带来全新的挑战。新城与主城区之间的距离，将不再是地理位置的间隔，而是取决于它们在城市治理网络上的链接程度：对节点数据响应的共享与决策速度。在互联网世界，人们通常利用分布式架构将单台机器无法解决的问题，扩展到一组机器组成的集群当中。大家共同分担这些数据，各自处理一部分，最后再进行数据的整合。分布式管理架构支撑跨区域、跨行业、跨部门的城市复杂巨系统，构建数据驱动的数字城市基本框架，推动城市实现生产方式、生活方式、治理模式的全面创新。遵循“统筹规划、统一标准、共建共享”原则，聚焦数字底座建设、数据开放利用、数字技术创新、行业转型赋能四个方面，加强软硬协同的数字化公共供给、集成发展新一代感知、网络、算力、安全等未来城市基础设施，提供各类共性技术和应用服务，实现城市“物联、数联、智联”，让一网通管成为数字城市治理的“牛鼻子”。

2 以空间、机制、算力的有机融合，重塑新城“跨、融、推”的数字底座和业务流程

2019 年 11 月，习近平总书记在上海考察时指出，“人民城市人民建，人民城市为人民。在城市建设中，一定要贯彻以人民为中心的发展思想。”围绕人与城市的关系，简·雅各布斯（Jane Jacobs）也看到了城市由无数人共同组成的复杂本质，“只有因为，并且只有当城市由每个人创造时，它才有能力为所有人提供些什么。”

在人工智能时代，如何将人连接、集合，不受地域限制，为社区、企业、城市直至国家贡献力量，这也是笔者重点思考的问题。一方面，政府及工作人员对城市运行规则更为了解并有权访问大量数据，因此他们被看作是数字化转型的强力推动及参与者。另一方面，大家也逐渐认识到未来众多的决策可能都是由机器学习、由算法来提供支持的。越是复杂的业务，决策越需要引入大量的算法与模型，这样才能有效化解转型的复杂性，达到理想的治理效率。场景丰富、数据收集能力强，也被认为是中国人工智能核心竞争优势的重要特征。这是超大城市、复杂生命体数字化转型的必由之路，也是一网通管、一网通办系统架构的底层逻辑。技术和算法，已经成为行政主体不可或缺的支撑。政府即平台，数据、算法、个体、组织在平台上相互交织。部门以问题为导向、以数据流贯通部门之间的差异，并进行动态调整，通过数字技术协助实现各组织间、各部门间“跨、融、推”。

3 构建可感知、会思考、自进化、有温度的数字孪生新城

五个新城是城市数字化转型的重要建设者和实践者，是城市数字化转型与城市战略空间布局两大战略任务的结合点。新城数字化转型以适度超前、多规合一的数字城市设施为底层支撑，加强建设“网连接、智通达、端感知、云计算、边协同、全方位、强韧性”面向未来城市的信息基础设施的同时，特别提出以形塑未来、多元赋能的转型先行示范为功能导向，率先在新城构建数字孪生新底座、数据流动新机制，让新城成为可感知、会思考、自进化、有温度的数字孪生城市。

4 从跟跑到并跑再到领跑：引领新世纪，开创新世界，汇入浩瀚的数字星河

数字经济发展速度之快、辐射范围之广、影响程度之深前所未有，正在成为重组全球要素（资源）、重塑全球经济结构、改变全球竞争格局的关键力量。《中华人民共和国国民经济和社会发展第十四个五年规划和 2035 年远景目标纲要》将“加快数字化发展，建设数字中国”单独成篇。《“十四五”数字经济发展规划》提出数字经济核心产业增加值占

GDP 比重 (%) 这一新经济指标，同时确立了该项指标将由 2020 年的 7.8% 提升到 2025 年的 10% 的发展目标。因此，我们必须站在世界百年未有之大变局和国家竞争新优势的高度看待五个新城数字化转型的宏观逻辑和战略使命。

目前，上海政府的数字化能力在全球综合排名第九，在线服务技术能力排名第二，这些都为新城数字化转型夯实了基础。克劳德·香农（Claude Shannon）认为，“信息是用来减少随机不确定性的东西，信息的价值是确定性的增加。”人类历史车轮滚滚向前。今天，我们已经站在第四次工业革命的大门之前。如同当年第一次、第二次工业革命中著名管理学家泰勒和梅奥对物理空间的组织进行观察，我们正在努力捕捉地平线上，那数字化的霞光。未来中国、明日上海，将在这个过程中成为时代的领跑者、未来的破壁人。

上海，未来国际数字之都；未来数字化终极版图将围绕空间、场景、机制徐徐展开。物理－社会－数字，个体－组织－算法，空－天－地，全球－国家－地方，国家－市场－社会的实体虚拟，最终通过数据流成为浩瀚星河中的一个节点，汇入新世界。

（作者简介：陈杰，同济大学校长、中国工程院院士。）

新时期城市化中的新城

郑时龄

新城的理念在上海由来已久，从 20 世纪 50 年代后期的卫星城，到 90 年代的郊区新城，再到 21 世纪独立的综合性节点新城的发展，显示了上海作为多中心大都市向郊区扩散逐渐形成大都市区的历程。

由于历史上的文化和经济原因，上海一直是一个单中心的超大型都市，而且是全国乃至国际的经济、金融和贸易中心，汇聚了众多人口。上海周边形成了具有一定规模的、受中心城辐射的郊区，但郊区的城市尚未成为独立的次级城市，没有组成如同大伦敦和大巴黎地区那样的多中心空间体系中的巨型城市区域（Mega-City Region，MCR）。

长期以来，上海始终在探索城市空间结构的转型，优化城市空间布局，有机疏散人口，提升中心城和周边城市的能级，形成网络化、多中心、组团式、集约型城市群的空间格局。

1959 版的上海城市总体规划纳入了卫星城的规划，规划了 17 个卫星城，疏解中心城的工业和人口。1986 版的总体规划提出建设 7 个卫星城，进一步完善卫星城的功能，并在以后的城市建设中基本构成城市的规模和建成区。但是城市建设的重点仍然集中在中心城，中心城人口疏解、城郊的差异和城市建成区蔓延的问题一直未能得到彻底解决。

2000 年启动的“一城九镇”的郊区发展规划试点，将中心城与郊区的发展作为新的城市化模式，尽管历来对“一城九镇”的风格化和迪士尼倾向颇有微词，然而这个规划的积极意义是郊区的发展被提上议事日程，重构不断蔓延的郊区，已经成为深刻影响上海未来的三个重要因素之一，即浦东的开发开放、上海 2010 年世博会和大都市郊区的发展。2001 版的总体规划提出了建设 11 座具有综合功能、中等规模新城的设想，也成为上海 2035 总体规划的城乡体系的前奏曲。

2003 年，上海市政协开展的课题研究提出了“上海是由多个城市组成的城市群”的概念，指出上海的各个区县无论在规模上或是行政治理上都应当纳入功能性城市的范畴，而不仅仅只是国际大都市的单纯构成部分。

2006 年编制的“1966”城乡规划体系（2006—2010 年）进一步明确城市建设的重心向郊区转移，规划了松江新城、临港新城、嘉定新城、金山新城、南桥新城、青浦新城、宝山新城、闵行新城、城桥新城 9 个新城，基本形成与中心城功能互补、错位发展、联系紧密的新城，形成多心组团式的城市空间结构。

上海 2035 总体规划确立了“主城区 – 新城 – 新市镇 – 乡村”的城乡体系，新城是长三角城市群和全球城市区域中具有辐射带动能力的综合性节点城市，对新城的功能和人口规模都有表述，按照大城市标准进行设施建设和服务配置，上海市域城镇圈规划也明确地规划了网络型的城市群结构。

习近平总书记指出，东部等人口密集地区，要推动城市组团式发展，形成多中心、多层级、多节点的网络型城市群结构。上海正着力建设多中心、多层级、多节点的网络型城市群结构，建设长三角地区的网络化城市群。

实际上，新城的规划建设已经有数千年的历史，不同的历史时期，人们对于新城的认识和理想，发展目标和新城的空间模式、社会结构以及交通组织等有着显著的变化。自文艺复兴时期以来曾经有众多乌托邦的理想城市，包括 17 世纪的新大西岛、19 世纪的空想社会主义的理想城市、19 世纪末的英国花园城市、第二次世界大战后卫星城和新城的规划和建设，20 世纪 90 年代的北美新都市主义以及当代的生态城市等也体现了新城发展的乌托邦理想。通常意义上，新城是独立规划建设形成的城市，城市既是空间物理因素，也是文化和社会因素，受经济基础和上层建筑以及社会发展的制约。

2014 年上海在编制总体规划纲要中的城乡体系时，对新城的概念有过讨论，首先，这些新城除了南汇新城，其余的新城其实都不是通常意义上的新的城市，而是历史上形成已久的城市，甚至像松江、嘉定的历史都早于元代始建的上海老城厢，社会上也流传着松江是“上海之根”的说法。其次，总体规划的规划年限属于中长期，今天是新城，会否质疑几十年后仍然可以称为新城。然而经过讨论，认识到新城已经成为一个公认的名称，其内涵已经超越是否属于新的城市的概念，从面向未来的城市来理解，可以称之为新城。

现在的五个新城定位拓展了原有的城乡体系的概念，新城在功能定位上，成为全球城市区域网络中具有辐射带动作用的独立的综合性节点城市。每个新城实际上都是多个城市圈的中心城市，成为相对独立、功能完善、各具特色的中等规模城市，每个新城的人口规模为 65 万人至 110 万人。为此需要充分研究并谋划未来之城，使新城逐步建设并转型成为理想城市，成为卓越的全球城市的组成部分，以新的理念重组城市的空间结构、功能结构、社会结构和产业结构。

上海 2035 总体规划对新城的发展提出了战略指引，还需要通过新城的规划和实施予以实现。新城的市域分布比较分散，需要优化新城的城乡体系，优化主城区与各镇区的协调关系。在优化主城区城市化的同时，实现城镇圈规划，提高各城镇圈内外的相互联系。

1999 年北京世界建筑师大会发表的《北京宪章》指出：“人类为了生存得更美好，聚居于城市，集中并弘扬了科学文化、生产资料和生产力。”城市是一个复杂和动态的系统，城市的发展反映出推动城市形态、社会、环境和经济转型的过程。城市建设是城市外部和内部的社会、经济、文化等各种影响力作用的结果，也是对城市所面临的机遇和挑战的一种应对。由于交通的便捷和技术的进步，国际上自 20 世纪出现的多中心专业化城市以及日益发达的多元的节点城市和网络城市，也出现了集中式分散的城市组团。

位于长三角交通廊道上的新城要在空间结构、产业发展、韧性生态、文化传承、科技创新、资源配置、产城融合、公共服务、街区活力、综合交通、城市特色等方面进行规划建设，践行“人民城市”的理念，提升城市能级和核心竞争力，完善城市化战略，打造上海未来发展的战略增长极和服务辐射长三角的支撑点。为此，需要中心城与新城互为支撑，调节相关的交通规划和管理政策，例如取消通向新城的高速公路收费，优化轨道交通网络，提倡铁路制式公交运营，提高通勤效率，推动企业或企业总部向新城布局，避免企业总部聚集在中心城，调整产业配置及其布局。

新城其实都不是按照理想完全新建的未来城市，目前，新城的基础条件、经济发展、交通状况和公共服务设施在一定程度上还不适应作为卓越的全球城市的定位，需要提高新城的城市化水平，营造高品质的城市空间，培育城市文化。应从未来城市的理想谋划新城，发展各个新城的产业和城市特色，提高公共服务水平，完善教育、医疗体系，提高环境品质和生态系统，持续进行城市更新，优化人口分布和人口结构。新城的面积分别是嘉定新城 159.5 平方公里、青浦新城 91.1 平方公里、松江新城 158.4 平方公里、南桥新城 67.9 平方公里和南汇新城 343.3 平方公里，涉及范围相当广阔，需要合理进行城市建设，城市更新的任务相当艰巨。

五个新城大部分都经历了千百年的发展变化，21 世纪以来也有过规模化的升级，植入产业和各种功能，城市的定位也一直在摸索中前行。新城与新城所在行政区的空间关系仍然需要协调，例如有些街道一侧属于新城，另一侧则不属于新城。新城的产业和城市特色出现了同质化的倾向，新城在长期的发展演变历程中，呈现出碎片化的城市空间肌理，在大规模快速发展的城镇化过程中也产生了诸多需要更新的空间结构和产业结构。

新城的作用不仅是自我完善，增长经济，优化城市空间，修复生态系统，提升城市的韧性，保护历史文化，延续历史城市和环境的特色，培育城市文化，同时也融入长三角城市群的功能体系，成为长三角绿色生态一体化的示范城市。为了实现未来理想之城的目标，新城要在现有的城市基础上建设城市，我们的理想城市的目标绝非一朝一夕就能实现的。

（作者简介：郑时龄，同济大学建筑与城市规划学院教授、中国科学院院士。）

以“韧性技术”护航五个新城建设

吕西林

《中共中央关于制定国民经济和社会发展第十四个五年规划和二〇三五年远景目标的建议》提出，要推进以人为核心的新型城镇化，强化历史文化保护、塑造城市风貌，加强城镇老旧小区改造和社区建设，增强城市防洪排涝能力，建设海绵城市、韧性城市；提高城市治理水平，加强特大城市治理中的风险防控。

按照国际组织倡导地区可持续发展国际理事会定义，“韧性城市”指城市能够依靠自身能力抵御灾害，减轻灾害损失，并合理调配资源以从灾害中快速恢复。灾害可涵盖自然灾害、社会重大影响的事件（如战争）和健康（如疫情）等维度。韧性城市的核心就是要有效应对各种变化或冲击，减少发展过程的不确定性和脆弱性，提高城市遭遇灾害后的恢复能力。

在城市建设领域，应对地震灾变的目标就是要建设抗震韧性城市或抗震可恢复性城市，目前已经成为国际地震工程界的关注热点，是国际防震减灾领域的最新前沿方向。2011 年美国国家研究委员会提出了实现“国家韧性”的目标，美国旧金山、洛杉矶等城市陆续提出了“抗震可恢复性城市”的建设目标；2013 年洛克菲勒基金会启动“全球 100 韧性城市”项目，中国黄石、德阳、海盐、义乌四座城市成功入选；2016 年第三届联合国住房与可持续城市发展大会将倡导“城市的生态与韧性”作为新城市议程的核心内容之一。2017 年我国地震局将“韧性城乡”研究列为“国家地震科技创新工程”四大计划之一；2020 年 12 月，中国工程院发布的《2020 全球工程前沿》的十个全球开发前沿之一，为“地震可恢复功能结构体系设计与建造技术”，明确了抗震韧性城市建设的开发热点内容。

土木工程防震减灾是我国当代社会高度发达的经济和可持续发展的客观需求，其目的是使得城市和社会在受到地震影响时，在保证地震安全基础上实现震后的工程结构、系统、城市乃至整个社会维持功能或快速恢复功能，以避免遭受地震后出现重建难度大、时间长、社会代价大的问题。上海市五个新城，在规划和建设时要周密谋划，用“韧性技术”护航。

上海需要针对新城建设，开发相关核心技术，包括开展新一代基于低损伤、可恢复、自适应的抗震韧性建筑工程新体系研究，开发高性能减隔震装置及智能建造技术，研发抗震韧性健康监测系统与长寿命智能传感器等；研究社区基础设施与单体建筑及建筑群间的相互影响，提出提升社区整体抗震韧性的关键技术措施；开发抗震韧性监测、诊断与风险识别预警一体化智能系统，实现抗震韧性示范社区智能化管理目标。在五个新城中择优建设韧性城市试点社区，建成面向国家“十四五”规划需求的示范性社区，为公众提供安全、舒适的工作和生活场所。

（作者简介：吕西林，同济大学土木工程学院教授、中国工程院院士。）

创新城市更新模式，探索城乡一体化发展的上海经验

常青

上海应国家发展战略需求，适时制定了“五个新城”建设的推进目标和实施计划，这对大幅提振长三角地区经济社会发展势头带来了新的希望。在倍感振奋之余，个人建议，在“五个新城”发力之时，需要处理好以下三个关系。

第一个是新旧关系。

比如松江和嘉定，既是20年来发展迅猛的现代新城，同时也是江南闻名遐迩的传统旧城。而青浦位于苏沪嘉三地交汇处，奉贤濒临杭州湾，临港眺望太平洋，也都是历史根脉深厚、创新潜力具备、后发优势显著的新城生长地。

但从新城建设大局着眼，似应明确两个基本点：创新发展不等于“为新而新”，而是要批判性检视和反思既往的建设经验和短板，调整并找准经济社会差异化推进的再出发点；整旧传承也不等于保守过时，深度发掘新城历史身份及底蕴的潜在价值，则可以将之转化为经济社会发展的文化驱动力。

一言以蔽之，新城建设应关注新旧共存、增量和存量互补的再生过程。所谓“再生”，与知恒通变的“更新”“再造”同义，而不是大手大脚地大拆大建。虽然变化合于自然律，但是若能在建设引起的万千变化中发现那些相对不变的地方特质，如顺应地形的基地选址，因地制宜、因势利导的聚落布局，被动式利用在地资源的建造智慧等，建设目标就会更具文化价值和定力。为此，新城建设似应推崇普适、生态、日常、在地和共享等可持续的再生理念及其作为。

第二个是城乡关系。

上海五个新城的再出发，不应是脱离与乡村良性互动共进的孤立行动，而是要进一步厘清城乡协同发展的土地关系，真正把乡村建设看作是新城生存和演进的生态背景和依托腹地，这就需要较大幅地调整和提高建成区的居住、生产、商业、文化等土地利用效率，在城区留足备用土地，坚守乡村15.5亿亩国家永久农田底线，学习发达国家城郊和乡村田园景观的建设经验，探索切实可行的城乡一体化践行途径。

如汲取西方“花园城”“广亩城”构想，以及印度“新孟买”实验的经验和教训，争取推出来自中国本土的、基于上海五个新城建设的城乡一体化发展之路和范型。

第三个是理想和现实关系。

虽然像以色列的基布兹（Kibbutz）共产社区，或美国的阿科桑底（Arcosanti）生态城那样的理想地均属于乌托邦实验，不足为鉴，但是建设未来新城，也不能只有现实行动而没有理想探索，这是保持持久的城市创新动力和可期待的未来希望所在。因此需要催生与经济社会发展水平相适应，且富于理想色彩的创新建设蓝图及策划。

譬如，上海的五个新城能不能在城市更新模式、社会组织架构、新型产业布局、公益事业提升等方面，尝试做出不同既往的创新性建设实验？这既是对上海新城建设的重大挑战，也是形成具全国示范作用之上海经验的难得机遇。

（作者简介：常青，同济大学建筑与城市规划学院教授、中国科学院院士。）

上海五个新城高品质绽放的七色要素

吴志强

过去上海五个新城的定位是在上海的用地上进行布局的，它们是作为上海中心城市的反磁力中心，也是作为城市卫星城来建设的。因此，市中心与城市郊区之间的关系使得五个新城在取得发展的历史性成就的同时，未能发挥区域的作用。假如说过去五个新城是市中心的延续部分，就像一个手掌的五个手指尖，而未来放在整个长三角观察，它们就成为五个手指的中心环节，必须辐射到江浙两省，成为上海和长三角联动的中心节点。由此，五个新城在区域板块中间的作用就会突显出来。

五个新城西部的三个节点，包括嘉定、青浦、松江新城，应该成为连接上海与江浙两省的中心城市，它们要向江浙两省提供大量的都市生活，包括商业、医疗、教育、商务、国际合作、技术创新等区域中心城市功能，以实现跨省界的高端休闲、消费、文化、社交和科技高端人才社团的交往辐射；五个新城南面的两个节点，包括南汇、奉贤新城，应该成为上海与国际交往、吸引海外留学人才最新的创业创新中心，尤其在新产业、新科技的研发中心方面，建议把上海的自贸区政策导入后，发展成为国际创新创业的自由港。

为了满足区域中心功能，五个新城需要汇聚高品质绽放的七色要素：

（1）红色要素：共享跨地优质医疗和教育资源。上海的医疗资源能够辐射到长三角其他区域，比如长三角中小学校校长交流借调机制，构建校长联盟，通过优秀的校长带动优秀的教育资源和教育理念在更大区域流动。

（2）橙色要素：创造跨省现代都市文化生活。以实现跨省界的高端休闲、消费、文化、社交和科技高端人才社团的交往辐射。

（3）黄色要素：全面布局新基建。应该大力推进这五个新城的新基建，包括5G网络的全面普及，区域计算中心的数据CIM中心、周边基础设施的感应感知以及区域环境、生活和生产经济活动的数据控制中心的建设，为区域日常监测、灾害预警提供韧性底板。

（4）绿色要素：构建一个水脉连通、洪涝共治的生态水系。以此为基础，联动永久农田等生态板块，形成跨省界的区域生态网络。

（5）青色要素：完成区域双向的交通连接。区域与江浙两省交通、公交、地铁等的关键节点形成网络的架构，促成和上海郊区周边地区的网络集成。这成为发挥中心城市核心的基本条件。

（6）蓝色要素：培育科技原始创新策源群落。把一些原创性科研工作和高校资源嫁接到区域发展上来，作为产业链的前端提升发展能级。

（7）紫色要素：建立多地共同文化认同。依托历史文脉相近的地域特点，聚合区域本土文化基因，借助公园、广场、河岸等公共空间，讲述地域文化故事。

（作者简介：吴志强，同济大学建筑与城市规划学院教授、中国工程院院士。）

新城建设，以人为本，文化赋能

伍江

上海发力新城建设是推进实施《上海市城市总体规划（2017—2035年）》的重要举措，是上海城市发展的重大战略决策。上海的竞争力在于长三角，在于以上海为中心的都市圈。在上海超大规模都市圈中，除周边城市特别是苏南城市群之外，上海行政区之内实质上也是一个由中心城区和若干郊区核心城区所组成的城市群。上海多轮城市总体规划都强调“多中心”和新城发展，但效果不明显。

长期以来，在中心城发展的大背景下，上海各郊区的自身定位更接近“乡村”而非“城市”，郊区的城市化发展水平远低于上海周边地区。目前五个新城的定位，可望真正打破上海中心城的单中心状态，真正显现上海中心城区与郊区若干“独立的综合性节点城市”共同形成的上海都市圈核心圈效应。五个新城发力，要在新城建设中充分彰显新城的“节点城市”作用，在长三角乃至全国甚至全球经济网络中不断提高自身作为“独立城市”的能级，毫无疑问是新城发展的宏伟目标。

新城首先在于新城之“新”。上海的新城建设比起以往郊区建设将会更加体现其独立性、综合性和节点性；在于其更加智慧、有序，更加安全、韧性，更加生态、绿色；在于其能够展现出未来城市的生活景象。新城之“新”一方面体现在通过新技术打造新的城市物质空间，提升物质空间品质；另一方面体现在践行新的城市生活方式，倡导新的城市价值观，体现未来社会文明和精神文明的趋势。

从这个意义说，“新城”更应在于其之“城”。上海郊区以往多年的建设中最大的问题就是自我“郊区”定位，城市公共服务功能远逊于中心城区被看成是天经地义。今天的新城建设就是要将新城定位为一个真正完整的综合性城市。新城作为百万以上人口的大城市，其公共服务功能必须与大城市地位相匹配。一两座三甲医院、一两个重点高中对于一个百万人口的城市来说是远远不够的。新城的人均公共服务水平甚至应该超过上海中心城区，才能具有强大的吸引力，才能真正发力。新城与中心城区应一道形成具有全球竞争力的重量级都市圈。

城市的根本价值在于为人们创造一个理想的生产和生活空间。新城要成为令人向往的城市，必须体现“城市让生活更美好”的理念，也就是让城市的每一个人在这里都能产生强烈的幸福感。这种幸福感不仅通过主要核心公共服务功能来获得，更通过日常生活的便利来获得。城市不仅仅是经济机器，城市发展的根本目的是为人提供更好的生存空间。除经济发展外，新城的建设绝不能忽略其作为一个城市的全面功能，尤其是城市的公共服务功能。除加大重要公共文化服务设施的投入外，更应加大日常生活服务设施的投入；在加大新城对外交通干线投入的同时，还应加大新城内日常通勤公共交通网络的投入。在新城加快实现“15 分钟生活圈”，实现比上海中心城区更加便捷的公共交通、更加便利的日常服务。不能仅仅满足于基本的“配套”服务设施，而是要为市民提供更为丰富和多选择的服务。唯有以人为本，让生活其间的人拥有获得感，特别是在每一天的日常生活中，通过便捷的生活服务、人性化的空间尺度和优雅的生活环境获得幸福感，城市才能真正“让生活更美好”。

另一个值得关注的方面是新城的空间尺度。要坚决杜绝新城建设中“大广场、宽马路”，街道应该具有近人的尺度，提倡“窄马路、密路网”的空间建设模式，让城市的街道能够吸引人们餐后散步、休闲购物，充满生活气息，这样的城市才有温度，才能让人产生幸福感。

人类生产的一切物质产品同时也都是文化产品。城市和建筑是人类最重要的物质产品，始终承载着人类的精神追求。我们的建设成就，既表现为物质财富的积累，也表现为科学技术的进步，更表现为文化艺术的成果。今天，我国正在步入全面建设社会主义现代化国家的新征程，上海的新城建设必须满足与之相适应的，比以往任何时代都要更高的物质生活需求和文化艺术需求。

同时，城市也是人类文化活动最重要的空间载体。新城建设必须对历史文化底色和生态环境底板给予充分尊重。新城建设绝不能被看成是在白纸上画画，必须对原有的历史文化、原有的生态底板给予足够的尊重。上海郊区是上海地方文化的重要源头，有着丰富的历史遗存，它们不是新城建设的负担而是新城发展的宝贵资源。必须在新城建设中小心保护这些珍贵的历史文化，使“新城不新”。一定要小心甄别并认真保护好一切有价值的历史文化遗产和自然生态遗产，对新城建设中的任何破坏行为零容忍。

同时，应在新城建设中做好“最中国、最江南、最上海”这篇文章，使新城成为传统江南风貌特色的最佳传承地、新江南风貌特色的最佳展示地和中国特色未来城市的最佳创新地。可以通过加大公共艺术投入提升新城文化品质，在新城建设中探索推出公共艺术资金保障机制（如“城市建设百分比”相关法规），保证新城建设中公共艺术的常态化投入，为公共艺术品提供理想的物理空间和政策空间。应将公共艺术规划纳入新城规划，以保证公共艺术项目的空间落实，同时也保障公共艺术项目的有序性和整体性。通过举办各种规模和各种形式的公共艺术活动（如现已成为上海重要文化品牌的上海空间艺术季）鼓励更多的设计师和艺术家参与到新城建设中来，同时也将广大市民吸引到本来就属于他们自己的城市公共艺术活动中来，通过公众参与不断提高城市的普遍文化艺术水平。

（作者简介：伍江，同济大学建筑与城市规划学院教授、法国建筑科学院院士。）

以高品质引领，建设具有鲜明特色的未来人民城市

诸大建

上海“五个新城”究竟要建成怎样的城市？研究新城发力，理论创新非常重要。对新城发力中的新城概念，应该是什么，应该不是什么，需要有一些具有前瞻性的理论辨析。

第一，要区别于国外的新城概念，建设上海自己的节点性新城市。

讨论上海新城建设，可能有人会引入国外的新城概念进行阐述。而上海建设市域都市圈节点性新城市（new city），不能简单以国外传统意义上的新城（new town）概念做参照。

例如，英国大伦敦之外的经典新城案例凯恩斯，也许可以说是独立的，但谈不上是节点城市；再如，东京都之外的新都心城市也许有参照价值，不过横滨等城市虽然是节点，但在通勤意义上很难说独立。上海新城发力塑造空间新格局，需要基于城市发生发展的一般规律，发展符合自己情况的新城市理论，理论上需要探索整合节点性与独立性的网络城市集群概念，实践上需要建设市域铁路和城际铁路引导的轨道上的新城市。

第二，要区别于以往的新区开发，用高质量的城市品质吸引人。

上海“五个新城”建设，不是“从无到有”的以往的开发区建设，而是基于已有城市骨架的再发展和新发展，其要义是：如何让中心城市外围有设施存量和历史积淀的郊区城市壮大起来，成为上海大都市圈的主力军。

过去几十年中国城市化建设新城新区，基本都是产业园区发展在先，“以产引人”聚集劳动者，而城市公共服务发展相对滞后，常常有产业、无人气。上海这一轮的新城发力，要强调城市品质引导，公共服务适度优先，在解决中心城区人口疏散和郊区人口上楼等传统动能减退的基础上，要吸引更广泛的人口和人才，特别是应届大学生，以此集聚高人力资本和高层次产业。

第三，要区别于传统的城市理论，建设各具特色的未来人民城市。

《上海市城市总体规划（2017—2035 年）》提出建设五个新城，其愿景不是建设传统上以满足物质生活需要为目的的经济导向城市，而是要发展满足美好生活需要的可持续导

向城市。新城发展需要研究并吸收各种未来城市发展的新理念，然后结合各新城的情况建设各具特色的人民城市。

新城建设特别需要强调生活、生产、生态协调发展，在经济和创新方面引入数字城市、智能城市、创新街区等概念，在社会和人文方面引入 15 分钟生活圈、“甜甜圈”城市、公交导向社区等概念，在环境和生态方面引入低碳城市、韧性城市、安全城市等概念。

五个新城，都需要将新理论、新概念差异化地应用于自己的情况，结合资源禀赋和腹地空间做大做强某些方面，成为有自己鲜明特色的未来城市探索者。

（作者简介：诸大建，同济大学文科资深教授、同济大学可持续发展与管理研究所所长。）

同步建设差异化发展，新城建设必须直面的“大考”

周俭

上海“五个新城”建设，新在哪里？首先是新的定位和新的要求。五个新城要建设成为“独立的综合性节点城市”，城市的吸引力很关键，也是实力的体现。

“嘉青松奉南”五个新城，并非在一张白纸上从零开始建设，每个新城基本都有一个已经建设20多年的新城区为基础。可到了今天，从严格意义上说，它们还不能算是完整的、独立的城市。

这样判断的理由至少有两个方面：一是功能不完整，二是尺度不匹配。

“功能不完整”是指城市功能的结构层级不完整，突出的表现是没有一个强有力的城市中心。比如，城市的功能层级扁平化，城市公共服务中心依然在旧城，新区与旧城的融合不够，没有依托一个与人口规模相匹配的城市公共中心将新城和旧城融合在一起。

“尺度不匹配”是指现在的新城区，其功能板块尺度太大。比如，大规模的产业区、居住区、大学校区集聚在一起，形成与一个50万左右城区人口不匹配的空间尺度。

一个有活力的城市、一个功能有机支撑的城市，它的用地布局应该表现为“马赛克尺度”的拼贴状态，而目前一些已经建设多年的新城区，用地格局还是“大色块”，也就造成了一些新城区环境虽优美，但马路的人行道上少有行人、居民出行只能靠开车的局面。

因此，推进五个新城建设，要将它们打造成为真正的城市，下一个阶段，城市空间的结构性缺陷需要花大力气进行调整。

上海五个新城同步建设，差异化发展更重要，而这恐怕也是我们面临的难题所在。

我们可以提出很多城市建设的新构想，比如低碳、文化、数字、韧性，但不能每个新城都平均着力、铺开去做。每个新城是否可以分别从更新、保护或新建的不同区域，找出1—3平方公里的范围作为落实新发展理念的新城建设创新试验区。

比如，探索设立一个“无车街区”，实践绿色出行与开发利用地下空间协同的新模式，通过智能交通管理最大限度地把地面留给慢行交通和人的活动；再如，建设一个“低碳社区”，通过推进水厂高品质直饮水、生活污水处理后全部再生回用、多种清洁能源统筹供能等，提高人民群众的获得感，同时降低碳排放；还比如，可以营造一个“创新街区”，实践一种居住成本低、公共服务支撑完整、集聚创新人才的新住房模式和新的人才吸引政策，形成完整的创新生态环境；也可以建设一个“数字街区”或“数字城区”，探索智能化绿色出行和数字公共服务等方面的创新，等等。

实现城市创新发展的研究和构想，不只是单一的技术问题，还需要体制机制的同步适应。上面提到的这些设想，每一个都需要探索政策层面的落实方案。因此，每个新城需要根据自己的发展定位和资源特色，可以先做某个方面的试验区。五个新城应该协同起来，每一个新城第一步的创新试验区，都可以成为其他新城下一步的借鉴经验。

同济大学成立的上海新城建设研究中心，首先是一个资源统筹平台，但更应该是一个各专业、各专家、各研究小组的行动协同平台。

（作者简介：周俭，同济大学建筑与城市规划学院教授、全国工程勘察设计大师。）

新城综合交通体系规划建设相关建议

陈小鸿

作为独立的综合性节点城市，新城的综合交通体系承担着人口导入、空间布局与产业发展的基础性、战略性支撑作用。处于长三角城市群和上海大都市圈的战略链接交汇处，处于百年未有之大变局关键机遇期和数字化、智能化技术创新跃变期，新城综合交通体系的规划建设，既要面向未来城市与未来交通的发展愿景，也要同步满足自身扩张与辐射周边过程中的现实需要。

首先，要对标未来城市、人民城市、数字城市、双碳城市的愿景，建立新城综合交通体系的发展蓝图和规划建设指导原则。以人的活动链、方式链为基本着力点，借助新技术、新业态、新模式克服传统城市交通发展的弊病，打造随时点对点、随地门到门的出行服务品质，塑造按需定容、无缝调度、动态均衡的交通服务新范式。面向货物运输的产业链与供应链需求，强化交通 - 空间 - 产业的协同布局，实现货畅其流。

其次，要突出面向全国（全球）、长三角、上海大都市圈、上海市域等多维空间层次，抢抓打造独立综合性节点城市的关键窗口期，做强新城与邻沪城市、新城与新城、新城与主城区间的复合交通走廊，形成以城际铁路、市域铁路、地铁等快速大运量公交和高速、快速路组成的快联系强辐射通道与一体化网络。提升枢纽能级，优化集疏运体系，变交通转换为交流空间，实现站城融合。新城综合交通体系建设，应将对外关键通道、枢纽、网络等战略性交通资源的谋划布局作为当前工作的重中之重。

最后，要突出交通设施新基建与数字化转型的必然趋势，构建新时期新城交通设施建设的标准体系和政策法规体系。积极贯彻落实《关于全面推进上海城市数字化转型的意见》，融合应用数字孪生城市、大数据与人工智能等技术手段支撑新城交通设施的升级换代。持续推动新城智慧交通建设 1.0、2.0、3.0，道路交通精细化管理 1.0、2.0、3.0，交通数字化转型治理 1.0、2.0、3.0 等一系列导则、标准的制定，服务于“物联、数联、智联”的交通数字底座和应用场景建设。

（作者简介：陈小鸿，同济大学交通运输工程学院教授、同济大学铁道与城市轨道交通研究院院长。）

关于新城发展定位的一些思考

唐子来

新城之新，“新”在发力，而新城发力的核心是产业发力，这里需要关注两个关键词，分别是价值区段和产业部类。不管是什么“产业部类”，五个新城都应当迈向更高的“价值区段”。

在区域层面上，各个城市的产业价值区段与城市地位（层级）密切相关。上海是长三角乃至全国的经济“中心城市”（central city），应当具有资源配置功能（如金融、总部和高端生产性服务业）；也是长三角乃至全国经济链接全球经济网络的“门户城市”（gateway city），应当具有枢纽门户功能（如国际机场）。杭州、南京、合肥作为省会城市，既是“省域中心城市”，又是长三角区域的“副中心城市”，还可能具有特定的全国性功能（如杭州的数字经济产业、南京的高校科研院所、合肥的国家科学中心）。其他城市（如苏州、无锡、嘉兴、湖州等）都是长三角区域的“节点城市”，以制造装配为主和科技研发为辅，尽管产业部类不同（这可能与产业基础、市场机遇、政策导向等因素有关），但它们的价值区段都是相似的。

在市域层面上，上海可以分为三种基本功能区位。一是中心城区（特别是中央活动区），以全球资源配置功能为主（包括金融、总部和高端生产性服务业），这是上海作为全球城市的首要功能；二是内圈，以“科技研发”功能为主、“先进智造”功能为辅，如张江和漕河泾等；三是外圈，应当以“先进智造”功能为主、“科技研发”功能为辅，五个新城位于外圈区位。从“郊区新城的受力”到“独立节点的发力”，新城产业发展应当迈向更高的价值区段，从“一般制造”到更具辐射效应的“先进智造”（基于科技研发的核心部件制造），并且迈向“先进智造”功能和“科技研发”功能并重。这并非排斥为本地服务的金融商务产业和为区域服务的休闲旅游产业，但这些的确不是“新城发力”的核心产业。

我们应当全面理解“独立的综合性节点城市”。上海中心城区（特别是中央活动区）是全球城市的核心功能承载区，五个新城和长三角乃至更大区域都受到上海中心城区的辐射，当然五个新城的独立地位和综合属性应当进一步强化。一个城市只有提升生活质量才能吸引高端人才，由此吸引高端企业，因为高端企业追随高端人才（businesses follow people）。“人才（talents）–产业（businesses）–城市（quality of urban life）”是城市发展的因果逻辑。城市魅力吸引高端人才，高端人才吸引高端产业，由此城市才能发力。

（作者简介：唐子来，同济大学建筑与城市规划学院教授。）

新城发力，构建长三角城市群的新格局

彭震伟

以上海为核心的长三角城市群是对国家经济社会发展和全方位对外开放具有重要战略地位的区域之一。上海嘉定、青浦、松江、奉贤、南汇等五个新城的发力发展和“独立的综合性节点城市”的定位，是发挥上海在长三角区域龙头带动作用、构建长三角城市群新格局的重要举措。

自 2001 年经国务院批复的《上海市城市总体规划（1999—2020 年）》提出在市域范围内统筹考虑中心城、新城、中心镇和一般镇的合理布局和建设发展以来，上海郊区新城在短短的 20 年时间里取得长足发展，但从实际看，这些郊区新城的经济社会发展活力仍然明显弱于长三角近沪地区的节点城市，其经济功能与新城的战略地位不相匹配，区域交通地位也不突出。

究其原因，我认为主要是对上海城市整体结构的片面理解。虽然多年来上海市一直强调市域内的城乡体系，但在建设中依然将上海作为一个单中心的城市，原先规划的新城都只是疏解了中心城某些功能，目的也只是防止中心城发展向外的空间蔓延。其结果是，这些郊区新城的综合经济社会联系还是均指向中心城，这样既弱化了新城应有的综合功能，也给中心城造成了更大的压力。

将未来的上海发展置于长三角区域中，第一，应发挥上海全球城市集聚和配置创新要素资源的能力，最大化地发掘上海市域各功能节点的内生动能，增强上海大都市圈的整体发展能力和全球城市能级。同时，应推动长三角城市群成为最具经济活力的世界级资源配置中心、具有全球影响力的科技创新高地、全球重要的现代服务业和先进制造业中心、亚太地区重要国际门户和美丽中国建设示范区。因此，上海“五个新城”应成为上海全球城市的重要战略功能承载空间，对应于上海作为科创中心建设的 G60 科创走廊节点城市、自贸区、航运中心等功能，而不仅仅成为上海中心城区的功能疏解地。上海“五个新城”定位为长三角城市群中的节点城市，赋予长三角近沪地区节点城市相同的功能（职能）和设施建设及服务配置。

第二，传统概念上的郊区新城或新城区，仅指集中建设的城市化地区，而未来的“五个新城”要作为长三角区域内的综合性节点城市，更应突出其功能的综合性及其空间结构的对应性。因此，这些新城应与其周边区域的城镇共同构建形成次区域的城市（镇）群。同时，应加强新城对区域的综合服务辐射功能，并建设以新城为中心辐射周边区域的快捷综合交通系统，尤其是增强新城与长三角轨道交通网络的可达性，形成面向长三角区域的新城综合交通枢纽。

第三，作为独立的综合性节点城市，新城应体现城乡融合的发展理念与发展模式，充分发挥新城区域的资源禀赋优势，形成与上海中心城的功能互补，尤其是发挥新城乡村地区作为全球城市稀缺资源、上海全球城市核心功能的重要承载地和未来提升全球城市能级与核心竞争力的战略空间的作用。

从上海市域的空间资源配置角度，应通过上海中心城的城市更新和新城地区的全域土地综合整治，挖掘存量城乡建设用地的再开发潜力，提高土地利用绩效，并实现新城区域集体土地使用的制度创新。

（作者简介：彭震伟，同济大学党委副书记、同济大学上海新城建设研究中心主任。）

二　研究

新城规划践行“人民城市”理念

伍 江[1,2] 周鸣浩[1,2] 王一名[1] 张晨洁[2] 佘小京[1,2]

(1. 同济大学建筑与城市规划学院，上海，200092；
2. 同济大学超大城市精细化治理研究院，上海，200092)

1 理念阐释

1.1 “以人为本”的中外理想城市思想演进

城市自出现之初，在发展模式的探索和思考过程中，就出现了具有不同时代特征的“人本主义”思想，即从人的需求考虑理想城市的构建。随着不同历史时期对于人的需求认识的不同，在理想城市的模型构建中也体现出明显的时代差异。这种差异在中外也因为文化与传统思想的不同，而表现出理念上的不同。

1.1.1 西方“人本主义”规划思想演进

在西方，从以“乌托邦”设想为代表的系列理想城市（乌托邦，1516；太阳城，1623；乌有乡，1890）构想（图 1–1），到以空想社会主义为代表的系列构想与实践（法郎吉，1802；新协和村，1825；工业村 / 公司城，19 世纪中叶）[1,2]，人本主义者们便开始从社会学的角度思考城市规划领域的问题。从此开始，城市规划开始关注城市中人的生活环境。而这一时期，城市规划思想关注的重点还是城市中的“精英”。

到了 20 世纪初，随着城市人口的不断增长，城市化进入新的发展阶段。现代主义城市规划思想开始关注为大众即所有人民服务。然而，在之后不断寻求现代化技术手段解决城市问题的过程中，人本主义逐渐被淡化了。建立在机动交通基础上的理想城市出现了忽视人的尺度、建筑机器化、城市特征湮灭等一系列问题（图 1–2、图 1–3）[3,4]。也正是在这样的背景下，从 20 世纪 50 年代末至 60 年代，随着对于现代主义城市设计的抵制，很多反思现代主义规划建设的著名作品不断涌现。从这时起，城市规划进入一个更为全面、更为多元的“人本主义”时代[5]。

随着对城市复杂性认识的深入，国外学界自 21 世纪初以来开始了多元的研究和探

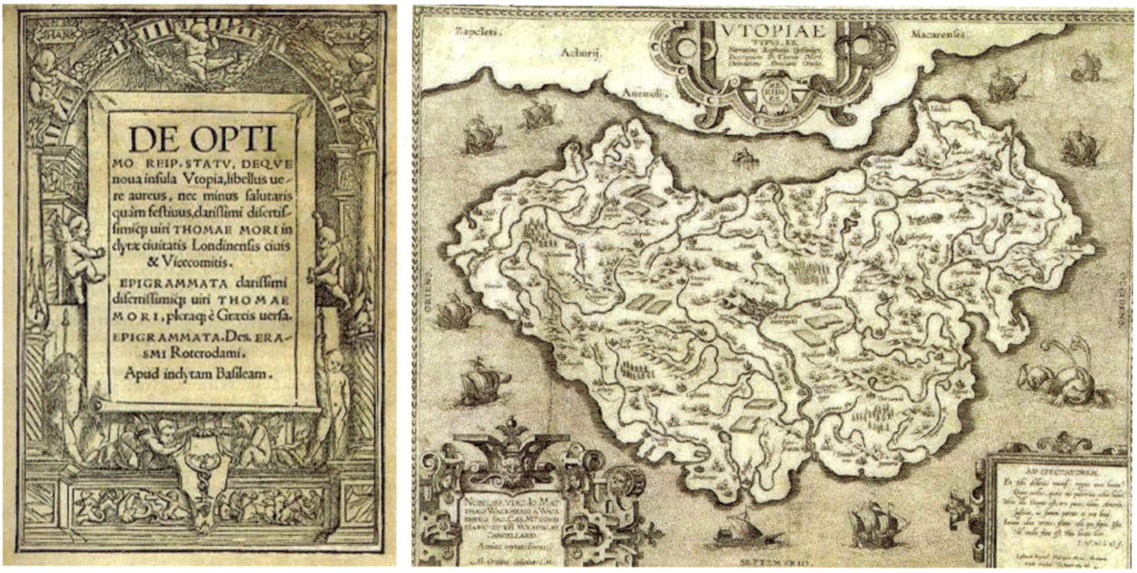

图 1-1　托马斯·莫尔的“乌托邦”（1516）

来源：https://baijiahao.baidu.com/s?id=1683874978617894358&wfr=spider&for=pc

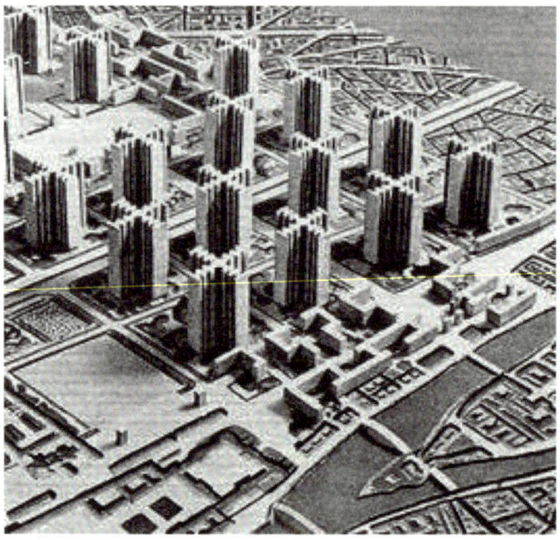

图 1-2　柯布西耶“明日城市”（1922）

来源：https://www.zhihu.com/question/67419638/answer/252940088

图 1-3　巴西利亚

来源：https://www.2qq.net/book/?id=294

索[6-8]。2001 年新城市主义运动宣言提出：“缺乏对城市的投资、收入和种族隔离日益加剧、环境恶化、农田和野生动物领地减少、文化和建筑遗产的恶化，是社会发展的内生性挑战。”

1.1.2　中国“人本主义”规划思想演进

中国古代的人本思想与西方的“人本主义”有一定的差异，中国古代历史上将民众视为治国安邦之根本，人被作为“人民”的概念所概括，将人民看成是江山社稷的基础。因此与西方对于人性关怀作为主要出发点不同，中国古代更强调民众利益对于治国安邦的重要性。中国古代的人本思想更多地停留在伦理和价值观念中，而在城市物质空间上，更多地强调人与自然之间的和谐，以及“统治阶级”场所在城市中的重要地位。

近代以来，在不断的战乱中，中国也萌发了部分关于理想城市的构想。与空想社会主义相似，此类构想多源于对社会制度的革新，反映了部分关于物质空间形态的思想，出现了一些借鉴“田园城市”和“邻里单位”等带有人本主义色彩的规划实践，但由于规模并不大，且社会处于动荡之中，并没产生有较大的影响。新中国成立后，中国才逐渐形成了具有中国特色的“人本主义”规划思想，主要围绕“以人民为中心”的核心思想，经过对不同时期人民需求的解决或满足，从而践行其理念。从新中国成立之初，以迅速恢复生产，初创社会主义工业体系，改善工人阶级和人民大众生活条件和居住环境为核心，到改革开放以来，以满足人民日益增长的物质文化需要和对美好生活的向往为核心，出现了具有中国特色的“人本主义”规划思想（钱学森，山水城市，1990；吴良镛，人居环境学，1993；俞孔坚，反规划，2005）[9,10]。

1.2 “以人民为中心”的城市发展理念

从上文可以看出，无论中外，在城市探索和发展的过程中，一直以来都有着不同表现形式的“人本主义”思想。那么今天针对城市规划的“以人民为中心”“人民城市”的讨论，其差异具体体现在哪里？这一问题是解读目前“以人民为中心”理念的关键所在。

1.2.1 理念提出的时代性

现阶段，“以人民为中心”的核心理念并没有发生改变，但“人民”的需求改变了。首先，从单一化到多元化的需求的改变。与城市发展的目标变化相似，现阶段人民从注重物质生活水平的提高，逐渐显现出多样化、个性化的需求。最初，具有生产效率的城市就被认为是好的城市，而如今能够包容和满足多元群体需求的城市才被认为是真正的“人本主义”城市。其次，从重物质到重精神的价值观的转变。在物质文化需要得到基本满足的情况下，人民的价值观也在发生转变，安居乐业不再是唯一的要求，人们需要更有趣的休闲空间、多种层次的服务设施、充满活力的公共活动、有品质的步行环境。城市不仅能够满足基本的物质需求，还可以提供更高层次、更有品位的精神家园，这也要求城市不再只是提供优质的硬环境，还包括以高质量公共服务为代表的软环境。最后，从本代人到代际人的可持续发展理念的扩展。随着对于人与自然的相互和谐关系理解的不断加深，城市可持续发展不仅针对本代人，还包括人类后代在经济、社会、自然方面的可持续性。这就要求城市不仅考虑当代的需求，同时要考虑人类的代际需求，这种需求不仅来自经济可持续性，更来自社会与文化的延续性和可持续性，同时包括作为生命共同体的人类与自然之间的相互关系。

1.2.2 理念构成的主要内容

那么如何理解在现阶段“以人民为中心”的具体含义，建构一套理论框架，应用于城市规划与治理之中，保障城市“人民性”的实现呢？城市的一个特点是人的集聚性，是由很多人集聚在一起共处的空间，可以被看作是由几个共同体形成的[11]。城市是一个“生存共同体”，人首先需要在这里生存下去。为了更好地生存，就有了集聚性，有了从个体到家庭、到群体的变化。所以，城市又是一个“生活共同体”。很多人生活在一起，需要处理好彼此之间的关系，需要成为一个和谐的社会、一个富有活力的“生机共同体”。当人群越来越多，人类对自然的影响越来越大，改变了城市所在地既有的自然生态环境，这让城市又成了一个“生态共同体”。人从“一代人”到“一代又一代人”需要文明的传递，于是，城市又应该是一个重视精神传承的“生命共同体”。城市要发展得好就要解决“城市人民”的生存、生活、生机、生态和生命这五大命题，以人民为核心的城市价值体系，可以围绕这五方面予以阐述。

1.3 “以人民为中心”的价值体系

1.3.1 “安全韧性”的生存共同体

生命安全是城市幸福的首要指标，能够保障人民的生命安全和身体健康的城市，才具备满足人们对于理想城市生活的需求基础。从广义来看，保障这一基础需要从经济、社会、生态等各个方面入手，从城市的规划、建设、管理过程来看，主要是指城市能够有效地应对来自外部或者内部的各种冲击。

首先，城市必须要提高抗击各类灾害的能力，减少各类灾害带来的伤亡，这是城市用以保障人们生命安全最基本的功能，包括各类自然灾害，也包括人为灾害。当我们探讨城市预防灾害的能力时，主要是指这一方面的抵御能力。其次，随着极端气候的不断出现，以及公共卫生安全事件的爆发，对于城市安全方面的关注和认识，也越来越从传统的灾害防御，扩展到对于气候变化和紧急状态的适应。城市安全问题不再简单表现为以基础设施为代表的防御能力，还进一步包括遭受了重大突发事件后，能够维持城市基本功能、结构和系统有效运作的能力，允许其遭受冲击，但具有能够迅速恢复的能力，并可以进行适应性调整。

1.3.2 “安居乐业”的生活共同体

“宜居”是城市发展追求的核心目标，而“宜居”的首要问题是住房保障。这些年，城市里的住房问题取得了巨大的进步。但不能忽略的是，在越来越多的人可以在社会进步当中获得居住改善时，依然有一部分人无法依靠自己的能力改善住房条件。如何为改善这一部分人的居住环境提供支持和帮助，同样非常重要。如何托住社会底层居住的“底线”，这个问题必须受到应有的重视。

“宜居”还包括各种公共服务和各类可以为日常生活带来便利的服务。之前的城市规划仅满足住区的“生活配套”，但人不可能在“配套”的基本服务里面得到幸福感，只有在拥有选择权的服务中才能得到满足与幸福。城市应该在突破公共服务简单配套的基础上，提供与经济社会发展水平相适应的可选择性服务。

同时，城市中的工作岗位还需在空间上满足“离家近”的需求。影响工作地与居住地选择的因素很多，但较为平衡的职住空间配比可以减少城市居民的日常通勤时间，提高居民主观幸福感，也能减少由于通勤交通所产生的能源消耗和尾气排放。同时通过完善公共交通服务，拓展居民“宜居宜业”的选择范围。

1.3.3 “多元包容”的生机共同体

现阶段“人民需求”转变的首要特征就在于其多元化，根据不同区域、不同阶层、不同群体，有着各种各样的人群，具体来说则可以细分到每一个人，城市要为每一位市民创造美好的生活，每一市民都在被服务的范围中。

“多元包容”也表现为对于人性需求的回归，在城市不断创造更为丰富的物质财富过程中，出现了许多对于人性需求忽略的现象。例如将城市视为“汽车的城市”，忽视近人的尺度，忽视人们对于街道生活的需求，等等。因此，能满足不同人群需求，特别是普适性的人性需求的城市，才能够真正被称为以人民为中心的城市。

真正实现多元包容的基础是治理方式的多元化，不同于之前主要是政府部门包办的“补短板”的城市管理手段，市民要共同参与到治理的过程当中，这样才能够真正实现在城市的规划、建设、管理全过程中，满足不同需求的人民的多元要求，真正地实现“人民城市”理念的第二层含义——在“人民城市人民建”的基础上，做到“人民城市为人民”。

1.3.4 “迭代进化”的生态共同体

从更为广泛的生态系统来看，城市作为其中的组成部分，已经随着人类活动增加而不断触及自然生态的边界和底线。为自然守住安全边界和底线，形成人与自然和谐共生的格局，是从“当代人”扩展到“代代人”的更为广泛的可持续发展。人对自然的关注实际上是一个代际道德的问题，关系到是否为后代留下发展空间，本质上关系到人类文明能否永续发展。城市需要在空间上对经济社会活动进行合理限定，注重环境容量下的绿色发展，从而实现自然元素与人工元素和谐共生，并促进共同迭代。

同时，城市本身也通过智慧的学习与发展不断进化。在代际语境下，科学技术对于城市发展的支撑，主要是为智能预测以及问题处理提供帮助。在不断创新的技术手段的支撑下，城市也在发现、分析、处理、学习、进化中不断前进，城市更智慧的同时，也为面向未来的代际可持续创造了技术基座。

1.3.5 “传承不息”的生命共同体

城市并不是突然地出现或消失，而是在发展的进程中不断地产生变化，进化或者衰退，逐渐成长起来的，因此，我们常将其称为一个有机的生命体。城市生命的灵魂是文化传承，或者说是文明传承。城市与建筑作为人类文明的重要载体，承载着城市一直以来的文化特色，凸显着城市的样貌和市民的品格，这部分被称为历史文化遗产的城市与建筑，以及发生其间的各种语言、故事、表演……共同构成了一座城市传承不息的文化灵魂与文化财富，对其的保护就是对于城市世代传承不息的促进，就像习近平总书记 2014 年在北京考察时讲的：“历史文化是城市的灵魂，要像爱惜自己的生命一样保护好城市历史文化遗产。”

同时，保护也并不意味着完全不动，而是要在尊重过去历史的基础上，注重文化的传承，注重人类共同记忆的保存与传递，在保护保留城市历史文化特色的前提条件下，进行有序的、有机的更新，激发城市历史空间的当代活力。对于城市而言，保护历史文化遗产、保护其背后隐藏的精神价值，正是让自己的精神文明得以沉淀、保存、延续的重要方式[11]。

2 范式探索

2.1 城市规划工作重点的当代转型

自新中国成立以来，我国城市规划工作重点便经历着不断的变化。这些变化是城市规划工作不断追求政府力和市场力综合效益最大化的过程。而在这一过程中，不管工作重心是向政府力还是市场力偏移，在城市建设和发展过程中实现“以人为本”的人本主义思想一直是我国规划工作的重要内容。

在当前历史背景下提出的“人民城市”理念，其关注的重点已经从“以人为本”中更偏向生物属性的“人”，转变为更具有社会属性的“人民”。城市规划不再仅仅是为了满足人们生存的基本物质和温饱需求，社会公平正义、生态和谐、环境永续、历史文化延续等多元价值观在新时期的城市规划工作中需要被放到更中心的位置。多元价值观共同发展的需求促使我国城市规划工作在新时期更加聚焦社会公共利益。这也成为“人民城市”语境下我国城市发展建设的根本目标导向。

2.1.1 新中国成立之初，计划经济时期

1949 年新中国成立初期，我国城市规划工作是在苏联专家的指导和帮助下重建起来的。在计划经济体制下，我国城市规划工作表现出明显的社会资源管理特征，工业和经济发展被给予明显的优先性。在这一过程中，城市规划发挥着建设规划（即有效组织和完善城市建设任务）的重要作用，政府力发挥着决定性作用。这一时期的城市规划工作是建立在计划、规划两分的基础之上的，即城市规划被看作是国民经济计划的延续，是实施国民经济计划的手段。城市规划的内容不仅局限于工程建设方面，而且在思想方法上强调对由经济计划

所确定的具体建设任务进行空间设计和安排。当时规划工作的核心任务，就是在经济计划确定了今后一定时期内的重大建设任务后，对这些建设内容进行落地安排并完善相应配套工程，尤其是人民基本生活设施的配套建设。

在这一时期，我国“人民”的主体是工人阶级。但由于受到“先生产，再生活”思想的影响，我国城市对人民基本生活设施的建设长期关注不足。生产空间是城市建设的重点，而工人阶级面临着严重的住房短缺、交通拥挤、公共和市政设施严重不足等现实问题。因此，在计划经济时期，改善工人阶级的居住环境和生活条件成为城市规划工作的主要任务之一[12]。大力改善环境卫生、整修市政设施、为工人群体建筑公共住宅是这一时期城市建设的重点。

2.1.2 改革开放以来到21世纪初

改革开放之后的经济体制改革确立了城市经济发展的主导地位，随着市管县、市带县体制建立，城市发展得到高度重视。城市规划作为未来发展的蓝图和统筹安排也被赋予了带动经济发展的“龙头”作用。与此同时，计划经济时期城市规划“先生产，再生活”的思想，由于被认为不利于城市竞争和经济发展，而逐渐淡出城市规划工作的核心内容。随着经济体制改革的深入，城市经济快速发展，如何建立能适应市场经济发展需要的城市规划体系，成为20世纪80年代后期我国城市规划工作的主要议题。城市规划开始注重市场规律、关注土地利益分配和对经济增长的推动。这一时期许多规划都是为建设开发而编制的，规划内容通常都是要建设、要快速实现土地价值的。在此基础上，1994年开始的分税制改革进一步促进了城市政府以城镇国有土地使用权出让为载体进行快速城市扩张的进程。城市规划在激发土地价值、促进市场力、推动地方经济快速增长方面发挥的作用得到了进一步巩固。通过市场化开发，提升土地利用效率，满足人民对经济社会快速发展的迫切需求成为这一时期城市规划工作重点。

在这一时期，城市规划通过激发市场力，大幅提高土地利用效率、提高城市土地价值，加快了我国基于土地开发实现的经济增长，大幅提高了国民经济收入。我国城市发展表现出大规模快速建设的主要特征。在上海，城市规划通过优化土地使用效率，大大加快了住房建设的步伐，市民住房条件和人居环境都得到显著改善和提升。在1981—2010年间，上海住宅建设总量快速增加、投资规模持续扩大，3个10年时段，住宅竣工面积分别为0.43亿平方米、1.16亿平方米和2.2亿平方米。从1978—2007年，上海住宅投资额增长了4.77倍。在房地产市场的推动下，上海居民住宅的成套率从1990年的31%上升到2003年的92%，上海市区人均居住面积从1978年的4.5平方米增加到2007年的16.5 平方米，增长3.67倍。在这一过程中，城市规划比之前更注重通过市场力来促进公共服务设施的配套建设，1978—2007年间，公共建筑面积大概占1.4亿平方米，大量增加的公共服务设施极大地方便了市民的日常生活。

2.1.3 2010 年以后

从新中国成立到 21 世纪初，我国城市规划工作并没有充分重视其在城市发展过程中应该发挥的综合协调作用，城市规划被局限在对几条线、几个数字的管控方面。而到了 2010 年以后，我国城市规划工作出现了从建设规划向发展规划迈进的重要转变，2010 年后提出的“多规合一”就是规划工作角色发生转变的重要表现。发展规划强调的是基于对未来发展的预测，针对城市未来发展进行综合性统筹安排、组织各项工作，并结合实际发展情况实施规划确定的方向和内容。发展规划与建设规划的区别主要在于规划的逻辑起点不同。发展规划从满足社会经济发展的需要出发对土地和空间资源进行配置，而建设规划更多从建设任务和物质环境的完形设计出发。

在发展规划思想的引导下，我国城市规划工作开启了以人民为中心的高品质发展新局面。生态、活力、社会公平、安全等多元价值，已经成为当下我国城市规划工作在为人民创造福祉的过程中所重视的核心价值观。在新的价值观引导下，我国城市规划工作的对象已经从新中国成立初期的单一物质空间和 20 世纪末的以经济发展为指标，转变为经济、社会、环境、历史文化并重的，以为人民创造福祉为中心的综合性城市发展过程（图 2–1）。在 2015 年举行的中央城市工作会议上，中央明确提出了当前我国的城市工作是一

图 2–1 新时期城市规划工作中多元价值体系并重

来源：作者根据相关资料自绘

个多元且复杂的“系统工程”。《上海市城市总体规划（2017—2035 年）》也提出了上海要建设令人向往的“创新之城、人文之城、生态之城”的综合发展目标。城市发展不可片面，要“统筹生产、生活、生态三大布局”。为了应对城市发展的系统性，规划工作要统筹“规划、建设、管理三大环节”，以提高城市发展持续性。在此基础上，针对人民的新需求，中央要求城市规划工作要合理安排生产、生活、生态空间，走内涵式、集约型、绿色化的高质量发展路子，努力创造宜业、宜居、宜乐、宜游的良好环境，让人民有更多获得感，为人民创造更加幸福的美好生活。

2.2 基于“人民城市”理念的规划范式

“范式”一词指的是由特定的理念、思想、制度、实践中的具体方式方法所共同构成的，表现为由内在相互联系在一起的一系列理论、制度、方法及其表现形式所共同构成的整体系统[13]。从上面的论述可以看出，虽然我国城市规划工作的重点自新中国成立以来经历了不断的变化，但在这个变化的过程中，为人民服务、为人民创造福祉一直是城市规划工作的重要内容和根本任务之一。对人本主义思想的坚持贯穿在我国规划理论、制度和方法体系中，这使得我国城市规划工作一直具有为人民服务的基本属性。而在“人民城市”语境下，这一基本属性得到了重新强调，并在新时期被赋予了新的意义。

在新的时期，为落实“人民城市”理念，城市规划需要形成新的范式。这套范式不同于建设规划只重视城市建设计划的安排和实施，也不同于发展规划偏重于对城市远景发展目标的宏观描绘。基于“人民城市”理念的规划范式要求规划工作同时扮演三重身份，即作为“科学谋划”“管理机制”和“公共政策”。这三重身份共同保障了“人民城市”理念能在城市发展过程中得到落实（图 2—2）。

2.2.1 城市规划作为科学谋划

城市规划需要为城市发展制定“蓝图”。城市规划是政府对城市发展开展的自上而下的控制和引导，是一种政府管控城市发展的权威性公共管理权力。面对城市在市场经济条

图 2—2 “人民城市”语境下城市规划的三重身份
来源：作者根据相关资料自绘

件下所面临的多元利益、不确定市场关系等多种挑战，城市规划在城市开发建设过程中需要发挥的一项核心作用，是制定城市的长期发展愿景和目标，并能够积极推动城市按照总体规划所设定的目标发展，保障规划所制定的愿景能够最终实现。

类似于发展规划，这种总体性、长期性的规划确定了城市未来发展的大方向，对城市未来发展方向具有决定性的影响，因此蓝图的制定过程需要充分尊重城市规划的“专业性”，对城市发展过程中的社会效益、经济效益和环境效益进行精心的、专业的科学谋划，统筹安排和组织各项城市开发建设工作。经过科学谋划后制定的城市宏观发展“蓝图”应该具有较强的战略性，是城市今后一切开发建设和资源配置行为的指导方向，因此应该具有较高的稳定性，不应该轻易变动。在“人民城市”的建设目标下，制定城市发展“蓝图”的过程应该贯彻人本导向的理念和思想，要把为全体人民创造全面的、平等的福祉作为制度设计、资源分配、开发安排等工作的宏观指导。

2.2.2　城市规划作为管理机制

在发展蓝图的基础上，城市规划还是保障城市总体发展目标有效落实的具体“路径”，即城市规划在城市建设过程中需要发挥的另一个核心职责是：监督各类参与主体，引导城市开发根据总体规划所确定的方向进行，通过多元的控制措施，阻止实施不符合总体规划要求的建设和开发活动，确保城市发展不违背规划所设定的目标。在发挥这一作用时，城市规划需要实现政府主导提供的社会物品（如公共住房、公立学校和医院等）和公共物品（如公共空间、道路等基础设施），以及市场主导生产的市场物品（如商品房、办公楼、私立学校、购物中心等）之间的平衡，实现共同效益的最大化，以最大化地满足人民对美好生活的追求[14]。因此，保障城市发展目标具体落实的过程也是一个通过规划制定、实施和修改，不断平衡、协调政府力和市场力的过程。

城市发展过程中的公共利益具有“复杂性”和“多元性”的特征，其表现形式也是多元的。在“人民城市”理念的指导下，保障社会公平正义的城市规划需要在规划制定、实施和修改过程中，通过建立健全公众参与和城市体检评估等机制，广泛地在投资、规划、建设、管理、运营、维护等全周期各环节吸取人民的意见，使城市发展的制度化过程成为不断融入人民意愿的过程。例如，上海黄浦、浦东、徐汇、长宁等 10 个行政区从 2018 年开始推行的“微更新”试点工作，通过建立社区规划师制度机制，一方面，依托社区规划师的专业力量，深入社区踏勘访谈，充分收集各类居民意见，进一步分类梳理、研究采纳，化被动听取人民建议为主动征询；另一方面，通过社区规划师向社区居民进行规划小知识的科普，在互动中增加居民对规划的兴趣和参与热情，形成共建、共治、共享的自治模式。通过这些机制建设，城市规划工作实现了主动征集人民建议，并在此基础上筛选出代表群众心声、可操作性强的建议。

2.2.3 城市规划作为公共政策

规划需要应对城市发展过程中表现出的稳定与变化双重特性。在市场化的环境下，城市规划不仅仅要为城市制定稳定的、长期的功能布局、土地利用计划，同时也需要协调解决城市发展过程中由于利益多元化、发展过程未知性等特征造成的未知变化[15]。为了应对这些未知的变化和挑战，城市规划需要发挥公共政策的作用。2008 年《城乡规划法》颁布前后的政策文件以及全国人民代表大会和住房和城乡建设部对该法的解释中，都明确地将我国城市规划界定为“公共政策”。在我国当前的政策体系下，公共政策是政府等公共权力机关制定的，为解决公共问题、保护公共利益，对社会价值所进行的权威性分配，是保障社会公平与公正的行动方案、计划和规划等。公共性是公共政策的价值基础，是公共政策的灵魂[16]。公共问题、公共目标和公共利益构成了公共政策的三大要素，保护公共利益则是公共政策的核心价值取向。

因此，作为公共政策，城市规划不仅仅要研究功能的合理布局，更要重视隐藏在布局与功能背后的不同社会群体利益关系，并成为维护公众利益和社会公正的重要工具。城市规划既要引导社会经济的发展，也要重视公共利益的维护。作为利益调节手段，城市规划需要针对城市发展情况和人民意愿的变化，灵活把控城市发展方向，对城市发展方向进行不断纠偏与调整，成为动态调节城市发展前进方向的“方向盘”。在“人民城市”理念的指引下，新时期的城市规划工作不能仅仅关注土地利用的空间结构，而是应该更加关注不同社会群体之间在土地和空间利用过程中的公平公正。当城市发展造成不同社会群体利益改变并发生冲突时，城市规划应该及时做出回应。而回应的目的是保障社会发展的各种“底线”不受侵犯。这些底线包括人民的生存底线、安全底线、社会公平底线、生态底线等。城市规划的底线约束通过保护城市底层人民的基本利益，实现城市整体公共利益的最大化。

3 场景建构

3.1 “在地化”的问题和挑战

新城主要区别于自发形成的居民点和大、中城市，它是有目的、有规划建设的城市和新的发展地区。从新城发展的历史上看，各国的新城建设都是由国家或地方政府发起的。上海新城的建设发展一直以来也都是由政府主导，通过城市各轮总体规划和五年计划纲要来推动实施（图 3–1）。新城“强政策”“强规划”的特点使它的空间发展往往超前于它的社会发展。物质空间建设可以较快地改变新城的城市面貌，“自上而下”政令下达式的建设模式效率高，但社会发展的速度则要慢很多。一方面，新城的社区关系和地域认同尚未形成，居民长期处于一种较为隔阂的状态[17]，缺乏社会凝聚力；另一方面，新城的社会组织松散，公共事务的参与热情低，缺乏社会参与度。这些都与“人民城市”的价值体系存在一定差距。那么在“强政策”“强规划”的背景下，新城规划作为新城建设发展的龙头，

图 3-1　上海五个新城着重打造的新城中心

来源：作者根据相关资料自绘

如何实践“人民城市”理念就特别具有挑战性和决定性，首先需要回应现阶段上海新城的三个现实需求。

3.1.1　“异质共存”的需求

新城与中心城在人口结构上具有很大的不同，人口的流动性、异质性更加突出。现阶段新城中大部分常住人口为外来人口，户籍人口占比远远小于全市的平均水平，其中松江新城的户籍人口不足常住人口的 1/3，嘉定、青浦、奉贤 3 个新城的户籍人口也不足常住人口的一半。同时新城常住人口的来源也十分多样，不仅有原住民，还包括了本区的城镇化农民、中心城的动迁安置居民、外省来沪的务工人员、外来专业技术人才和全球人才。《关于本市“十四五”加快推进新城规划建设工作的实施意见》中提出，到 2035 年，五个新城将集聚 500 万人左右的常住人口，而新城现状常住人口规模为 250 万人左右，只达到了规划人口的一半。可以预见到未来的新城人口增量依然是以依靠外来人口为主，新城人口的异质性、流动性强，在较长的时间内都会是一种常态，增加了社会需求的广度和社会管理的难度，新城规划首先就要面对“异质共存”的社会状况。

3.1.2 “公平公正”的需求

从新城常住人口的来源可以看出，“新城人民”中很大一部分属于城市中的“弱势群体”。其中外来人口多集中分布在劳动密集型制造业或者低端服务业，本地人口包括中心城动迁安置居民、新城老城中的原住民和本区城镇化农民。这些人口中处于社会中下阶层的比例很高，在收入和受教育程度上都明显处于劣势。他们是城市中的“弱势人群”，但却构成新城人口结构中的重要组成部分。新城规划要面向未来，但更重要的是面向现实。新城规划需要秉持公平、公正的理念。一方面，规划要将新城全社会人群纳入服务人口对象，不仅包括未来要吸引的高素质人才，也包括了现下已经生活在新城的各类弱势群体；另一方面，规划政策应该向弱势人群倾斜，不仅要保证基本的公共生活服务设施，更要将提供有选择性的、优质的公共服务作为规划目标。

3.1.3 “新城之新”的需求

新城研究需要回应的一个核心问题是——“新城究竟新在哪里？”“新城”是一个空间概念，强调在开发时间、建设阶段、地理位置、规模职能上同已有的主城区具有差异化的空间区域。同时，“新城”也是一个社会概念，强调了一种不同以往的人地关系、社会组织、生活方式、经济结构等。“新”不仅代表了建设时间上的先后顺序，还蕴含了一种创新性、改革性和先进性，更是寄托了人们对于未来美好城市生活的向往。“新城之新”一方面体现在通过新技术打造新的城市物质空间，另一方面体现在践行新的城市生活方式和对新的价值观的倡导。如果说前者是“新城之新”外在的“体”，那么后者则是“新城之新”内在的“魂”。“体”与“魂”相互依存、相辅相成，统一于空间生产和精神建设的实践中。“新城之新”需要的正是一种更完善、更便捷的城市空间，一种更健康、更生态的生活方式，一种更包容、更多元的价值取向。

3.2 场景与策略

新城规划实践“人民城市”理念需要面对“异质共存”“公平公正”“新城之新”三大需求。“异质共存”是新城规划的客观社会条件，要求规划要为全社会、各阶层人民谋求福利；“公平公正”是新城规划的价值取向，新城规划不再以经济发展为导向、效率优先，而要转向以社会的公平公正发展为首要要务；“新城之新”是新城规划的目标，通过规划引导新城建设，以达到无论在物质空间层面，还是社会发展层面都更为先进的当代都市。同时，城市规划作为调整城市空间的公共规划，客观上起着分配城市空间利益的作用，城市规划必须符合公共利益[18]。所以，无论从新城规划的条件、价值取向和目标，还是规划本身的使命来看，公共利益都是最为核心的内容。具体的规划策略应在“人民城市”的价值体系和规划范式下，以人民的需求为最根本的出发点和落脚点，充分聚焦公共利益，包括公共服务、公共空间、公共参与三个方面。公共服务是为了生活在新城中的市民，由政府部门提供公共性服务，是吸引市民在此生活的基础（for the people）；公共空间是特指城市空间中具有公共性的部分，不仅是政府提供给市民进行公共活动的场所，更是属于市民的城市空间（of the people）；公共参与是真正表达公众利益，聚焦公平公正的途径（by the people）。

3.2.1 公共服务

公共服务包括住房、公共服务设施、基础设施、公共交通等多个方面，既包括硬件设施，又包括软件服务。“新城之新”的破题主要在于对新城中的人群，以及新城计划吸引的目标人群的差异化需求的分析及研究，满足不同人群对于城市公共服务的需求，制定公共服务表现在规划方面的目标、策略及具体指标。

（1）住房

从目前新城的常住人口结构来看，外来人口所占比例高，以劳动密集型或低端服务业为主，较少比例专业技术人员，同时，户籍人口中多为中心城动迁安置居民、新城老城中的原住民和本区城镇化农民。那么从住房的供应方面，户籍人员一般已有居住房屋，而外来人口则不具备购买商品房的能力或者资格，其对于安居的需求更倾向于低租金、强稳定的租赁体系，而不是更高品质的商品房。现阶段，我国保障房体系中包括廉租房、经济适用房、公共租赁房和动迁安置房，此类属于保底型住房供应。同时租赁住宅则多以企业开发或运营为主，并且在目标人群方面具有一定的指向性。作为应该覆盖新城中今后大部分人口的公共住宅体系，需要根据不同的人群需求，增加或减少供给，细化分层，设立建设标准以及导则。这里所指的大部分人口包括低技低收入的外来人口、无法承担商品房购买的新上海人，以及可以承担但目前选择不置业的部分新上海人。以新城为实验地，逐渐建立人口群体特征与住房选择之间的相关性关系。

（2）公共服务设施

公共服务设施一般从内容上包括了教育、医疗卫生、文化、体育、社会福利、菜市场、便利店等；从空间尺度上包括城市级、社区级和邻里级。新城的城市建设速度经常快于居民的集聚速度，往往公共服务设施和公共交通在新城建设早期面临实际服务人口不足，难以覆盖基本运营费用，导致服务设施无法启动、运行、维护，甚至出现被挪用的情况。同时新城现阶段规划多聚焦于城市级的公共服务设施，如交通枢纽、商业中心、大型文教体育设施等，而对社区级的公共服务体系建设关注较少。从目前人群的多元需求来看，对于公共服务设施的层次要求在变高，对其服务质量的要求也在变高。在城市级、社区级、邻里级三级公共服务设施的框架下，要进一步加大与人民日常生活密切相关的基层服务设施配置密度，集中建设。社区级和邻里级的设施，在“15 分钟生活圈”的基础上，再精细化到“10 分钟生活圈”，甚至“5 分钟生活圈”。从今后不同人群对于公共服务设施的差异性来看，要注重不同特征的社区对于公共服务设施的要求的多样性，例如，对于老龄化和少子化的适应，适当加大社区适老和幼托设施的配置力度，同时兼顾空间服务内容的可变性。

（3）公共交通

从战略定位来看，新城不再仅是与中心城区具有方便联络的传统新区，而是强调要在区域中具备节点城市的特征，承担区域网络中的重要功能，因此，在道路、桥梁建设为基础的硬件设施建设中，不仅要继续加强与中心城区的空间联系，同时要加强与周边其他重要节点城市，以及长三角范围内其他重要市（区）的联系，并且加强与区域网络中各个重要节点的可达时效性。

从内部公共交通来看，需要通过公共交通服务的丰富性和科学的指向性，形成安全、便捷、舒适的交通环境，包括路网的设计建造、线路的设计运营，特别是市（区）际快速交通与城内交通的衔接，以及重要功能地块的可达性的提升。

3.2.2 公共空间

城市公共空间一般指城市中的开放空间或室外空间。城市公共空间不仅是城市物质环境品质、风貌特征的表达，城市经济水平的体现，同时也是城市社会生活多样性、社区发展公平性和居民自豪感、归属感的反映[19]。公共空间已经成为满足人民生活需求的重要社会空间方式，其优化的方向不只是品质的提升，而是更好地满足市民需求。

（1）大型公共空间

目前公共空间已经很难由广场与公园涵盖，还包括许多沿湖、沿河的开放空间（特别是在生态环境较好的新城区域内），以及大型公共建筑周边的开放空间。如果我们审视现阶段新城公共空间规划建设的现状，会发现新城公共空间往往追求标志性、大尺度，以“上帝视角”设计空间形态，超出了日常生活中人对空间的把握，同时也极大地浪费了新城有限的公共空间资源。同时，新城公共空间可达性较弱，往往被城市快速道路或主要机动车道路阻隔，降低了空间的使用效率。因此，新城应减小市级公共空间单个面积，增加公共空间数量，提升其均布均好性，优先基于城市步行系统、慢行系统布置公共空间。

（2）街道

加大步行系统的路网密度，减小街区尺度，重视街道开放空间在城市生活以及提升城市活力方面的重要性。这就要求对城市中生活性街道中慢行系统及步行系统加以重视，对于形成步行网络的街道进行断面研究并实验，允许商业外摆，并形成有效管控。

（3）小尺度公共空间

除了市级公共空间的合理布局之外，增加以居住地人群为服务对象的社区级公共空间和邻里单元层面的小尺度公共空间的数量和类型，建立多层次公共空间体系。以多样化的城市公共空间来体现多元化的需求，例如可进行 DIY 种植的小型空间、服务休憩散步的小型空间、儿童友好导向的小型空间与适老空间相互结合等。

3.2.3 公共参与

上述“公共空间”“公共服务”是落实新城规划，实现“公共利益”的物质空间，而“公共参与”则是保障物质空间符合“公共利益”的路径基础。“公共利益”是指社会（成员）在特定问题上达成的共识，社会的多样性决定了各利益主体之间总是存在利益的不一致，甚至矛盾的情况。如何裁量公共利益是规划中急需解决的一个问题。现阶段城市规划往往将行政利益等同于公共利益，将经济利益等同于公共利益，也是造成规划得不到公众的认可、规划预期与现实差距较大的原因。我国实行的是政府主导的规划编制与实施模式，公共参与通常体现在规划前期的论证阶段和规划后期的公示阶段，并未涉及规划的核心决策阶段。只有建立健全城市规划公共参与制度，保障规划过程的公平公正，才能实现规划结果的公平公正，从而实现全社会公共利益的最大化。

（1）公共参与的分层

对于不同层次的事项，划分公众参与的颗粒度。在重大事项的决策过程当中，要广泛听取公众意见，同时充分发挥专家的作用。而对于城市公共空间的建设，则应积极组织公共参与到决策当中来。上海五个新城除了南汇新城之外都建立在各区的传统居民点和行政中心，拥有一定的社会网络，具备公共参与的社会基础。新城规划除了规划部门、相关职能部门和专家学者之外，还应该将居民代表和其他公众代表纳入规划决策的参与对象，特别是与规划地块直接相关的居民和利益相关者。同时根据规划的具体内容给予各个参与方以不同的权重。

而对于社区层面的公共服务设施或公共空间的规划建议，或不涉及规划调整的更新活动，则将公共参与覆盖到规划、设计、更新、管理全过程，在此层面，社区市民作为空间的真正使用者，才是最为了解其需求的，并且需求还会随着不同因素而略有变化，将决策交给使用者才是更好的选择。

（2）公共参与的新城培育

现阶段城市规划公共参与的路径一般通过访问、问卷调查和听证这些较为传统的方式，多为由政府机构组织，民间自主参与规划的意识还比较薄弱，积极性不高。要实现公共参与除了政策上的保障，还要探索其他有效的路径。应根据不同社区的人群特征与需求，建立相关的公共参与途径。

例如，新城中以传统居民点为主的社区，在公共参与方面与其他地区相比还存在较大差距，其培育需要从传统方式提升，仍以熟人社会、居委、街道的核心组织为主。而今后新上海人占大部分比例的社区，其对于公共参与的意识和参与度可以为制度的建立提供有力保障，并且其对于社区归属感的强烈意愿也使得此类社区可以成为公共参与的新城试验田。在参与方式上，此类社区对于新技术的接受程度也较高，如参与式地理信息系统（public participation GIS，PPGIS）技术等。

作者信息

伍江，同济大学建筑与城市规划学院教授，同济大学超大城市精细化治理研究院院长，上海市城市更新及其空间技术重点实验室主任，wujiang@tongji.edu.cn。

周鸣浩，同济大学建筑与城市规划学院副教授，同济大学超大城市精细化治理研究院执行副院长，zhouminghao@tongji.edu.cn。

王一名，同济大学建筑与城市规划学院助理教授。

张晨洁，同济大学超大城市精细化治理研究院研究员。

佘小京，同济大学建筑与城市规划学院博士研究生，同济大学超大城市精细化治理研究院助理研究员。

参考文献

[1] 弗里德曼．美好城市：为乌托邦式的思考辩护[J]. 王红扬，钱慧，译．国外城市规划，2005(05):21–27.

[2] 吴志强，李德华．城市规划原理[M].4 版．北京：中国建筑工业出版社，2010:27–28.

[3] 雅各布斯．美国大城市的死与生[M]. 金衡山，译．南京：译林出版社，2005.

[4] 盖尔．人性化的城市[M]. 欧阳文，徐哲文，译．北京：中国建筑工业出版社，2010.

[5] 霍尔．明日之城：一部关于 20 世纪城市规划与设计的思想史[M]. 童明，译．上海：同济大学出版社，2009:265–267.

[6] 罗西．城市建筑学[M]. 黄士钧，译．北京：中国建筑工业出版社，2006.

[7] 克里尔．城市空间[M]. 钟山，秦家濂，姚远，译．上海：同济大学出版社，1991.

[8] 罗，科特．拼贴城市[M]. 童明，译．北京：中国建筑工业出版社，2003.

[9] 吴良镛．人居环境科学导论[M]. 北京：中国建筑工业出版社，2001.

[10] 俞孔坚，李迪华，刘海龙．反规划途径[M]. 北京：中国建筑工业出版社，2005.

[11] 伍江．将“人民至上”刻入城市基因[N]. 解放日报，2021–12–06.

[12] 孙施文．解析中国城市规划[J]. 城乡规划，2017(01):12–21.

[13] 孙施文．解析中国城市规划：规划范式与中国城市规划发展[J]. 国际城市规划，2019(04):1–7.

[14] 何子张，李渊．城市规划的政策属性[J]. 城市问题，2008(11):93–96.

[15] 何明俊．作为公共行政管理的城市规划[J]. 城市规划，2005(12):40–44.

[16] 彭海东．城市规划的公共政策特征[J]. 规划师，2007(08):47–51.

[17] 赵民，王聿丽．新城规划与建设实践的国际经验及启示[J]. 城市与区域规划研究，2011，4(02):65–77.

[18] 徐键．城市规划中公共利益的内涵界定：一个城市规划案引出的思考[J]. 行政法学研究，2007(01):68–73.

[19] 杨贵庆．城市公共空间的社会属性与规划思考[J]. 上海城市规划，2013(06):28–35.

五个新城在长三角科技创新共同体中的定位研究

鲍悦华　王倩倩　桑铭晨　夏星灿　李佳弥　梁佳慧　朱佳程　陈强

（同济大学经济与管理学院，上海，200092）

1　背景

长三角地区是我国经济发展最活跃、开放程度最高、创新能力最强的区域之一，在国家现代化建设大局和全方位开放格局中居于举足轻重的战略地位。在科技创新领域，自2018年11月习近平总书记在首届中国国际进口博览会开幕式上的主旨演讲中指出“支持长江三角洲区域一体化发展并上升为国家战略”以来，长三角三省一市积极采取行动，从政府、社会、产业三个层面推进科技合作和关键核心技术协同创新，治理体系和合作机制逐步完善。

2019年12月，中共中央、国务院印发《长江三角洲区域一体化发展规划纲要》，明确提出要加强区域合作联动，依托科技和制度创新双轮驱动、产业和城市一体化发展先行先试，到2035年长三角地区要建设成为中国最具影响力和带动力的强劲活跃增长极。科技部于2020年12月正式发布《长三角科技创新共同体建设发展规划》（国科发规〔2020〕352号），以加强长三角区域创新一体化为主线，以“科创＋产业”为引领，充分发挥上海科技创新中心龙头带动作用，强化苏浙皖创新优势，优化区域创新布局和协同创新生态，深化科技体制改革和创新开放合作，着力提升区域协同创新能力，打造全国原始创新高地和高精尖产业承载区，努力建成具有全球影响力的长三角科技创新共同体。

当前，新一轮科技革命和产业变革加速演变，国际政治经济竞争格局风起云涌，凸显出加快提高我国科技创新能力、实现高水平科技自立自强的紧迫性和重要性。我国政府在全国现实基础与合作基础最好的长三角地区大力推进科技创新共同体建设，打造具有全球影响力的科技创新共同体，将起到“烈火烹油”的作用，推动产业在全球价值链中地位的进一步提升、实现经济更高质量发展、实现科技创新资源更优化配置，显著提高经济集聚度、区域连接性和政策协同效率，可谓意义重大。

2 五个新城的规划与发展

在国家出台《长三角科技创新共同体建设发展规划》的同时，上海作为长三角科技创新共同体的龙头，正全力建设嘉定、青浦、松江、奉贤、南汇“五个新城”。《上海市国民经济和社会发展第十四个五年规划和二〇三五年远景目标纲要》明确提出，加快形成“中心辐射、两翼齐飞、新城发力、南北转型”的空间新格局。为支持新城发展，上海市政府明确了推进新城规划建设的“1+6+5”总体政策框架，编制印发《上海市新城规划建设导则》，围绕“迈向最现代的未来之城”的总体目标愿景，以及“最具活力”“最便利”“最生态”“最具特色”等发展要求，形成“汇聚共享的城市”“高效智能的城市”“低碳韧性的城市”和“个性魅力的城市”4 项策略。

表 2–1 上海市推进五个新城规划建设“1+6+5”政策框架

1	《关于本市“十四五”加快推进新城规划建设工作的实施意见》
6	《“十四五”加快推进新城高质量发展的支持政策》《“十四五”新城交通发展专项方案》《“十四五”新城产业发展专项方案》《“十四五”新城公共服务专项方案》《“十四五”新城环境品质和新基建专项方案》《上海市新城规划建设导则》
5	嘉定、青浦、松江、奉贤、南汇五个新城的《“十四五”规划建设行动方案》

来源：作者自绘

五个新城是上海面向未来发展的重要战略，上海对于五个新城建设的目标和定位与之前卫星城、郊区新城的定位截然不同，处于一个全新的高度。“独立”“综合”“节点”是五个新城发力的三个关键词，五个新城正结合自身特色，形成独立于主城区的核心竞争力，将上海的发展与对外辐射模式从单一中心城区向外发力转变为“一个中心 + 五个新城”的网络化、多中心向外发力，如图 2–1 所示。

作为五个新增长极，五个新城规划的方向和发展的高度将直接影响长三角创新发展的地缘格局和长三角科技创新共同体的能级与活力，还关乎党中央交给上海的三大任务，以及上海强化四大功能、形成国内大循环的中心节点、国内国际双循环的战略链接等多重战略目标的实现。目前，无论是国家《长三角科技创新共同体建设发展规划》，还是上海市推进五个新城规划建设“1+6+5”政策框架等政策文件，对于五个新城在长三角科技创新共同体发展与建设过程中的功能定位都未予以明确。本文在深入理解长三角科技创新共同体发展内涵基础上，对该问题进行初步的探讨。

3 科技创新共同体的概念和内涵

共同体是一个社会学的学术范畴，指具有共同的价值认同、共同的利益和需求，以及强烈的认同意识，并依据一定的方式和规范结合而成的相互关联的群体或组织。创新共同体对共同体概念从范围和内涵上进行了扩充[1]。林恩等早在 1996 年就提出创新共同体的概

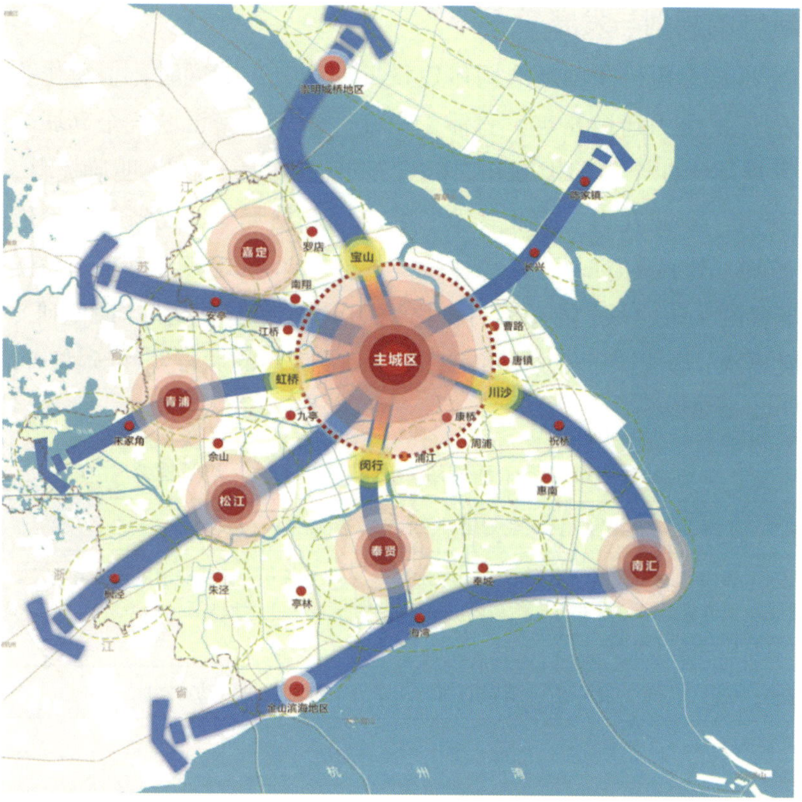

图 2–1　五个新城的发展格局

来源：《上海市城市总体规划（2017–2035）报告》

念，他们认为创新共同体由根植于密集社会经济关系网络的交互人群所构成，关注参与成员之间的互动关系，以及新技术与创新共同体的相互推动作用，但仅将其作为一个研究框架，并非是一种实践倡导[2]。2008 年，为应对国际金融危机，美国大学科技园区协会等组织发布了《空间力量：建设美国创新共同体体系的国家战略》[3]，高度关注科技创新以及产业发展的空间因素，提出“创新共同体”这一协同创新的新理念和组织形式，并倡导着力打造能够将全国各个创新主体系统化连接起来的“美国创新共同体”[4]。自此，创新共同体概念引起世界各国政府的广泛关注，创新共同体成为引领区域创新发展的关键组织形式和区域协同发展的适宜载体。

王峥和龚轶认为创新共同体是基于一定的政治、经济、社会、文化等基础，以共同的创新远景和目标为导向，以快速流动和充分共享的创新资源及高效顺畅的运行机制为基础，多个行为主体（企业、大学、研究机构、政府、中介机构等组织和个人）通过相互学习和开放共享，积极开展创新交互和协同合作，彼此间形成紧密的创新联系和网络化结构，推动个体成员创新能力增强，以及区域创新绩效、竞争力和影响力整体提升的特定的创新组织模式，并给出了创新共同体的基本框架，如图 3–1 所示。他们认为，创新共同体应包含六个基本要素：共同目标、创新资源、参与成员、网络结构、运行机制和形成基础[5]。

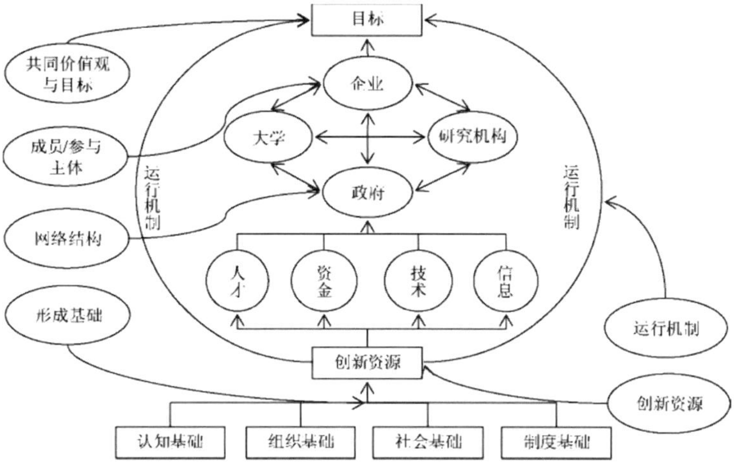

图 3-1 创新共同体基本框架

来源：王峥，龚轶．创新共同体：概念、框架与模式 [J]. 科学学研究，2018，36(01)：140–148，175.

谢科范（2021）认为科技创新共同体是多个空间邻近的国家或区域基于相通的价值观、共同的愿景和共同的利益，遵循共商的治理机制，自愿结成创新基础设施共建共用、创新要素充分流动循环、创新活动自主协同参与、创新成果共创共享、创新风险共担联治的和谐共生的科技创新网络。科技创新共同体的概念与科技创新战略合作伙伴关系和科技创新战略联盟不同，应具备以下六个方面的条件：有战略规划、有建立在契约基础上的治理机制、有基础设施共建作为硬件支撑、有机构支撑、有创新要素自由有效流动机制、有创新合作行动。他还认为，中国的科技创新共同体建设虽然以科创走廊为依托，但也需要多重支撑，充实内核，并构建了洋葱模型来表述，如图 3-2 所示[6]。

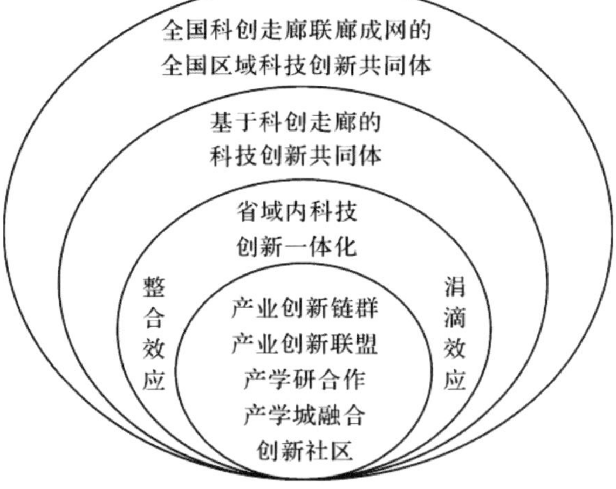

图 3-2 国内区域科技创新共同体建设的洋葱模型

来源：谢科范．加快建设科技创新共同体：基于复杂科学管理视角 [J]. 信息与管理研究，2021，6(06)：30–39.

从模型中可以看出，区域科技创新共同体在发展过程中除了制订发展规划、构建治理机制外，还必须重视产业创新链、产业创新联盟、产学研合作、产学城融合、创新社区的作用。

此外，通过文献分析可以发现，科技创新共同体具有如下内涵：

一是创新资源的共享共用。创新共同体成员可以共享基础设施、信息资源、创新政策、生态环境等，科技创新的体制机制壁垒彻底消除。

二是创新要素的自由流动。创新的核心要素人才、资本、成果在统一市场基础上，基于市场在资源配置中的决定性作用，得以自由流动，优化配置。

三是创新和产业结构的错位。在创新链、产业链的分工上有所侧重，合作互补，发展共赢，高新技术产业错位发展，打造各具特色的产业集群。

四是创新合作的常态化。创新主体包括科技园区、大学、科研院所、企业、政府、中介机构等之间的合作形式多样，途径多元化，合作创新成为常态，建立起便于合作的各种体制机制。

五是创新文化的融合贯通。创新文化、创业文化、合作文化等相互融合，相互激发。

4　五个新城科技创新发展现状分析

4.1　嘉定新城

（1）创新产业的发展和布局

“十三五”期间，嘉定新城已开发面积约75平方公里，现常住人口约48.6万，形成了“一核一枢纽两轴四片区”的发展空间格局，如图4-1所示。“一核”即嘉定核心区，以城市数字化转型为导向，以打造国家智慧交通先导实验区为引擎，积极推进科技创新总部园建设；“一枢纽”即安亭枢纽；“两轴”即沪宁发展轴和沿江发展轴；“四片区”即马东产城融合发展示范区、科技城自主创新产业承载区、全球著名体育城市重要承载区和老城风貌区。

嘉定区已被上海确定为具有全球影响力的科创中心的重要承载区，嘉定新城积极推进科技城自主创新产业承载区、马东产城融合发展示范区等功能片区建设。作为嘉定科创中心重要承载区建设的核心功能区，科技城自主创新产业承载区的整体定位为：坚持高端制造业重要阵地战略定位，持续提升产业技术策源能力，优化产业创新生态，加速一批重大“科创＋产业”项目和平台建设落地，努力打造面向长三角的技术策源先行区、产业创新引领区、先行先试承载区，在科技成果转化、新兴产业培育、制度先行先试等方面形成示范引领效应，具体如图4-2所示。

嘉定作为全市最早启动工业化进程的区县之一，已拥有张江高新区嘉定园、3个市级工业园和30个现代服务业集聚区，产业基础较为雄厚。近年来，依托上海国际汽车城特色产业优势，嘉定新城积极推进世界级汽车产业中心核心承载区建设，以打造“国际汽车智慧城”和长三角新能源智能汽车“硅谷”为契机，构建以汽车“新四化”、智能传感器及

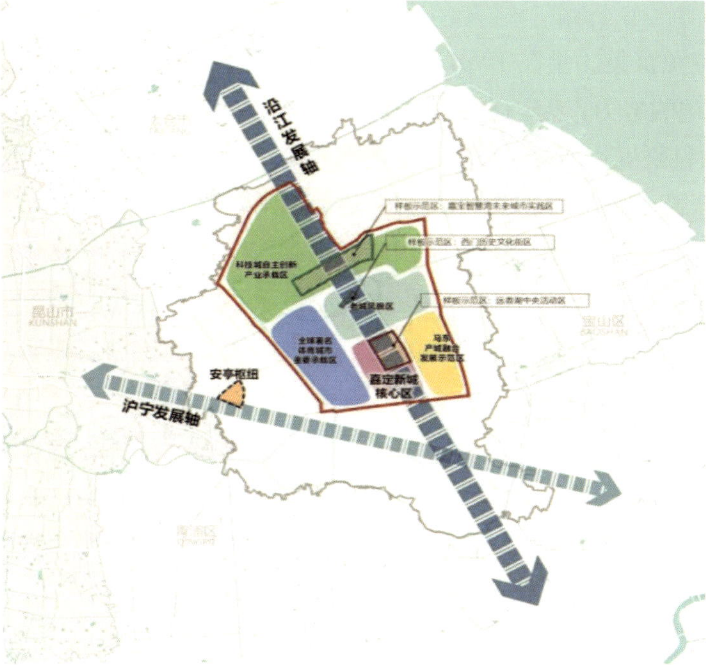

图 4-1　嘉定新城功能布局和空间格局

来源：《嘉定新城“十四五”规划建设行动方案》

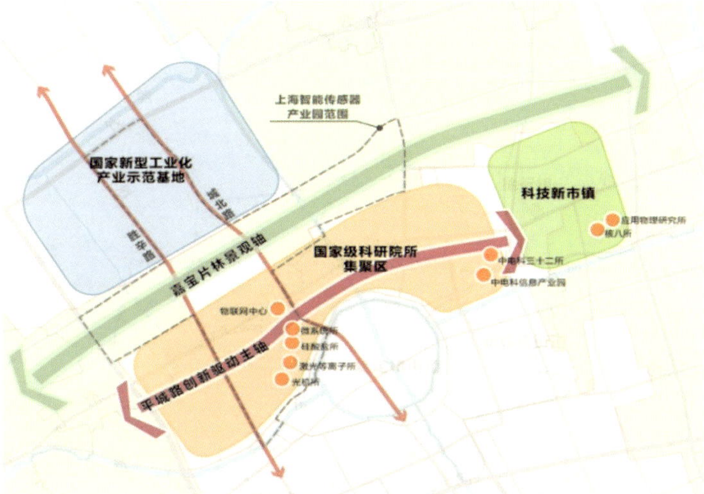

图 4-2　嘉定科技城自主创新承载区的空间规划示意图

来源：《科技城自主创新产业承载区“十四五”规划》

物联网等千亿级产业和以电子商务为代表的在线新经济为引领的新动能体系。2020 年，新城范围内完成税收收入 165.3 亿元，完成属地规模以上工业产值约 410 亿元，工商登记企业数 7.4 万户，高新技术企业 680 家，约占嘉定全区总量的 1/3。

（2）发展优势

一是科技创新资源富集。早在 1958 年，嘉定就被上海市委、市政府确定为“科技卫星城”。经过半个多世纪的努力，嘉定已发展成为上海科技资源最集中的区域之一，形成“十一所三中心二基地”的科研机构布局。另外嘉定还拥有同济大学嘉定校区、上海大学嘉定校区、上海科技管理干部学院、上海师范大学天华学院、上海科学技术职业学院等院校。目前嘉定正努力增强高校和科研院所的溢出效应，建立“一所一园”格局。嘉定新城也在积极深化院地校地合作，打造千亿级科技园，在攻克核心技术、率先转化应用、引领技术标准等方面取得重大进展，成为长三角城市群中的“创新技术策源地、创新要素集散地、创新成果转化地”

二是创新政策体系日趋完善。2018 年以来，嘉定区政府先后出台《嘉定区关于持续推动汽车“新四化”产业发展的若干政策》等一系列政策文件，推进嘉定城市数字化转型，支持在线新经济、汽车“新四化”、医疗、智能传感器及物联网等重点创新产业发展，优化创新创业生态环境，已形成较为完善的创新政策支持体系。

4.2 青浦新城

（1）创新产业的发展和布局

根据青浦《“十四五”新城产业发展专项方案》，青浦新城要形成“一核一带多区”的产业空间布局，如图 4-3 所示。“一核”即青浦新城中央商务区，集聚创新服务、总部

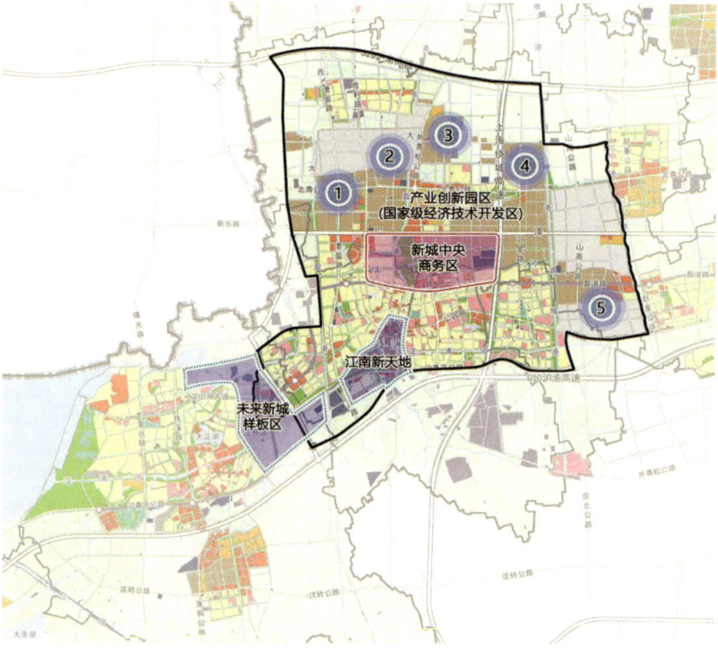

图 4-3 青浦新城“十四五”重点发展区域

来源：青浦《“十四五”新城产业发展专项方案》

办公、公共服务等功能；“一带”即数字经济创新发展带，串联产业协同区相关园区，与虹桥商务区、一体化示范区形成联动发展，吸引数字经济企业集聚；“多区”包括青浦工业园、市西软件信息园、西岑科创中心等。

2019 年，青浦新城规模以上工业总产值为 1027 亿元，以信息技术为代表的数字经济为主导，做大现代物流、会展商贸等特色产业。数字经济产业主要依托青东、青西数字产业园区、青浦长三角软信产业园，发展软件和信息服务、人工智能、工业互联网、信息安全等数字产业，加强数字化场景应用，延伸形成贯穿全区的数字经济创新发展带。现代物流产业依托现有物流企业集聚优势，加快引进大型现代物流企业总部、研发中心、结算中心、电子商务及城市配送信息中心等，培育供应链管理、货运指数、智慧物流等前沿细分行业。会展商贸产业承接进口博览会及国家会展中心溢出效应，在新型会展、国际贸易、跨境电商等领域延长产业链条，吸引跨国公司或组织机构进驻。此外，青浦工业园围绕人工智能、氢能新能源、新材料、生物医药等特色领域，培育高端产业集群，吸引头部企业和重大项目落地。

（2）发展优势

一是政策叠加优势。青浦新城拥有长三角一体化示范区深化系统集成改革和虹桥国际开放枢纽双区政策叠加优势，尤其是在数字经济领域，正全力打造“长三角数字干线”重要承载区，推动新城成为承接国家战略联动的重要支点，吸引聚焦长三角乃至国内国际一流的数字创新资源。

二是独特区位优势。青浦新城处于长三角中心区域，G50 高速公路横贯全区，连接起上海市区、虹桥商务区、青浦新城以及一体化示范区等诸多核心节点与区域，并向西延伸至长三角腹地。依托“长三角数字干线”，既可以塑造青浦新城独特的数字城市功能，也可以将上海及长三角的数字化转型成果集成运用、展示推广，打造引领全国数字化转型发展的示范带。

三是产业基础优势。青浦在数字经济布局上已有一定基础，北斗园区、市西软件园、青浦工业园区、西岑科创中心等园区呈现干线型布局的雏形。特别是华为等数字产业龙头企业落户后，将逐渐形成数字产业生态圈，并引领数字产业高速发展。

四是绿色生态优势。青浦新城以环城水系公园、淀山湖为代表的美丽生态构建了得天独厚的“蓝绿生态”基底，越来越受到数字龙头企业的青睐。

4.3 松江新城

（1）创新产业的发展和布局

根据《松江新城“十四五”规划建设行动方案》，松江新城要发展形成“一廊一轴两核”的空间发展布局。“一廊”即长三角 G60 科创走廊，体现科创驱动发展的核心动力；“一轴”即城乡统筹发展轴，形成纵横松江南北、联动城市乡村的“发展轴”；“两核”是“松江枢纽”

图 4-4　松江新城“十四五”重点发展区域
来源：《松江新城“十四五”规划建设行动方案》

核心功能区和“双城融合”（松江新府城和松江大学城）核心功能区，如图 4-4 所示。

“十三五”期间，松江新城以长三角 G60 科创走廊建设为引领，重点布局 7 个功能区（大学城双创集聚区、总部研发功能区、科技影都、经开区西区、经开区东区、松江综合保税区、智慧物流功能区），聚焦人工智能、集成电路、生物医药、智慧安防、新能源、新材料等“6+X”战略性新兴产业，取得了初步成效。2020 年，松江新城所在的松江区实现地区生产总值 1637.11 亿元，全年实现规模以上工业总产值 4072.65 亿元，战略性新兴产业产值占规模以上工业总产值比重提升至 29.0%。

（2）发展优势

一是政策优势。长三角 G60 科创走廊成为松江新城高质量发展的战略引领，并已上升为国家战略重要平台，纳入《中华人民共和国“十四五”规划和二〇三五年远景目标纲要》，预期可以得到各地各级政府的政策支持。

二是创新资源集聚优势。松江新城创新资源丰富，是上海建设具有全球影响力的科技创新中心的重要承载区。G60 科创走廊已集聚 G60 脑智科创基地、腾讯长三角人工智能超算中心等百亿元级重大产业项目，与松江大学城一起有望成为上海乃至全国重要的原始创新和创新产业高地。

4.4　奉贤新城

（1）创新产业的发展和布局

“十四五”期间，奉贤新城将按照不同类型，在新城中心、数字江海、国际青年社区、南桥源以及东方美谷大道五大重点地区集中发力，如图 4-5 所示。其中，新城中心主要发展九棵树众创空间的创意文化集聚区、东方美谷的生态商务区和公共服务集聚区；数字江

图 4–5 奉贤新城“十四五”重点发展区域
来源：《奉贤新城“十四五”规划建设行动方案》

海以美丽健康生物医药和智能网联汽车为主导，建设高能级、高科技的产业社区样板。

在创新产业发展方面，一是重点发展以美容化妆品、生物医药为代表的“东方美谷”美丽健康产业，构建具有鲜明奉贤特色的“全球生命健康产业创新高地”；二是加快智能网联汽车及核心零部件产业集聚。支持工业综合开发区内汽车零部件企业特别是奥托立夫等一批龙头企业以智能网联新能源为方向整体转型升级，探索建立智能网联汽车行业应用体系，打造智能网联全出行链。

（2）发展优势

一是化妆品产业特色鲜明。“东方美谷”是中国唯一的化妆品产业之都，汇聚国内外化妆品行业巨头、生物医药行业龙头，以及相关食品行业品牌企业。从化妆品企业数量方面看，东方美谷企业数量占上海市 1/4 以上，位居全市第一，市场销售额占比达 40%，已成为上海规模最大、国内知名度最高的化妆品集聚地之一，东方美谷品牌价值已达 287.31 亿元。品牌方面，东方美谷集聚了 200 多家国内外优质企业，拥有百雀羚、自然堂、玛丽黛佳、如新等 3000 多个美丽健康品牌。

二是科创资源集聚。奉贤新城各类人才达到 20.3 万人，其中国务院特殊津贴专家、上海市领军人才以及区领军人才近百名。奉贤区内拥有华东理工大学、上海师范大学等 9 所高等院校(校区)，并设立有“上海国际人才创业投资基金”“上海红土创投政府引导基金”“上海奉贤久有创业投资基金”等基金，为创新活动提供金融支持。

4.5 南汇新城

（1）创新产业的发展和布局

“十四五”期间，南汇新城围绕滴水湖核心，重点发展形成“一核一带四区”的空间结构，如图 4–6 所示。“一核”即滴水湖核心，围绕新型贸易、跨境金融、总部经济、研发孵化、航运服务等功能打造城市核心区；“一带”即沿海发展带；“四区”即洋山特殊综合保税区（芦

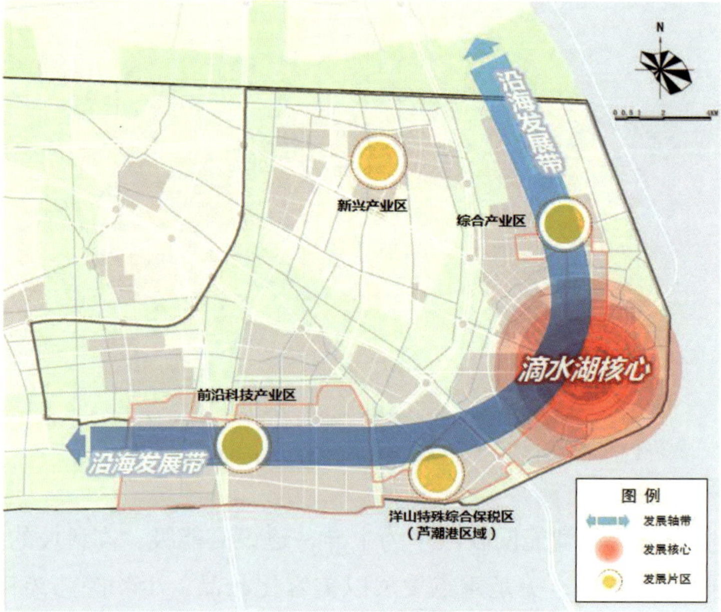

图 4–6　南汇新城“十四五”重点发展区域
来源：《南汇新城“十四五”规划建设行动方案》

潮港区域）、前沿科技产业区、综合产业区、新兴产业区，其中前沿科技产业区以突破关键核心技术为目标，嵌入式布局科技研发功能，实现产研一体高效发展；新兴产业区积极引入重大产业项目，探索在线互联的田园研发办公新模式和绿色创新驱动的制造新模式，打造人工智能场景应用试验功能。

2020 年，南汇新城实现工业总产值 1613.3 亿元，同比增长 39.6%；完成全社会固定资产投资 607.4 亿元，同比增长 51.3%。智能新能源汽车产业和高端装备制造产业集群效应逐步显现，集成电路、人工智能、生物医药、民用航空为代表的前沿产业发展迅速。“十四五”期间，南汇新城将建设高能级产业高地，重点发展集成电路、人工智能、生物医药、智能新能源汽车、高端装备制造等前沿产业，加快创新要素集聚，形成 3 个千亿级产业集群，加快培育新型国际贸易、跨境金融服务、现代航运服务、数字信息服务、科技创新服务等现代服务业，集聚各类总部机构超过 50 家，成为上海开放型经济高质量发展的重要增长极。

（2）发展优势

一是产业特色明显。南汇新城属于滨江沿海发展廊道上的节点城市，同时具有紧邻深水港、生态环境优越和发展腹地广阔等天然优势，为海洋经济的进一步生态化、智慧化、人文化转型奠定了基础。近 20 年来，南汇新城定位也逐步提升，从以航运产业等产业为特色的中等规模港口城市逐步转变为高能级、智慧型、现代化未来新城。产业从海港经济逐步延伸出十大前沿创新产业。

表 4–1　　近 20 年南汇新城定位引导变迁

2001 版总体规划（2001 年）	“十一五”规划（2006 年）	“十二五”规划（2011 年）	“上海 2035”总体规划（2018 年）	“十四五”规划（2021 年）
以洋山集装箱枢纽港为依托，以航运产业、仓储业、出口加工业为特色的中等规模的港口城市	以港口物流业和现代装备制造业为主的上海国际化大都市海洋新城	具有国际航运中心服务功能的综合性现代化滨海城市	滨江沿海发展廊道上的节点城市，以先进制造、航运贸易、海洋产业为支撑的滨海城市	与临港新片区功能相契合的高能级、智慧型、现代化未来支撑

来源：作者自绘

二是政策优势。2019 年 8 月，中国（上海）自由贸易试验区临港新片区正式挂牌，并率先启动南汇新城、临港装备产业区、小洋山岛等区域建设。临港新片区与以往的自贸试验区相比，在功能定位上更强调“自由”，着重打造更具国际市场影响力和竞争力的特殊经济功能区；在管理体制上更强调“放权”，明确提出新片区将参照经济特区管理，拥有更大的自主发展、自主改革和自主创新管理权限。临港新片区的诸多政策和先行举措为南汇新城的科技创新注入充沛动力，有利于各类创新要素的集聚和能量释放，成为南汇新城的独特优势。

三是国际化优势。南汇新城依托浦东和洋山两个国际（国家）级枢纽，并拥有洋山特殊综合保税区（芦潮港区域），相比其他新城更有利于吸引国际创新资源汇聚，发挥向外连接全球网络、向内辐射区域腹地的作用。南汇新城“十四五”重点规划建设区域包含国际创新协同区，围绕科创总部、顶尖科学家社区和临港科技城，打造“国际风、未来感、海湖韵”的海上城市。

4.6　五个新城创新发展的现状和问题

通过以上对五个新城创新发展现状的梳理可以发现，五个新城在创新发展过程中已形成以下特点：

一是五个新城均已建立起完善的规划建设引导体系。在《上海市新城规划建设导则》的指引下，五个新城都建立起了自身的规划与建设方案，对主导创新产业、创新产业布局、创新生态营造等方面都有浓墨重彩的布局，嘉定新城和松江新城还专门针对本区域科技创新重点区域，制订了专项规划，引导各个新城高起点、高质量发展。

二是五个新城具备较为良好的创新政策支持体系。围绕本区域创新主导产业，五个新城都出台了本区的产业支持政策，已形成了较为完善的创新政策支持体系。有的新城如松江、青浦、南汇，还具有 G60 科创走廊、长三角一体化示范区、浦东自主创新新高地和自贸区等国家支持政策的“加持”，具备了比其他区域更为优越的创新政策环境。

三是五个新城拥有较为充沛的科技创新资源。五个新城大多拥有较为充沛的科技创新资源。松江新城坐拥松江大学城和G60创新走廊、嘉定新城周边已形成“十一所三中心二基地”的科研机构布局和同济大学、上海大学等高校（校区）、奉贤则拥有华东理工大学和上海师范大学等9所高等院校（校区）、复旦大学青浦校区也在抓紧推进，为五个新城创新发展奠定了良好基础。

四是发展特色日趋明显。五个新城分别依托上海国际汽车城、长三角一体化示范区、G60科技创新走廊、东方美谷、自贸区等战略核心区域，规划和发展各自的创新主导和特色产业，发展特色日趋明显。

但同时也必须看到，五个新城在发展过程中，也存在一些问题，需要引起重视。

一是规划定位尚未转化为发展优势。五个新城虽然已经对城区建设、产业发展等问题进行了高标准、前瞻性规划，但将规划蓝图顺利落地仍需时日，当前，五个新城普遍存在产业能级不够、产城融合不足、土地绩效不高、人口吸引不强、综合服务功能不全、创新创业生态体系不够完善等问题。要继续通过不断建设来实现“独立”“综合”“节点”这三个关键。

二是核心节点尚未转化为区位优势。五个新城分别处于沿江、沪宁、沪杭、沪甬发展走廊的核心节点位置，为产业一体化发展、创新资源要素快速流动创造了良好的条件，但目前这五个新城通往上海市区、五个新城彼此之间、五个新城通往长三角其他地区，由干线铁路、城际铁路、市域（郊）铁路、城市轨道交通等“四网融合”为核心对外便捷、对内便利的交通体系和创新资源要素无障碍流动机制仍不够完善，五个新城在创新走廊上的核心节点优势短期内难以转化为区位优势。以南汇新城为例，南汇新城距市中心和周边城市较远，与上海中心城距离75公里，与宁波、舟山隔海相望，目前缺乏高效交通基础设施的连接，导致创新合作和产业转移受限。

三是特色产业尚未转化为比较优势。虽然五个新城都已确定了自身的特色主导创新产业，但沿着沪宁、沪杭、沪甬、沿江等创新走廊可以发现，沿线主要城市在创新产业上的定位存在较为严重的同质化现象，如表4–2所示。各城市在某些产业上的差距正逐渐缩小，譬如，上海、杭州、合肥、苏州等长三角城市均已入选国家新一代人工智能创新发展试验区，青浦、松江、南汇三个新城也将人工智能作为核心创新产业进行发展与培育。

产业定位的趋同虽然有助于在长三角建立起更具竞争力的“大产业”，但也容易引发恶性竞争。不仅在长三角范围内，在上海内部，五个新城的创新产业定位也有可能与张江高科技园区产生重叠。五个新城在确定特色主导创新产业的基础上，仍需进一步谋划，通过错位、借力和协同发展，形成自身的比较优势。

表 4–2　五个新城与长三角部分城市主导创新产业

上海五个新城	嘉定新城	新能源智能汽车、智能传感器与物联网、在线新经济（电子商务）等
	青浦新城	数字经济、现代物流、会展商贸、人工智能等
	松江新城	人工智能、集成电路、生物医药、高端装备、新能源、新材料、汽车等
	奉贤新城	美容化妆品、生物医药、智能网联汽车及核心零部件等
	南汇新城	集成电路、人工智能、生物医药、智能新能源汽车、高端装备制造等
浙江	嘉兴	高端装备、集成电路、智能制造、新能源、汽车
	杭州	互联网、汽车、高端装备、智能制造、生物医药
	湖州	汽车、集成电路、互联网 +、集成电路、生物医药
	金华	先进装备、生物医药、汽车
江苏	苏州	生物医药、高端装备、智能制造、互联网 +、集成电路
安徽	合肥	新型显示、人工智能、新能源、家用电器、集成电路
	芜湖	汽车、机器人、电子电器、智能制造、高端装备
	宣城	汽车、集成电路、生物医药、智能制造

来源：作者自绘

5　五个新城在长三角科技创新共同体中的发展定位与策略分析

5.1　五个新城在城市功能、区域联动、科技创新方面要有新突破

通过对长三角科技创新共同体发展目标和内涵以及五个新城创新发展的现状分析，五个新城要与长三角科技创新共同体内的其他城市建立起相通的价值观、共同的发展愿景以及共同的利益基础，遵循共商的治理机制，共建和谐共生的科技创新网络。对每个新城而言，要在城市功能、区域联动、科技创新等方面谋求更大突破，成为连接上海市中心和上海周边苏州、嘉兴、南通、湖州、杭州、宁波、舟山等城市之间重要的节点和创新增长极，在上海市中心外围形成一个独立的核心圈层，在主动融入和参与长三角科技创新共同体发展过程中占据一席之地，更好实现自身发展要求和目标愿景。

一是在城市功能方面，五个新城要以独立的综合性节点城市为目标，高起点、高标准、高质量培育具有自身特色的科技创新支柱产业，成为长三角乃至全球创新产业新高地、上海城市竞争力的新输出地，而非市中心次要功能的疏解地。要充分利用新城内部与周边高校和科研机构等科研资源，提升科技创新策源能力，形成独立于市区的内生性功能。

二是在区域联动方面，建立起五个新城与上海市中心之间、五个新城彼此之间、五个新城和长三角其他城市之间互联互通的高效交通基础设施体系、政产学研金介用“六位一体”的常态化创新协同合作机制，以及高强度、高频度、高速度的创新资源流动、集聚和共享通道，使长三角科技创新合作网络结构更为致密、跨区域科技创新治理体系更加完善、上海作为

长三角龙头的创新策源和对外辐射功能显著增强。

三是在科技创新方面，五个新城要结合自身特点，在创新策源能力建设、创新生态营造、全球创新要素集聚、创新技术应用示范、创新文化营造等方面狠下功夫，使全球优秀人才都愿意将新城作为创业、就业、生活的首选地。

5.2 五个新城在长三角科技创新共同发展中要有高定位

（1）长三角创新产业的新增长极

五个新城要围绕各自重点发展的创新主导产业，尤其是这些产业所属产业链的重点和核心环节，积极引入头部企业，大力引进和培育高成长性科技企业，加大产业核心技术研发协同力度，将各自的长板做长。还要积极拓展战略性新兴产业的承载空间，打造一批特色产业园，形成各具特色的园区载体。不断提升生产性服务业的服务和创新能级，形成长三角创新产业新增长极。

（2）长三角重要的创新策源地

充分发挥五个新城科技资源富集、原始创新能力强的优势，围绕“卡脖子”领域技术突破和先导产业发展，服务长三角科技创新共同体中的其他地区。加强新城区域内产学研合作，加快推进高校和科研院所科技成果就地转移转化；依托国家级科研院所和一流高校，向长三角乃至全国提供技术开发、技术咨询等专业技术服务，形成专业技术服务业集聚，发展与之配套的技术转移服务体系。

（3）国际创新要素的集聚地

积极拓展国际科技合作的渠道和领域，不断提升合作层次和水平，加强与虹桥国际枢纽、G60科创走廊和自贸区的对接，吸引国际创新要素向五个新城流动集聚，将五个新城发展成为国际创新要素集聚地。

（4）长三角高素质人才的生活工作目的地

以强大的产业功能吸引人，通过优化营商环境，积极对接上海市人才政策，大力宣传和实施五个新城人才新政，拓宽引才渠道，吸引国内外优秀人才来五个新城创业、工作与生活。围绕五个新城产业特点，加大对高层次人才、急需紧缺人才、国内外优秀青年人才的引进力度。积极提升五个新城居住、生活、商业和公共配套服务品质，靠完善的城市功能留住人。

（5）创新应用的示范先导区

率先将创新技术应用到五个新城的生产和生活实践，加快建设新时代智慧城市。在新城内加强智能交通、综合管廊等技术的应用，打造新型基础设施平台，开展工业互联网及应用推广，不断提高城市数字化治理水平，以城市数字化整体转型带动现代化治理能力提升。形成一批可体验的示范应用场景，打造一批智慧标杆企业、商圈和居住社区，让新城展现科技范、充满未来感。

5.3 五个新城建设和发展中需要把握好的几对关系

一是创造与共享。五个新城自身具备较好的区域创新禀赋，不仅要利用自身近水楼台先得月的优势，将科技创新成果快速就地落地转化形成新生产力，还要通过建立高效的科技成果链式孵化体系、创新要素支撑体系和利益共享机制，发挥辐射与策源作用，在长三角范围内共同将“蛋糕”做大。

二是铸极与协作。五个新城在发展创新主导产业时，需要注意“大产业”下的“细分工”，围绕重点发展的集成电路、生物医药、人工智能、新能源汽车、智能制造等产业，在创新链与产业链的某些具体环节，尤其是价值高端环节和确保产业链自主可控的核心环节形成各自的极化优势，在其他环节注重错位发展，通过不同城市间创新资源要素的联合和互补，形成有效的产业链分工协作，甚至为其他城市的“极”做配套服务，提升长三角整体的产业竞争力。

三是创新与底蕴。五大新城大都在县城基础上发展而来，并非真正意义上的重建，嘉定新城的州桥与西门、青浦新城的老城厢水乡风情、松江新城的仓城与府城旧街区、奉贤新城的“南桥九景”等历史风貌，凸显了新城各自拥有的丰厚文化底蕴。在塑造全新的创新文化、营造现代人文景观的同时，要注重与新城悠久的历史文脉、老城风貌的融合贯通，在继承优秀传统文化的同时，发掘出新的内涵，逐步形成新城的文化软实力，激发出具有新城自身 DNA 的创新创业文化。

作者信息

鲍悦华，同济大学上海产业创新生态系统研究中心研究员，baoyuehua@hotmail.com。
王倩倩，同济大学经济与管理学院博士研究生。

参考文献

[1] 陈套．长三角区域创新共同体建设动力机制[J]．科技中国，2020(01)：57-59．

[2] LYNN L H，REDDY N M，ARAM J D．Linking technology and institutions：The innovation community framework[J]．Research Policy，1996，25(01)：91-106．

[3] Association of university research parks．The power of place：A national strategy for building America's com-munities of innovation[EB/OL]．http：//www.aurp.net/assets/documents/ThePowerofPlace.pdf．

[4] 李春成．创新共同体：协同创新的理念与工具[EB/OL]．http：//blog.sina.com.cn/s/blog_d388-85690101hyqt.html．

[5] 王峥，龚轶．创新共同体：概念、框架与模式[J]．科学学研究，2018，36(01)：140-148+175．

[6] 谢科范．加快建设科技创新共同体：基于复杂科学管理视角[J]．信息与管理研究，2021，6(06)：30-39．

平滑世界中的区域黏性：上海新城人才吸引力研究 *

孙明[1]　朱妍[2]

（1. 同济大学政治与国际关系学院，上海，200092；
2. 上海社会科学院社会学研究所，上海，200020）

上海五个新城建设开启了城市发展的新格局，要实现新城“独立的综合性节点城市”的定位，产业是基础，人才是关键。在新城建设的总体要求中，“产城融合、职住平衡”的提出，意味着新城不再是疏解中心城区人口的卫星城或者职住分离的“卧城”[1]，而是社会生活社区与生产系统相互融合渗透的创新区域。在这一城市生态系统中，人才兼具经济属性和社会属性。他们不仅是支撑产业发展的高端生产要素和实现经济高质量发展的人力资源，作为社会行动者的人才与政府、企业、社会组织一样，是新城建设的重要主体。人才在新城的空间集聚从根本上决定着区域的创新潜力与社会文化特征。

在高度流动的世界以及区域竞争的背景下，人才的“引”与“留”并非易事。交通运输技术和信息通信技术的日新月异实现了对空间的不断压缩[2]，人们的工作与生活日益突破地理空间的限制，在不同区域之间能够实现更加便利的空间流动。与此同时，户籍、社会保障等制度的改革不断降低区域间人才流动的制度障碍。可以说，人才的流动与其他生产要素的流动类似，处于一个更加光滑的世界之中。而在光滑的世界中如何提升区域对人才的黏性[1]，实现人才的空间集聚并根植于当地，逐渐引起各地政府的高度关注。继招商引资的产业竞争之后，各地已经展开了激烈的人才竞争，频频推出更宽松的落户政策、更优惠的人才政策。

基于人才的重要性以及区域间人才竞争的形势，如何提升上海新城的人才吸引力就成为一个重要的研究主题。基于新城的产业特征，需要吸纳哪些类型的人才以实现人与产的

*　本文为国家社会科学基金一般项目（19BSH084）的阶段性成果。

1　本文使用“平滑世界中的区域黏性”这一说法，源自：MARKUSENA. Sticky places in slippery space：A typology of industrial districts [J]. Economic Geography，1996，72(03)：293–313.

匹配？在激烈的人才竞争中，新城从哪里引才，人才竞争的主要压力源自何处？如何精准对接人才需求，提升新城对人才的黏性？本文以社会学的社会网络理论和经济地理学的创新集群理论作为理论渊源，基于对部分新城所在行政区的调研，尝试对上述问题进行回答。

本研究采用定量与定性混合的研究路径。2021 年 10 月，课题组在上海市嘉定区开展了非概率抽样的问卷调查，8175 位在该区工作的被访者填答了问卷，调查范围涵盖嘉定区 13 个街镇、不同类型的行业、不同性质的企业以及户籍状况等。虽然非概率抽样的样本无法对总体的参数进行统计推论，但统计结果具有一定的参考价值。同时，课题组召开了 26 场座谈会，对象包括区和街镇的相关职能部门、产业园区、企业。在调研企业的选择上，课题组基于行业、规模、所有制三个核心维度来划分类型、选取典型，所有制形式涵盖国有、外资、民营等不同类型，行业类型兼顾传统制造业、战略新兴产业以及生产性服务业。

特别需要说明的是，虽然五个新城具有清晰明确的地理边界，是嘉定区、青浦区、松江区、奉贤区、浦东新区的局部[1]，然而课题组在调研中发现，这种“城中城”的格局、行政区内部的分异不仅给制度的设计和执行带来不便，而且在官方宣传和被访者的认知中也时常将全区作为一个整体视作新城。因此本文在调研与分析时，将新城的范围扩展到其所在行政区。

1 新城处于产业转型的关键时期，人才需求呈现多样化、多层次

人才的需求结构本质上是由当前的产业结构以及面向未来的产业规划所决定的。课题组在调研中发现，既有产业在数字信息技术的浪潮中承受转型升级的巨大压力，在宏观经济下行和疫情冲击下面对更加激烈的市场竞争，企业不仅面对招工难、招工贵的问题，对专业技术人员的需求也非常迫切。若将目光投向未来，五个新城在“十四五”的产业规划中都重点布局了战略新兴产业或先导产业，希望获得长期发展的新动能，成为具备竞争优势的高科技创新型产业聚集区。除了上述约瑟夫·熊彼特意义上的创新发展[3]，部分新城还实施了产业结构多元化战略，例如嘉定区努力推动本区拥有比较优势的制造业向生产性服务业尤其是高端服务业延伸，提出在远香湖中央活动区打造总部经济，力求产业结构更加多元均衡。上述产业结构转型升级和多元化的发展规划，对新城所需人才的类型将产生深刻的影响。

传统制造业、战略新兴产业、生产性服务业有各自的人才需求。调研发现，传统制造业企业紧缺机械、材料等专业的人才，生物医药与精准医疗行业需要大量生物、药学专业的人才，而在“软件定义汽车”的新能源智能网联汽车行业，需要大量的软件人才以及与“三电”（电池、电机、电控）相关的人才。除了与研发、生产密切相关的技术人才，能

1 例如嘉定新城的范围是北至霜竹公路、南至蕰藻浜、东至横沥河 – 绿意路 – 浏翔公路、西至嘉松北路。同时将安亭枢纽站城区（东至墨玉北路、西至上海绕城高速、南至城市开发边界，总用地面积 219.7 公顷）纳入新城范围。新城规划面积约 162 平方公里，而嘉定区的总面积是 464.2 平方公里。

够带来管理模式创新的管理人才同样是企业急需的。制造业的发展需要生产性服务业的支撑，对大量法律、财会、金融、销售、大数据分析、战略规划等人才，企业同样是求贤若渴，而且该类人才的空间集聚也是区域市场环境成熟的一个重要标志。

高素质的公共服务类人才与企业的技术和管理类人才同样重要，却容易被忽略。影响区域人才的吸引力的一个重要因素是当地的公共服务质量，各区政府也将提升基础教育、公共医疗、政务环境的品质作为招揽人才的重要抓手。不同于基础设施等“硬环境”建设，公共服务的品质与从业人员的素质密切相关。从事教育、医疗、行政管理工作的人才，是提升公共服务质量、打造宜业宜居环境的重要支撑。

技术创新路径的差异化，使得企业人才需求呈现多层次。大量传统的制造业企业采取“渐进型的技术创新”，而处于战略新兴产业的要尽快实现“突破型的技术创新”。企业创新的路径不同，知识、技术、技能的性质不同，相应地企业需要的人才就展现出高低不同、多层次的特征。

传统产业的渐进型创新需要大量中端人才。高学历不等于高能力，知识的前沿性有时不如经验的丰富性。企业的人才招聘，不仅考虑技术的前沿性，更在乎成本与收益的经济合理性。调研发现，许多制造企业的技术创新是对国外先进产品的逆向研发（仿制）、产品设计和工艺流程的改进、零部件的国产替代（所谓成本创新），表现出典型的渐进型创新的特征，是“干中学”的过程。支撑创新的并不是基础科研、领先的专业知识、高精尖的技术，而是生产实践中所积累的隐含知识（tacit knowledge）。拥有丰富工作经验、能够解决现实难题的专业技术人员是制造企业急需的人才。因此，有被访企业的高管建议，新城人才引进的眼光也应该适当调低，院士与诺贝尔奖获得者具有高显示度，但对于多数企业而言并非是急需紧缺的人才，也遥不可及。

战略新兴产业的突破型创新依赖极少数的高端人才。顶尖科学家及其团队、研发骨干等是企业实现技术突破以及获取市场竞争优势的关键，例如在新能源智能网联汽车、生物医药与高端医疗设备、智能制造等行业，企业与时间赛跑，只有实现关键技术的突破，才能赢得市场和未来。调研发现，部分被资本市场青睐的企业，不惜重金在全球范围内邀请顶尖科学家和技术人才的加盟。某初创公司，就依靠三位海归博士就实现了移动穿戴设备的软件研发，成为某国际知名信息与通信技术企业的供应商，企业实现爆炸式成长。某生产自动包装机的企业，成功从国际电力和自动化技术领域的领导厂商艾波比集团公司（Asea Brown Boveri,ABB)邀请到一位技术骨干加盟,企业迅速转型升级为智能机器人的制造商,由于临近众多制造企业、贴近应用场景，拥有广阔的市场前景。

2 新城的人才主要来自外省市，将成为典型的人才迁入型区域

新城的人才主要从哪里来？这个问题涉及人才的特征、新城引才的发力方向以及人才政策的设计。由于人才内部存在类型与层次的异质性，本文并不打算对人才的空间来源做

面面俱到的分析。人数少、占比低的高端人才或领军人才流动范围广阔，甚至来自全球招聘。出于数量规模、指向未来这两方面的考虑，重点聚焦“青年人才”，通俗地讲就是各地人才竞争的重点目标——年轻的高等院校毕业生或年轻的专业技术人员。

通过对问卷调查中被访者户籍状况的分析，可以推测出新城的青年人才主要来自外省市。课题组选择在嘉定区工作、具有大专及以上学历、年龄35岁及以下、岗位为专业技术人员（包含财务、研发、医生等）的被访者，对户籍状态的统计分析结果显示，嘉定区土生土长的本地人仅占7.95%，无法构成青年人才的主体，可进一步做出判断，新城大规模引才必须向外发力，本地人才的数量对于实现新城的定位难以提供坚实的人才基础；上海其他区青年人才的本地人比例更低（仅有4.74%），依靠上海市内本地人才的跨区流转也并不现实。与本地青年人才比例较低形成鲜明对比的是，大量来源外省市的被访者构成了青年人才的主体，其中获得上海户籍的新嘉定人占比17.43%，拥有居住证的占39.30%，无居住证的占27.37%，合计高达84.1%（表2–1）。

表2–1　　嘉定区青年专业技术人员（35岁及以下）的户籍状况

户籍状况	人数	百分比
上海户籍（嘉定本地人）	52	7.95%
上海户籍（外省市迁入嘉定）	114	17.43%
上海户籍（其他区的本地人）	31	4.74%
上海户籍（外省市迁入其他区）	16	2.45%
上海居住证（外省市户籍）	257	39.30%
无居住证（外省市户籍）	179	27.37%
外籍人士（含港澳台）	5	0.76%
总计	654	100%

来源：作者自绘

来自外省市的青年人才又可以进一步区分为上海的高等院校毕业生和外省市高等院校毕业生，通过对高校、企业、人才服务中心的走访，来新城就业的外省市青年人才主要是后者。为什么新城无法从上海中心城区和本地高校大量吸纳毕业生呢？首先，上海中心城区高校集聚、高等教育资源丰富，但郊区新城的区位劣势对高校毕业生的吸引力不足，中心城区与郊区之间不存在明显的人才外溢现象，反而存在中心城区对郊区人才的强烈吸引。通过访谈发现，除了生物医药、人工智能、新能源智能网联汽车等战略新兴行业中的企业，以及传统优势产业中的大型企业能够以职业发展前景、丰厚的薪酬待遇吸引中心城区的青年人才，多数被访企业表示很难在中心城区的高校招到毕业生。

其次，面对其他省市尤其是上海中心城区的吸引，郊区新城的产业结构与区位劣势导致本地毕业生的根植性较弱。例如拥有大学城的松江区，人才服务中心的工作人员表示由于本地高校的专业设置、学科特长与松江区的产业结构匹配度不够高，外加中心城区的吸引，松江大学城毕业生留在本地的比例要低于预期。对同济大学嘉定分校的高年级本科生访谈也有类似发现，除了汽车相关专业的学生会在嘉定区与浦东区之间进行选择，其他专业的同学均没有强烈的留嘉意愿。郊区新城在青年人才招聘方面的区位劣势，已经迫使部分企业将校园招聘的重点放在外省市，甚至拓展到中西部地区。某国内知名的产业互联网企业，只在武汉市组织校园招聘。某大型上市物流公司的华东总部招聘办公室职员，已经将校招延伸至云、贵、川地区；由于该公司地处郊区，区位的劣势助推了新进人员的离职率。

若上海新城的青年人才主要来自外省市，那么新城将成为典型的人才迁入区域。人才政策中的落户政策会成为外来青年人才的一个核心关切，众所周知本地户籍与公共资源的享有以及归属感之间有着紧密的关联。外来人才与本地人才相比流动性会更强，对于提升区域的人才黏性提出了更高的要求[1]。其中就包括区域的社会氛围是否足够开放包容，地方主义的排外情绪以及对外来人才摊薄本地资源的顾虑都将削弱该区域的人才吸引力。

3 郊区新城的既有人才存在较高的流动预期，面对中心城区强烈磁吸效应

引才难，留才也并非易事。新城既有人才的流动预期是怎样的，具有哪些特征？对嘉定区的问卷调查数据进行分析可知，所有 8175 名被访者中有 30.28% 表示未来几年可能离开嘉定区。课题组由于缺乏参照而无法对这一数字做出判断，但如果参考企业的职工流动率，这一流动预期有些偏高。进一步分组统计，土生土长的嘉定人计划离开的比例是最低的，仅有 8.9%[2]。课题组统计了户籍不在嘉定、拥有本科及以上学历被访者的流动预期，特征是越年轻的人才越可能流动，30 岁及以下年龄组计划离开的比例高达 45.63%，31—35 岁年龄组该比例降至 32.6%，对比更鲜明的是 56—60 岁年龄组计划离开的比例低至 23.08%，而对于 60 岁以上的高学历被访者该比例只有 11.11%。再看婚姻状况，未婚的高学历人才有计划离开的比例高达 48.85%，而对于已婚者该比例降到 30.3%。通过访谈可知，已婚的人才在进行流动决策时是以家庭为分析单位，需要权衡配偶的就业、子女的教育等多种因素，这大大提高了流动的社会成本而增加了人才的稳定性。在营造引才、留才的环境时，不仅要着眼于人才的“立业”，以“成家”为代表的本地生活对人才而言是更具黏性的。

1 例如在嘉定区的问卷调查中，具有大专及以上学历的嘉定本地人中仅有 10% 表示未来几年有计划离开嘉定，而对于拥有同样学历但来自外省市的被访者有计划离开嘉定的比例明显提高，其中拥有同样学历但已经落户嘉定的“新嘉定人”该比例是 28.34%，拥有居住证和没有居住证的被访者有计划离开的比例分别是 27.09% 和 48.65%。

2 “新嘉定人”有计划离开的比例是 26.48%，说明即使获得户籍这一稀缺资源，人员依然可能流动，不少基层工作人员在访谈中也表达过对这一现象的顾虑。

若人才是流动的而非固定的，那么本地人才可能流向何处，人才竞争的压力源自哪里？在走访调研中，政府的工作人员、企业的管理者认为新城所面对的人才竞争态势是内外双向挤压。外部长三角区域的苏州、南京、无锡、杭州、宁波等城市被多次提及。由于上海较高的生活成本、“落户难”的制度阻碍构成了“推力”，国内一些明星城市经济快速发展，相对较低的居住成本和落户门槛、更具吸引力的人才政策、独具特色的地方文化都构成了对人才的“拉力”。而在上海市内部，五个新城的产业规划有部分重叠，对生产性服务业和公共服务人才的需求存在共性，可以说，五个新城对人才的吸纳彼此之间也存在着竞争关系。而更大的压力源则是上海的中心城区，一些被访者表示郊区新城具有疏解中心城区人口的功能，但是对于人才而言，方向却是反过来的，中心城区对郊区新城的人才具有明显的磁吸效应。

对新城本地人才流动预期的分析，清楚地显示中心城区对人才的巨大吸引力。在嘉定区的问卷调查中，课题组分析了户籍不在嘉定、具备本科及以上学历、年龄45周岁以下（含）的被访者如果离开嘉定区，将去哪里工作。描述性统计分析的结果显示，在拥有本科及以上学历的中青年人才中，高达41.49%的人会选择上海中心城区，选择上海其他郊区和长三角其他城市的比例类似，分别是13%和12.86%。拥有研究生学历的中青年人才选择上海中心城区的比例更高，达到了55.14%，选择上海其他郊区和长三角其他城市的比例分别是12.35%和9.05%（表3–1）。

表3–1　　高学历中青年人才预期的流动目的地

	上海中心城区	上海其他郊区	昆山	太仓	长三角其他城市	长三角以外城市	其他	总计
本科	41.49%	13.00%	2.28%	2.49%	12.86%	3.60%	24.27%	100%
硕博	55.14%	12.35%	1.23%	1.65%	9.05%	4.12%	16.46%	100%
总计	22.84%	9.03%	2.67%	2.85%	9.05%	2.69%	50.86%	100%

来源：作者自绘

中心城区对郊区新城既有人才的吸引部分原因是区域产业结构的差异，以及中心城区作为成熟的产业社区和生活社区所形成的竞争优势。那么哪些行业的人才更可能流动到上海的中心城区呢？通过对嘉定区问卷调查的分析，可以发现从事金融（75%）、房地产开发（63.27%）、批发零售（55.29%）、租赁和商业服务（52.94%）、软件和信息技术服务（50.53%）以及科教文卫公共服务（54.64%）的中青年人才如果离开嘉定区选择上海中心城区工作的比例均超过了半数。相比之下，制造业和物流仓储行业的人才计划迁往中心城区的比例稍低，分别是34.78%和29.49%。上述高学历中青年人才流动预期的行业差异，反映中心城区与郊区新城的产业结构差异，商业、生产性服务业、科教文卫等行业在中心城区能够提供更好的薪酬福利和职业发展的机会。更深层次的原因是同行业的企业、机构、人才在中心城区的空间集聚所形成的产业氛围，个体融入其中将获得集体学习的效率、知识溢出效应以及丰厚的社会资本等，这是微观层次的行动者在集群中能够获得的益处。从新城的角度看，以金融、信息技术服务业为代表的高端服务业人才、科教文卫人才对于新城产业发展、技术创新、公共服务品质的提升具有重要的意义，需要有针对性的举措来弥补产业结构差异导致的人才吸引力的劣势（表 3–2）。

表 3–2　　高学历中青年人才所处行业与预期的流动目的地

	上海中心城区	上海其他郊区	昆山	太仓	长三角其他城市	长三角以外城市	其他	总计
制造业	34.78%	15.97%	2.24%	3.28%	15.22%	3.58%	24.93%	100%
租赁、商业服务	52.94%	9.80%	3.92%	3.92	9.80%	5.88%	13.73%	100%
物流、仓储	29.49%	8.97%	1.28%	3.85%	10.26%	6.41%	39.74%	100%
软件和信息技术服务	50.53%	10.53%	1.05%	1.58%	13.68%	6.32%	16.32%	100%
批发零售	55.29%	10.59%	4.71%	2.35%	5.88%	0	21.18%	100%
住宿餐饮	42.50%	10.00%	0	0	10.00%	0	37.50%	100%
金融	75.00%	7.50%	2.50%	0	5.00%	2.50%	7.50%	100%
房地产开发	63.27%	14.29%	0	0	10.20%	2.04%	10.20%	100%
居民服务、修理业	42.11%	15.79%	0	0	0	5.26%	36.84%	100%
科教文卫	54.64%	10.38%	1.64%	1.09%	10.93%	2.73%	18.58%	100%
其他	42.96%	11.97%	2.82%	2.11%	10.92%	3.52%	25.70%	100%
总计	43.46%	12.91%	2.13%	2.37%	12.31%	3.67%	23.15%	100%

来源：作者自绘

如果人才的流动预期与实际流动行为一致，那么人才的吸引力存在明显的空间分异，人才的流动呈现“外省市—上海新城—上海中心城区”的三级梯度。如前文所述，上海新城的青年人才主要来自外省市，而在新城工作且没有落户的中青年人才中近半数计划到上海的中心城区工作。若实际的空间流动也是如此，则上海新城在人才流动的轨迹上具有“过渡区域”或“跳板区域”的特征。一种乐观的境况是，即使新城的人才被中心城区持续地吸纳，只要人才如水流一般源源不断地迁入，新城在人才方面依然可以保持充足与活力。但是，上述情形并不符合“职住平衡”的目标，以及人才能够根植本地的期待。不仅要引进人才，更要留住人才。提升区域的人才黏性，使人才由“工作—过渡型”变为“生活—定居型”是摆在新城面前的一个重要课题。

4　增强新城的人才黏性，需营造宜业、宜居的“软环境”

以更高的薪酬福利和更广阔的职业发展前景来弥补区位的劣势是被访企业招揽人才的

惯常做法，但对于从事创造性和知识密集型工作的人才而言，自由、自主、公平的工作环境与物质激励同样重要。课题组对问卷调查数据进行描述性的统计分析发现，受教育程度越高的被访者能够在嘉定区获得更高的收入和升迁的预期，对发展和晋升的满意度更高，说明嘉定区拥有良好的就业环境。

受教育程度越高的被访者月收入越高，以教育为代表的人力资本与收入回报之间具有明显的正相关关系。只拥有初中、高中学历的被访者，月收入集中在“8000 元及以下”的区段，拥有硕士和博士学位的被访者月收入主要集中在 10001—15000 元（27.61%）、15001—20000 元（19.22%）、20000 元以上（31.16%）。未来几年升迁的可能性同样随教育程度提升而增加，受教育程度是初中及以下、高中、大专、本科、硕士和博士的被访者，未来几年可能升迁的比例分别是 14.44%、20.27%、26.92%、35.93%、45.90%。对晋升和发展机会的满意度也有同样的趋势，受教育程度是初中及以下、高中、大专、本科、硕士和博士的被访者，对工作晋升和发展机会表示“满意”的比例分别是 33.89%、32.50%、39.48%、45.68%、46.08%，学历越高，满意度越高。从上述描述性统计分析的结果可以看出，对高学历群体而言嘉定区整体的就业环境是比较公平的（表 4–1—表 4–3）。

表 4–1　　不同教育程度的被访者月收入（人数 =8175）

受教育程度	8000 元及以下	8001—10000 元	10001—15000 元	15001—20000 元	20000 元以上	总计
初中及以下	90.40%	6.51%	2.00%	0.50%	0.58%	100%
高中 / 职高 / 中专 / 技校	81.93%	12.86%	3.73%	0.64%	0.83%	100%
大专	68.72%	14.56%	12.15%	2.26%	2.31%	100%
本科	43.53%	15.95%	19.22%	9.51%	11.79%	100%
硕博	12.50%	9.51%	27.61%	19.22%	31.16%	100%
总计	63.79%	13.05%	11.74%	4.93%	6.48%	100%

来源：作者自绘

表 4–2　　不同教育程度的被访者对未来几年升迁可能性的判断（人数 =8175）

受教育程度	可能	一般	没可能	总计
初中及以下	14.44%	21.29%	64.27%	100%
高中 / 职高 / 中专 / 技校	20.27%	27.25%	52.48%	100%
大专	26.92%	29.92%	43.17%	100%
本科	35.93%	31.77%	32.29%	100%
硕博	45.90%	28.17%	25.93%	100%
总计	27.44%	28.44%	44.12%	100%

来源：作者自绘

表 4–3　　教育程度与工作晋升和发展机会的满意度（人数 =8175）

受教育程度	满意	一般	不满意	总计
初中及以下	33.89%	24.46%	41.65%	100%
高中／职高／中专／技校	32.50%	28.08%	39.42%	100%
大专	39.48%	32.91%	27.60%	100%
本科	45.68%	35.25%	19.06%	100%
硕博	46.08%	33.21%	20.71%	100%
总计	39.25%	31.20%	29.54%	100%

来源：作者自绘

基础设施与公共服务的品质是提升新城人才吸引力、实现“职住平衡”的关键。那么从人才的角度出发，哪些方面的需求比较突出呢？课题组通过访谈发现，需求最为迫切的是提升基础教育的质量。目前各个新城已经建立了多所覆盖义务教育阶段的公立学校，适龄人群凭户籍或居住证积分均能获得公立学校的就近入学资格。但中高端人才极其重视子女教育，对教育资源的质量有更高的需求。换言之，他们不会仅仅满足于让孩子“有学上”，而是追求更高品质的公立教育资源。对问卷调查数据的分析发现，拥有硕士和博士学位的被访者对小学教育质量表示不满意的比例最高，达到 19.03%，对初中教育质量不满意的比例则达到了 24.07%，远远高于只拥有初中及以下学历的被访者（6.34%）。专业技术人员对小学教育质量表示不满意的比例是 14.5%，对初中教育质量不满意的比例是 16.86%；中高层管理人员这两个比例，分别是 12.25% 和 14.82%；作为参照，工人和服务业人员对小学和初中教育质量不满意的比例仅为 7.24% 和 7.53%。

教育资源的质量无法满足期待，对部分人才而言是工作空间与生活空间、人才与家人异地分离的一个重要原因。课题组调研发现，不少外地来沪的企业高管和核心技术人才让孩子在老家就读质量更有保障的公立学校，不得不付出亲人两地分居、无法陪伴子女的社会成本，而这也成为部分人才无法扎根嘉定安心工作的负面因素。另有部分中高端人才为了子女教育而选择居住在上海中心城区，每天付出较高的通勤成本。

除了基础教育的质量，“文化氛围”在访谈中被中高端人才反复提及，对于青年人才而言是职业发展之外影响流动预期最主要的原因。文化资本理论认为，教育程度越高，文化品位越高，对“文化舒适物”尤其是高雅文化舒适物具有更高的需求，例如图书馆、博物馆、剧院等[4]。与文化有关的舒适物并不局限于有形的“物”，被访者口中的“文化氛围”意味着某个区域拥有多元、开放、时尚、有活力的文化环境或社会风气，也被称为“社会舒适物”。许多国内城市使出浑身解数去建构自身的特色符号，营造年代感、文艺气息、生活气息，打造一批所谓的“文艺弄潮地”“网红打卡地”“先锋文化空间”等。这种多元融合、异彩纷呈、活力四射的空间，深深吸引受过高等教育、还未组建家庭的年轻人。

新城在这方面还有比较大的提升空间，一些在校本科生对课题组表示，郊区新城与中心城区相比文化氛围不够浓厚，缺乏时尚有趣的文化活动以及志同道合的青年群体，毕业之后计划去中心城区。

5 构建新城的人才社会网络，打造人才社群

提升新城对人才的黏性，要以社会网络的思路来打造人才社群，让人才在新城“结网”。通过人才政策及资源匹配将人才吸引到新城形成人才的空间集聚仅是第一步，关键是推动个体之间的社会互动，产生社会关系，关系又延展形成社会网络。个体深深嵌入在区域的社会网络之中，该区域就会具有很强的黏性。为什么人与人之间的社会互动以及社会网络如此重要，对人才有如此大的吸引力呢？知识可以分为编码化知识（codified knowledge）和隐含知识（tacit knowledge），前者指的是通过以书面或图表等方式表达的观点或知识技能[5]，而大量隐含程度高、充满不确定性、晦涩难懂和无法精确表达的隐含知识以及情感、思想主要通过面对面的非正式交流[6]。这种人际互动能够使信息迅速扩散，双方及时反馈，即使在数字信息技术时代空间邻近性带来的面对面交流也是无法替代的[1]。

社会网络不仅具有上述信息通道的功能，在人与人的反复互动中还会产生情感、信任、合作、约束机会主义行为的规范等，形成个体和集体层次的社会资本。当新城的人才成功“结网”，形成内部联通协作的人才社群，那么新城不仅具有人才黏性，还对其他区域的人才具有强烈的磁性，这也是新城打造高技术创新型产业区的有力支撑。课题组在嘉定汽车·创新港等高新技术产业园调研时发现，不同于乡村工业区依附于地缘、血缘关系，高科技产业园区内是基于“业缘”的同行业人才空间集聚，密集的人际交流互动分享着最新的产业信息、知识技术、就业机会甚至内幕消息，内部社会网络的形成能够有力地抵御其他区域对产业人才的“挖角”。

促进新城人才的“结网”，打造人才社群，可以从打造社交型公共空间、培育社会组织、开展社交活动三条途径来发力。社交型公共空间分为公共零售空间和公共开放空间，前者包括咖啡馆、茶馆、餐厅、酒吧等，后者是免费的广场、街道和人行道开放空间、社区中心、工作楼宇的共享空间等。社交型公共空间是工作空间的拓展，对于从事创新工作的人才而言，沟通和交流的社交活动是这些空间的主要活动[6]。课题组在调研中发现，不少传统的产业园区在空间设计上只有单一的生产功能，缺乏商业配套、共享办公、文

1 戈尔曼和圣吉认为，大脑中的社交和情绪回路，在网络环境下运作时会遇到各种问题，因为脑神经是基于面对面的交流而设计的，而不是基于电子交流。当面对面交流时，大脑当中的一部分会自动地即时接受和解读成千上万的信息，它会告诉人下一步怎么做会更好；“社会脑”会帮助人依据对方的反应来即时调整人的互动，从而让人际互动流畅融洽。但在网络的虚拟世界里，这些反馈一个都得不到。详见戈尔曼，圣吉． 三重专注力：如何提升互联网一代最稀缺的能力 [M]. 北京：机械工业出版社，2017：41-42。

化休闲、社会交往的公共空间，整体的空间形态呈现企业（工厂）之间边界清晰的马赛克镶嵌图景。这种传统产业园区的空间设计适宜生产管理和劳动监督，但与高技术创新型产业园区强调的社会互动、激发创意、充满活力的氛围相去甚远，也不符合创新型人才的工作特征和需求。

以促进社会互动为目的的公共空间营造，当前还未引起政府部门和企业足够的重视。课题组对某知名的产业互联网平台公司调研发现，该公司由中心城区前往新城拿地盖楼建立总部，虽然内部工作、文娱、餐饮一应俱全，但周边是没有交集的企业和大片空地，且交通不便，主要靠企业班车摆渡。未来需要通过公共空间的设计，来促进企业之间的联通，使企业不再是原子化的孤岛或内向封闭型的单元；推动区域内人才的社会互动，建构高密度社会网络是十分必要的。

社会组织是人才之间进行社会互动的重要载体，社交活动是建构社会网络的重要形式。新城内部除了政府机构、企业、高校、科研院所等重要的主体，包括行业协会、商会、科技人才的联谊会、同学会、志愿组织等在内的社会组织对增强内部人才的联结和激发区域活力具有重要的作用，它们不仅为成员提供各种服务，更重要的功能是成员交流与联结的平台。社会活动则包括会议、沙龙、讲座、联谊等，人才在互动中分享信息、寻求合作，建立联系并生成社会网络。

综上所述，要提升五个新城对人才的吸引力、增强区域的人才黏性，需要明晰人才的特征，精准对接人才的需求，营造适宜的社会文化环境，以社会网络的思维打造与产业集群同等重要的人才社群。当前五个新城的人才政策，是通过适度降低落户门槛、有梯度的公共服务、分级分层的物质激励等，来吸引人才在新城形成空间的集聚。而要使五个新城真正成为人才工作与生活的向往之地，除了职业发展的前景和公共服务的品质，关键是打造开放、包容、多元、充满创意、令人愉悦的社会文化氛围；创造能够增进社会互动的物理与社会空间，人才在新城不是变动不居的、孤立的个体，而是嵌入在本地社会网络之中，有可以交流、合作、值得信任的同伴。至此，新城对于人才具有黏性，人才对于新城则具有根植性。

作者信息

孙明，同济大学政治与国际关系学院副教授，sunming1998@163.com。

朱妍，上海社会科学院社会学研究所副研究员。

参考文献

[1] 王丹，彭颖，柴慧，等．上海五大新城打造独立综合性节点城市研究 [J]．科学发展，2021(04)：59–64．

[2] 迪肯．全球性转变：重塑 21 世纪的全球经济地图 [M]．北京：商务印书馆，2007．

[3] 熊彼特．经济发展理论[M]．北京：商务印书馆，1990．

[4] 王宁．地方消费主义、城市舒适物与产业结构优化：从消费社会学视角看产业转型升级[J]．社会学研究，2014，29(04)：27–48．

[5] 寇，凯利，杨伟聪．当代经济地理学导论[M]．北京：商务印书馆，2012：112．

[6] 王缉慈，等．创新的空间：产业集群与区域发展[M]．北京：科学出版社，2019：11．

“家庭友好”视角下的上海新城人才吸引力研究*

钟晓华　张俊

（同济大学政治与国际关系学院，上海，200092）

21 世纪，一个城市所拥有的人力资源是加快区域发展和科技创新的关键，人才吸引力已成为衡量城市竞争力和发展动能的重要指标，也是国内外理论及实践领域的关注焦点。2021 年年初，上海市政府公布《关于本市“十四五”加快推进新城规划建设工作的实施意见》《上海市城市总体规划（2017—2035 年）》，提出“将发展嘉定、青浦、松江、奉贤、南汇等五个新城，培育成在长三角城市群中具有辐射带动作用的综合性节点城市”。新城建设目标中明确“到 2035 年各集聚 100 万人口”，外来人才的引与留成为其中要义。新城建设以职住平衡为目标，即将先进制造业和现代服务业等重点产业从业者，以及拟引进的功能型机构、高能级项目、重大平台和龙头型企业的高层次人才作为引留的重点对象。只有了解这些被称为“创意阶层”“创新人才”的群体的特征及需求，才能制定更有针对性的人才政策、配套公共服务、推动居住与就业空间的协调发展。根据上海市科学技术委员会的调研显示，2019 年科研院所、国企、公益机构中的科技工作者有 52% 年龄集中在 31—45 岁，女性比例超 30%[1]，这正是成家育儿、家庭压力增大的关键时期，因此如何应对创新人才的家庭生活需求，为其平衡生活需求和工作需求提供支持，也应成为新城建设的重要考量。

1　关于人才吸引力的研究

21 世纪，人才已成为后工业时代、全球化 2.0 时代的国家和城市发展新引擎，以及重要的创新要素。因此，对城市竞争力的评价从传统生产维度转向了吸引高素质人群的消费维度，城市研究的重点继而转向谁是能够推动城市及地区发展的关键人群？如何才能吸引

* 本文为中央高校基本科研基金项目《五个新城人才吸引力与政策优化对策研究》阶段性成果，曾在 2021 年 10 月第十二届“为了孩子”国际论坛上发表。

和留住这些人？美国学者理查德 • 佛罗里达（Richard Florida）提出了“创意阶层”概念，依据职业而非学历将计算机、生命科学、艺术、传媒、建筑工程、教育、法律、医疗等能显著促进地区劳动生产率的职业群体划分为创意核心阶层和专业阶层。该理论根据人才（Talent）、技术（Technology）、包容（Tolerance）（3T 原则）归纳了分阶段的城市发展模型：第一阶段，接受度、大学和消费者服务设施等会影响人才到哪里去；第二阶段，人才的聚集反过来影响技术发展；第三阶段，技术、人才、接受度共同影响地区整体发展水平[2]。

然而，创意人才往往又是流动性很强的群体，他们非常注重个人及家庭需求，一旦其需求无法得到满足，或者其他城市提供了更好的供给，他们将选择迁移。因此，以场景理论为代表的新城市理论开始关注哪些是能够吸引上述人才的城市场景？如何创造这些场景？除了丰富的教育资源和就业机会外，钟爱多元文化、强调自治的创新人才偏好包容性、多样性和开放性的城市社区文化，可以通过空间配套、价值引导和规则协商来促成这一创新生态的形成，而最少的规则限制、慷慨的资金支持、宽泛的分类资助以及严格的评估制度是城市政府最好的干预策略[3]。

在更微观的层面，欧美城市提出了创新街区概念，强调对人才的生产、生活更有吸引力的创新空间生产策略，支持创新要素地理接近性和创新人才的居住消费偏好的空间支持体系。针对这些问题，研究者提出了以降低双创成本、改善空间品质和促进社会互动为目标的一系列政策建议、规划对策和实践建议。具体策略包括通过规划调整、城市设计、空间微更新等方式建设高密度的混合用途空间、开放可及的创新空间、充足的数字基础设施、丰富的创业就业机会、多元的住房供给结构、包容的公众参与平台等[4-6]。

国内的人才吸引力研究始于 20 世纪 90 年代，早期主要从区域经济学、就业地理学、产业集群、人口迁移等领域对人才集聚及其影响因素进行分析。城市规模、经济发展、文教事业、城市环境、人才政策、事业平台、企业环境、生活条件等成为主要的指标和影响因子[7-9]。在占比不大的生活条件维度中，大多数研究聚焦环境健康与生态活力、人身安全、医疗、公共卫生等个人需求层次，少有关注家庭层面的需求。

2　家庭友好的国外实践

以上产业发展、城市发展理论虽然从人才的创新生产和消费偏好出发，论证了产业集聚、社区文化及场景空间对吸引人才的重要性，但却没有过多涉及进入家庭生活周期的中青年人才的需求，实际上城市 / 地区对人才的初期吸引力主要来自经济结构及个人发展机会，而后期留住人才则更需要综合考虑人才作为消费者、公民、家庭成员等其他社会角色的诉求。社会学领域的学者主要从公共资源的代际再分配、妇女和家庭的视角、家庭友好政策等方面对育儿公共政策和项目设计提出策略。欧美及日本等大城市的实践表明，育儿友好环境与城市增加人才吸引力、提升城市竞争力之间有很强的相关性。

2.1 育儿友好指标——日本流山市案例

“育儿友好”的概念首先出现在少子化、空心化严重的日本新城镇。以流山市为例，位于日本首都圈内，受千叶县管辖，市域面积为35.32平方公里，截至2021年2月常住人口20万人，84800户（2017年人口总数为182126人）[1]。作为东京市与著名的科技新城筑波之间的沿线城市，一度面临人口严重老龄化的问题。但在2000年初，该市抓住国家的生育支持政策和周边产业发展的契机，利用良好的森林生态优势，制定出“易于育儿”“安心安全”“环境友好”“充满活力”“健康长寿”五大发展目标，重点吸引双职工父母及子女（Double Employed with Kids，DESKs）入住。针对双职工家庭“工作－育儿”之间的时间冲突问题，流山市制定了一系列育儿友好政策，倡导“大家一起育儿”的理念，联合儿童福利、母子保健、工商劳动、教育、住宅等相关部门制定推出《一起养育孩子的计划——流山市儿童、育儿支援综合计划》，针对“孕期－0—3岁－就学儿童”等不同时期育儿需求，配套育儿公寓、育儿支援中心、学童俱乐部、儿童接送站点等资源与服务。在物质环境方面，流山市不仅利用绿化覆盖率大的特点增加了不少儿童游憩设施，并且对公共场所的电梯、走廊、楼梯等设施认定提出了严格的保育安全标准。为解决育儿人才不足的问题，城市设置了保育师修学资金贷款制度、潜在保育师研修制度，相关育儿人才流山市入职后将奖励30万日元，每月补助金额4万日元。

一方面，一系列的育儿友好举措使流山市的常住人口在2005—2017年间增长了近3万，其中很大比例是15岁以下的儿童以及30—49岁的双职工家庭[10]。此外，育儿友好政策也大大助推了城市发展，城市财政大大增加，不仅获得了国家鼓励生育补助，而且随着年轻人口及产业的入住也带来了购房、消费及企业税收等自主财政收入。另一方面，育儿友好举措显著提升了城市的内部满意度和外部知名度，据2015年城市调查六成市民对城市发展表示满意，并认可城市“适合儿童健康成长、适合育儿”的定位。而一系列城市形象品牌营销，也使流山成为“育儿友好－家庭友好－全民友好”的网红城市。

2.2 家庭友好指标——美国的第三方评估案例

与少子化社会鼓励生育的“育儿友好”概念不同，美国一些城市所倡导的“家庭友好”概念更强调工作空间、社区及其他公共场所对有孩子家庭的友好。“家庭友好”概念提出的起因是由于以往政策导向和社会关注大多集中在孩子、刚毕业的年轻人和老年人，有孩子的家庭在很大程度上被忽视了，因此一些倡导平等、包容发展的社会组织通过为社区规划提供技术支持、为政府机构和民选官员提供咨询服务等方式提出了“家庭友好”的倡议。如“美国精明增长”组织（Smart Growth America，SGA）提出的家庭友好指标，从教

1 数据源自 https://www.citypopulation.de/en/japan/chiba/。

育育儿、公共空间、交通设施和住房供给四方面提出了实现家庭友好的操作性建议[1]。

第一，在教育育儿方面，指标主要针对公立教育系统，不仅涉及学校可及性、教育质量、资金资源、社区融入性，也提出了儿童友好的空间设计和区校合作的建议，方便孩子通过学校参与社区，学校也要为社区居民和组织提供活动和议事的空间，并在父母参与活动的同时提供孩子培育及托儿服务。第二，在公共空间方面，指标主要倡导城市／社区为所有年龄段的儿童、青少年、青年和成年人创造场所，增加可用绿地和道路绿化，为青少年而不是幼儿提供音乐和游戏等活动的广场，让他们自己参与规划设计过程。第三，在交通设施方面，美国汽车为导向的交通设施是家庭不友好的，需要增加慢行交通设施，为步行、骑行提供安全愉快的街道体验，为婴儿车推行提供无障碍设计；学校周边的交通安全尤为重要，要保障孩子们自己可以通过步行、自行车或公交方式上下学；鼓励社区内的非主干街道限时成为社区活动的公共空间。第四，在住房供给方面，城市要增加住房供应和供给种类，并在公寓楼、合作住房、庭院住宅、集中社区之间创建适合家庭的半私人或公共空间，为孩子们提供游憩空间，也可以让父母们分担监护责任。

另一家全美排名和评论网站利基网（Niche.com）作为全国权威的置业、创业及求学参考咨询网站，通过搜集各种政府及市场数据，从多维度进行城市吸引力评估，其中“家庭友好”的评估选择了多项对家庭生活较为重要的关键因素，包括学校质量、安全、可负担性和家庭设施（表 2–1）。2021 年，伊利诺伊州的内珀维尔（Naperville）被评为全美最家庭友好的城市，该市常住人口 14.8 万，公立学校质量、房屋自有率都很高，城市有很多餐馆、咖啡馆和公园，吸引了许多家庭和年轻的专业人士居住[2]。

表 2–1　美国 Niche 网站对家庭友好的评估指标及数据来源

指标	指标内容	数据来源	指标权重
公立学校	该地区幼儿园到高中的平均得分，按每校学生数加权	多个来源	20%
高等教育的人口占比	拥有本科及以上学历的人口比重	美国人口普查	12.5%
生活成本	消费价格指数、可负担住房可及性	多个来源	10%
犯罪 & 安全	地区暴力和财产犯罪率	多个来源	10%
住房	房价、房产税、居住成本等	多个来源	10%
家庭友好设施	公园、图书馆、文化活动及其他家庭友好设施	多个来源	7.5%
满意度评分	对地区主观感受的 5 度评分	自行采集	5%
多样性	族裔、代际及经济活动的多样性	多个来源	5%

1　详见 https：//smartgrowthamerica.org/building-a-family-friendly-city。

2　数据源自 https：//www.niche.com/places-to-live/naperville-dupage-il/。

续表

指标	指标内容	数据来源	指标权重
户外活动	气候、空气质量，公园及游憩设施的可及性	多个来源	5%
有孩家庭占比	有 18 岁以下孩子的占比	美国人口普查	5%
步行友好度	步道和自行车道的占比、邻近性和密度	多个来源	5%
贫困儿童	过去 12 个月在贫困线以下的 18 岁以下儿童数量	美国人口普查	2.5%
17 岁及以下常住人口	17 岁及以下人口占比	美国人口普查	2.5%

来源：利基网（https：//www.niche.com/）

2.3 儿童友好指标——联合国

相较育儿友好、家庭友好，联合国儿童少年基金会所提出的“儿童友好”理念从儿童主体权益出发，以“儿童最大利益、普惠公平、儿童参与、共建共享”为原则，推动制度友好、空间友好、服务友好、文化友好的社区及城市建设。按照联合国定义，“儿童友好城市”是指致力于实现《儿童权利公约》规定的儿童权利（无歧视；在涉及儿童事宜中以儿童最大利益为出发点；确保儿童生命权、生存权和发展权；尊重儿童意见）的城市、城镇、社区或任何地方政府体系。在这些城市或社区，儿童的心声、需求、优先事项和权利是当地公共政策、程序、决策不可或缺的一部分。儿童友好倡议的最终目标是提高地方施政体系的儿童权利保障能力，确保儿童和青年享有城市可持续发展的各项成果。现在，儿童友好型城市倡议已深入全球 40 个国家，惠及 3000 万儿童[1]。基于儿童权利的行动倡议有利于城市创造更多全龄友好的绿色、健康生活空间，通过所有儿童的权益保障、普惠服务和主动参与，改善系统性不平等及资源分配不均的问题。这些倡议对于重视儿童教育和发展的家庭都是重要的择居因素。

从国外的既有实践来看，无论是日本的育儿友好还是美国的家庭友好、联合国的儿童友好倡议，虽关注主体各有侧重，但都指向了对城市有孩家庭的重视。对于需要通过高素质人才、中青年人口导入来获取发展动力的新城，更是要从目标导入人口的普遍及特殊需求出发，配套优秀的学校、包容的公共空间、多样的交通选择和可负担住房供给，吸引并留住人才及其家庭，不能因为对家庭需求的供给不足而流失一大批年富力强的骨干人才和高质量劳动力。从另一种意义上说，一座对有孩家庭友好的城市本质上也是适合所有人栖身的宜居之城（图 2–1）。

1 详见 https：//www.unicef.cn/reports/cfci–child–and–youth–participation。

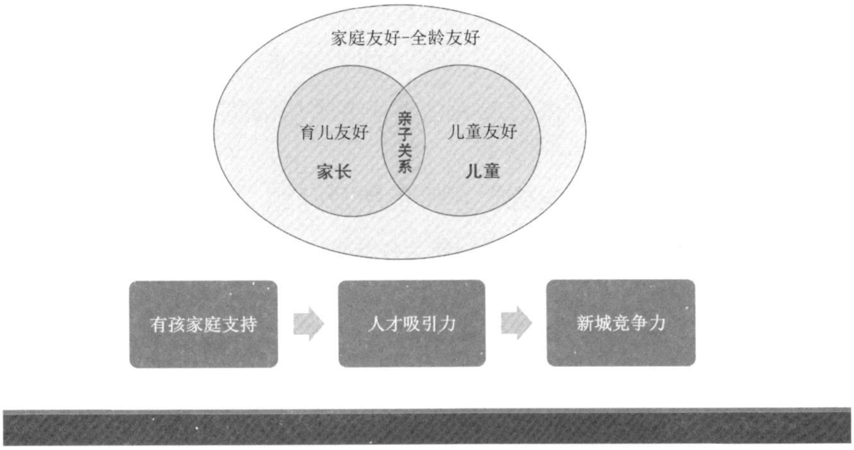

图 2–1 育儿友好、家庭友好、儿童友好之间的关系，及其对人才吸引力的影响
来源：作者自绘

3 家庭友好对国内新城人才吸引力的影响

虽然美日等发达城市和地区已开始实践家庭友好、育儿友好的概念，但如何从城市层面实现家庭友好、育儿友好目标，增加城市或地区的人才吸引力，从而提升城市竞争力的研究尚处于空白阶段。尤其是承担着经济发展、区域服务、人口疏解等重要作用的新城，人口结构以中青年和外来人口居多，这个群体进入婚育年龄，生活需求即从个人层次转向家庭层次，育儿、教育、医疗、落户等需求将集中爆发。

3.1 家庭友好对新城建设的重要性

随着城市发展逻辑由“产带人”转向“人带产”，新城建设由粗放型扩张转向高质量发展，城市的目标导入及服务对象发展了很大的改变，有孩中产家庭成了职住平衡的综合型节点新城的重点导入目标人口。具体而言，家庭友好对新城建设的重要性体现在以下几方面：

第一，新城发展新阶段的功能性需求。50 年以来的新城建设大致经历了三阶段，第一阶段借鉴苏联经验大规模进行工业卫星城建设；第二阶段改革开放初期，借鉴西方开发区模式城市“摊大饼”式扩张，房地产郊区化发展，形成了很多“睡城”；第三阶段开始倡导多中心模式，之前的功能型新城转向了职住平衡、产城融合、辐射区域的综合性副中心。这个阶段转变对新城提出了功能复合、设施完善、需求配套的生活服务要求。

第二，新城人口的结构性需求。不同于逐步老龄化的中心城区，承担着人口疏解、经济发展功能的新城人口结构以中青年为主，尤其以 19—40 岁的高校学生、行业人才和产业工人居多。随着新城发展驱动力由低价供地招商引资，转向通过宜居生活品质吸纳聚集人才，从而吸引创新产业及企业，人才需求导向的“抢人大战”愈演愈烈，育儿友好、家庭友好正是进入婚育阶段的新城导入人口的突出需求。

第三，新城人才的提升性需求。新城的目标导入人口普遍为高学历、高素质人才，以及大量中高收入的家庭，这类家庭普遍更为重视子女养育。2019 年的调查显示 55% 的新中产家庭在子女教育上的支出比例在 10%—30% 之间，超过三成的家庭预计会继续提高子女教育支出，居住地周边的教育资源供给成为这类家庭择居的重要影响因素。

3.2 上海五个新城的“家庭友好”建设现状及问题

上海新城发展近 20 年来，随着产业结构、公共服务、交通出行不断优化，人口规模增长明显。据统计，五个新城总人口已从启动建设初期的 90 万增至 2019 年的 240 余万。虽然人口有明显增加，但仍普遍存在人口流动快、人才流失大、城区活力不足等问题，其中结婚生子后搬离新城的情况不在少数。笔者于 2021 年 5—8 月间走访了五个新城的职能部门、企事业单位、园区及社区，并在嘉定新城重点调研了人才需求，结合近年的各类问卷数据，将上海新城的“家庭友好”现状归纳如下：

第一，人才吸引力增大，但安家率不高。在五个新城居住到中心城工作的比例为 9.2%，在中心城居住到新城工作的比例为 4.7%[1]。目前，新城以低居住成本吸引人，中心城以更好的育儿环境等吸引人，高层次人才更偏向在中心城居住。无论是生活在新城、工作在市区的“睡城”模式还是工作在新城、生活在市区的“园区”模式，这两种职住分离的类型都会增加通勤压力、挤压父母的育儿时间，不是家庭友好。随着民生配套和人才政策的不断完善，新城对于应届大学生、刚入职场的年轻人的吸引力逐渐增大。但年轻人一旦结婚、进入家庭生活阶段，就会因落户政策等制度因素而受到购房、子女入学等各方面限制。虽然 2021 年年初印发的《关于本市“十四五”加快推进新城规划建设工作的实施意见》提出了不少落户新政，如在新城重点产业的用人单位和教育、卫生等事业单位工作满一定年限并承诺落户后继续在新城工作 2 年以上的人才，经新城所在区推荐后，“居转户”年限由 7 年缩短为 5 年；对上海市居住证持证人在新城工作并居住的，予以专项加分等。由于出台时间短，目前政策效果尚未显现，新城的人才流动频繁，“候鸟型”人才多于“安家型”人才。

第二，育儿教育资源数量增加，质量有待提高。对标国外育儿友好、家庭友好的指标，学校资源是最先前瞻性配置的，各新城的幼儿园、中小学数量都有明显增加，在数量上较好回应了人口和教育需求增长趋势。但从 2020 年进行的上海市民 15 分钟生活圈满意度调查[2]来看，新城所在区的受访者对学校的教师素质、升学比例、生源质量等方面的满意度仍不高。根据在松江新城的调查，对于新城基础设施总体满意度影响最大的因素是幼儿园建设[11]。2021 年出台的《上海“十四五”新城公共服务专项方案》提出，在教育领域，将根

---

1 数据源自 https：//sghexport.shobserver.com/html/baijiahao/2021/05/14/433252.html。

2 数据源自 https：//www.thepaper.cn/newsDetail_forward_10198314。

据新城人口变化趋势，前瞻性规划配置教育资源，不断扩大优质教育供给，每个新城至少拥有1所高职以上高等教育机构或校区，打造由市实验性示范性高中领衔、覆盖义务教育学校的示范性学区集团。除了教育资源外，育儿资源也是吸引有孩家庭、提升生育率的关键因素，调查显示婴幼儿托管点和儿童托管点设置及高水平服务的供给在新城地区仍有很大缺口。

第三，住区规划逐渐完善，但缺少家庭友好的社区营建。五个新城人口从90万到240万，到2035年末规划人口500万，有大量的新增住区建设需求。虽然通过新城规划，住宅空间布局逐渐优化，多元化的住房供给体系正在形成，但迁居型住区的社区建设却有所滞后。新城已有相当一部分外来人口，让已进入新城的外来人口融入本地社会，实现长期定居，将是新城经济和社会发展的重要保障[12]。反思动迁安置社区、农民安置社区因治理缺位、适应不良而导致的再边缘化、再贫困化问题，新城住区的新上海人融入问题、家庭多样化需求问题也需要前置性地纳入社区治理目标。

由此可见，新城发展进入新阶段，无论从区域功能需求、人口结构需求还是人才特殊需求的角度，建设支持家庭育儿需求、儿童发展需求的城区都是提升地区人才吸引力的关键。

4 关于家庭友好型新城建设的对策建议

上海“十四五”规划纲要中确定了综合交通、产业发展、空间品质、公共服务、环境品质和新基建等“新城发力”重点领域，都指向了将新城建设为中青年人才入沪就业、生活的首选地，在长三角有引领示范作用的高能级节点城市的目标。2021年3月印发的《上海市新城规划建设导则》从宜居、宜业、韧性、智能、文化等维度提出了新城建设建议。其中虽然涉及国际社会倡导的全龄友好包容型城市建设，按不同人群划分提出了公共服务配套清单，但对以家庭为单位、育儿为导向的服务体系建设仍重视不足。

4.1 打造新城职住平衡的家庭友好工作空间

新城建设中的家庭友好服务空间不只是儿童需求视角下的教育、医疗、文化、游憩设施的配给，更是对于双职家庭家长的全方位的育儿支持。有孩双职家庭的主要责任是生育、养育和教育，虽然有着较高受教育水平的中产家庭有着较高的教育投资意愿，但家长也普遍受制于育儿和工作之间的时间冲突。因此家庭友好的工作空间在重视产业发展和人才招引的新城尤为重要。目前新城存在的生活在新城、工作在市区的“睡城”模式和工作在新城、生活在市区的“园区”模式，这两种职住分离的类型都会增加通勤压力、挤压父母的育儿时间。因此需要在规划及政策制定中引导产城融合、就近就业。尤其是女性友好的邻近型就业机会，在笔者的走访调研中，很多企事业单位、科研院所的女性人才都表达了就近就业、照顾家庭的强烈意愿，更多承担家庭育儿职责的一方的择业选择会更多影响家庭的择居选择，而人才是否居家定居是新城人才吸引力的重要体现。

对于已经在新城就业的人口而言，高质量的家庭友好空间不仅在于居住空间配套，还在于工作空间、育儿服务空间的协同。尤其是工作空间的家庭友好，新城目标导入的高学历、高技术人才往往有高强度工作和家庭育儿职责难平衡的问题，更需要在工作场所周边配置可及性很高的育儿设施及服务，需要将原先单一功能的产业空间规划转变为复合功能的职住综合街区，建立托底型、基本型及提升型的分层育儿服务供给体系。除了就近就业外，新城、园区和企业也应给予双职家庭更灵活的工作地点及时间选择、工作园区内的哺乳／幼托／晚托服务。此外，在新城应大力增加女性就业机会，既可以增加新城本地就业人口的安家率，也大大提高了家庭育儿友好水平。以科研人才家庭为例，面对科研工作者育儿照料和科研工作时间冲突大的突出矛盾，国家层面出台了面对女性科研人才的鼓励性政策[1]。同时，发挥用人单位的主体积极性也至关重要，如位于上海嘉定区的中国科学院上海光学精密机械所，作为全国八家国家科研科普基地之一，积极响应刚刚出台的“双减”政策，提供优秀校外资源供给，开展科普体验等活动，助力孩子全面成长。通过开设职工子女寒暑托班和晚托班，为员工子女提供看护、课业辅导、科普教育、用餐等服务，有效解决科技人员加班多、子女寒暑假期以及工作日晚间无人照顾的后顾之忧，这类育儿友好的工作场所也将成为吸引人才前来安居乐业的重要因素。

4.2 规划建设以育儿为中心的全龄友好公共空间

在大城市中育儿面临很多困难，一般核心家庭很难单独完成，多数是代际合作靠大家庭的力量来完成。有研究表明，在北京，大约70%的儿童是由隔代祖父母抚养，上海为50%—60%，广州为50%，全国大约有将近一半的儿童接受的是隔代抚养和教育[13]。育儿从小家庭扩展到大家庭，需要多个家庭成员的合作，这是城市家庭育儿的现状。在上海新城中新上海人占比很大，随着新城建设，将吸引更多的新上海人。新上海人在育儿上依靠大家庭比上海本地人面临更多的困难。首先，需要为育儿的老人安排友好的空间。老人从外地过来，需要为老人提供一定的居住空间及合适的社区空间。若老人无法安身、安心，无法参与育儿。其次，需要帮助育儿的老人融入社区。育儿不仅在家庭，还要在社区，若老人无法融入当地社区，也很难带领儿童融入社区。最后，需要协助育儿的老人融入新城。老人要能熟悉新城的儿童资源，才能带领儿童使用。因此，新城的社区空间、城市空间不仅应是儿童友好的，也应是老龄友好的；不仅要有地方特色，还要有统一标准，才能充分支撑儿童的生育、养育、教育。

在空间营造上，以步行、骑行、公共交通三个网络来健全以育儿为中心的家庭友好城

1 2021年7月，科技部会同全国妇联等12家部门印发《关于支持女性科技人才在科技创新中发挥更大作用的若干措施》，进一步激发女性科技人才创新活力，推动女性科技人才在创新驱动发展、实现高水平科技自立自强、建设世界科技强国中发挥更大作用。

市空间，提高儿童在城市的自由可及性，在每一个层次的可及性上提供足够多、足够好的儿童友好公益空间，供儿童自主选择。一是日常的步行网络。儿童步行 15 分钟内能够接触到大自然、运动场地、儿童游憩空间、学校、地段医院、社区图书馆、社区文化馆等。自然是最好的老师，儿童步行可接触的大自然需要有足够的规模、丰富的植被、多样的花鸟，还要足够安全，儿童可在家长的陪伴下自由地玩耍。相比市区，新城在此方面有潜力和机会做得更好；二是骑行网络。对于 12 岁以上的儿童来说，骑行是自由出行的一种方式。在新城中构建自行车骑行通道，可以为家庭成员亲子骑行、低碳出行提供平台。骑行的活动半径扩大到 2—3 公里，极大地提高了儿童自主活动的范围，有利于儿童了解社区、参与社区活动，成为城市的一员；三是公交网络。儿童步行、骑行的空间范围十分有限，公交网络可以大大拓展儿童的活动范围，也方便老人带领儿童出行。公共交通网络应有合适的线路规划，使儿童能够方便地借助公共交通到达街道图书馆、城市博物馆等街道、城市层面的儿童友好设施。

4.3 建立多元协同的家庭友好治理网络

新城的家庭友好体系建设，除了完善政府主导完善家庭友好的公共服务、引导用人单位发挥人才家庭支持的主体作用外，更需要建立多元协同的治理网络，实现自上而下的政府引导和自下而上的社会自治的双向互动，通过搭建“政府 - 企业 - 社会”之间的伙伴关系网络，发动全社会的力量，整合多方资源，形成支持合力。这其中，尤其要发挥妇联等群团组织、社会组织、社会企业的积极作用，协调好行政管理、市场利益和社会创新之间的关系，发挥公益等社会形式在第三次分配、优化公共服务配置中的作用，建立需求表达渠道，为多样化的家庭需求、育儿需求和儿童发展需求提供更精准、更便利的设施和服务。在治理理念的倡导下，家庭中的父母和儿童不仅是被服务的对象，也是积极的参与者和建设者。

以儿童友好城市柏林为例，第三方组织“德国儿童友好社区协会”作为儿童友好型社区建设方案的制定和管理者，常常邀请孩子和家长一同参与社区规划方案的制定，并将这些意见反馈给专业规划师和设计师，使社区规划及设施设计方案能精准回应不同社区的家庭生活需求，并增加了家庭友好设施的多样性和丰富度。一方面，鼓励和保障儿童的主体参与权，站在儿童角度审视城市发展，不仅体现出了对儿童成长需求的重视，也将为城市带来更多活力和创新力。另一方面，家长的主体参与，家庭友好和儿童友好不是为了“解放”家长，使其缺位于子女教育，其核心目标之一仍是提高父母家长的陪伴质量，让孩子与家人有更为紧密和正确的联系，让家长以更为松弛的状态面对孩子。新城聚集了很多高素质家长群体，引导他们积极参与到学校、社区及其他儿童友好空间的营建中，不仅能提高育儿质量，也能增强这些新来者的社区认同感，助力新城留住人才、用好人才。

中共中央、国务院近日发布《关于优化生育政策促进人口长期均衡发展的决定》，提出实施三孩生育政策及配套支持措施，回应新时期人口结构变化及高质量发展需求。针对家庭生活需求的社会依赖性强的特征，要破解“不愿生”“生不起”“养不起”难题，不仅要加强工作场所、公共空间及生活社区的家庭友好配套，更要建立“政府－企业－社会”之间的多元伙伴关系，构建育儿友好型社会治理体系。上海五个新城作为长三角地区未来城市及可持续发展的示范样板，更需建立完善生育、养育、教育三大服务体系创新试点，在提供就业岗位、发展机会和宜居环境的基础上，提供全家庭生命周期的支持，提升地区对人才的持续吸引力及长期居住黏度，尤其要为以育儿需求为择居择业导向的高素质双职家庭提供差异化、高质量的家庭友好的空间设施和精准服务。

作者信息

钟晓华，同济大学政治与国际关系学院社会学系副教授、副系主任，xhzhong@tongji.edu.cn。
张俊，同济大学政治与国际关系学院社会学系副教授，cheungjun@163.com。

参考文献

[1] 马兴发，黄兴华，王建平．上海市科技工作者发展报告(2015—2019)[M]．上海：上海科学普及出版社，2020.

[2] 佛罗里达．创意阶层的崛起[M]．北京：中信出版社，2010.

[3] 西尔，克拉克．场景：空间品质如何塑造社会生活[M]．北京：社会科学文献出版社，2019.

[4] VEY J S，HACHADORIAN J，WAGNER J，et al. Assessing your innovation district：A how-to guide[EB/OL]．[2021-12-15]． https：//www.brookings.edu/research/assessing-yourinnovation-district-a-how-to-guide/.

[5] STORRING N，WALKER M. Eight placemaking principles for innovation districts[EB/OL]．(2016-11-07) [2021-12-14]． https：//www.pps.org/blog/eight-placemakingprinciples-for-innovation-districts/.

[6] ESMAEILPOORARABI N，YIGITCANLAR T，KAMRUZZAMAN MD.，et al. Conceptual frameworks of innovation district place quality：An opinion paper[J/OL]．[2021-12-16]． https：//www.sciencedirect.com/science/article/pii/S0264837719314619.

[7] 高子平．基于层次分析法的上海市人才吸引力研究[J]．华东经济管理，2012，26(02)：5-9.

[8] 崔少泽，邱华昕，王苏桐．城市人才吸引力评价模型研究：以深圳市为例[J]．科研管理，2021，42(07)：60-67.

[9] 王文寅，张靖琳．城市人才吸引力评价研究[J]．河南科学，2019，37(04)：668-675.

[10] 沈瑶，刘赛，云华杰，等．“育儿友好”视角下城市竞争力提升启示：以日本流山市为例[J]．城市发展研究，2020，27(04)：72-81.

[11] 魏旭红，张婷麟，孙斌栋．大都市郊区新城的空城化与破解策略：以上海松江为例[J]．上海城市管理，2011，20(02)：61-63.

[12] 沈洁，罗翔．郊区新城的社会空间融合：进展综述与研究框架[J]．城市发展研究，2015(10)：102-107.

[13] 吴航．家庭教育学基础[M]．上海：华中师范大学出版社，2010：69.

上海新城边缘空间如何实现居住有序：基于嘉定区的实证分析*

魏程琳

（同济大学政治与国际关系学院，上海，200092）

大城市边缘空间因靠近城市且地租较低，成为外来人口、非正规经济集聚的空间载体。城郊农房的分散化出租、房东监管责任的缺位，导致空间利用负外部性失控，居住失序问题突出。在人口倒挂、村民外流情形下，有规则约束力的村庄熟人社会，被非户籍人口为主的弱规则陌生化社会替代，诱发并加剧城郊空间治理失灵。上海嘉定区“安客模式”通过集中农民房屋使用权，形成统一的房屋租赁监管平台，通过租客人员信息筛查、租赁公约前置，化解了基础信息模糊的问题；通过提供快捷的安居与消防服务、动员非户籍人口参与社区活动，实现租客在地社会化，再建居住区的共建共治机制。以“产权整合”为核心的空间再组织机制，为大城市边缘空间治理提供经验借鉴。

1 问题提出：城市边缘空间居住失序

全球生产体系深深地镶嵌在中心与边缘的地理版图之上。资本主义生产技术的改进和现代交通技术的发展，在压缩时间和空间，提升生产运行效率的同时，也将不均衡的生产、分配关系扩散到发展中国家。作为最大的发展中国家，中国各地市近20余年来经历了深刻的城市化、工业化发展，经济发展与社会治理的不平衡在东中西区域以及大城市城乡之间同时存在。从城市空间的横剖面看，核心城市区、副中心区和城市边缘区因治理资源密度、政府治理能力、空间城市化程度的不同而展现出不同的治理类型，城市边缘区成为大城市治理难题集中地。

城市边缘地带的治理困境是全球性问题，它首先表现为居住失序问题。在印度孟买，

* 本文为国家社会科学基金青年项目“党建引领下的农村‘三治’协同机制构建研究”（19CDJ032）；教育部人文社会科学研究青年基金项目“乡村振兴进程中西部农村社区组织的生长机制与培育路径研究”（18YJC840039）阶段性成果。

分间出租的房间是一种破烂的、六口之家共用一个15平方米的出租房，公共厕所常常是与其他六个家庭共享；利马的廉价公寓，85人共享一个水龙头，93人合用一个公共厕所。[1]“零成本”的边缘土地经常被当作第三世界都市生活的秘密魔法而加以讨论——相当于给贫民的大笔额外津贴。然而，擅自定居者一般都有预付成本，例如经常被迫向警察、流氓团伙支付非正式租金。而所有的贫民窟都是破烂、过度拥挤、疾病、贫困和邪恶的混合体。[2]从社会和产权视角看，城市边缘的贫民窟空间通常是亲属网络、所有权体系和租赁关系的复杂组合物。[3]

本文所提的城市边缘区，即城市空间向乡村延展并与之发生密切互动的区域空间，最为典型的地带是城乡接合部。由于靠近城市、房租较低，城市边缘区域成为外来人口、新中产阶层、城市低收入群体（旧城改造移民）的聚集区。城市边缘区的无证摊贩、黑网吧、黑车、黑诊所以及马路市场，亦是城管、交警、工商和食药监等部门执法的重要对象。2000年前后，国内学界对城市边缘空间展开深入研究，如周大鸣、高崇[4]对广州城市边缘空间社区的研究，唐灿、冯小双[5]对“河南村”流动农民的分析，王汉生[6]等学者对“浙江村”的关注。

城市地理与规划学者主要关注了城郊村灰色（黑色）空间的物理形成过程，例如刘云刚、王丰龙[7]展现了广州市郊区垃圾猪场生产空间的生成过程，陶栋艳、童昕、冯卡罗[8]展现了北京郊区“废品村”的生成、迁徙、再造和更新过程。社会学者主要关注了城郊村社会关系网络的营造及运行，例如项飙[9]、蓝宇蕴[10]等学者对城市边缘空间社会关系的深入研究，展现了非户籍人口充分利用空间进行社会关系、经济关系营造的过程。政治学者主要关注城郊空间非户籍人口的权利保障及其城市化的制度支撑，例如熊易寒认为，近20年来，中国城市的空间安排、利用与开发首先服务于资本增殖的需要，城市作为家园与社交媒介的意义被边缘化[11]。为了控制人口规模、降低公共开支的福利排斥模式，客观上造成社会不平等和不稳定，加剧了大城市的治理风险[12]。于中国而言，未来的城市还会面临老龄化的挑战，以及劳动力供给不足对城市可持续发展带来巨大压力。这些威胁城市可持续发展因素的预期，要求我们正视城市与环境、城市与农村间的关系。[13]

城市边缘空间的模糊性、人员的匿名性、活动的违规性，使之成为城市社会秩序的威胁者。为化解城中村、城郊村不可控的社会风险，城市政府倾向于通过“消灭空间”来消解问题，拆违、旧改、征地拆迁等是政府常用的政策工具。然而，消灭空间的高成本、强治理方式并未从根本上消灭问题，它只不过推动非户籍人口、低端产业向更远的、更隐蔽的空间转移，例如北京“废品村”的空间迁徙、广州垃圾猪场的空间隐蔽以及上海非户籍人口向远郊的迁移。

已有研究主要从空间社会关系与权利的角度，展现了城市边缘空间的场域复杂性以及不可治理性。本文认为，城市边缘空间并非不可治理，其治理失灵的原因在于空间组织缺失。基于此，本文提出空间治理的产权整合机制，即通过对城郊空间资源进行集中出租管理，为空间利用注入组织和规则，营造居住者治理共同体，推动城市边缘空间成为大城市人口居住功能的积极承接者。

笔者自 2015 年起即已关注城市边缘空间治理议题，随后在湖北武汉、江苏苏州、广州白云区、浙江上虞、上海等地展开调研，本文经验材料主要来自笔者 2020 年 9 月到 2021 年 9 月间在上海奉贤区、浦东新区、嘉定区的区政府部门、街镇政府、村干部和村民的质性访谈。

2 城市边缘空间居住治理何以失灵

最新的第七次人口普查数据显示，上海市有常住人口 2487 万，外省市来沪人口 1048 万，占总人口的 42.1%。1000 多万外来人口中的绝大多数无自有住房，租赁房屋成为其实现居住的主要方式。城市边缘空间地带因房租低廉，成为非户籍人口租住的主要空间。城市边缘空间为外来人口提供低成本生活方式和非正式庇护的同时，也带来空间质量下降、正式治理失灵等负面效应。

2.1 房屋租赁利用的负外部性失控

大城市边缘空间地带“人口倒挂”现象普遍，外来人口成为该地域空间的主体。笔者在奉贤、嘉定、浦东新区等城郊农村调研发现，有的村庄的外来人口与本地人口的比例高达 10：1。例如奉贤区 X 村户籍人口 4083 人，实际在村居住人口不足 900 人，在本村居住的外来务工人口在 2020 年春新型冠状病毒肺炎疫情发生前后分别是 8000 人、6000 人，该村面临最大问题是公共厕所严重不足，公共卫生难以保证，房屋租赁中的空间利用的负外部性显著。负外部性是指给他人带来额外的成本，是私人边际收益与社会边际收益、私人边际成本与社会边际成本相背离的情形。针对负外部性问题，依靠自由竞争不可能达到社会福利最大化。[14]

城市边缘空间的房屋租用者分为四类，第一类是白领人员，他们对空间质量要求相对较高，日常工作时间节奏感较强；第二类是蓝领工人，他们对空间质量要求不高，时间节奏相对固定；第三类是非正规就业人员，例如小商小贩、违规诊所、违规网吧、废品回收者，他们会充分利用空间进行生产性活动；第四类是违法从业人员，例如黄、赌、毒等地下活动组织者，则会选择相对隐秘的空间进行夜间活动。在空间利用中，使用者会带来噪音过大、乱停车、生活垃圾随意堆放、废水废品污染环境、违规违法利用空间等问题。

既往城郊村居住治理主要采取督促房东约束房客的方式。然而，房东要么早已搬离乡村社区，要么留守房子的是年迈老者，他们无力也不愿意过多约束房客，避免降低房屋出租的机会。不少地方提议向房东收取管理费的方式，也在房东的反对中不了了之。

城市边缘空间居住治理复杂的另一原因是二房东群体。二房东群体是群租房治理、违规经营治理、治安管理成本较高的诱因之一，为各地政府所不提倡。上海城郊农村存在的二房东，将从农户手中低价收储的房子改造为具有独立卫生间的单间房屋，再配上从二手市场买来的空调、洗衣机，形成相对独立的居住生活空间。他们通常通过自营的房产中介或熟人关系向社会招租。原本2层6间的农房经过改造变成10—12个房间，居住人口从4—5个人变成20人左右。多人集居使得生活空间资源紧张度、消防安全风险增加。二房东以信息不对称为谋利手段，却不能承担房屋空间资源利用的负外部性监控责任，农户与二房东之间的转租协议又将农户的监管职责转移，最终出现责任真空的情形。二房东与房客直接签合同，但二房东通常不是本市人、几乎不在本村居住。在外来人口治理中，政府部门通过农户找到二房东，再找到具体的房客，延长了治理链条、增加了治理成本。

农村房屋租赁使用的负外部性，使得越来越多本村居民选择将房屋出租给外来人口，自己则搬离村庄。留村居住的少量村民陷入幸福感、获得感极差的体验之中，他们的门口巷道可能会被电瓶车、机动车无序占用，夜间可能被吵闹的聚餐、娱乐、汽车鸣笛或快递车吵醒。本地人与外地人之间、租客与租客之间因生活空间侵犯等频发摩擦。自发的房屋租赁市场，面临着租赁活动中负外部性失控和市场治理机制失灵的难题。

2.2 城市边缘空间的主体更换

有意制造一个与当地社会有别、与地方政府保持距离的空间社区，是城市边缘空间利用者的理想。布迪厄指出，可以把社会空间理解为区域（region）在其中分划的地理空间；几乎任何地方都有空间区隔的倾向，在社会空间中相互连接的人，不论是出于选择或必要，常会发现他们在地理空间中也紧邻在一起。[15]

宅基地资源具有社会产权属性[16]，其使用、转让受社区公共规则制约。例如农户在宅基地上建房，需要在屋后预留屋顶排水空间，在门口处预留周转空间，不能占用他人或公共空间。同时，在房屋资源的利用中，尽量控制噪音、油烟、空气等负外部性，因而村民通常将养猪场、养鸡场设置在村外空地，而非村民集中居住区。熟人社会及公共规则是控制宅基地房屋资源负外部性的重要机制。如有人不顾公共规则，夜间制造噪音、随意扔垃圾、随意泼洒污水（人畜粪水）则会受到公共舆论谴责，甚至会受到村干部、乡村精英的上门教育。房屋宅基地资源的出租使用转换了空间的实际占有和使用者。然而，在房屋租赁和外来人口集聚过程中，城市边缘空间的组织体系悄然更替，有规则共识、能相互制约的熟人社会逐步让位于一个弱规则共识、无法相互制约的陌生人社会。

亲属网络是外来人口进入城市就业、居住的重要通道，越是文化学历程度低、社会阅历少、偏向于体力劳动的群体越是依赖亲友关系资源，他们借此降低城市生活成本和不可控的社会风险。而越是倾向于将城乡空间作为生产场所的利用者，越是有着再造空间物理与社会属性的愿望和冲动。北京城郊的以商品贸易为中心的“浙江村”、以电子垃圾回收为中心的“河南村”以及广州郊区的垃圾猪场生产空间，能够较长时期延续存在，其中的非正式组织精英或领袖人物起到至关重要的作用。空间精英通过与地方政府、城管、公安、村干部等直接管理部门和官员建立非正式关系，并通过灰色利益链接，获得空间经营、延续的资源。

随着城市边缘空间利用新空间格局的形成，地区社会空间也逐渐形成，此类社会有两种类型：一种是原子化、无组织的社会，主要以在正式企业、公司、政府部门上班的工作人员为主，他们不依靠亲属关系网络，他们的生活面向城市，生活方式、文化品位是城市取向的；一种是碎片化、弱组织的社会，主要以在非正规部门就业的人群为主，他们学历低、工作不稳定，就业机会高度依赖亲友关系网络。第一类空间租借利用群体，通常是暂时性停留，他们对空间既无长远期待，也不做长远投入，通常不关心公共利益。第二类空间租借群体，通常会形成新的空间使用格局，例如开通往来家乡的班车、建立打工子弟学校、开设家乡菜馆等。外来人口在空间利用中的互不侵犯与他们对空间的非正规利用局面共存，这使得空间资源利用的负外部性正当化或内部化——空间使用者相当程度上接受生活上的不便利和环境上的低质量。面对城市边缘空间的非正规性使用、过度性利用，原有社会治理规则随着房屋所有者的退场而失效。

2.3 正规治理的限度

消除消防治安隐患、驱离无业人口、提升城市形象，是各大城市持续深入开展城市边缘空间治理的重要动力。然而，城市边缘空间治理基本在“整治－失序－再整治－再失序”之中循环，政府投入大量行政资源却难以收获持久成效。城市边缘地带盛行的非正式治理机制削弱了国家正式治理的效度。

为消除积弊，政府常用的“运动式”治理模式通常能够发挥即时功效，然而，正规力量的离场，又给予外来人口违规利用以时间和空间。根源在于，国家正式力量无法全天候全领域在场，空间的违规利用者借此可以充分发挥其全天候、分散性、游击式的空间占领策略。此外，转移外来人口、拆除违建房屋与农户、二房东的经济利益相悖，甚至与部分乡村干部的灰色利益相悖[17]。社会基础弱化、违规利用者的游击战术使得正式治理逐渐失灵。

城市经济发展离不开外来人口的现实，一定程度上软化了正式治理的硬度。上海1000余万非户籍人口，几乎遍布各行各业，他们是城市物理空间的建设者、工业成品的生产者、居民生活的服务者、市场交易的链接者、城市公共空间的清洁者和市场经济的消费者。外来人口以非公共部门就业为主，以获取更多收入和发展机会而非优质公共服务为目标。然而，“市场鼓励人口流动，公共服务却在惩罚人口流动”[18]。

当空间治理严重影响政府形象、官员政绩，或空间治理收益足够大时（例如征地拆迁），城市政府就会通过消灭空间来消灭治理问题。从理论上看，空间作为问题的承载者，其本身的消灭也即问题的消失。然而，被从城中村、城郊村驱离的非户籍人口，并没有离开城市，不过是一轮一轮往远离中心城区的区位搬迁，城市边缘空间的问题并未被根治，不过是被转移到了其他空间而已。因而有学者主张，城市边缘空间是本地农民与外地农民在廉价租赁住宅市场达成均衡的空间依托，是中国城乡二元结构的集中体现，城市边缘空间的改造规划，应该包含为非户籍人口提供可支付住房的任务[19]。

3　通过产权整合的城市边缘空间治理

城市边缘空间内组织体系的弱化或更换，削弱了社会自主控制空间利用负外部性的机制，而非正规的空间组织者和利用者，利用隐蔽、迁移等非正规手段逃避、弱化、抵制国家正式治理，使得已有的空间治理机制失灵。除了消灭空间这种耗资巨大、以转移而非根治问题的方式外，有无低成本、高效能的治理之道呢？通过空间产权整合实现社会再组织化和规则化，有利于应对城市边缘空间的治理难题。

3.1　租赁性住房的产权整合

为了缓解非户籍人口住房紧张、租房无序的状况，嘉定区赵巷村村委会自主成立物业公司，通过市场化的运作机制对农民出租房进行承租、装修、出租和管理活动，在城市边缘空间有效治理上进行了有益探索（表 3–1）。

表 3–1　　嘉定区赵巷村安客模式

安客模式	
房屋使用权	农民托管，村企业收储，签订租赁合同 5 年
房屋收储	村干部与村民一对一协商。邀请第三方对委托房屋进行相关鉴定，对存在违建、未达到安全标准的房屋一律不接受
房屋装修	对原有房屋的违章建筑，在给予相应的补贴后全部拆除。由公司按统一的标准进行外立面装修，重新安装电线线路和自来水管道，设置统一的厨房间、卫生间，配备有线电视等。每栋房屋装修成本控制在 3 万元以内
房屋出租	要求租客开具无犯罪记录证明和工作证明，对承租人、承租房屋使用用途、权利义务等予以明确，签订合同后严格执行
房屋运维与服务	由村内物业公司人员定期上门对公共区域进行打扫，专人进行物业维修服务
出租对象与租金水平	与某网络公司合作，开辟网上租房、看房平台，主要以私人承租为主。主要面向在嘉定汽车城工作的蓝领和白领人员 以 15 平方米的房间为标准，每间房的租金为 800 元／月，与周边农房租金齐平，但整体居住环境质量较高
社会关系营造	从租客中选举设立居民楼组长，租客自治，定期召开楼组长会议，投入公共资源改善居住环境，推动租客融入农村
运维主体	村企业，村干部为主
创新时间及托管房屋总数	2014 年 5 月开始，共有 122 套农民房，租客有 600 户，1800 余人[20]
维修与管理成本回本	4—5 年

续表

安客模式	
向农户支付的租赁价格	0.47 元 / 平方米 / 天（房屋建筑面积）
创新扩散	各区城市边缘空间街镇
政策支持	政府部门的治理创新补贴和美丽乡村建设经费补贴

来源：作者自绘

空间产权集中是空间治理规范化、整齐化、规则化的基础。零散出租和不规则利用的农民房屋，经由村企或镇企收储、改造后，重新以市场化模式进行资源配置，不但提升了资源环境品质和租客居住体验，而且消除了违规空间、制定了空间利用规则，有效控制空间资源利用的负面效应。

如表 3–1 所示，安客模式协同房东消除违法建筑空间，并与房东协商增设厨房、洗手间、电动车充电装置和独立空间，对房屋空间布局、基础设施、外部形象进行提升改造。经过改造，农民房屋具有了统一安全的充电装置，安全、卫生的厨房和卫生间以及整洁有序的庭院和街面空间，解决了租客日常生活中用电、用水、做饭、如厕不方便、不安全、不足够的难题。房屋产权的私有、零星利用状态是其负外部性失控的主要原因，但产权整合式的目标并非否定市场，而是将空间予以规范化改造，再通过规则前置将房屋推向市场。

集中租赁模式赋予公司房屋租赁义务监管权，将监督成本内部化。首先，村企和镇企在租赁合同签约阶段，对租客的身份、工作信息予以识别，避免无业游民、违规经营人员以及流窜犯罪分子进入空间，保证了空间利用主体的正规化、信息化，为社区空间治理提供了基础能力。其次，房管公司有在地化的、全天候的专业人员对房客违约行为进行监管和提醒，能够以市场方式调节租客行为，化解了租客游击式的空间违规利用状态。房客违反租赁合约中的负外部性控制条款则会面临租金处罚、租金提升、解除租赁合同的风险。安客模式将垃圾分类列入房屋租赁合同之中，对违规的租客第一次提醒，第二次警告，第三次则解除租赁合同。

如表 3–2 所示，农民将房屋托管给村企之后，房屋租赁模式发生了重大变化——由多个私人房东与多个匿名化的房客进行市场交易的模式，转变为有政府信誉做担保的村企与有着明确身份的主体进行交易。租客信息与住房空间布置信息的模糊状态被规范化治理流程所消解，村企通过“制图术”[21]将空间中的人、事、物以及社会关系进行精准地定位，并通过村落公共空间的视频监控、保洁人员的每日服务、消防安全员的定期检查以及治安联防队员的空间值守，对村落场域空间进行常规化监管。在此，之前在房屋租赁中失灵的房东责任，由镇企统一承担；通过租赁合约条款，空间利用的负外部性控制机制在市场交易前端已被植入。

表 3–2　　城市边缘空间房屋租赁模式的变化

房东（农户或二房东）	房客(信息模糊,匿名化)		房东（村企、镇企）	房客（信息清晰）
A	a，b，c，d，e，f，g ……（模糊的空间利用和人口集合）	→	G	a
B				b
C				c
D				d

来源：作者自绘

治理模式的转变需要成本、时间和积极有为的主体。安客模式在房屋使用权整合中面临着两个有力的反对主体，第一个是房屋所有权人，因村企和镇企在房屋修缮中投入成本较高，因而与农民签订较为长期的租赁合约时，租金略低于市场价，农民对村企或镇企表示不信任，认为“村委会或政府想赚我们的钱”；第二个是二房东群体，他们直接从农民手中租赁房屋，通过简单的隔间改造和空间、洗衣机配件安装，再转手向市场主体租赁，他们因中间利润损失而将租金压力转移至新房客。

集中租赁模式消解了二房东、房屋所有权人监管缺失、责任真空的问题，将房屋管理成本内部化，实现城市边缘空间的去匿名化与正规化治理。

3.2　居住治理共同体的再建

城市边缘空间的可治理化有赖于组织机制的完善。房屋空间利益相关人有房屋所有权人（农户）、房屋使用权管理人（房企）、房屋使用权人（租客）、社区空间责任人（村委会干部）等。主体增能与利益共享是房屋空间组织化和可治理化的推力机制（表 3–3）。

表 3–3　　空间组织化的主体增能和利益共享机制

主体	主体增能	利益共享	行动协同
房东（不在村居住村民）	提升房屋质量，有效控制房屋空间的破坏性，降低房屋管理维护成本。	租金保障，房屋质量保障，不再为招租、运维房屋担心。	委托房屋，参与治理
房企（村企或镇企）	房屋空间资源的统一承租、出租、管理权。	与镇／村（物业）公司人员同构，投入成本不高，经济收益不高，但治理收益较高	主导房屋出租、运维和管理
房客	居住证，及时便捷的水电、住房维修服务，在社区治理中获得制度化的参与、表达渠道	以同样的租金获得整洁有序的生活居住环境	遵守租赁合约，参与社区治理
乡村党委和政府	抓住空间治理的“牛鼻子”	消防安全隐患、社会治安、常规性社会治理成本降低	引领房屋委托租赁模式，投入政策资源
在村居住村民	乡村政府的有效回应，提升其参与空间治理的效能感	乡村生活的生态环境、社会环境逐步提升	替邻居照看房屋，参与监督租赁合约履行情况，维护生活环境

来源：作者自绘

房屋使用权的整合不但需要党员、干部、积极分子带头示范，而且需要给农户以实际可见的利益。村企通过安全检测、科学设计、有针对性地对房屋投入资源予以修缮，切实提升了房屋质量和空间布局。村企与村民签订 5 年的全托管协议，提前支付半年的租金，租金每年浮动增长。农民的房屋租金还可以通过房屋空间优化、整体房租提升得以充分保证[1]。

既往以留守老人看守或者无人看守为主的房屋租赁情形，增加了农户维修房屋、招租、监管成本。有的农户还遇到房客给假钱、房客赖着不走、房客逾期不交房租或逃单等现象。而村企有村委会信誉做担保，在房屋空间资源利用、房租支付上不存在风险，此外，村企对房屋还作了保值投入。综合比较之后，多数农民选择将房屋委托给村企。赵巷村西高泾自然村 40 户人家中除 2 户人家外，其余 38 户皆将房屋托管给村企。为激励房东参与空间治理，赵巷村实行房屋治理合作分红奖，在年终给予积极配合空间治理工作的房东 3000 元奖励。农民在房屋托管中获得了租金平稳、房屋质量保障和管理成本降低等综合收益。

房客并非单向度的被治理主体，他们通过逃避、偷袭、贿赂、非正式参与等方式亦能实现生活空间诉求。房客选择何种参与渠道，受制度文化和参与成本的影响。在外来人口聚集的边缘空间，房客通常选择与非正式精英合作以谋求安稳生活空间。但在规则清晰、参与成本较低的情形下，租客会选择正式渠道维护自身权利。

安客模式塑造的正规空间及其对租客自治的重视，为外来人口参与社会治理、共享社区利益提供了制度通道。村委会推动外来人口集聚的楼栋居民自行推选小组长，定期召开社区治理会议，获悉并积极回应租客的正规利益诉求。村企和村委会在房客入住后，会协助房客办理居住证，解决子女入学、医保等难题。而参与社区垃圾分类、疫苗宣传或接种等公共活动，租客可以获得抵扣房租的积分。同时，参与社区公共活动，能够帮助租客认识乡村干部精英，拓展社区社会关系，实现在地社会化。在租客积极参与下，乡村政府也不断向村社公共空间投入资源，提升居民生活环境质量。2018 年，赵巷村从集体资金中拿出 400 万元完善西高泾自然村的河道、道路、绿化等自然环境。

居住环境的提升使得租客感知到地方政府、村委会的善意，他们的空间主体感、责任感日益形成。2020 年春节期间，赵巷村的多位租客主动报名参与疫情防控工作、为值勤干部送点心。外来人口与本地居民间的社会距离逐渐缩短，半熟人式的社会关系逐步确立，居住治理共同体日益形成。

---

1 例如赵巷村西高泾原 520 号，原出租 9 户外来户，每户租金 450 元，年收入 48 600 元。实施托管后，拆除 3 间违章建筑，房屋同一隔断，电线全部更换，每户设独立电表，统一厨房装修，建设集体卫生间，配备灭火器、烟感报警器、喷淋，里里外外粉刷一新。现在 5 间对外租赁，每间 850 元，年总收入达 51 000 元。

3.3 社会治理成效

乡村基层政权通过产权整合抓住了城郊居住失序的“牛鼻子”，大大降低了消防安全、社会治安、违规经营等负外部性及政府为此付出的行政成本，提升了社会收益和居民幸福感。

截至2020年9月，赵巷村已与150户村民签订托管协议，其中有122套村宅已完成装修并顺利入住600户租赁户、2000余人。截至2021年9月，赵巷村通过房屋产权整合，累计取缔无证经营20家，拆除违章建筑2359.72平方米，杜绝消防安全隐患8起，消除公共环境污染源8个，整治存量群租38家，违规诊所、违规网吧、违规餐饮场所也随之消失。[22] 在第五年合同结束前，除个别农户房屋拆迁外，房东全部续约。2020年，全村有40户人家从城里搬回来与租客同住，充分说明城市边缘空间生态与社会环境的步步提升，而非像欧美国家的贫民社区一样持续衰败[23]。

4 城市边缘空间居住有序的经验扩散

在农村宅基地制度改革的讨论中，多数学者主张进一步推动农民宅基地房屋私有化、市场化，希望通过市场机制实现财产功能。党中央、国务院一再强调土地制度不突破公有制的底线。城市边缘空间农房使用权已充分市场化的现实，为宅基地制度深化改革划定了范围。从空间资源利用中的突出矛盾看，未来宅基地制度改革应注重化解负外部性问题，实现空间资源有序利用和空间复合价值持续提升的综合目标。

4.1 空间产权的集中机制

欧美国家城市（边缘）空间的矛盾表现为，私人财产造成的空间粉碎化现实与社会对空间交换的需求之间，以及政府在前所未有的巨大尺度上处理空间的科学与技术能力之间的不匹配。[24] 相比之下，中国城市边缘空间的矛盾，主要表现为空间碎片化利用以及组织缺位与有序治理之间的不匹配。私有房屋使用权的整合成为地域空间组织再造、治理联盟重塑的关键。

国家在公私生活空间所扮演的规则制定和授权者角色，在成熟的国家制度中不存在任何疑问。[25] 然而，国家能否使公众遵循既定的法律规则，却赖于制度运行的社会组织基础。城市边缘空间作为中立客观之物，既能为政府用来实现治理目标，亦能被社会、非正式组织利用来削弱政策目标。城市边缘空间因被外来人口实际占有利用，而呈现出原有组织弱化、新社会团体与地域社会、地方政府相对隔离的状态，陷入不可治理的情境之中。实际上，无组织的分散性暴力更为可怕，因为它是机会主义的，让人无法掌握其规律。[26]

城市边缘空间再组织化是地域空间社会可治理的前提，是公共规则得以贯彻、执行并被监督的框架。在既往治理模式中，政府通过消除违规空间、驱离外来人口实现“腾笼换鸟”的目标。然而，在其他边缘空间重新聚集的人口，仍然无法克服原子化的发展逻辑。有的地方政府通过社会精英吸纳、半正式治理人员嵌入等方式与非正式组织对接，实现部分政策目标。[27] 城市边缘空间作为持续存在的社会现象，其内部的有效治理有待从空间产权及空间主体上寻找突破口。

城市边缘空间的房屋宅基地明确的产权结构，保障了农户自用、出租的权利。问题在于，居民从村社空间撤离之后，导致地域空间去组织化。宅基地的集体所有制属性、农民房屋的社会产权属性、农村社会的熟人关系底色，是空间产权整合可能的基础。地方村企通过收储、托管农民房屋，将零散的房屋空间使用权予以集中。租客与公司签订正式租约，接受空间利用规则的约束、享受企业提供的物业服务和整洁有序的生活环境。在新治理框架中，房东、房客、农户、乡村基层政权、镇村企业等多元主体，皆能实现增能、得利之目标，城市边缘空间居住治理共同体逐渐成形。

4.2　空间组织化的扩散条件

以产权改革为基础的空间组织化机制有两种类型，一类是通过征地拆迁实现土地国有，继而通过招拍挂进行商业开发的空间组织化，一类是通过产权集中进行统一托管运营的空间组织化。本文主要讨论第二类空间组织化的扩散条件。

农村房屋产权整合离不开如下几个基本要素：第一，积极有为的政府；第二，市场化运营为基础；第三，村民的配合；第四，政策资源支撑。

奉行市场自由主义的学者反对政府干预房屋租赁市场，而房屋空间利用中的负外部性则被视为理所当然的市场运行副产品，应当由通过完善市场机制予以纠正。事实上，负外部性作为市场失灵的表现，很大程度上依赖政府调控来予以化解。案例中的乡村政府，从市场运行的末端走到前端，通过房屋产权（使用权）整合将规则植入市场经济行为中，并通过过程监管督促房屋使用人遵守公共规则。在经济学家看来，政府收储农民房屋并进行市场化运行，是做了不擅长的事情，会造成经济效率损失。然而，政府并未通过行政部门、行政人员和行政机制运维房屋资源，而是通过专业化的企业组织进行市场化运营，规避了行政机制在市场经营中的弊端，又通过企业化的治理模式将负外部性控制的成本内部化，获得治理成本降低、政治秩序稳定等综合性收益。

无论是公有制的市场化运营，还是私有制的市场化运营，在房屋托管租赁中都需处理两方面的难题：第一，企业运行成本控制；第二，房屋收储协议达成。如果不能从产权整合中获利，掌握房屋所有权的农民很难同意房屋收储协议。农民获益的方式有三种：增加房屋租赁收益；降低房屋租赁管理成本；个人生活环境质量的提升。赵巷村由在地化的村两委干部上门做思想工作，再经由党员、干部等先进人员带头示范，才逐渐形成农房连片托管的规模效应。而纯粹由企业与农户谈判收储房屋，则会陷入“经济不经济、划算不划算”的逻辑之中，房屋使用权整合会因个体经济原因而搁浅。如在深圳租赁农房做人才公寓的万科“泊寓”模式，后因无法与村民达成房屋托管租赁协议而停止项目扩展。

收储运维更新农房需要相对宽裕的资金，且无论房屋能否全年出租获利，收储者都要定期向农户支付租金。针对不同运行模式，政府应当给予一定的项目经费支持。2018年，赵巷村在租客集中的西高泾自然村投入400万元打造宜居乡村，后来获得区政府项目经费100万元；该村的人口治理模式创新，先后获得区人口办450万元的奖励资金，公共项目资金缓解了村企的运行资金压力。

5 结论与讨论：私权的社会治理责任

个体边际收益（成本）与社会边际收益（成本）的背离，是负外部性发生的内在机制。负外部性作为市场失灵的表现，需要通过市场之外的方式推动资源所有和利用主体承担社会治理责任予以化解。

城市边缘空间所有权、使用权主体分离导致私权自治机制失效，空间资源利用中的负外部性逐渐失控。农房所有权主体在获取房租收益的同时不承担房屋使用管理责任，而政府与众多农户协调房屋租赁问题的交易成本之高，进一步诱使房屋租赁市场的管理缺位。空间有效治理的前提是组织化，在城市边缘空间经由租赁而实现组织化之后，房屋使用权集中成为空间再组织化的通道。

房屋产权集中并不否定市场机制。村企在收储房屋使用权后，仍然要以市场机制运营管理农房，保证了资源的市场价值和治理可持续运转。主体增能和利益共享推动了城市边缘空间居住治理共同体的形成。房客、房东、乡村政府、村企等利益相关主体被纳入包容性的治理框架之中。

城市竞争力取决于城市的高品质空间资源和人力资本积累的多寡。[28]城市边缘空间能否成为相对高品质空间和人力资源的储备空间，取决于该空间的功能定位和利用格局，环境污染、混乱失序的空间使用局面显然无法承担重任。

空间再组织化对全国城市边缘空间有效治理具有借鉴意义，除产权集中化机制外，该经验的扩散需要多种条件支撑，例如积极有为的政府、村民的配合、有担当和运营能力的企业及项目资金支持等。从全国实践看，拥有房屋所有权或使用权的私人（农户和二房东）要价过高或拒不配合是空间再组织化的关键阻梗。打破私权造成的反公地悲剧困境，需要从市场机制之外寻找突破口，基于社会道德共识的社群自治机制，基于公共权威的行政动员机制，都有助于提升整体社会收益。基于此，持续深化的宅基地制度改革方案，应当超越单一的私人财产权视野，从权责对等、公私协调的视角深入推进。

而今，农民房屋资源最有可能实现财产价值的城市边缘空间，却面临着最严重的空间利用负外部性难题，如果不能有效干预，该空间很可能陷入持续衰败的窘境。

作者信息

魏程琳，同济大学政治与国际关系学院副教授，weichenglin678@163.com。

参考文献

[1] 戴维斯．布满贫民窟的星球[M]．潘纯琳，译．北京：中信出版社，2017：44．

[2] 戴维斯．布满贫民窟的星球[M]．潘纯琳，译．北京：中信出版社，2017：27．

[3] 戴维斯．布满贫民窟的星球[M]．潘纯琳，译．北京：中信出版社，2017：57．

[4] 周大鸣，高崇．城市边缘空间社区的研究：广州南景村 50 年的变迁[J]．社会学研究，2001(04)：99–108．

[5] 唐灿，冯小双．“河南村”流动农民的分化[J]．社会学研究，2000(04)：72–85．

[6] 王汉生，刘世定，孙立平，等．“浙江村”：中国农民进入城市的一种独特方式[J]．社会学研究，1997(01)：58–69．

[7] 刘云刚，王丰龙．城乡结合部的空间生产与黑色集群：广州 M 垃圾猪场的案例研究[J]．地理科学，2011，31(05)：563–569．

[8] 陶栋艳，童昕，冯卡罗．从“废品村”看城乡结合部的灰色空间生产[J]．国际城市规划，2014，29(05)：8–14．

[9] 项飙．跨越边界的社区：北京“浙江村”的生活史[M]．北京：生活·读书·新知三联书店，2018．

[10] 蓝宇蕴．都市里的村庄：一个新村社共同体的实地研究[M]．北京：生活·读书·新知三联书店，2005．

[11] 熊易寒．社会资本友好型城市：“留白”与重构[J]．学术前沿，2020(04)：6．

[12] 熊易寒．城市规模的政治学：为什么特大城市的外来人口控制政策难以奏效[J]．华中师范大学学报（人文社会科学版），2017，56(6)：11．

[13] 王薪喜，孟天广．空间与治理：城市政治研究的新进展[J]．国外社会科学，2020(03)：110–122．

[14] 徐桂华，杨定华．外部性理论的演变与发展[J]．社会科学，2004(03)：26–30．

[15] 布尔迪厄．社会空间与象征权力[A]．王志弘，译．// 包亚明．后现代性与地理学的政治[M]．上海：上海教育出版社，2001：33．

[16] 印子．农村宅基地地权实践及其制度变革反思：基于社会产权视角的分析[J]．中国农村观察，2014(04)：52–62，83．

[17] 赵晔琴．法外住房市场的生成逻辑与治理逻辑：以上海城中村拆违为例[J]．华东师范大学学报（哲学社会科学版），2018，50(04)：124–130，175–176．

[18] 熊易寒．城市规模的政治学：为什么特大城市的外来人口控制政策难以奏效[J]．华中师范大学学报（人文社会科学版），2017，56(06)：11．

[19] 叶裕民．特大城市包容性城中村改造理论架构与机制创新：来自北京和广州的考察与思考[J]．城市规划，2015，39(08)：9–23．

[20] 胡立刚．上海市嘉定区赵巷村：“安客模式”破解都市农房出租乱象[N]．农民日报，2020–01–03(004)．

[21] 杜月．制图术：国家治理研究的一个新视角[J]．社会学研究，2017，32(05)：192–217，246．

[22] 胡蝶飞．用“以房管人”破解乡村社会治理难题 嘉定赵巷村“安客模式”扮靓美丽乡村[N]．嘉定报，2020–09–01(04)．

[23] 威尔逊．真正的穷人：内城区、底层阶级和公共政策[M]．成伯清，译．上海：上海人民出版社，2007：78．

[24] 列斐伏尔．空间：社会产物与使用价值[M]．王志弘，译．// 包亚明．后现代性与地理学的政治

[M]. 上海：上海教育出版社，2001：51.
[25] 米格代尔 . 社会中的国家：国家与社会如何相互改变与相互构成 [M]. 李杨 , 郭一聪 , 译 . 南京：江苏人民出版社 ,2013：66.
[26] 阿伦特 . 共和的危机 [M]. 郑辟瑞，译 . 上海：上海人民出版社，2013：53.
[27] 魏程琳 . 准街头管理者的结构与功能：以城管部门协管员为例 [J]. 青年研究，2017(02)：38-46，95.
[28] 叶裕民 . 特大城市包容性城中村改造理论架构与机制创新：来自北京和广州的考察与思考 [J]. 城市规划，2015，39(08)：9-23.

基于历史性城镇景观（HUL）方法的新城历史风貌保护与治理*

寇怀云

（同济大学建筑与城市规划学院，上海，200092）

为实现从“郊区新城区”向“独立新城市”的跨越式发展，新城文化和精神内核的研究和建设不可或缺。嘉定、松江、青浦、奉贤、南汇新城，在作为新动力和新增长极的跨越式发展中，其承载城市历史记忆的物质和文化空间将不断受到冲击，新的发展记忆和生活片段亦会不断产生。历史风貌之于当下发展的意义如何，历史风貌特征如何发展演变而成，在日常生活中是否被各类群体所感知和认同，在跨越式新发展中如何对待历史文化载体的变化，诸多问题均需在新城发展中面对和回应。历史性城镇景观（Historic Urban Landscape，HUL）[1] 这一国际城市文化遗产保护领域的新理念和新方法，为我们提供了回答这些问题的思路。本文旨在 HUL 框架下，探索新城历史风貌保护与治理的实践原则，为新城作为独立综合性新城市的特色形成与精神内核培育提供思路。

1　新城与老城：在城市上建设城市

嘉定、松江、青浦、奉贤新城皆依托老城发展，南汇新城范围亦含传统村镇，均有丰厚的历史积淀。因此，上海的新城建设并非平地而起，而是“在城市上建造城市”[1]（图1-1）。反映于老城历史风貌中的社会文化的层层积淀，是新城精神和特色之源。“城市精神是一种历史范畴，可记忆、可遗传，有延续、壤土有变异”[2]，诠释了城市精神与历史风貌的关联。

嘉定、松江、青浦、奉贤老城均有鲜明的历史空间特征。嘉定老城呈“十字加环”

* 中央高校基本科研业务费专项基金项目（编号 22120210260）支持。

1 HUL联合国教科文组织使用的译名为“城市历史景观”，本文除直接引用外，其他统一采用“历史性城镇景观”的译法。

图 1–1　新城分布示意

来源：作者自绘

图 1–2　嘉定新城与老城关系示意

来源：作者自绘

的传统空间格局，包括州桥历史文化风貌区和西门历史文化风貌区，新城范围内另有娄塘历史文化风貌区（图 1–2、图 1–3）；松江老城包含府城和仓城两处历史文化风貌区（图 1–4、图 1–5），具有“一府两城”的历史格局，范围内共有各级文保单位 127 处；青浦老城以护城河为界，保留有水绕城的椭圆形传统城池格局，为老城厢历史文化风貌区（图 1–6，图 1–7）；奉贤老城没有明显的界线，其核心南桥源则有“南桥九景”的历史风貌（图 1–8、图 1–9）。南汇新城核心区为配套洋山深水港的开发于滩涂上筑堤而建，然其新城范围内亦有书院镇等传统村镇，“南汇”则为上海市第一保护等级的地名，饱含成陆变迁历史。

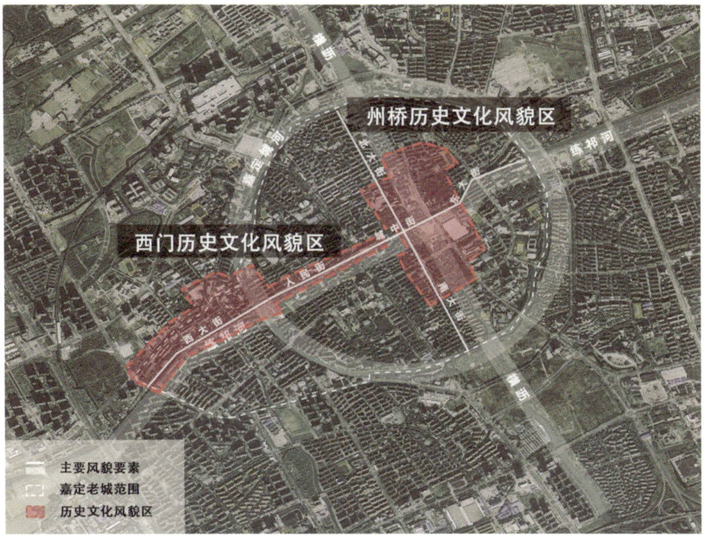

图 1–3　嘉定老城历史文化风貌区

来源：作者自绘

图 1–4　松江新城与老城关系示意

来源：作者自绘

图 1–5　松江老城历史文化风貌区

来源：作者自绘

图 1-6　青浦新城与老城关系示意

来源：作者自绘

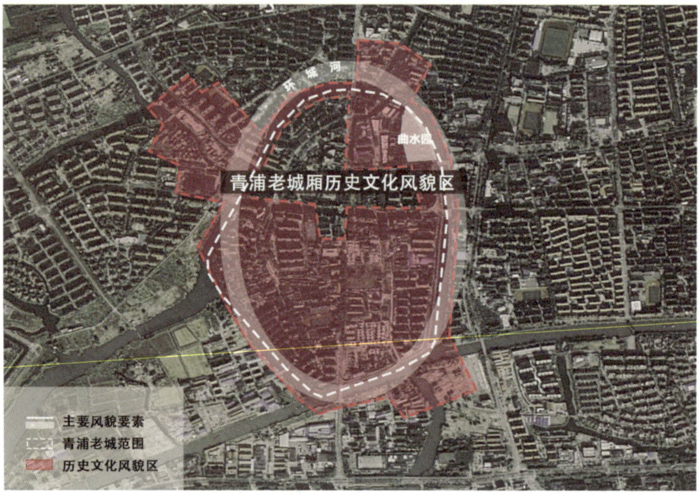

图 1-7　青浦老城历史文化风貌区

来源：作者自绘

图 1-8　奉贤新城与老城关系示意

来源：作者自绘

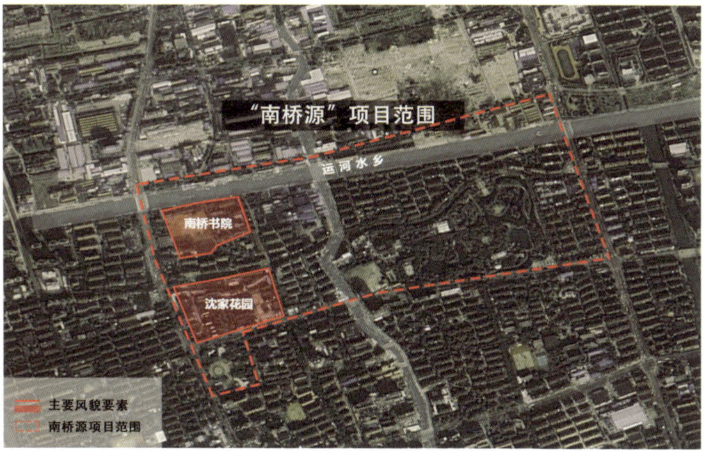

图 1–9 奉贤南桥源范围与风貌要素

来源：作者自绘

2 历史性城镇景观：桥接历史与现时

新城的快速发展建设必然带来持续的变化，历史文化特征的时空连续面临巨大的挑战。HUL 正是一种桥接城市的发展变化与历史风貌的活态存续的研究工具。

HUL 是面对现代化需求下的高强度开发对历史城市的挑战，是由国际文化遗产保护领域提出的新理念和新方法，旨在通过对城市发展和社会需求变化的谨慎分析，来控制和降低其负面影响，帮助实现城市保护驱动下的城市发展管理。联合国教科文组织于 2011 年正式通过《关于历史性城镇景观的建议书》（第 36C/41 号大会决议，以下简称《建议书》）[3]，详尽阐述了 HUL 这一全新概念与方法，提出有必要更好地设计城市遗产保护战略并将其纳入更广泛的城市整体可持续发展目标中，以支持旨在维持和改善人类环境质量的政府行动和私人行动。联合国教科文组织鼓励各缔约国依据自己的制度和社会文化环境，因地制宜地制定实施路径；同时，在全球寻求合作试点。HUL 由此成为一种国际性的“软法律”，指导各国的文化遗产保护工作[4]。

联合国教科文组织在《建议书》中将 HUL 定义为：“城市历史景观是文化和自然价值及属性在历史上层层积淀而产生的城市区域，其超越了‘历史中心’或‘整体’的概念，包括更广泛的城市背景及其地理环境”。HUL 并不是一种新的文化遗产类型，而是作为一种文化遗产保护的理念与方法而提出，其内涵包括以下四个层面：

第一，HUL 强调历史性城镇景观的价值在于文化在历史上的层层积淀（layering of values），即城镇特征是连续的时空积累，而非某一个切面。定义中更广泛的背景和环境，便包括自然地理特征、历史和当代的建成环境，这些环境的感知与视觉关系，社会和文化实践、价值观、经济进程，以及其他与多样性和特性有关的无形内容。这一定义为在一个可持续发展的大框架内以全面综合的方式识别、评估、保护和管理历史性城镇景观打下了基础[3]。

第二，HUL 强调人的活动在城市历史文化层积中的关键作用，将人的诉求本身包含于城镇遗产的价值中。在人的需求与历史遗产之间找到可持续的平衡关系，正是 HUL 的核心思想之一。因此，HUL 倡导参与性规划 (participatory planning) 以及与利益相关者的价值磋商，支持社区寻求发展和适应变化的努力，从而就保护遗产和促进可持续发展的行动达成一致，保证城市发展的可持续性和宜居性 [3]。

第三，HUL 将城市遗产价值及其面对社会经济压力和环境影响的脆弱性，纳入城市发展的背景中（background of development）。“许多经济进程提供了减轻城市贫困和促进社会和人类发展的途径和手段。信息技术以及可持续的规划、设计和建筑方法等新事物的进一步普及能够改善城市区域，从而提高生活质量” [3]。因此，HUL 强调应将遗产保护目标与社会经济发展目标相结合，而非对立。

第四，基于上述三点，HUL 旨在通过对变化的分析和管理（management of change），确保当代干预行动与历史背景下的遗产和谐地结合在一起 [5]。HUL 承认并接受变化，如《建议书》中所说：“人类住区一直在发生改变以适应气候和环境的变化，包括灾害所导致的变化”；然而“当前变化的强度和速度对我们复杂的城市环境构成了挑战”。因此，在接受变化的同时并不能任其发展，而是要进行有效的约束和控制，以改善生活质量和城市空间的质量。

3　基于 HUL 的保护与治理

3.1　历史层积：空间演变认知

历史层积性是 HUL 的价值认知基础。《建议书》开篇便明确了历史城区“是一代又一代的人所缔造的，是通过空间和时间来证明人类的努力和抱负的关键证据”。这与以往较为固化的价值评判思路截然不同。从该理念出发，需要从新城地方历史和渊源进行文化追溯，解读文化的历史层积，从而认知其空间演变的缘由和脉络。

上海的传统聚落空间，在区域自然环境条件约束和社会文化影响下，呈现江南水网平原地区的普遍性地域特征；在发展演变过程中受多元文化的冲击，又演化出自身的风格；新城所在不同片区亦有各自独特的历史文化底蕴 [6]。《上海市新城规划建设导则》中对此已有部分提炼，提出塑造嘉定教化城、青浦江南风、松江上海根、奉贤贤者地、临港海湖韵，五个能深入人心的“一城一意象” [7]。然而其意象的具体塑造，需基于对历史脉络及其空间影响的全面挖掘和梳理。例如松江，其“松江府”的历史渊源和遗存状况，堪比一个国家级历史文化名城，目前树立的大学城教育产业形象尚不足以承担起“上海根”的文化使命。布罗代尔（Fernand Braudel）关于历史时段的研究，即以长时段、中时段、短时段三种历史时间层次，分别对应结构、局势、事件对时空的影响，为历史层积和空间演变提供了研究方法 [8]。

3.2 公众参与：地方认同培育

公众参与是HUL的重要工具。《建议书》中提到："应让各部门的利益攸关者参与进来，并赋予他们权力，让他们能够查明其所属城区的重要价值，形成反映城区多样性的愿景，确立目标，就保护其遗产和促进可持续发展的行动达成一致。"HUL关注人的创造性活动和历史文化的活态存续，将当地民众对改善生活条件的诉求放在重要的位置，为当地社区的发展提供多样化的选择和更多的机会，使社区整体融入城镇发展的环境中，使其成为城镇中最具活力的场所，而不是变成一个空间上、社会上和经济上的"孤岛"[3]。

公众参与是地方认同培育的一种手段。有关嘉定、松江、青浦、奉贤、南汇老城的历史风貌保护相关研究，以及近期的新城风貌特色研究，总体上偏重于空间风貌的固态保护，"列级保护"依然是实践的主流，尚缺乏从地方人民视角出发的文化认同和培育研究。以地方认同培育为目标的公众参与，可借助两种方式实现：其一，通过全民参与挖掘集体记忆，表达需求与向往，在这个过程中促进不同利益群体的对话，相互理解并达成共识，逐步形成新城历史文化价值认同和发展愿景，使城市文化渗入日常生活，塑造地方精神；其二，借助有组织的大型文化活动，提升文化形象，扩大地方影响并提高知名度，同时也有助丰富城市日常生活，从而从内、外两方面提高人民的地方认同感。比如松江便可利用影视城和地方文化作为上海国际电影节的会场；嘉定可借助汽车城基础和历史街区、水乡文化，强化延伸上海国际车展的展览维度。

3.3 发展资源：历史风貌引导

HUL将文化多样性和创造力看作是促进人类发展、社会发展和经济发展的重要资产；并将城镇遗产资源的价值和脆弱性纳入城镇的整体发展战略框架中，判别遗产资源在利用中的优势与局限性[3]。也就是说，该方法将城镇遗产作为一种发展的资源，并"将城市遗产保护目标与社会和经济发展目标相结合，其核心在于城市环境与自然环境之间、今世后代的需要与历史遗产之间可持续的平衡关系"[3]。

从发展资源的角度引导新城历史风貌，首先，需盘点城镇物质和非物质遗产资源，建立各级各类文化资源空间分布的数据库。其次，对历史文化空间风貌进行感知测评，了解历史文化的空间传导效果，以及各类群体对历史文化空间的认知和认同度。该部分工作，除传统的问卷访谈主观调研之外，可配合大数据、智能图像识别与眼动追踪等技术进行量化研究，辅助验证不同群体的认知与认同倾向，并扩大样本量和获取效率。最后，需着重关注空间的文化性和社会性，在"空间叙事"和"城市意象"等空间设计理论指导下，探索将历史文化元素组织和融入新城公共空间和城市景观的多种策略。比如在城市设计等空间规划营造中，针对新城增加相关空间文化承载的指标或要求，提高文化场所人均占有率等；增强文化地标整体性与连贯性，延续历史信息；将历史文化符号化植入城市景观与建筑设计。

3.4 管理变化：文化活态存续

HUL 认为当代建筑与空间元素具有积极作用，为历史文化环境注入新的活力，提升吸引力，因此在坚持国际公约所明确的保护原则的基础上，充分考虑区域性环境的背景因素，借鉴地方社区的传统与观念，以此有效地管理既有城镇空间的发展变化，确保当代干预行动与历史环境中的遗产和谐共处[3]。

新城风貌并非静态的空间呈现，而是活态的文化存续。历史文化是一个持续演变的过程，新城的迅速发展建设和人民的生活发展需求，亦将带来空间上可预见及不可预见的持续变化。历史风貌一定程度上是多方博弈的过程，不仅仅是规划理性的结果。通过上述文化溯源、利益群体认知调研、认同培育，确定新城与上海主城既相关联又有差异的文化定位，在此既定的方向上，以弹性规划的思想，研究基于系统性变化的动态更新、特色塑造及城市景观设计方法，探讨动态管控机制与策略。数字图像检测等技术的发展，也为识别与监测新城历史地段的风貌变化提供了科学的手段。

4 结语：延续历史文化并管控变化

城市历史风貌涵盖完整的时空延续，是基于社会空间的活态存续，文化认同是其存续的根本。与使用价值不同，文化遗产的精神价值是在被认同的即刻产生，而不是被创造之时；没有认同，如同没有读者的小说，其价值等同于白纸加油墨。

国家与地方城市更新与历史文化保护政策于 2021 年密集出台，包括《关于在城乡建设中加强历史文化保护传承的意见》《关于在实施城市更新行动中防止大拆大建问题的通知》《上海城市更新条例》等。从中可见城乡历史文化保护的范围不断扩大，涵盖至所有发展建设；历史风貌的管理，亦由单纯的目标管理向“目标 + 过程”的管理转变。发展变化是必然且可接受的，然而需要对其进行管控。运用 HUL 的价值理念和多项研究工具，建立历史风貌保护与治理的框架和实践原则，使新城的历史文化保护从单纯打造空间风貌特色向延续历史文化脉络和培育地方认同转变，是人民城市思想在文化遗产保护领域的落实。

作者信息

寇怀云，同济大学建筑与城市规划学院副教授，khy@tongji.edu.cn。

参考文献

[1] 周俭，张恺．在城市上建造城市 [M]．中国建筑工业出版社，2003．

[2] 常青．从建筑文化看上海城市精神：黄浦江畔的建筑对话 [J]．建筑学报，2003(12)：22–25．

[3] 联合国教科文组织．关于城市历史景观的建议书 [R]．巴黎：联合国教科文组织，2011．https：//unesdoc.unesco.org/ark：/48223/pf0000215084_chi.page=73

[4] 顾玄渊．历史性城镇景观（HUL）视角下的城市历史空间研究 [M]．中国建筑工业出版社，2020．

[5] VELDPAUS L, FAYAD S, ZHOU J, et al. The HUL guidebook Managing heritage in dynamic and constantly changing urban environments[R]. Bad Ischl: the 15th World Conference of the League of Historical Cities, 2016.

[6] 俞文彬，寇怀云．上海传统乡村聚落空间特征研究 [J]. 城市建筑，2021，18(22)：87–93.

[7] 上海市新城规划建设推进协调领导小组办公室．上海市新城规划建设导则 [R]. 上海：上海市新城规划建设推进协调领导小组办公室，2021.

[8] 张芝联．费尔南·布罗代尔的史学方法 [J]. 历史研究，1986(02)：30–40.

系统推进上海五个新城城市更新

张俊

（同济大学政治与国际关系学院，上海，200092）

上海五个新城有悠久的发展史，近 20 多年更有大量的建设。新城之新是目标之新、理念之新，是在既有空间结构基础上建设增量，更新存量，城市更新在新城战略中具有重要意义。新城的存量更新和传统更新不同之处在于它的战略导向，服务于上海卓越的全球城市的战略目标。新城的存量更新要从新城的战略定位出发，分层次分类别推进，构建起底线更新、关键更新、战略更新的目标体系，促进独立的综合性节点城市形成。推进新城的城市更新需要在制度政策、更新指引、备选项目库、投融资体制、社会治理机制等方面采取措施。

1 推进上海五个新城更新的背景

新城建设是在上海总体城市发展战略下的城市空间结构优化和调整，上海的新城经历了从卫星城到独立的综合性节点城市等多个定位的发展阶段，新城的存量建设达到了目标建设量的 50%—80%。新城之新是目标之新、理念之新，是在既有空间结构基础上建设增量，更新存量。

1.1 新城发力：建设独立的综合性节点城市

《上海市国民经济和社会发展第十四个五年规划和二〇三五年远景目标纲要》提出，加快构建“中心辐射、两翼齐飞、新城发力、南北转型”的城市空间发展新格局。大力实施新城发展战略，把嘉定、青浦、松江、奉贤、南汇五个新城打造成独立的综合性节点城市。上海五个新城的未来目标是：独立的综合性节点城市、长三角新的增长极、上海都市圈第一圈层。对标上海在长三角、全国、全球发展中的战略目标，上海新城的功能结构、空间结构、社会结构都将转型，以实现从郊区新城到独立的综合性节点城市的转变，从而构筑起上海都市圈的第一圈层，扩大上海的能级和能效，提升上海服务长三角、服务全国、服务全球的战略地位和作用。为了实现这些目标，上海已经出台了《关于本市“十四五”加快推进新城规划建设工作的实施意见》《上海新城规划建设导则》等文件。这些文件全面、系统，既提出了指导思想和原则，也明确了具体的政策和措施。五个新城所在的区政府也对新城的发展做了相应的部署和安排。在沪的大学和科研机构积极响应新城建设，成立了“同济大学新城建设研究中心”等机构，对新城的规划建设提出了前瞻性的思考，认为目前五个新城的定位可望真正打破上海中心城的单中心状态。

1.2 新城理论：服务战略目标的城市空间结构优化

霍华德在现代城市规划的奠基之作《明日的田园城市》一书中提出了新城理论，通过建设兼具城市和乡村二者优势的新城来解决既有的城市问题。第二次世界大战后新城理论开始在西欧等国家大量实践，通过在郊区建设新城解决大城市过度拥挤、缺乏住房等城市问题。此后，新城建设又成为大城市功能转型、大城市空间结构调整的重要措施。伦敦、巴黎、东京等全球性大都市都建设过新城，1947—1950年间，伦敦周围建设的第一代新城里，8个新城的主要目标都是从拥挤和堵塞的伦敦地区疏散人口，4个是为了促进区域发展[1]。1964年《巴黎地区国土开发与城市规划指导纲要（1965–2000）》在塞纳、马恩和卢瓦兹河谷划定了两条几乎平行的城市优先发展轴线，并在其上设立了8座人口规模介于30万—100万之间的新城，作为重点开发的新的地区城市中心，以吸纳外来的人口，促进区域的整体均衡发展。巴黎建设新城主要是吸纳外来人口，避免人口向巴黎市区的过度集聚；而伦敦新城主要容纳来自市区的外迁人口，以保持伦敦地区人口规模的稳定[2]。为了解决东京人口和产业在城市中心区过度集中带来的严重城市问题，以及阻止城市过度膨胀导致的建成区的无序蔓延，日本政府于1956年制定了《首都圈第一次基本规划》，之后又分别于1963年和1966年制定了《近畿圈整备法》和《中部城市圈整备法》，并以此为依据在东京都市圈开展了地域整治规划与新城开发活动[3]。

新城建设既有平地建新城模式也有依托老城建新城模式。英国第一代新城以平地建新城为主，面临的主要问题是“新城忧郁症”，由于人口少难以支持许多公共设施，所以新城开发的早期更重视就业和居住发展，而不是购物、娱乐和其他休闲设施，低水平的公共设施供应导致新城居民对新城的生活希望破灭。第三代新城主要依托老城，在有足够公共设施的地方进行开发，则没有经历过“新城忧郁症”[1]。

国际经验表明，新城就其本质而言是为了实现一定政策目标，并由政策驱动的空间发展。第二次世界大战后西方的新城规划建设有着明确的政治意图和社会目标，是在公共政策导向下的公共开发行为。上海五个新城战略有明确的战略目标，新城建设要处理好新城与中心城、新城与周边城市、新城与周边乡村、新城增量建设与存量更新等关系，通过系列政策推进上海都市圈第一圈层独立的综合性节点城市建设，扩大上海的能级和能效，提升上海服务长三角、服务全国、服务全球的战略地位和作用。

1.3 新城历史：新城定位从卫星城到独立综合性节点城市的变迁

上海是长三角的龙头城市，新中国成立以来，上海城市空间结构一直处于探索中，伴随上海空间结构定位的演变，上海新城的定位也在演变，经历了从卫星城、一城九镇、“1966”城镇规划体系到“中心辐射、两翼齐飞、新城发力、南北转型”等多个阶段的转变。总体来看，原有的新城发展思路定位郊区，发展落后于上海中心城及周边城市。2021 年 4 月，在“上海新城建设论坛——面向未来的人民城市”上，伍江曾指出“虽然上海多轮城市总体规划都强调多中心和新城发展，但效果不明显，长期以来，在中心城发展的大背景下，上海各郊区的自身定位更接近乡村而非城市，郊区的城市化发展水平远低于上海周边地区”。彭震伟认为，“上海郊区新城在短短的 20 年时间里取得长足发展，但从实际看，这些郊区新城的经济社会发展活力仍然明显弱于长三角近沪地区的节点城市，其经济功能与新城的战略地位不相匹配，区域交通地位也不突出”。

新城之新在于新城定位之新，而不是城市之新，大多数新城都是原有县城发展而来，因此，新城建设并不是在没有建设和规划历史的地方建设新城，而是根据新的规划定位在既有发展历史和现状基础的城区上去建设新城（表 1–1）。

表 1–1　上海新城定位变迁

阶段	时间	主要依据	规划新城	空间结构	新城功能定位	推进措施
卫星城	1959—2000 年	《上海区域规划示意草图》《上海城市总体规划草图》《关于上海城市总体规划的初步意见》《上海市城市总体规划方案（修改稿）》	闵行、吴泾、安亭、嘉定、松江	中心城－卫星城－乡村	卫星城	特色产业导入为抓手
一城九镇	2001—2005 年	《上海市城市总体规划（1999–2020）》	一城：松江 九镇：朱家角、安亭、高桥、浦江、罗店、枫泾、周浦、奉城、堡镇	中心城－新城－中心镇－一般镇－中心村	郊区新城：具有城市综合功能的中等规模城市，以及功能完善、布局合理、设施先进、环境优良的现代化城市	完善发展政策，依托产业基础，发展特色经济，明确城镇功能，形成特色风貌，吸引人口集聚
“1966”城镇规划体系	2006—2015 年	上海“十一五”规划	在宝山、嘉定、青浦、松江、闵行、奉贤南桥、金山、临港新城、崇明城桥建 9 个新城，“十二五”时期新城从 9 个减少到 7 个，闵行、宝山划为中心城区	中心城－新城－新市镇－中心村	长三角地区综合性节点城市，新增人口居住和就业的主要空间载体	强化枢纽和交通支撑能力，完善公共服务配套，加快人口和产业集聚，加强与周边地区联动发展

续表

阶段	时间	主要依据	规划新城	空间结构	新城功能定位	推进措施
五个新城	2016 年至今	《上海市城市总体规划（2017–2035 年）》	嘉定、青浦、松江、奉贤、南汇	主城区—新城—新市镇—乡村	独立的综合性节点城市	聚焦产业、交通、公共服务、环境品质等关键领域集中发力、综合赋能，全面落实独立的综合性节点城市新定位、新要求，体现新城之“新”

来源：作者自绘

1.4 新城存量：占新城总量的 50%—80%

上海五个新城有悠久的发展史，近 20 年更有大量的建设，五个新城建设是在存量基础上进行。2021 年 4 月，在“上海新城建设论坛——面向未来的人民城市”上，常青认为，“新城建设应关注新旧共存、增量和存量互补的再生过程”。伍江指出，“新城建设绝不能看成是在白纸上画画，必须对原有的历史文化、原有的生态底板给予足够的尊重”。周俭表示，“嘉青松奉南五个新城，并非在一张白纸上从零开始建设，每个新城基本都有一个已经建设 20 多年的新城区为基础”。对比新城的规划指标以及现状指标可以发现，目前五个新城现状建设用地已接近 2035 年规划建设用地规模的 80%[4]，嘉定、青浦、松江三个新城的现状人口已经达到 2035 年规划人口目标的 50% 左右或以上，部分新城的存量建设指标已经占到新城的 90% 以上。以松江新城为例，2016 年的人口为 76.5 万人，建设用地为 114 平方公里，2035 年规划指标为人口 110 万人，建设用地 122.1 平方公里。松江新城的建设用地指标已经接近天花板，因此，松江新城的建设，更多地需要对现有空间的更新，提高土地利用效率，提高生活的品质（表 1–2、表 1–3）。

表 1–2　五个新城的人口用地现状与规划

新城	2020 年常住人口（万人）	《上海市城市总体规划（2017–2035 年）》2035 人口（万人）	“十四五”规划 2035 人口（万人）	《上海市城市总体规划（2017–2035 年）》建设用地（平方公里）
嘉定新城	46.5	70	100	106.5
青浦新城	51.1	60	100	64.9
松江新城	64.1	110	100	122.1
奉贤新城	24.9	75	100	60.5
南汇新城	20.0	65	100	176.8

来源：作者自绘

表 1–3　　松江新城历年人口和用地

年份	现状人口（万人）	现状用地面积（平方公里）
2001	15.0	23
2006	19.5	45
2010	54.4	90
2016	76.5	114

来源：黄婧．一座新城的成长：上海松江 [M]．上海：同济大学出版社，2020：4.

2　推进上海五个新城更新的目标体系

从新城建设背景分析可知，新城之新在定位之新、理念之新，并非平地建新城，五个新城不仅要建设增量，也要更新存量，以增量建设带动存量更新，以存量更新促增量建设，实现增量与存量的协同作用。西方的城市更新虽然有文化导向、产业导向、复兴导向等多种模式，但多是被动的，是在城市发展到一定阶段，出现了建筑老旧、市中心衰败、贫困集中等现象后，针对城市局部提出的城市更新模式。上海新城的城市更新是基于城市的战略目标，为了城市整体功能结构完善、空间结构完善、人口结构完善而进行的系统性的城市更新。因此，战略性、前瞻性、系统性应是上海新城城市更新的特色。

新城的旧区更新与传统的城市更新不同之处在于它的战略导向，其服务于新城的发展目标转型，通过新城的旧区更新，实现补短板、升能级、提能效。新城的旧区更新不仅要从现状的改造需求出发，更要从新城的战略定位出发，分层次分类别系统推进，实现功能、空间、社会的结构转型。

2020 年 8 月 20 日，习近平总书记在合肥主持召开“扎实推进长三角一体化发展座谈会”时指出，长三角区域城市开发建设早、旧城区多，改造任务很重，这件事涉及群众切身利益和城市长远发展，再难也要想办法解决。在上海出台的五个新城相关文件中，对于城市更新的表述有：①积极推进老城区更新，鼓励新城实施“城中村”改造，加快推进已有“城中村”改造项目，优先将涉及历史文化名镇名村保护、撤制镇改造等的“城中村”列入改造计划。支持新城旧住房综合改造，优先把新城范围内的旧住房列入更新改造范围，享受市级补助计划；先行启动不成套旧住房的拆除重建改造。探索在老城风貌保护过程中，试行容积率转移政策。②强化政策创新，积极引入市场机制，分类细化不同类型的城市更新政策。推进新城老旧社区微更新，注重服务配套和基础设施完善，加快旧住房更新改造和多层住房加装电梯，推进各类附属绿地开放以及口袋公园、林荫道建设提升。

上海近年在城市更新和老旧小区改造等方面都有系列的政策文件，相关的研究也不少，但多集中在中心城区的里弄保护更新、老旧小区美丽家园建设和加装电梯、公共空间社区花园的建设等。对于郊区城市更新的研究相对较少，五个新城涉及的城中村改造研究更为少见。已有的研究肯定了新城城市更新具有重要的作用和意义，提出了新城更新在“城中村”

改造、配套设施完善、旧住房改造、公共空间改造、历史文化保护等领域可以深入研究和实践，其中的旧住房改造、公共空间改造等在上海中心城区城市更新研究中已经积累了一些经验，新城城市更新可以借鉴，但一些新领域还需深入研究。鉴于新城建设的战略性和紧迫性，新城的城市更新要从新城的总体战略定位出发，建立起分层次、分类别的更新目标体系，以下分别从底线更新、关键更新、战略更新展开。

2.1 底线更新：完善独立城市的基本配置

底线更新，即对新城更新达到独立城市需要具备的最基本服务水平，包括中心辐射功能、交通枢纽功能、服务流通功能、文化教育健康功能等。比如城市公共服务中心要达到一定的能级和水平。如果公共服务中心选择在新城的新区，则需要在新区与旧城间建立起良好的交通联系，使新公共中心也能服务旧城，更新的重点在新区和旧城的联系。如果公共服务中心选择在旧区，公共服务中心的能级要提升，需要改扩建，更新的重点在旧城中心的功能整体更新。五个新城原有条件不一样，但作为独立城市的中心功能的内涵基本上是一致的，根据独立中心城市的基本要求，各个城市需要有基本设施的更新。

（1）完善基本的生活配套设施

基本的生活配套设施包括教育、医疗、商业等设施，基本生活服务设施的完善是居民安居的条件。“五个新城”2020 年的常住人口在 200 万人左右，根据上海“十四五”规划，至 2025 年五个新城常住人口将达到 360 万人左右，2035 年达到 500 万人，也就是在 5 年左右的时间，五个新城的人口要新增 80% 左右，新增加的人口对各类生活配套服务设施有巨大的需求。新城现有建设用地占规划建设用地的比例较高，松江的建设用地已接近目标。这些设施需求不可能在短时间内都通过新建城区和新建设施来满足，对既有城区生活服务设施的挖潜和更新改造升级是主要路径。根据相关测算，如果把全市平均水平列为 1，在社会事业资源配置方面，中心城区为 1.33，郊区则为 0.79[5]，新城的公共服务资源配置与中心城区还有较大的差距，差距不仅体现在数量上，也体现在结构上，以人均商业用地为例，虽然五个新城人均商业建筑面积是全市平均水平的 1.69 倍，人均规划商业用地面积也普遍远大于主城区，但是新城居民的商业环境并不比中心城区好。新城社区商业密度明显低于中心城区，网点布局分散，以临街小商铺为主，缺乏集中设置、业态完备、功能健全的邻里中心[6]。新城商业设施布局既要扩大密度，也要提高集中度，还要提高品质。在新城既有设施水平一般的情况下，短时间内增加 80% 左右的新城人口，新城基本配套设施更新完善是迫切的任务。

（2）完善基本的道路交通设施

独立城市需要有完善的市内外交通联系网络，《上海市新城规划建设导则》提出新城“30 分钟联系周边中心镇，45 分钟达到近沪城市、中心城和相邻新城，60 分钟衔接国际枢纽”的出行目标。新城的道路交通存在的普遍问题有：①轨道交通（包括局域线）站点 600 米覆盖率普遍较低，比例最高的松江新城也仅为19.4%[4]。②公交换乘轨道站点距离普遍较远，站点周边路网密度较低。③路网间距较大，平均全路网密度仅为3.7公里／平方公里，浦西外滩地区道路间距约120米 ×150米，五个新城大规模住宅区的街坊尺度多为400米×400米乃至更大。④新城慢行出行比例基本维持在65%左右，远远超过中心城40%的慢行比例，但公共通道、绿道等慢行空间严重不足[7]。⑤五个新城对外联系主要以国道公路干线为主，连接长三角的对外交通特别是轨道交通较为薄弱，尚无一条城际快线，区域交通枢纽地位尚未形成，对外联系的广度、密度和便捷度存在明显短板[8]。⑥五个新城到上海火车站、上海虹桥交通枢纽的平均时间高于周边的昆山、太仓、苏州、嘉兴、杭州等城市。

路网结构是一个城市发挥功能的基础，路网结构一旦形成，要改造和更新就面临巨大的成本。五个新城的路网间距较大等问题可以说是先天不足，在更新上也面临很大的困难。但从满足居民日常生活需要、完善道路交通设施的功能来看，可以在公交站点的布局、公共通道、绿道等方面更新，通过城市更新补足新城发展在交通基础设施的短板，减少公交、轨道交通的换乘时间，提高居民步行出行的安全度。

2.2 关键更新：达到综合性城市的生活品质

关键更新，即对新城更新达到高质量城市需要的宜居、宜业、宜养服务水平。《上海新城规划建设导则》对于新城的发展提出了一系列的高质量标准。比如，按照优于中心城的建设标准和品质要求，推进新城社区级公共服务设施建设，每个新城打造一处地标性24小时运营的公共活动集聚区，引导分时段的多功能复合。公共交通占机动化出行比重达50%以上，5分钟步行范围内提供全龄友好的基本生活服务；社区级公共服务设施建筑面积宜在《15分钟社区生活圈规划导则》确定标准的基础上增加15%。骨干河道两侧公共空间100%贯通；步行5分钟进公园、20分钟进林带、1小时进森林。对标新城的高质量建设标准，需要有相应的城市更新目标。比如，骨干河道两侧公共空间100%贯通，步行5分钟进公园等指标的实现都要对现有城区进行更新，增加公园数量、增加路网密度、拆除河道两侧的建筑。综合性城市应有高品质城市生活，城市生活品质是吸引人才、留住人才的关键因素。

（1）高水平宜居设施建设和更新

上海新城要在短时间内吸引更多的人才，人才从哪里来？根据上海市规划和自然资源局测算，新城吸纳的人口49%来自本区城镇化人口，35%来自外地来沪人口，10%左右来自中心城区人口[9]。根据新城的定位和上海郊区的发展态势，新城将来吸引的人才将主要来自外地来沪人口和新毕业就业的大学生，高水平的生活环境和宜居设施是吸引人才的关键。

新城现有社区需要更新建设高水平的社区生活圈，为居民提供更高品质生活。新城现有大量住宅空置，新建区实际居住人口不到现状住宅可承载人口的50%[4]。在新城以前的开发中，大部分建成项目主要集中于房地产等投资回报快的项目。房地产开发以营销和利润为导向，体现新城建设本质属性的“社区营造”并没有成为市场化开发公司的关注点[10]。由于没有很好的环境，入住率低，低入住率使宜居的生活设施缺乏支撑，形成了建成环境和人口密度的相互制约。新城城区人口密度为0.5万人／平方公里，上海中心城区的人口密度是2.3万人／平方公里，中心城区和新城城区15分钟生活圈覆盖的人口数量有显著差异，即使居民的消费能力和水平一致，二者的消费总量也会有很大的差距。新城的商业绩效产出普遍较低，2019年新城3万平方米以上的大型商业网点平均坪效为0.49万元／平方米，仅为中心城区的40%。特色商业街区发展不足，全上海市67个特色商业街区，仅有8个位于五个新城，青浦新城和南汇新城尚为空白[6]。

从新城战略出发，规划已经对新城生活圈设施水平提出了高于中心城区的一些指标，虽然公共服务设施的投入会有成本，产生的回报也是长期的，但是高水平公共服务设施的建设和更新将促进新城社区环境和人才吸引的正向循环，是推进新城建设的关键目标。

（2）高水平宜养设施建设和更新

出于对儿童教育、父母养老、生活消费等多方面的考虑，新城本地就业人口，尤其是不少高层次的研发人员并不愿居住在新城。根据在嘉定的调研，年轻人更看重居住环境的文化氛围。新上海人看重子女的教育条件，但新上海人对新城中小学教育的评价比上海本地人、外来流动人口和外国人都低。新城吸引的人才将以年轻人为主，年轻人成立家庭后，就会考虑生育、养育、教育等现实的生活需要。

抚育后代和赡养老人是家庭的基本功能，家庭选择居住空间基本会考虑小孩和老人的自由出行和活动，但新城道路间距过大、路网不完善，不利于老人和小孩的步行活动。在《上海新城规划建设导则》中提出了5分钟步行范围内提供全龄友好的基本生活服务，以民生优先为导向，加快社区级公共服务设施项目落地。对既有社区，针对现状公共服务薄弱领域，以及服务盲点地区，加快设施建设。落实步行5分钟进公园的规划，推进高品质的慢行交通系统建设和更新，为老人、儿童提供步行活动空间，创造以人的步行为尺度的生活氛围，吸引就业者安居。

（3）高水平产业用地建设和更新

新城的产业发展与中心城区和周边城市相比还有相当的差距。据估算，松江新城2019年的GDP分别为昆山的20.3%、太仓的61.9%；青浦新城2019年的GDP分别为昆山的10.8%、太仓的32.8%[8]。新城所在的区，除了嘉定“十五”以来占全市GDP的比重逐步上升，达到7%以外，松江、青浦、奉贤的占比变化不大甚至有所下降，均在4%以下。2019年嘉定、松江、青浦、奉贤的财政收入在全市所占比不及2005年的水平，均在4%以下[9]。

新城的产业用地规模大，效率不高。以嘉定新城为例，2020年嘉定新城建设用地占全区建设用地近40%，但实现的税收仅占全区的23%，新城的工业用地规模已经很大，但低效用地占比高，研发用地占比较低[11]。新城本应是所在区产业发展的高地，对产业用地的效率有示范作用。以综合性城市为导向的新城发展，产业用地需要从低效转向高效使用，新城产业用地的置换和更新是新城转型发展的关键。

2.3 战略更新：承担节点城市的重点功能

战略更新，即通过更新达到上海都市圈第一圈层需要达到的全球城市服务水平。五个新城将构成上海都市圈第一圈层，既是独立的节点城市，也是大上海的组成部分，应达到全球城市的服务水平。《上海新城规划建设导则》提出的整体指标包括，新城人口密度不低于1.2万人／平方公里，新城中心商业商办就业密度8万人／平方公里；地均工业总产值100亿元／平方公里。新城要达到节点城市的功能，需要有一些不可替代、不可移动的战略资源，比如文化、生态、枢纽等，新城需在这些方面建设和更新，发挥自身的优势，提高自身的吸引力。

（1）文化地标的建设和更新

新城有悠久的历史人文底蕴，例如松江的仓城、府城，嘉定老城，青浦老城，都保留了良好的历史空间格局[4]。五个新城现有嘉定保利剧院、奉贤九棵树文化艺术中心、松江广富林遗址公园等城市级文化地标，也有嘉定的我嘉书房、松江的钟书阁、南汇的大隐湖畔书局等社区级文化地标。但总的来看，新城的标志性文化设施与青年的需求还有很大的差距。一些关键的公共服务设施在部分新城还有所欠缺，青浦新城尚无一家大型剧院、美术馆和音乐厅。年轻的新上海人认为新城文化氛围不足，迁居意愿较强，被调研的30岁以下年轻人中选择几年内要离开嘉定的达48.15%。

五个新城都有自身的文化主题，比如“嘉定教化城”“青浦江南风”“松江上海根”“奉贤贤者地”“临港海湖韵”等。文化主题在空间中要有相应的显现，在新城空间改造更新中，应结合文化主题建设多层次的文化地标。有了文化地标，地方的价值和不可替代性才可凸显。

（2）生态地标的建设和更新

生态性地标是市民建立地方感的重要参照物。城市居民通常依靠公园、绿地、生态走廊、滨江、滨河来确立自己社区的地域和范围。新城虽然比市中心更接近自然，但是满足社区日常生活需要的生态性地标还是缺乏。在各新城“十四五”规划建设行动方案中，松江提出到2025年，松江新城生态生活水岸占比达80%，建成区美丽街区覆盖率达到50%。嘉定新城提出到2025年，新增骨干绿道50公里以上，基本实现步行5—10分钟有绿地、骑行15分钟有景观、车行30分钟有公园。南汇新城提出到2025年美丽街区覆盖率不低于45%，建设绿道总长度不低于200公里。虽然这些生态建设和更新指标对新城的生态环境有良好支撑作用，但新城还需生态性的战略标识。作为五个新城特色的水资源、水环境、水生态如何做出地方特色、文化特色、生态特色并成为生态地标，对于新城来说具有战略作用。嘉定新城有远香湖、青浦新城有淀山湖、松江新城有华亭湖、奉贤新城有金海湖、南汇新城有滴水湖。如果各新城的湖景生态景观完全新建，很容易产生雷同，缺乏特色，具有设计的痕迹感。生态地标应在原有生态环境的基础上作有机更新，叠加地方的历史和文化塑造，使各新城的生态资源成为有地方特色的景观。

（3）枢纽设施的建设和更新

目前，新城的轨道交通覆盖率低，中心城区 800 米轨交覆盖率已达到 58.79%，是发展最好的奉贤新城的近 3.8 倍，南汇新城的轨交覆盖率目前尚不足 2.00%[11]。五个新城中仅有松江新城设有高铁站，其他四城均无高铁或城际轨道站点，新城与新城之间缺乏串联起来的环状轨道交通线路，利用轨道交通的平均通勤时间需要两个小时[8]。综观经济发达国家超大城市的轨道交通，其市郊铁路长度都远大于市中心区的地铁长度。纽约的中心城区地铁运营里程仅有 385 公里，而其郊区铁路（在美国称 commuter rail，即“通勤铁路”）就有 1715 公里；东京中心城区仅有地铁 327 公里，而东京圈的公交化铁路高达 2000 公里[12]。《国家发展改革委关于培育发展现代化都市圈的指导意见》明确提出“打造轨道上的都市圈”的总体要求。《上海市城市总体规划（2017—2035 年）》中，规划了城际线、市区线、局域线三个 1000 公里的轨道交通网络，将新城与中心城区轨道交通的时间控制在 30—40 分钟。五个新城应优先建设实施新城与中心城、新城与周边城市之间的快速交通通道，提升外向度和联通性，在新城汇聚高速铁路、城际铁路、市域（市郊）轨道交通快速线路、地铁轻轨、现代有轨电车等系统，加快形成支撑 30 分钟、45 分钟、60 分钟出行目标的综合交通体系，确立新城的交通枢纽地位。新城交通枢纽的打造应与新城内部的道路交通网络改造相配合，衔接好轨道交通站点与周边道路和公交站点的布局。

3 推进上海五个新城更新的具体措施

新城的城市更新在新城战略中具有重要意义，对应于建设独立的综合性节点城市，新城的城市更新是一个多层次的目标体系，推进新城的城市更新是五个新城建设的重要组成部分。推进新城的城市更新需要有制度政策保障、规划指导、项目示范和市场及社会的参与机制。在战略引领、制度保障、规划指导、项目示范、市场社会广泛参与支持的情况下，新城的城市更新将有序推进，助力新城发展，促进上海城市空间结构和功能的完善。

3.1 建立新城更新的制度和政策保障

新城建设周期长并涉及重大利益，为了保障新城建设的顺利推进，国外新城建设多有法律和相关配套政策。英国、法国都制定过新城法，日本政府制定了《城市改建法》，对于东京的改建规划有明确的原则，即“一心（东京）变多心（新宿、池袋和涉谷三个副中心）、一极（东京）变两极（东京、多摩新城）”，依法构筑“多心的开敞式城市空间结构”[13]。五个新城的建设和更新涉及市 － 区 － 新城等层级关系，对于涉及战略更新的目标应在市级层面总体设计和统筹，对于涉及完善城市的基本配置的底线更新则可在新城开发建设机构层面安排。各层次责任主体的事权应有制度政策的规定，一方面，保证作为新城战略的城市更新能够在全市层面有全面统一的把握，另一方面，又要有足够的灵活性，使区政府、新城开发机构有积极性、主动性去创造性、开拓性地去完成任务。

在全市层面，2021 年 9 月 1 日《上海市城市更新条例》开始施行，条例规定在市层面设市更新中心，各区人民政府是辖区内城市更新的主体。虽然条例中提到，市规划资源部门会同有关部门负责编制城市更新指引，新城是编制城市更新指引关注的重点。但是鉴于新城更新的重要性，新城更新的相关政策应在新城推进政策中有所体现，给予更新行动主体更加明确的预期。

3.2 做好新城更新的指引和备选项目库

鉴于新城城市更新的重要性，各新城所在区政府应同市规划资源管理部门一道做好新城城市更新的指引，明确新城城市更新的行动计划，建立更新备选项目库。新城更新备选项目库的建立将坚持以人民为中心，落实人民城市理念，回应人民群众对良好人居环境的向往和需求，重点关注人居品质提升。通过社会调查了解居民对公共空间、公共服务设施、交通和市政基础设施、生态环境、历史文化风貌、城市特色空间等方面的需求。整理居民反映强烈、实施更新容易、实施更新效果显示度高的项目，推荐为优选更新项目。对于居民需求强烈、实施更新难度适中、实施更新效果显示度中等的项目，推荐为次选更新项目。对于居民反映强烈、实施更新难度大的项目，推荐为条件更新项目，也即在有条件或者可以创造条件的情况下，推进此类项目的更新。项目库的建立坚持实事求是的精神，以实践为导向，凡是人民群众所关切的都尽力而为、量力而行。

3.3 做好新城更新的投融资机制

城市更新有投资大、投资周期长、投资和收益的主体不匹配等特征，所以城市更新要么是动力不足，要么是被资本所绑架，城市更新服务于资本的扩张，在西方城市更新中，此类现象非常普遍。上海新城的城市更新是战略导向，服务于城市转型的大目标，因此，城市更新的动力更多的是自上而下。虽然政府有强大的号召力，但并不能为更新提供全部的资金，引入市场的资金就成为必要。市场经济条件下，资本有逐利的特征，政府需要制定相关的政策，合理引导市场资金的进入，既保持新城更新有持续的资金推动，又要防止资本过度逐利，防止城市更新偏离城市转型的大目标，偏离城市更新以人民为中心的宗旨。新城的投融资体制应能激发市场、社会的参与，使政府的投入能够“四两拨千斤”，引来更多的社会投入，激使更多的人、财、物流向新城，活新城发展的动力，让新城成为人才高地、资本高地和创新高地。

2021 年 6 月、12 月上海先后成立了规模约 800 亿、100 亿的城市更新引导基金，这些引导基金主要投放于上海中心城区的旧改和城市更新项目。由于新城建设的战略目标清晰、时间紧、任务重，新城城市更新目标体系的公益性、社会性、长期性的特征，对更新的投融资有更高的要求。新城的城市更新应成立相应的城市更新引导资金，鼓励金融机构依法开展多样化金融产品和服务创新，满足城市更新融资需求。

3.4 健全新城更新的社会治理机制

城市更新不仅在物质空间，还在社会关系，政府的意愿和目标要转化成市场、社会和居民的目标，涉及规划、街道、居委、居民等多个部门和主体的参与，因此，需要多主体的沟通、分享、合作关于资金、技术、情感等多方面的内容。国内外实践表明，地方政府在促进公民参与治理网络方面始终存在广泛的余地，有能力影响这一城市政策领域，可以发挥决定作用。《上海市国民经济和社会发展第十四个五年规划和二〇三五年远景目标纲要》《上海城市更新条例》都强调了社会参与的重要性，更由于城市更新与居民的切身利益相关，因此，城市更新中居民的参与积极性相对较高。可以预见，新城城市更新中居民的积极参与，居民间的矛盾将更加显现化。居民间利益分化、意见多元将是常态。在多元利益和分歧下，建立公平公正的参与规则更重要。公平公正的规则需要居民在参与中不断去建立和完善。社区居民间参与规则的建立既需要居民自身的参与，也需要党和政府的指引。在党建引领下，借鉴中心城区更新的社会治理机制，引入有经验的社会组织，引导社区各类社会组织参与，建立社区协商议事平台，逐步建立社区更新治理规则，完善社会治理机制，保障新城更新的稳步顺利推进。

作者信息

张俊，同济大学政治与国际关系学院副教授，cheungjun@tongji.edu.cn。

参考文献

[1] 布鲁顿，布鲁顿，于立．英国新城发展与建设 [J]．胡伶倩，译．城市规划，2003(12)：78–81．

[2] 刘健．马恩拉瓦莱：从新城到欧洲中心：巴黎地区新城建设回顾 [J]．国外城市规划，2002(01)：27–32．

[3] 周晓华．新城模式：国际大都市发展实证案例 [M]．2 版．北京：机械工业出版社，2007：11．

[4] 林华，范宇，王世营．建设面向未来的综合性节点城市：上海新一轮新城发展战略研究 [J]．上海城市规划，2021(04)：1–6．

[5] 王振．五大新城发力：构建上海城乡融合发展新格局 [J]．上海农村经济，2021(04)：4–6．

[6] 俞玮．上海“五大新城”新一轮商业发展的思考 [J]．上海商学院学报，2021，22(02)：91–99．

[7] 訾海波．上海空间新格局下的综合性节点城市交通功能提升策略研究：以五个新城为例 [J]．上海城市规划，2021(04)：37–43．

[8] 王丹，彭颖，柴慧，等．上海五大新城打造独立综合性节点城市研究 [J]．科学发展，2021(04)：59–64．

[9] 夏骥．上海郊区新城的历史演变与未来发展 [J]．科学发展，2020(11)：47–56．

[10] 顾竹屹，赵民，张捷．探索“新城”的中国化之路：上海市郊新城规划建设的回溯与展望[J]．城市规划学刊，2014(03)：28–36．
[11] 张捷，肖宏伟，赵民．国土空间规划背景下上海新城建设的若干分析与思考[J]．上海城市规划，2021(04)：22–29．
[12] 孙章．努力打造快速轨道上的上海“五大新城”[J]．城市轨道交通研究，2021，24(03)：14，214．
[13] 陶希东．国外新城建设的经验与教训[J]．城市问题，2005(06)：97–100．

绿色低碳目标下的五个新城“规－建－管”优化策略研究*

伍江　王信　陈烨

（同济大学超大城市精细化治理研究院，上海，200092）

根据《上海市城市总体规划（2017—2035年）》《上海市国民经济和社会发展第十四个五年规划和二〇三五年远景目标纲要》《关于本市“十四五”加快推进新城规划建设工作的实施意见》，五个新城要逐步建成长三角地区具有辐射带动作用的综合性节点城市，是上海承担国家战略、服务国内循环、参与国际竞争的重要载体，是令人向往的未来之城。因此本轮新城建设不仅仅是空间的增量建设，更需高起点、高站位，充分贯彻创新、协调、绿色、开放、共享的新发展理念，需立足满足人民美好生活需要的基本原则，以高质量、高水平、高效能的未来城市规划建设管理为目标，进行系统性的迭代与更新。

对标国际头部城市，围绕气候问题，以绿色低碳为导向，制定各类发展目标与规划，并开展的各类实践活动，本研究的目的，即以新城发展“1+6+5”文件[1]为基础，聚焦城市建成环境领域，着重回答高标准生态绿色规划建设管理的核心要素和目标框架是什么。达到上述标准需要开展哪些方面的工作，需要以新城为载体开展哪些方面先行先试、创新突破，以推动哪些领域行业管理改革。

* 本文为上海市住房和城乡建设管理委员会课题“本市新城和重点地区生态绿色高标准规划建设管理框架体系研究”阶段性成果。

1 “1”即由上海市规划资源局、上海市发展改革委牵头制定的《关于本市“十四五”加快推进新城规划建设工作的实施意见》；“6”即由市级相关部门围绕政策、综合交通、产业发展、空间品质、公共服务、环境品质和新基建等方面制定的六个重点领域专项工作文件；“5”即由各新城所在区政府、管委会牵头制定的五个新城“十四五”规划建设行动方案。

1　五个新城建设现状特点与发展诉求

1.1　积极探索

围绕生态绿色主题，各新城在人居环境领域纷纷开展各类实践。

（1）积极开展各类专项行动。各新城积极开展各类滨水空间贯通与综合治理工作，如嘉定横沥河、青浦环城水系、奉贤浦南运河、松江通波塘等。各新城逐步加强地下管线管理工作。如青浦新城 2021 年启动剩余 590 公里道路的地下管线普查，预计至 2023 年完成成果资料，除普查和日常数据维护外，积极推进管线类建设项目和设施日常巡查，推进架空线入地等专项整治项目以及后续的综合管廊项目。

（2）积极开展特定区域的先行先试。如奉贤新城数字江海项目依托临港品牌，积极探索实践双碳理念，开展数字城市示范；嘉定新城积极推动“一环三路”智慧交通示范项目等；松江科技影都核心区的华阳湖滨水生态示范；青浦新城中央商务区蓝网绿道的生态实践等。

（3）积极开展体制机制层面的创新。为更好推进滨水地区建设，各个新城积极探索建设主体的一体化；松江围绕节能降碳试点实施目标责任考核，并设立专项资金等。

1.2　特点与诉求

新城处于增量建设与品质提升阶段。根据《关于本市“十四五”加快推进新城规划建设工作的实施意见》，到 2025 年，5 个新城常住人口总规模达到 360 万左右，新城所在区的 GDP 总量达到 1.1 万亿元。增量扩张来自城市能级提升，因此对标“建设基本形成独立的城市功能，在长三角城市网络中初步具备综合性节点城市的地位”的规划目标，新城面临持续完善功能、优化建成环境品质的发展诉求。

一方面新城拥有比照主城区更丰富的生态本底资源，包括丰富的河网水系等，也拥有更丰富的产业（生产链资源），但另一方面对标高标准高水平的绿色低碳发展要求，新城相比主城区更具有特殊性。首先，新城在原有城镇体系中的层级，决定其本底相对主城区功能建设和建成环境水平均存在一定差距。调研中发现，入驻企业能级相对比较低，导致其对绿色低碳领域额外投入成本相对更加敏感，物业运维能力也相对比较落后。其次，政府层面对于新技术、新科技熟悉程度相对弱于主城区。最后，新城在增量扩张压力下，对发展传统路径的依赖客观存在。

此外，在对标“双最”（最高标准、最好水平）过程中，新城也遇到了行业发展普遍性瓶颈问题。如滨水空间综合治理过程中，已逐步形成建设主体一体化的机制，但后续运维养护仍回归各条线部门，缺乏一体化运维主体。再如生命线建设投入大，运维投入相对小，常养常新机制亟待建立等。

2 五个新城绿色低碳发展的基本内涵

2.1 绿色低碳的基本内涵

绿色低碳从本源而言，核心关注的是人－自然的关系，其中绿色更强调人与自然的关系，往往以绿色空间生境指数为主要指标；而低碳则更强调人与人工系统的关系，衡量城市的碳排放总量。尽管从概念范畴角度略有差异，但在城市的巨系统中，二者又相辅相成。

以中观尺度城市空间要素类型划分城乡建设领域绿色低碳发展所涉及的工作领域，重点包括：公共空间、建筑与市政基础设施，其中，公共空间包括街道空间、蓝绿网络组成的城市开放空间等；建筑包括住宅以及非住宅建筑等。本文即从上述三个城市空间要素切入，讨论如何营造更绿色低碳的公共空间（滨水空间与街道空间）、建筑以及重要市政基础设施。

围绕上述三大要素，国际纷纷开展了大量前沿实践，如围绕 C40 城市气候协作框架，牛津、奥克兰、伦敦等城市开展绿色健康街巷实践，实施净零排放街区计划；奥斯陆、洛杉矶等城市开展清洁建设实践，实施净零碳工地计划；纽约、伦敦、巴黎等城市实施净零建筑计划等。

总结上述城市实践经验，可以发现：全要素、全周期、多主体协同是实现绿色低碳发展的重要手段。首先强调“规－建－管”的全周期协同。所谓的“规－建－管”协同，是指三者之间形成良好的互动关系：从建设向前看，规划应具有一定的包容性，要为建设和管理留有弹性；向后看，在建设阶段就要充分考虑管理和运维的问题。“规－建－管”协同充分体现了城市建设刚性与弹性、近期与远期、专项（条）与整合（块）之间的对立与统一。其次强调全要素、多主体的协同。传统城市治理和建设往往通过单一条线部门推进，而通过上述城市实践发现，往往围绕示范区，强调多条线协同、市场－公众－政府的多元协同。

2.2 技术框架

本文通过实证研究的方法入手，深入调研五个新城建设现状特点与发展诉求。首先将新城发展诉求与理论研究相互结合，推演形成绿色低碳目标下的五个新城发展的四个重要抓手，即：更有活力的滨水空间、能“呼吸”的街巷空间、更绿色低碳的建筑、更具韧性的生命线。其次通过国际、国内的案例研究，围绕上述四个重要抓手，提出“规－建－管”协同的优化对策。最后围绕如何更协同推进绿色低碳建设和建立更适宜新城特点激励机制提出初步的思考结论，供进一步探讨与研究（图 2–1）。

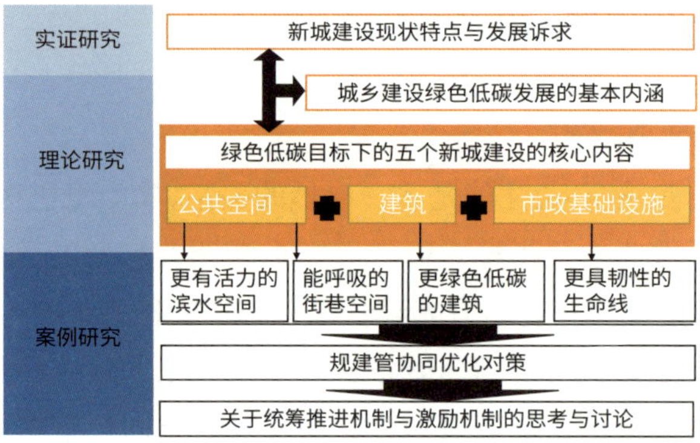

图 2–1　技术框架图

来源：作者自绘

3　绿色低碳目标下五个新城“规 - 建 - 管”优化策略

3.1　建设更有活力的滨水空间

3.1.1　现状基本情况

新城地区作为江南水乡的重要组成部分，拥有丰富的水网体系，并经过历史的积淀，形成了非常有特色的水、岸、城的空间组织逻辑与风貌特色。目前新城均在积极打造蓝绿交织、开放贯通滨水空间体系，但同时，通过调研也发现存在一些比较突出的问题。一方面，滨水空间综合治理往往由水务、规划、绿化市容等部门分头推进，缺乏后续一体化的运维主体，亟待从拉条管理逐步转向划块管理；另一方面，受制于部分行业标准，或是相关行业标准多、散、乱。

3.1.2　经验借鉴

平成七年，大阪市提出“水之都 • 大阪再生”计划，对道顿堀川进行全面整治。除了环境整治外，为打造道顿堀川商业区，大阪市公开招募南海电气铁道株式会社作为“道顿堀川水边利用相关管理运营事业”的指定管理者，综合承担组织滨水空间活动、保洁防卫、运营管理等业务，同时负责协调大阪市的河川管理者（公共机关）、道顿堀川滨水利用研究会（专家委员）、私人经营者（占用者、管理运营商）、活动利用者（商家）等关联主体（图 3–1）。

3.1.3　优化策略

借鉴大阪的经验，第一，引入滨水建设管理运维一体化主体对于滨水空间的活力激发至关重要。新城中央活动区滨水空间及后退一街区范围内，引入属地化建设管理运维一体化主体 / 平台公司。该主体要致力于提升地区活力与魅力，保持公共空间高品质运维，以

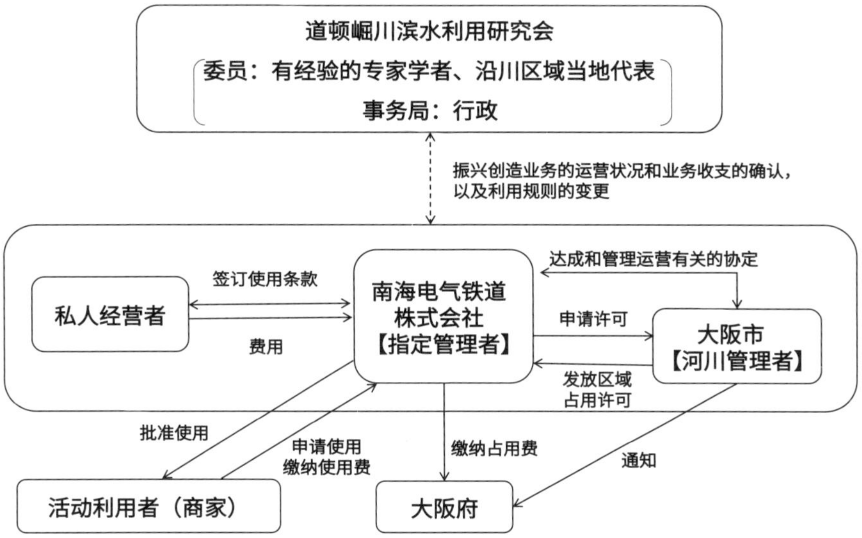

图 3–1　日本大阪滨水空间的指定管理者制度架构

来源：作者自绘

及物业的高水准价值，为此一方面要起到协调统筹的作用，包括各条线间、市与新城间、政府与市场化主体间；另一方面要形成全周期管理能力，既包括前期的规划咨询与建设实施，又包括日常运维管理、活动策划与组织等。

第二，以规划引领，对新城水系、滨水空间、后退一街区空间开展整体规划，明确分段、分层次的功能定位导向，明确对应的道路与流线组织模式、绿化布局与设计模式、临水建筑界面设计与业态策划的规则、城市家具布局规则、水上活动分区、岸线码头等设施的设计与布局规则等。

第三，编制新城中央活动区滨水公共空间建设技术导则。统筹规划、绿化、水务、交通等标准及规范的要求，制定新城中央活动区滨水公共空间建设导则，包括探索更亲水多样化的堤防建设形式和堤岸利用方式，明确新城河道管理相适宜的设计标准、堤防结构型式、立面处理、出入口、墙厚地坪及通道、附属设施等建设标准。

第四，激励共建，制定滨水公共空间活化利用管理办法，包括完善水面占用许可、道路临时占用许可、水上活动专项管理制度等方面的管理制度，为市场与社会参与滨水空间共建共治确立规则与渠道。

3.2 形成能“呼吸”的街巷空间

3.2.1 现状基本情况

新城地区结合城市管理精细化三年行动计划，开展了一系列“美丽街区”建设工作，沿路市容环境品质提升效果显著，市民满意度持续提升。面向更高质量的新城建设要求，新城地区街巷空间最突出的问题是缺乏具有魅力的街巷生活，尤其新城核心地区的街道主要承担了交通功能，而非作为重要的城市公共空间；往往在突出了车行导向，设置栏杆、花箱的同时，也限制了更为丰富的市民公共活动。

3.2.2 经验借鉴

巴黎呼吸计划（Paris Respire）是一项始于2016年5月的无车计划，该计划在周日和公共假期的上午10点至下午6点之间设立区域，分类型实施禁止机动车通行的政策。如一些地区每周日关闭；一些区域则在每个月的第一个星期日禁止机动车通行；另一些区域则每天关闭。但是，对机动交通的禁令也有例外。出租车、公共汽车和送货车辆被允许有限制地进入这些区域，前提是它们的最高速度不超过20公里／小时。步行、骑自行车或滑冰的人可以无限制地进入。在这些交通封闭期间，持有车辆的居民仍可在有关住所地址出示车辆登记文件（或任何其他证明文件）进入该区域。为了充分利用周日和公众假期封闭的车道，巴黎政府设立公共网站，方便市民在网站地图上看到不同区域管理的信息（图3–2）。

与无车日相对应，巴黎同步制定巴黎行人战略（Stratégie Paris Piéton），具体措施包括：增加行人空间的连续性、促进街道用途多样化、提高公共空间的舒适性和安全性、倡导行人文化等。

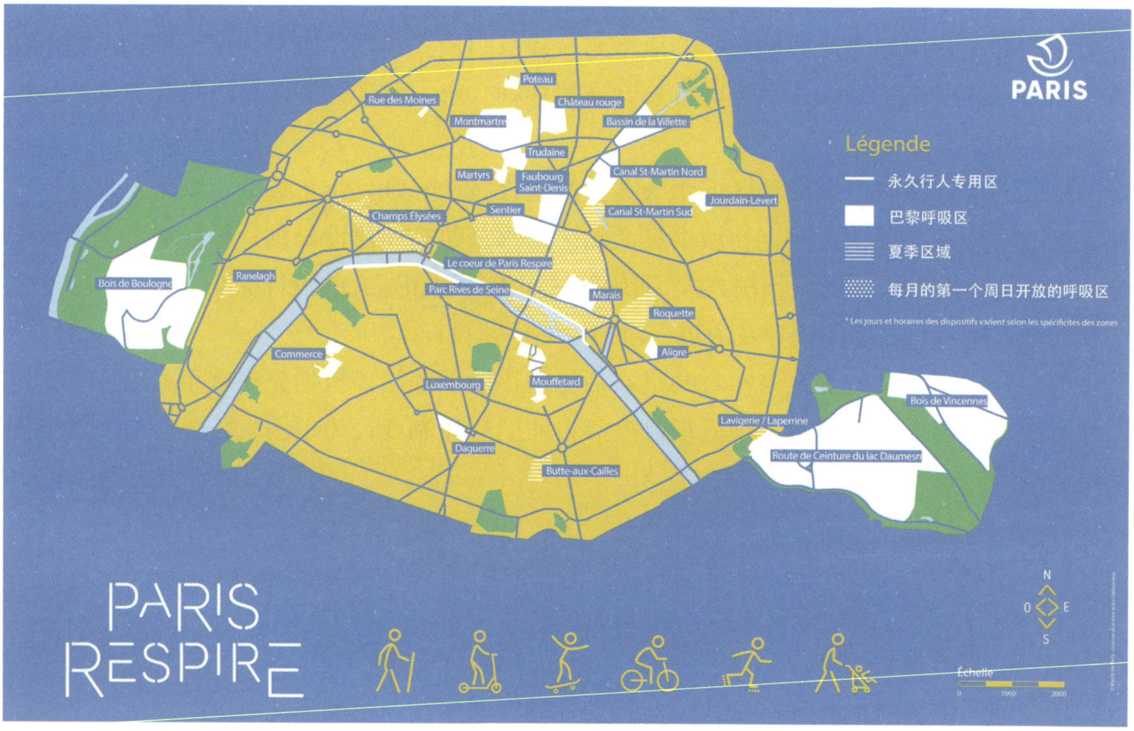

图3–2 巴黎呼吸地图

来源：Carte de Paris Respire 2019 juillet

3.2.3 优化策略

第一，鼓励新城结合中央活动区、特色风貌区等公共活动节点划定低碳绿色出行区。明确分区差异化的收费和车速管理政策，实施非本地入境车辆分时段收费的政策，探索对不同排放类型车辆实施不同入境收费标准；探索实施交通安静区政策，分时段、分区实施车速控制；划定分时段机动车禁行区等。对公共活动空间再组织，对步行、慢行相对集中的区域，重新划定街头绿地和绿化布局，优化广场和街边休闲带的布局，明确临街商业外摆区，鼓励更多街头社交场所，推动城市家具与铺装等街巷设施设备更新与运维提质。

第二，激励丰富多样的街巷活动。积极引入第三方街巷运营主体，策划组织更多街巷公共活动。以激励街巷活力为根本导向，明确街巷活动开展申报程序、进场与退场的管理规范；明确相应人流以及交通组织预案的管理规范等。搭建街巷共治信息化平台，利用信息化手段，建立各团体组织公共活动的申请、审批和使用规程。

第三，实施街巷绿化共建计划。探索场地绿化管理制度，引导不同类型地块业主设置沿地块边缘绿化带，积极鼓励业主单位参与共建，优化街巷空间绿化布局。对示范街区内行道树实施补种补植计划，结合交通专项规划，优化慢行相对集中区域与公共活动区域的绿化布局。

3.3 推广更绿色低碳的建筑

3.3.1 现状基本情况

新城正多路径推进绿色节能建筑推广工作，但也普遍出现了一些潜在问题。首先，尚未建立全生命周期的运维管理与监督制度。现状仍处于推广建设阶段，后期运维阶段的政府监管抓手尚未全面建立，市场主体的运维能力仍待强化。其次，目前以市层面的宏观导向性推进为主，新城操作层面如何在营商环境与推进绿色低碳建筑间寻求多方利益的平衡始终是亟待解决的问题，一方面，契合新城市场主体特点的激励政策的定制性不足；另一方面，政府层面推进力度有待进一步强化。

3.3.2 经验借鉴

新加坡为推进绿色低碳建筑的实施，一方面从立法角度，编制建筑可持续性法令（the Building Control [Environmental Sustainability] Regulations），提出不同类型建筑必须达到绿色建筑标志（Green Mark）的分数；另一方面，新加坡也提供了一系列的激励计划，包括针对既有建筑的激励计划（GMIS for Existing Buildings）、既有建筑与附属物激励计划（GMIS for Existing Buildings and Premises）、建筑总面积激励计划（Green Mark Gross Floor Area Incentive Scheme)、新建建筑增强激励计划（Enhanced GMIS for New Buildings)、建成环境改造总面积激励计划（Built Environment Transformation Gross Floor Area Incentive Scheme），以及建筑能效改善激励计划

(Building Retrofit Energy Efficiency Financing)（表 3–1）。

表 3–1　　新加坡绿色建筑的激励计划

激励项目	激励措施
既有建筑的激励计划	对共同出资开展既有建筑能效升级或更新、空调装置能源审计提供现金激励
既有建筑与附属物激励计划	为中小业主开展能耗改善工作提供现金激励
建筑总面积激励计划	为达到高级别绿色建筑标志打分（白金级或黄金增强级）的业主与发展商提供额外建筑面积激励
新建建筑增强激励计划	为至少达到绿色建筑标志黄金级或更高级别的新建建筑提供现金激励
建成环境改造总面积激励计划	对业主或者发展商按照建筑业转型地图标准（Construction Industry Transformation Map）开展信息化、可持续性以及产出效能提升等方面工作提供总面积激励
建筑能效改善激励计划	为既有建筑能效提升预支成本提供资金支持

来源：作者自绘

3.3.3　优化策略

第一，政府进一步加大建筑可持续性推行力度。借鉴新加坡、纽约等发达国家或头部城市的经验，从立法的角度入手，对新建建筑采取节能减排措施提出强制性要求。政府治理方面，一方面要建立协同推进工作模式，通过高位协调机制，逐步推动新城各职能部门间对推进绿色建筑工作达成紧密共识，立项、资金、标准规范等多条线协同。另一方面要建立健全全周期的管理抓手，涵盖土地出让、规划设计、施工、竣工验收、运营监管等各个环节。

逐步形成更精细化补贴政策。从虹桥商务区管委的实践经验看，在对入驻企业游说的同时精准把握企业诉求至关重要，因此新城需对企业诉求充分排摸，分别针对中小企业、非营利组织、散售物业等采用不同激励政策。

逐步探索创新商业模式。在试验区逐步探索业主实施低碳绿色建筑节能减排措施获取收益的商业模式，由此逐步形成长效化自上而下的激励机制。

第二，划定试验社区，促进新技术集成落地。持续大力推广超低能耗建筑建设，试验区内要求新建民用建筑应符合《上海市超低能耗建筑技术导则》要求；并每年选取若干公共建筑或住宅建筑，开展近零能耗建筑建设示范，探索产能建筑试点。积极推广可再生能源利用，强化可再生能源建筑一体化应用。基于新城地区气候条件，积极开展光伏建筑一体化建设，探索光伏柔性直流用电建筑示范；要求政府投资项目应采用可再生能源应用系统，其可再生能源综合利用量核算系数达到上海市《民用建筑可再生能源综合利用核算标准》中先进值标准。继续推广大型公共建筑能耗监测平台，针对重点用能建筑、高耗能建筑开展能源审计，强化既有公共建筑节能监管，督促低能效建筑整改。

3.4 更具韧性的生命线

3.4.1 现状基本情况

总体而言，新城地下管线均由各自业主单位管理，新城建设管理委员会主要起到管线管理末端的监察作用。部分新城将部分数据纳入城市运行管理中心的城市体征综合信息平台，如青浦将用电量月度数、松江将包括燃气在内的能源监测数据纳入城市体征综合信息平台。目前部分新城管线应急指挥制度基本建立，当管线事故发生时，可通过城市体征综合信息平台，联动各调度指挥中心。

3.4.2 经验借鉴

纽约市提出基础设施智能化战略导向，入户漏水预警模块是其中的重要组成。通过自动水表抄表系统及时反馈居民用水信息，通过数据信息采集与分析，及时发现入户水表的漏水情况，并自动推送报警信息，自推出以来已节省数百万美元（图 3–3）。

图 3–3 纽约入户漏水预警

来源：OneNYC2050：The Plan for a Strong and Just City[1]

1 详见 https：//onenyc.cityofnewyork.us/。

3.4.3 优化策略

第一，建立一体化的日常监测预警与应急指挥相结合的数字化平台。利用好新城地下管线系统相对老城年份较新、管线状况相对简单的特点，加大信息化技术在地下管线管理应用的投入。设立专项资金，积极推动地下管线基础信息数字化入库的覆盖程度；明确入库标准，逐步建立全要素数字化入库的标准体系；逐步加大基于物联技术的日常监控力度，加强应急预警模块的应用，优化自动报警推送流程，打造覆盖各类地下管线的数字化日常监测预警平台与应急指挥平台。

第二，加大运维阶段的投入。以美国纽约为例，政府基础设施总投入中，维护资金占比约 55%，更新比例约 20%，仅 25% 的资金用于新建扩建。借鉴纽约的经验，在新城大规模地推进增量建设的同时，也需根据实际情况优化资金总盘子的结构，建立地下管线的常养常新机制。同时，要加强管线修复低成本高效能的技术方法的普及与应用，充分利用新的物联技术、新的材料技术、新的施工工艺，促进开展生命线系统日常相对低成本、易操作、有成效的修复养护工作。

第三，对新城地区生命线管线开展提档升级工作。有计划结合新城开发与更新对既有管线开展提档升级工作，如从提高水安全的角度，将管网标准逐步提升到 3—5 年一遇，加大生命线系统智能化改造覆盖面。

第四，建立新城生命线系统应急抢修一门式服务制度。为避免应急抢修时不同工种调度不及时、配合不熟练的问题，新城可先行先试，建立一套一门式应急抢修服务制度，即建立电力、燃气、通信、给排水等各工种队伍应急召集机制；针对本地管线特点，制定协同抢修预案，组织开展日常的联合应急抢修演习。

4 对相关保障机制的思考

4.1 关于统筹推进机制

以绿色低碳为重要导向，处理好“规 – 建 – 管”全周期、跨行业的协同合作至关重要。如新加坡，在推动建筑可持续性立法的同时，成立可持续发展跨部门部长级委员会；又如虹桥商务区也建立绿色低碳建设联席会议制度，由管委会有关部门牵头，会同各区相关职能部门，定期召开联系会议交流工作，共同协调解决有关问题。

借鉴上述经验，新城一方面需在建设主体一体化的基础上，逐步培育一体化开发运维主体。鼓励新城公司、市级国企等国有企业逐步成为特定区域（如滨水地区、中央活力区）一体化开发建设运维主体，引导区域围绕生态绿色、活力特色等导向，推动开发与管理一体化，塑造常态化的良好营商环境与物况环境，策划组织主题活动。另一方面，新城需要协调市级层面的城市建设，要充分利用好城建领域重大办（建设环节统筹与协调）以及精细办（管理环节统筹与协调）两大平台的作用。面向项目实施，则借鉴深圳重点地区总设计师制度，建立 1+1+1+N 的总师制度，引入生态绿色领域的规划专家、建筑师、施工管理专家以及其他相关专家，全程参与区域规划、建设与管理。

4.2 关于激励机制

结合新城和上海虹桥商务区两地的调研看，资金对于推进绿色低碳领域相关项目实施至关重要。如上海虹桥商务区特别指定《上海虹桥商务区管委会关于推进低碳实践区建设的政策意见》，重点聚焦绿色建筑项目、绿色能源项目、绿色照明项目、绿色交通项目、生态环境保护项目、区域集中供能项目、其他项目等，分类别明确支持标准、支持方式。

因此有必要在市级资金的基础上，结合各新城实际情况，进一步落实区资金配套比例，保障充足的资金规模；优化申报、审批、拨付与监管流程；优化分类补贴标准，并可结合各新城业态特点，针对中小企业、租户等不同情况提供更精细化的补贴政策。

作者信息

伍江，同济大学建筑与城市规划学院教授，同济大学超大城市精细化治理研究院院长，wujiang@tongji.edu.cn。

王信，同济大学超大城市精细化治理研究院院长助理，高级工程师。

陈烨，同济大学超大城市精细化治理研究院副主任研究员，高级工程师。

参考文献

[1] 陈果．可再生能源技术与建筑设计一体化设计探索[J]．建筑技艺，2019(11)：100-101.

[2] 吴东航，章林韩．日本住宅建设与产业化[M]．2 版．北京：中国建筑工业出版社，2016.

[3] 国土交通厅．i-Construction の推進[EB/OL]．[2021-12-15]．https：//www.mlit.go.jp/common/001149595.pdf.

[4] KOMMUNE O. The Car-free Livability Programme 2019[EB/OL]．[2021-12-16]．https：//daf9627eib4jq.cloudfront.net.

[5] KPMG. The future of cities：creating a vision[EB/OL]．[2021-12-16]．https：// assets.kpmg /content/dam/kpmg/pdf/2016/04/the-future-of-cities-creating-a-vision.pdf.

[6] Transport for London. The London rivers action plan[EB/OL]．[2021-12-15]．https：//www.therrc.co.uk/lrap.php.

[7] Communities and Local Government. Lifetime Neighbourhoods[EB/OL]．[2021-12-11]．https：//assets.publishing.service.gov.uk/government/uploads/system/uploads/attachment_data/file/6248/2044122.pdf.

[8] Mayor of London. Energy Planning[EB/OL]．[2021-12-12]．https：//www.london.gov.uk/sites/default/files/gla_energy_planning_guidance_-_march_2016_for_web.pdf.

[9] Planyc. NYC Green Infrastructure Plan[EB/OL]．[2021-12-11]．https：//www.nyc.gov/site/dep/water/green-infrastructure.page.

碳达峰、碳中和目标引领下上海“五个新城”绿色生态发展的国际借鉴与启示

乔俊莲

（同济大学环境科学与工程学院，上海，200092）

推进城市绿色生态发展已逐渐成为国际共识。双碳目标下，嘉定、松江、青浦、奉贤和南汇五个新城作为“十四五”上海市域空间发展新格局的重要着力点和发力点，承载着高起点定位、高水平规划、高标准配置资源等多重使命。因此，如何提升上海“五个新城”的绿色生态水平，成为各级政府推进工作关注的重点和难点。本文选取北九州、大伦敦都市圈、阿德莱德、纽约及纽约都市群四个绿色生态发展成功的城市和地区作为案例进行对比研究，旨在对上海“五个新城”绿色生态发展提供借鉴和启示。

1　碳达峰、碳中和“双碳”目标

2020 年 9 月 22 日，习近平总书记在第七十五届联合国大会一般性辩论上郑重宣布：“中国将提高国家自主贡献力度，采取更加有力的政策和措施，二氧化碳排放力争于 2030 年前达到峰值，努力争取 2060 年前实现碳中和。”

2021 年 4 月 22 日，习近平总书记在“领导人气候峰会”上再次强调，中国力争在 2030 年前实现碳达峰、2060 年前实现碳中和的“双碳”目标，是中国基于推动构建人类命运共同体的责任担当和实现可持续发展的内在要求作出的重大战略决策。

碳中和是环境问题，更是发展问题。实现碳中和，不只是一种责任，更是能源调整、产业结构转型、绿色低碳生产和生活方式变革的必然要求。中国发展面临能源短缺、资源不够以及环境恶化的多重压力和挑战。

作为全球第二大经济体和最大的二氧化碳排放国，我国宣布碳中和目标，积极响应《巴黎协定》应对气候变化，主动做出减排承诺，彰显了大国责任与担当，对于加速我国社会、

经济、能源、技术等方面的转型与重构具有高瞻远瞩的战略意义。

“十四五”是我国履行这一庄严承诺的关键期，也是统筹两个大局、促进绿色低碳高质量发展的深刻变革期。因此，碳达峰、碳中和已成为全国各地“十四五”规划的关键词。

上海市政府提出2025年实现碳达峰。在碳达峰、碳中和目标背景下，上海《“十四五”新城环境品质和新基建专项方案》明确提出了“五个新城”的建设“以低碳绿色建设，支撑率先碳达峰；以数字转型驱动，提升城市治理；以韧性安全体系，保障城市运行”。“五个新城”是融合科技、农业、生态、服务于一体的综合城市体，实现碳达峰、碳中和任重道远，绿色低碳生态发展必将贯穿于规划、建设、运维等生产、生活、生态的各个方面。因此，如何提升上海“五个新城”的绿色生态水平，成为政府工作关注的重点和难点。

目前，美国、巴西、新西兰、澳大利亚、日本及欧盟成员国等都将建设生态城市作为公共政策来推动和引导城市发展，并积累了成功经验。本文选取日本北九州市、英国伦敦大都市圈、澳大利亚阿德莱德、美国纽约州及纽约都市群等典型成功案例，分析其在绿色生态建设方面的经验，旨在提出上海“五个新城”低碳绿色生态建设的对策、建议和启示。

2 国际绿色生态城市发展的典型案例和成功经验

2.1 日本北九州市

北九州市是日本九州岛最大的港口城市，以钢铁、化学、金属、陶瓷等原材料产业为中心，是日本四大工业区之一。从20世纪90年代开始，北九州市着手推动其城市绿色转型发展，大力建设绿色生态城市。2011年被经济合作组织评选为“绿色发展示范城市”。

2.1.1 重视规划引领作用，强化法律保障

从1997年开始，北九州市实施环境产业建设、环境新技术开发、减少垃圾、实现循环型社会为主要内容的生态城市建设计划，提出了“从某种产业产生的废弃物为别的产业所利用，地区整体的废弃物排放为零”的生态城市构想，对城市不同区域的建设要求、规划政策、建设容量内容提出了具体要求。此外，北九州政府还制定了市区再生计划，明确了关于交流、文化发展、活力创新和网络连接四大基本方针。与此同时，日本政府通过不断制定、修改和完善一系列法律法规，为绿色生态城市建设和发展提供了强有力的法律保障。

2.1.2 发展循环经济，建设生态工业园区，建立资源循环型经济社会

北九州市在创建绿色生态城市过程中，并不是简单强制关停污染严重的工业产业，而是突破固有的产业结构，利用区位优势重构产业，培育新兴替代产业，实现了产业结构的多元化和高度化。布局循环经济生态产业园，在园区设立废物处理与再循环利用的实证研究区和资源循环型工业区，集中开展垃圾处理以及家电、废旧汽车和塑料制品等物品的回

收再利用，并以国家和地方两级政府的投资补助支撑保障各类环保企业的发展。与此同时，通过高新技术的升级改造，钢铁、金属制品、电器工业、陶瓷等传统产业在北九州的制造业经济中依然占有举足轻重的地位。

生态工业园区发展较为成熟稳定后，充分发挥园区外部效应，推广园区发展经验，全面推动“生态工业园区”由项目向城市建设领域的拓展延伸。

2.1.3 向国际社会输出环境技术，推进形成新的经济增长点

充分利用中国等其他亚洲国家经济高速发展的契机，在广泛开展国际合作的基础上，进行“环境技术”输出。通过向发展中国家派遣专家、接纳研修员等方式把北九州市在克服公害过程中积累起来的技术成功推广出去。

2.1.4 全民参与

北九州市民积极投入环境治理与保护行动，监督政府与企业的行为，逐渐形成多种类非政府组织团体，以组织的形式更加有效地推动北九州的城市建设。既往城郊村居住治理主要采取督促房东约束房客的方式。然而，房东要么早已搬离乡村社区，要么是留守房子的年迈老者，他们无力也不愿意过多约束房客，以免降低房屋出租的机会。不少地方提议向房东收取管理费的方式，也在房东的反对中不了了之。

2.2 英国大伦敦都市圈

大伦敦都市圈是指伦敦市和 32 个伦敦自治市，共 33 个次级行政区。工业文明给伦敦戴上了“雾都”的帽子，21 世纪以来，伦敦组建了大伦敦政府，通过将气候变化、低碳经济、能源消费、减排计划等作为城市建设规划的核心，进行都市圈生态文明治理，使伦敦成为现在休闲、时尚的都市圈。

2.2.1 绿色、低碳的城市规划及强有力的管理机构

在大伦敦城市设计过程中，以绿色城市的理论对城市的绿化工程进行合理布局，增加城市公共绿地空间，改善城市生态环境。通过低碳城市的设计，利用可再生能源和分散化的能源网络来减少碳足迹，缓解气候变化。

在大伦敦城市规划过程中，政府运用法律手段予以支持起到了重要作用，如英国议会通过的《绿带法》，要求在大伦敦的第三环建设成为一个直径达 16 公里的绿带环，经过多轮规划与建设，形成了目前的都市开放地、绿带和绿色廊道的大伦敦开放空间格局，大大改善其生态环境系统，使人居环境不断优化。

大伦敦空间战略规划从开始编制到最后成文，需要经过讨论规划编制的目的、确定编制的原则和目标、形成规划文本、公众参与讨论、修改规划文本等几个阶段，将所有相关

利益方的诉求，即所有人的理性选择充分采纳。同时组建大伦敦政府，设立大伦敦管理局，负责规划与管理，强有力的组织保障确保了大伦敦都市圈生态文明建设稳步推进。

2.2.2 以生态产业为主建设都市圈

随着伦敦地区城市规划的不断健全和完善，产业格局也有了进一步的优化和调整。按照伦敦都市圈的规划布局，经历了几十年的产业结构调整，大批伦敦及其他城市转移的工业产业被伯明翰所承接。城市核心区大力发展商贸服务业和金融业，创新发展生态环境保护产业。现代化的伦敦不仅是全球的政治经济中心，同时还被誉为“国际设计之都”。以伦敦为圆心，辐射带动周边城市及小城镇发展，使伦敦都市圈不仅是世界经济、金融、贸易中心，同时也成为高新科技中心、国际文化艺术交流中心和国际信息传播中心。

2.2.3 严格的环境保护举措加强伦敦的生物多样性

伦敦在空气质量检测、废弃物处理、噪声防治、污染治理等方面都实施了严格的措施。

首先，通过健全公共交通网络和对交通堵塞收费，控制交通总量。开发和使用新能源交通工具，减少单个交通工具的排放量，同时加大零碳释放的交通工具的推广力度。其次，多种方式处理废弃物。要求工业垃圾和商业垃圾回收利用率达到 20% 以上。生活垃圾采用分类收集、循环利用为主，填埋和焚烧处理为辅。噪声重在控制源头，敏感区设置隔声措施，并通过行政处罚等对策综合管治。

由于实施严格的环境保护制度，伦敦在城市生物多样性方面取得的成绩得到国际社会认可，成为城市生物多样性的领先者。

2.3 澳大利亚阿德莱德

阿德莱德是南澳大利亚州的首府，贡献了全州 20% 的经济，是全州人口最集中、经济最发达的城市。尽管坐拥澳大利亚最大的陆上石油和天然气田，却通过力推太阳能和储能系统，至 2020 年年底，来自煤炭、石油等化石燃料的碳排放几乎已清零。正是政府、企业、民众和绿色环保组织持久协同努力，该市推进各领域的项目都融入了全球顶级的“绿色”理念。

2.3.1 规划引领

1992 年，美国学者理查德·雷吉斯特为阿德莱德提出“影子规划”设想，该设想展示了非常清晰的创建生态城市规划和发展框架。具体由六个板块组成，并针对各阶段性目标分别提出具体的对策措施，在此引导下成功创建了绿色生态城市。被《纽约人》杂志称为“地球上最后一个精心规划的都市”。

2.3.2 能源替代

阿德莱德力推太阳能作为主要的城市能源，推行全民屋顶分布式光伏计划，自 2008 年对太阳能发电给予入网补贴，刺激了太阳能发电的迅速发展。在州政府补贴的基础上，阿德莱德市也设立了补贴计划，推进市内众多建筑安装太阳能屋顶。

同时，通过推进储能系统，减少峰值能源负荷，进一步降低用电成本，并通过“虚拟电厂”技术对太阳能加储能系统的电力进行调适，为电网的稳定提供保障。

2.3.3 政府激励和全民参与

阿德莱德市和南澳大利亚州政府通过表彰在减少城市碳排放量方面处于领先地位的组织和个人，鼓励技术的创新与推广。非政府环保组织、社会团体及各行各业也广泛参与能源解决方案、金融服务、工程服务、碳中和咨询等多个方面，有效促进了政策的推广、落实与具体实施。

2.4 美国纽约州及纽约都市群

纽约州及纽约都市群是全球知名的都市群聚集地带，也是全球经济最发达的地区之一。然而能源系统老化、人口增长、新能源与节能减排产业成本优势不足、严峻的气候变化等给当地带来巨大的挑战。近年来，在减碳减排总原则的指引下，其在减少煤炭消费、加强天然气主体能源地位、提升能源效率等方面取得一定进展。

2.4.1 规划引领与政府托底保障

为了保持纽约都市群的世界领导地位，2006 年以来，当地政府推动“规划纽约”行动，目标是减少温室气体排放，改善城市基础设施，推动绿色增长。2007 年 4 月，纽约提出了针对 2030 年发展目标的城市规划，提出了“更绿色，更美好的纽约”的目标。2011 年 4 月，针对该规划实施 4 年后的实际情况，纽约对其进行了修编，提出了新版规划文本，并提出每四年对规划进行一次修编，每年进行一次进展评估，并提出实施进展报告。

各级政府高度重视能源安全保障问题，从法律、制度、市场准入等涉及能源安全问题的方方面面进行引导和保护，包括颁布地方性法规强制要求燃油效率与排放标准，制定建筑节能标准等。同时，政府还发挥托底作用，在市场能源供应不足时，向市场投放储备能源，供应过剩时，则买入低价能源以充实储备，确保供需双向稳定。

2.4.2 减碳背景下能源供应与消耗

减碳对纽约州及纽约都市群的能源系统提出了全新要求，在发电领域实行“退煤”政策，实现零煤消耗，以天然气发电机组和绿色能源发电加以替代。制定法律，强力推动都市群内楼宇能效改造，减少温室气体排放。交通领域实施包括经济调节手段在内的多种措施，如开展“无车日”活动、开征拥堵费等。在减碳减排背景下，一方面减少碳排放，治理空气污染，另一方面坚守确保能源安全，支持社会经济发展的底线。当地政府和民众并不否认能源作为一种经济资源具有稀缺性，需要通过市场来进行合理分配，当能源变得相对稀缺时，价格上涨会使人们自动减少消费的数量，提升增加供给与扩大研发的动力。

2.4.3 强调企业自发的作用

鼓励相关企业通过市场竞争手段向能源产业上下游拓展，形成完善的产业链，控制更多的能源初级产品生产企业；通过采取更加透明的措施来维持能源市场的公平竞争与稳定态势，减少个人与企业的压力，鼓励投资者对能源领域相关技术进行投资与开发。

3 对上海“五个新城”绿色生态发展的借鉴意义和启示

纵观上述国际绿色生态城市建设案例，它们在绿色生态发展过程中探索并积累了许多成功经验。从共性来看，首先是积极有效的城市规划和政府相关的配套政策都起到了举足轻重的作用。其次是注重能源转型与替代，大力发展生态产业。再次是多元主体协同发力，积极鼓励公众参与。这些成功经验对推进上海“五个新城”的绿色生态建设具有重要的借鉴意义。

然而，这些绿色生态城市大多经历了较为长期的建设时间，虽然建设中融入了低碳元素，但并未将碳达峰、碳中和目标纳入绿色生态的建设体系，且更多是在小尺度、小范围、单个城市和城市圈中展开。

上海“五个新城”在绿色生态发展过程中需要聚焦双碳发展目标，要在 5 年内实现碳达峰，再用 40 年左右时间实现碳中和。从一些已经碳达峰的城市来看，具有一些普遍共性：一是经济社会发展水平较高，基本完成工业化；二是城市化率普遍超 70%；三是第二、第三产业结构变动较为明显，第二产业占比稳步下降；四是人口普遍在 1% 以下低位增长；五是低碳清洁的可再生能源是方向。

上海“五个新城”目前仍处于快速城镇化时期，“发展”仍是第一要务，仍然存在着“发展”与“降碳”的困境。“五个新城”产业链生态整体上仍处于相对较弱的状态；制造业大部分以生产基地为主，处于产业链较低环节；研发设计、金融服务、商务服务等生产性服务业占比较低，对制造业的支撑不足。能源结构中，煤、油和外来煤电等高碳能源占比依然高达 75% 左右。如何在新城绿色生态发展中深入贯彻落实国家双碳战略，既保证社会经济的一定增长，又提升上海“五个新城”的绿色生态水平，面临的困难和挑战前所未有。

因此，“五个新城”双碳目标下的绿色生态建设过程中，既要充分借鉴国际成功案例，又要探索一条适合自身特点、问题和需求的独特路径。

3.1 规划先行与政策引导并举

从国际绿色生态城市建设的成功案例来看，均离不开顶层设计和长期规划。在碳达峰、碳中和目标背景下，上海“五个新城”应将碳达峰、碳中和纳入绿色生态建设的整体布局，根据“五个新城”的自然、经济、文化的发展情况，提出现阶段合理的目标和长期的发展线路图。“五个新城”建设应注重一体化规划，建设之初，进行整体“循环链”统一设计，能源、垃圾、水和污水、自然资源保护再利用等技术的综合运用，构建完善的生态系统。同时将低碳发展原则、标准和限制及时纳入地方政府各级各类规划和发展目标中，明确建设成本和落地的具体途径，并明确各领域和行业主管部门责任清单，将提出和落实碳达峰目标纳入绿色生态建设的年度重点工作事项，同时加强评估和考核。

由于实现双碳目标时间紧、任务重，对产业结构、生产方式及生活方式有更严苛的要求，因此，更需要政府部门发挥“指挥棒”的作用，制定相应的政策去规划与监督全社会的行为，充分发挥引导、调动和约束的作用。

3.2 充分理解减碳内涵，建立系统思维

二氧化碳等温室气体在大气层中留存时间长且影响范围广，因此，碳中和并不是某几个城市、某几个国家的责任，而是全球的共同责任。

一方面，“五个新城”应建立横向统筹、纵向协调、市区联动的减污降碳协同增效管控机制和体系。加强各新城之间、新城与周边城市之间的联动协作。与欧美等发达国家开展技术合作，充分利用全球绿色低碳转型的共识与契机，实现不同国家之间在节能减排、低碳技术上的互补。另一方面，产业链上下游的共同努力不可或缺。产业链上游需大力推广可再生能源对化石能源的替代，促进清洁能源结构的革新，助力能源供给侧减排；产业链下游的高耗能、高排放行业可通过全面电气化与大规模应用二氧化碳捕集、利用与封存技术（CCUS）等技术，减少能源需求侧的碳排放。

绿色生态城市的建设和碳中和的实现是一个复杂的系统工程，不仅与能源的低碳转型相关，还涉及产业、经济结构的变化甚至经济、社会等诸多方面。应努力探索与“五个新城”气候特征、自然资源、区位交通、人文习俗、社会经济发展相匹配的发展模式。把新城湿地、绿地、生态廊道等绿色设施与城市给排水系统、道路、交通以及各种污染物排放口等灰色基础设施联系起来，形成一个有机网络，增加城市韧性。根据“五个新城”不同背景和特点，做好产业定位，技术和产业相互带动，形成完整产业链。

3.3 能源替代、转型与节能增效是重中之重

从碳排放结构来看，化石燃料的消费和使用过程所排放的二氧化碳占全部二氧化碳排放比例的 90% 以上，是二氧化碳排放的主要来源。从碳排放场景看，城市的建设和运行过程中的能源消耗及碳排放，占全社会能源消费总量和碳排放 70% 以上。

上海“五个新城”的能源结构中，煤、油和外来煤电等高碳能源占比依然高达75%左右。同时城市功能提升和产业发展都会带来能源消费的刚性增长。因此，要合理控制化石能源消费，加快煤炭减量步伐，加速提高清洁能源比重，逐步向清洁、低碳、高效的能源结构转型。以CCUS技术、可再生能源技术、电气化技术、信息技术等为中心的一系列低碳技术发展路线将在能源转型中发挥不可替代的作用。

提高工业生产中的能源利用效率，是成本最低的减碳方式。因此，应把节能降耗放在比能源生产结构调整更加重要的位置，大力扶持节能、综合能源等产业发展。建设绿色低碳的工业、建筑和交通体系，实施工业能效提升行动，推进电力、钢铁、建材、有色、化工等行业节能。强化建筑节能降耗，实施新建建筑节能标准，加大既有建筑节能改造力度。鼓励发展公共交通，加快发展轨道交通等低碳交通方式，提高交通运输能效。

3.4 减排、减污与降碳相结合的技术是未来发展的方向

化石能源的燃烧和加工利用，不仅产生二氧化碳等温室气体，也产生颗粒物、挥发性有机物、重金属、酚、氨氮等大气、水、土壤污染物。因此，温室气体排放与大气污染物排放具有同根、同源、同过程的特点。

从国际绿色生态城市建设的成功案例来看，大多数都是先解决环境污染，再应对气候变化。上海“五个新城”建设绿色生态城市，既要减污，实现生态环境质量根本好转，又要有效控制碳排放，为实现碳达峰、碳中和目标筑牢基础。

一方面，减少化石能源、增加绿色能源的利用，在降低二氧化碳的同时，也能够降低传统污染物排放。另一方面，在污染防治攻坚战中发展节能环保产业，促进环保产业和循环经济的有机结合。将传统末端治理的模式，以全新系统观进行改造，做到源头加末端双管齐下；在产业结构升级改造过程中，能够更加体现新型环保技术。

将城市污水处理—中水利用—污泥生产沼气等资源化利用进行有机集成，拓展垃圾分类及资源化利用项目，完善资源化产业链；探索可行的工业废弃物资源化技术路线，如废酸资源化、金属提纯等技术；研究有机垃圾资源化利用途径，如探索生物柴油、生物质制氢等。促进生物多样性保护，提升生态系统的服务功能。

3.5 生产、生活方式的系统性变革必不可少

低碳转型关乎全社会，必须调动各方积极性共同参与，共促绿色发展，共享绿色发展成果，共担绿色发展成本。

一方面，基于循环经济理念的工业尤其是制造业的绿色低碳转型，同时主动把握甚至引领大数据、人工智能、区块链等新一代信息技术，转变现有的生产管理理念，加快形成新型生产方式。另一方面，倡导简约适度、绿色低碳的生活方式，反对奢侈浪费，鼓励公众使用轨道交通、公共汽车、共享单车等高效利用能源、少排放污染物、有益身体健康的

出行方式，增强绿色出行激励的有效性。营造绿色低碳生活新时尚，推广利用“互联网+”促进绿色消费，推动电子商务企业直销或与实体企业合作经营绿色产品和服务，鼓励利用网络销售绿色产品，推动开展二手产品在线交易，满足不同主体多样化的绿色消费需求。让节约资源保护环境成为广大人民群众的自觉行动。

4 结语

生态城市建设经验启示我们，生态城市必然是资源能源节约的城市、物质循环利用的城市和遵循生态学原则发展的城市。建设绿色生态城市不是简单的城市绿化，也不是简单的环境管治。一个真正的绿色生态城市既要保护环境，也要发展经济，满足居民基本的吃住行需求，还要让居民生活幸福。上海“五个新城”的绿色生态建设，一方面，借鉴国际成功案例，充分发挥规划引领与政府相关的配套政策、注重能源转型与替代、多元主体协同发力等积极有效的措施。另一方面，在实现生态环境质量根本好转的同时，又要有效控制碳排放，为实现碳达峰、碳中和目标筑牢基础。减排、减污与降碳相结合，生产、生活方式的系统性变革必不可少。

总之，上海“五个新城”应根据自身自然资源、人口条件、经济水平、社会发展阶段、科技创新能力等综合因素，在碳达峰、碳中和目标下，通过推动城市绿色经济发展、优化城市结构、提升城市绿色能源、推广城市绿色建筑等手段，建设成为具有本地特色的绿色生态城市。

作者信息

乔俊莲，同济大学环境科学与工程学院副教授，qiaoqiao@tongji.edu.cn。

上海市青浦区碳达峰碳中和路径分析

郭茹

（同济大学环境科学与工程学院，上海，200092）

1 研究背景与意义

1.1 全球气候变化困境与共识

人类进入工业文明时代以来，在创造巨大物质财富的同时对自然生态系统造成了诸多负面影响，人与自然深层次矛盾日益显现。气候变化变化带来的严峻挑战成为各国普遍关心的重要议题。自工业革命以来，由于化石燃料的使用，人为温室气体排放大幅上升，使大气中二氧化碳（CO_2）、甲烷（CH_4）等温室气体浓度达到了过去 80 万年以来前所未有的水平，是造成当前全球气候变化的主要原因。

2020 年 9 月，中国提出“将力争于 2030 年前实现二氧化碳排放达到峰值、2060 年前实现碳中和”，是我国经过深思熟虑做出的重大战略决策，事关中华民族永续发展和构建人类命运共同体。其后，习近平总书记在国际国内诸多场合先后十余次重申 3060 双碳目标，显示了我国积极履行国际承诺、落实碳达峰碳中和目标的坚定决心。国务院已发布《关于完整准确全面贯彻新发展理念做好碳达峰碳中和工作的意见》《2030 年前碳达峰行动方案》等重要政策文件，是全社会共同实现碳达峰碳中和的顶层设计和行动方略。但是，如何将国家双碳战略目标真正落实到地方高质量发展的实践过程中，是亟待探索的难题。

1.2 上海市青浦区的典型性

随着进口博览会溢出带动效应和虹桥国际开放枢纽功能持续放大，长三角一体化发展战略纵深推进，青浦正建设成为上海对外服务的门户城市、长三角一体化发展的示范城市和面向全球的国际城市。青浦区是长三角生态绿色一体化发展示范区的核心组成部分，其碳达峰碳中和工作是助力落实长三角“一体化”和“高质量”发展国家战略的重要抓手，具有良好的典型性。

为深入贯彻落实党中央国务院关于碳达峰碳中和目标的决策部署，积极探索生态友好型可持续增长模式，率先完成将生态优势转化为高质量发展优势的重大使命，青浦区将紧紧抓住中国国际进口博览会和长三角生态绿色一体化发展示范区两大国家战略落地的重大历史机遇，加快推进青浦成为长三角生态绿色一体化发展示范区的低碳发展先行者，向长三角世界级城市群的关键枢纽转变。因此，青浦区的低碳发展模式和碳达峰碳中和路径有望成为长三角区域绿色低碳转型发展的典型模式之一。

2 国家及地方碳达峰碳中和政策与行动

2.1 国家碳达峰碳中和政策与行动

目前，全球已有 100 多个国家和地区做出碳中和承诺，其中德国、英国等发达国家和地区在法律、政策以及拟议法律中提出实现碳中和目标。2020 年 9 月 22 日，习近平书记在第七十五届联合国大会一般性辩论上的提出“二氧化碳排放力争于 2030 年前达到峰值，努力争取 2060 年前实现碳中和”。2021 年 3 月 15 日召开的中央财经委员会第九次会议，明确提出“把碳达峰碳中和纳入生态文明建设整体布局”。中国承诺实现从碳达峰到碳中和的时间，远远短于发达国家所用时间，具有极大的难度。但是，我国积极推动碳达峰碳中和，已成立碳达峰碳中和工作领导小组，并逐步推出“1+N”政策体系，作为顶层设计，其涉及碳达峰碳中和的各领域、各行业政策措施。

2021 年 10 月 24 日，中共中央、国务院印发《关于完整准确全面贯彻新发展理念做好碳达峰碳中和工作的意见》，为碳达峰碳中和这项重大工作进行系统谋划、总体部署。2021 年 10 月 26 日，国务院印发《2030 年前碳达峰行动方案》，提出非化石能源消费比重提高、能源利用效率提升、二氧化碳排放强度降低等主要目标，并要求将碳达峰贯穿于经济社会发展全过程和各方面，重点实施“碳达峰十大行动”。2021 年 11 月 8 日，人民银行推出碳减排支持工具，向金融机构提供低成本资金，引导金融机构在自主决策、自担风险的前提下，向碳减排重点领域内的各类企业一视同仁提供碳减排贷款。人民银行通过“先贷后借”的直达机制，对金融机构向碳减排重点领域内相关企业发放的符合条件的碳减排贷款，按贷款本金的 60% 提供资金支持，利率为 1.75%。2022 年 1 月 24 日国务院印发《“十四五”节能减排综合工作方案》，明确到 2025 年，全国单位国内生产总值能源消耗比 2020 年下降 13.5%，能源消费总量得到合理控制，化学需氧量、氨氮、氮氧化物、挥发性有机物排放总量比 2020 年分别下降 8%、8%、10% 以上、10% 以上。节能减排政策机制更加健全，重点行业能源利用效率和主要污染物排放控制水平基本达到国际先进水平，经济社会发展绿色转型取得显著成效。

2.2 地方碳达峰碳中和政策与行动

在地方层面，2021 年 10 月 14 日执委会和两省一市发改委印发《长三角生态绿色一体化发展示范区碳达峰碳中和工作指导意见》，提出要“力争在沪苏浙两省一市碳达峰、碳中和工作总体目标与框架下，率先实现高质量碳达峰、高水平碳中和”的目标。2021年10月8日上海市人民政府办公厅关于印发《上海加快打造国际绿色金融枢纽服务碳达峰碳中和目标的实施意见》，旨在进一步发挥上海在新发展格局中的“中心节点”和“战略链接”作用，不断强化“四大功能”，通过七方面24项举措，积极助力国家实现碳达峰、碳中和目标，加快打造国际绿色金融枢纽。2022年2月16日，上海市生态环境局就《上海市碳普惠机制建设工作方案》（简称《工作方案》）公开征求意见，根据《工作方案》，上海将探索建立区域性个人碳账户，引导碳普惠减排量通过抵消机制进入上海碳排放权交易市场，支持与鼓励上海纳管企业购买碳普惠减排量并通过抵消机制完成碳排放权交易的清缴履约。以上政策文件的出台为青浦区碳达峰碳中和工作提供了系统的方向和坚实的基础。

3 青浦区碳排放现状

3.1 碳排放分析方法

对青浦区温室气体排放（主要针对碳排放）的研究参考了中国《省级二氧化碳排放达峰行动方案编制指南》(2021)、《省级温室气体清单编制指南（试行）》(2011)、IPCC清单指南、世界资源研究所(WRI)《中国城市温室气体碳排放核算工具指南测试版1.0》(2013)等。能源活动的直接二氧化碳排放量可以根据不同活动量（例如能源消费、水稻田面积家畜动物量等）和排放因子相乘得到。其中，排放因子是与活动类型相对应的系数，用于量化单位活动水平的温室气体排放量。

能源生产和消费活动是我国温室气体的主要排放源。能源活动引起的温室气体排放及能源活动温室气体清单编制总体上遵循《IPCC国家温室气体清单指南》的基本方法，并借鉴了《省级温室气体清单编制指南》(2011)和《浙江省温室气体清单编制指南》(2020)的做法。青浦区碳排放分析主要包括：工业部门、建筑业部门、交通运输部门、公共建筑部门、农业部门以及居民生活部门化石能源生产和消费活动产生的二氧化碳排放。

3.2 能源消费与碳排放消费现状——总体情况

2019年青浦区地区生产总值达到1166亿元，相较2015年增加32.8%。同时，青浦区能源结构逐步优化，2019年已实现零煤炭消费，天然气和调入电力总体呈上升趋势。2015—2019年青浦区调入电力占总能耗的比重均超过65%。2015—2019年青浦区能源二氧化碳排放总量呈现上升趋势，但趋于稳定。同时碳排放增速低于能源消费增速，表明能源结构趋于清洁低碳化。从能源结构看，青浦区调入电力碳排放占比从2015年的68%提高至

2019 年的 70%，上升了 2.05 个百分点[1]。

3.3 能源消费与碳排放消费现状——分部门情况

2015 年以来，青浦区的节能减排工作取得良好成效，能源利用效率提升，经济质量不断改善。2018 年，随着青浦区申能热电燃气锅炉供热项目投产，全区煤炭用量归零，是长三角一体化示范区范围内唯一一个不再消费煤炭的区域，具有较强的引领和示范意义。

从工业、交通和建筑终端三大主要用能部门来看[2]，青浦区 2019 年工业碳排放占比最大，其次是建筑运行用能，交通用能位列第三。具体来看，2015—2020 年，青浦区规模以上工业碳排放呈逐年下降趋势。同一时期，建筑运行用能持续上升。交通用能持续上升，主要来源于私家车碳排放，货运以公路货运碳排放为主。

2015—2019 年，青浦区废弃物处理温室气体排放以废水处理为主，呈现持续增长趋势。其中，由于青浦区与松江区共建垃圾焚烧厂，而焚烧厂建在松江区行政管辖范围内，青浦区的生活垃圾外运至松江处理，该部分温室气体排放量不计入青浦区温室气体排放总量。2015—2020 年青浦区农业活动温室气体排放以稻田甲烷和农用地一氧化二氮（N_2O）为主，整体呈现下降趋势。

4 青浦区碳达峰路径分析与建议

4.1 基本思路

长三角地区是我国经济发展最活跃、开放程度最高、创新能力最强的区域之一，在国家现代化建设大局和全方位开放格局中具有举足轻重的战略地位。青浦区正建设成为上海对外服务的门户城市、长三角一体化发展的示范城市和面向全球的国际城市，是长三角区域的典型代表，其碳达峰目标和碳中和愿景的实现具有重要的引领示范意义。

青浦区碳达峰碳中和工作应当正确处理青浦区发展和减排、整体和局部、长远目标和短期目标、政府和市场的关系，明确社会经济发展的客观需求，在确保实现碳达峰碳中和目标的基础上，加快重点项目部署实施，以经济社会发展全面绿色转型为引领，实现高质量达峰目标，为实现碳中和打好基础，为我国践行生态优先、绿色低碳的高质量发展道路提供示范引领理论方法和实证案例支撑。

4.2 “十四五”及中长期碳排放预测

在能源碳排放方面，由于青浦区新增能耗需求主要依赖于外来电力，因此外调电力的

1 此处核算时采用省级电网平均二氧化碳排放因子。

2 此处的建筑用能指建筑运行用能，不包括建筑业用能。

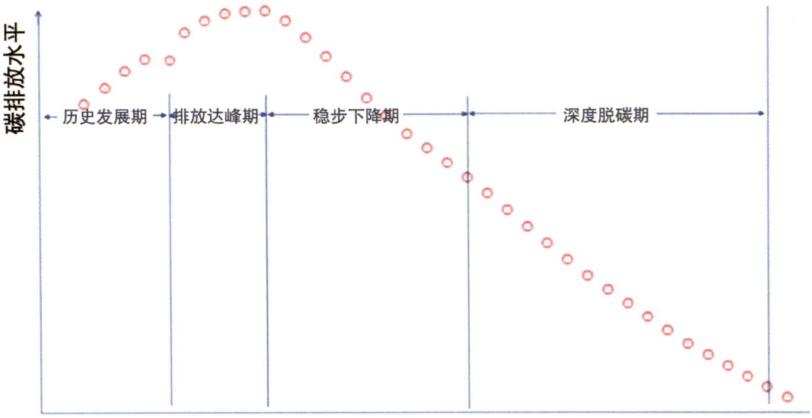

图 4—1　碳达峰碳中和路径示意图

来源：作者自绘

碳排放因子对碳排放峰值及达峰时间具有显著影响。根据青浦区能源供应现状和趋势预测，设计了低能耗和高能耗情况下的脉冲转型、渐进转型、中速转型和加速转型等两类八种不同的情景，分别对应了不同的社会经济发展速度、产业结构和能源结构调整力度。

情景分析结果表明，青浦区在不同情景下达峰时间范围不同。“十四五”期间增量过高，虽然并不一定影响达峰，但是高位达峰会给未来碳中和目标的实现带来更大的挑战。情景分析结果显示：不同情景下，峰值与达峰时间变化较大；低能耗情况下，青浦区预计于 2025—2030 年达到峰值，之后进入平台期或逐步下降；2050 年，能源碳排放总量预计比峰值降低 60%—90% 左右，将借助生态碳汇、碳抵消机制和新兴技术（CCUS、DAC 等）实现净零排放（图 4—1）。

4.3　碳达峰路径与政策建议

碳达峰意味着碳排放达到峰值，此后进入平台期并逐步下降。从达峰路径来看，产业结构调整、部门能效提升和能源结构转型对青浦区碳达峰贡献度最大。工业、建筑和交通三大终端用能部门的节能降耗是影响碳达峰的关键；能源供应的优化调整将发挥重要作用，但调入电力的清洁低碳化受到较多外部因素制约。此外，技术创新和机制创新将为青浦区碳排放达峰提供有力支撑。

统筹经济增长与碳排放控制，在保障青浦区经济社会发展的基础上，加快构建政府引导、市场导向、企业为主、全民参与的二氧化碳减排新格局。到 2025 年，绿色低碳生产和生活转型取得积极成效，生态碳汇能力不断提升，为实现如期高质量达峰和远期碳中和目标奠定坚实基础。

从终端用能部门来看，工业是能源碳排放占比最大的部门。积极落实国家和地区产业政策，强化项目低碳准入机制。分板块稳步推进区域能评，严控高耗能、高排放项目建设。围绕绿色低碳，加快产业结构和布局优化，大力发展信息通信、节能环保等战略性新兴产业集群，推动产业实现全要素、全产业链、全价值链的绿色化转型升级。加快实施企业绿色低碳行动，培育壮大节能环保产业，积极推动重点产业、企业绿色转型，让绿色成为高质量发展的底色。依托华为数据中心基地，大力发展数字经济，初步构筑数字经济融合发展与协同创新的生态圈，打造产研互动、产城融合的前沿创新中枢。

从能源部门来看，优化外来电力结构和调整本地能源生产结构是实现碳达峰的重要基础。在总体战略上，应实现能源供给侧清洁化、输配侧智慧化韧性化与能源终端电气化。因地制宜推进低碳技术替代，增强高比例可再生能源趋势下本地电网的稳定性、自给和调节能力，促进可再生能源规模化发展。推动整区光伏示范，加快分布式光伏发电规模化、多元化发展。鼓励各类投资主体在工商业屋顶、城镇和村镇住宅屋顶开发分布式光伏发电项目。因地制宜开展渔光、农光互补试点。加快建设能源互联网，构建电网友好型能源系统。加快电网数字化转型，运用“大云物移智链”技术，促进电力系统技术与信息化的高度融合，实现“源网荷储”协调运行。

从建筑部门来看，应在建筑全生命周期里贯彻落实绿色低碳理念并积极推广应用绿色低碳技术，全面落实《绿色建筑设计标准》《住宅设计标准》《居住建筑节能和热环境标准》等，提升建筑安全耐久、健康舒适、资源节约、智能智慧水平，持续提升绿色建筑质量。大力发展超低能耗、近零能耗、零能耗建筑，推动政府投资项目率先示范。坚持设计引领，推广建筑信息模型（BIM）技术运用。稳步发展装配式建筑，推广装配化装修。推进绿色建材产品认证和采信应用，鼓励相关认证机构及检验检测机构申请绿色建材产品认证资质，建立绿色建材采信应用工作机制，鼓励绿色建筑、装配式建筑优先采用绿色建材产品。建立绿色建筑标识项目运行数据上报制度，强化绿色建筑标识项目运行数据管理。将绿色、低碳等理念贯穿城镇老旧小区改造和美丽宜居住区建设全过程，打造绿色低碳居住社区示范。

从交通部门来看，应构建绿色低碳多层次交通体系，以交通枢纽为核心整合空间要素和配置资源，形成局部区域的高密度和整体区域的低密度有机平衡的串珠式发展空间格局。合理配置路权，遵循“公交优先、慢性保障”原则，城镇道路按照“步行＞自行车＞公共交通＞小汽车”的次序分配路权，以交通“零排放”为目标，在生活区加强慢行网络建设，打造“慢行＋公交”模式，进一步加强公交优先，慢行友好的城市交通体系建设。推进互联互通的一体化绿色低碳智慧公交体系建设，开展需求响应公交示范工作，推进公交行业新能源车辆更新。

从生态环境领域来看，应积极开展环境修复与生态碳库建设、环境污染治理与减污降碳协同增效行动。以森林碳库与湿地碳库为重点建设对象，提升生态碳汇能力。建设生态碳库，围绕环境治理、生态修复、新城建设、基础设施等城市重大建设领域，以森林达标为着眼点，在公园绿地建设、防护绿地建设、生态廊道建设、城市绿道建设、立体绿化建设等板块基础上，创新开拓森林潜力空间，通过科技创新和精细化管理，提高城市森林健康水平，促进城市森林土壤碳库容量稳步提升。开展区域生态系统生产总值（GEP）核算，探索生态产品价值转换机制，建立区域生态产品价值多元实现路径。开展工业、农业、生活、建筑等领域废弃物资源化与再制造关键技术研究和示范应用，解决废弃物高值化和循环利用率低的问题。建立“源头控制—过程减量—高质循环—精准管控”全技术链，缓解资源瓶颈约束和减轻环境污染。源头控制打好治污减量攻坚战，积极推动全生命周期减量行动，减少环境治理过程中的碳排放。

从机制创新来看，碳普惠机制、生态产品价值实现机制、碳等绿色金融创新以及碳信息披露应该成为实现高质量达峰的重要政策工具。应利用一体化绿色金融创新促进青浦区高质量达峰，为中长期实现碳中和奠定坚实基础。此外，地方政府可依托绿色技术银行、上海环境能源交易中心等已有平台，尽快启动面向个人和小微企业的碳普惠机制建设，积极共建统一的长三角一体化示范区碳普惠机制实施范围、流程规则、计量标准和基准数据，利用碳普惠积极促进全社会形成绿色低碳生活方式。在生态产品价值实现机制方面，应尽快明确青浦区生态系统服务和碳达峰碳中和的内在逻辑关系，建立科学合理的青浦区生态产品价值核算体系，为探索符合青浦区特色的生态产品价值实现路径提供支撑。

作者信息

郭茹，同济大学环境科学与工程学院教授，ruguo@tongji.edu.cn。

生态绿色低碳背景下的新城高强度地区规划研究 *

庄宇　崔敏榆

（同济大学建筑与城市规划学院，上海，200092）

1　背景

1.1　五个新城发展新定位

自 20 世纪 40 年代的“大上海都市计划”起，上海的新城建设已经走过几十年的历程 [1]。在“十四五”期间，上海提出了“五个新城”的新城建设目标，五个新城分别为嘉定、青浦、松江、奉贤、南汇。在《关于本市“十四五”加快推进新城规划建设工作的实施意见》以及国务院批复的《上海市城市总体规划（2017—2035 年）》中，对五个新城进行新的定位。五个新城将培育成在长三角城市群中具有吸引力以及辐射带动作用的综合性节点城市。《上海市新城规划建设导则》中也强调新城中心需要强化集约紧凑发展，提高就业密度成为功能更综合、特色更突出的城市副中心。因此，本文将新城定位为上海副中心级城市，核心区商办容量在 200 万—300 万平方米，商业商办容积率在 5.0—6.0，居住容积率在 2.0—3.0 的发展目标进行规划策略研究与探讨。

1.2　新城建设特征与挑战

从国内以往的新城建设经验上看，许多新城在规划建设后，由于主城的能量不足，容易导致新城出现成长缓慢甚至严重空置的现象 [2]。而对于有能力并有需求进行新城建设的特大城市而言，新城规划所引导的城市功能与业态发展不一定符合市场的规律和需求。首先，在此冲突下容易产生规划与城市实际需求的偏差，导致新城未来发展缺乏活力。其次，

* 本文为同济大学上海新城建设研究中心与上海市规划和自然资源局合作课题“数字未来城市及规划探索”阶段性成果。

新城建设通常依托交通网络进行开发，但是目前国内缺乏成熟的交通站点与周边土地联合开发的模式导则，导致交通节点与周边土地开发联动不足，城市缺乏活力或功能单一的问题频发。同时，新城建设初期可建设用地大量富足，易促使整体城市用地扩张，单一功能用地碎片化、公共空间布局错位等情况，最终导致土地坪效低，形成低人口密度、低开发强度的城市结构。新城建设需要经历从无到有的建设时期，尽管目前新城的交通结构追求以公共交通为主的城市交通体系，但是在公共交通设施建设尚未完善时，需要依靠机动车作为主要出行工具。因此，公共交通与私家车的出行分担率与规划目标存在“过渡期”效应，若为了满足初期私家车的交通需求，采用机动车主导的“道路 + 停车”指标和规定进行建设则会限制新城进行步行化（少车）区域的发展。

2 生态绿色低碳发展与高密度发展的相关性

2.1 生态绿色低碳与高密度发展的关系

高密度是中国城市的典型特征，由此带来许多的城市问题是规划和建筑科学研究和发展的重点，从生态绿色低碳的角度出发，环境和能源是两大突出问题。环境方面，如何在用地紧凑的条件下保证城市居民享有充足的绿化用地和开放空间，切实提升高密度城市绿化满意度，成为亟待解决的城市空间发展核心问题。城市能源方面，从城市规划的角度考虑，城市的街道结构、功能布局、交通规划与运营计划等设计影响着城市的出行结构从而决定了城市的交通碳排放[3]。同时，城市的空间结构布局规划也决定了一个城市的交通出行结构是否低碳[4]。这些研究表明，高密度的城市发展以及其所提倡的公共交通出行方式或有助于城市减少碳排放，提高城市的能源使用效率。

目前新城的空间形态由相对粗放的土地利用和宽大马路组成，导致更高的汽车拥有率和更长的出行距离，交通出行碳排放增长趋势明显高于中心城区，并不利于城市生态绿色低碳发展[5]。因此，在新城开发中如何平衡低碳、低能耗、适宜绿色与高强度开发之间的关系成为必须讨论的议题。

2.2 生态绿色低碳相关的城市建成环境要素

在城市建成环境的指标体系中，目前中国城市绿化评价与发展管控主要关注绿地率、绿化覆盖率和人均公园绿地面积等传统指标。在相关学科研究中针对高密度城市，张灵珠等人提出对于城市开放空间的评价，从人本视角出发应关注开放空间的步行可达性以及使用公平性[6]。李文竹通过对国内外生态城市案例进行对比，归纳总结生态城市的评价指标要素，包括用地、交通、公共设施、生态、资源、经济等方面[7]。在低碳减排的评估方面，研究通常选取与城市建成环境相关的指标包括城市用地、交通、绿化、城市规模、公共设施等方面[4，7,8]。在城市间尺度，影响能耗的因素主要有三个方面，城市形态（土地使用特

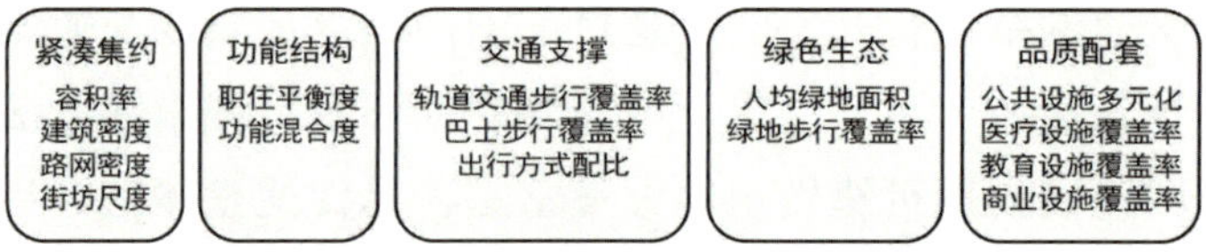

图 2–1　新城高强度地区建成环境评估框架图

来源：作者自绘

征）、交通系统特征（交通网络可达性、便捷性和服务质量）和社会经济因素（个人与家庭的诸多特征）。通过梳理相关文献，本研究将依据现有指标，从五个方面选取共 15 个建成环境指标（图 2–1）构建新城高强度地区的生态绿色低碳品质评估模型。

3　城市案例分析对比

3.1　研究案例筛选及范围确定

为探究新城高密度地区的高强度开发与城市生态绿色低碳建设之间的联系与矛盾，研究根据城市人口密度集及城市碳排放选取与上海数据相似城市发展上有可参考性的案例进行研究。为保证城市的能级与发展程度相似，参考科尔尼 2020 年全球城市指数报告选取城市综合指数排名较前的城市[1]。对比排名前十城市的城市人口密度与交通碳排放（图 3–1），最终选取同为亚洲城市的香港、新加坡、东京三个城市作为对比研究案例。

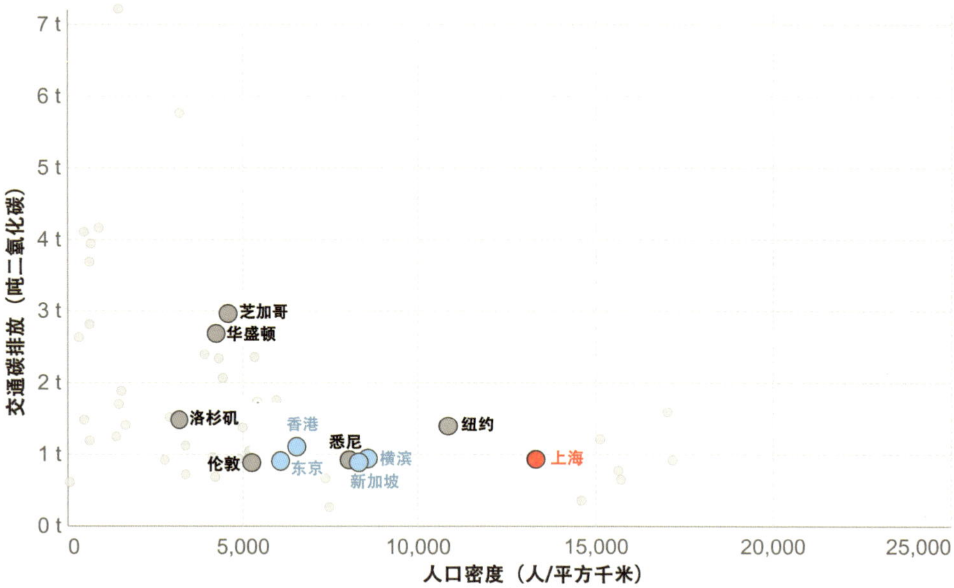

图 3–1　城市人口密度与交通碳排放量（2017）

来源：作者改绘自 https：//www.c40.org/other/gpc–dashboard

1　详见 https：//www.kearney.com/global–cities/2020。

研究具体选取新加坡的榜鹅新城总面积 9.57 平方公里，2019 年常住人口 17.4 万，未来 CBD 裕廊东总面积 17.83 平方公里，常住人口 7.8 万。香港第一代新市镇屯门总面积 9 平方公里，常住人口 27.9 万，在建的未来 CBD 观塘总面积 2.9 平方公里，常住人口 16.2 万。东京首都副都心上野浅草（总面积 10.1 平方公里，常住人口 19.8 万）、卧城多摩新城（总面积 21 平方公里，常住人口 14.7 万）和东京都市圈业务核横滨市西区（总面积 2.72 平方公里，常住人口 9.9 万）（图 3–2）。

研究的主要研究区域为高强度开发地区，根据过往研究中对新城型 TOD 影响范围的界定，新城型 TOD 的核心区域半径通常为 600 米，直接影响区半径为 1000 米[8]。参考新城 TOD 开发的半径划分以及实际案例的高强度开发范围，本研究将案例的研究范围划定在以枢纽站点为中心的半径 1000 米范围内（图 3–3）。

图 3–2　研究案例范围及位置

来源：作者自绘

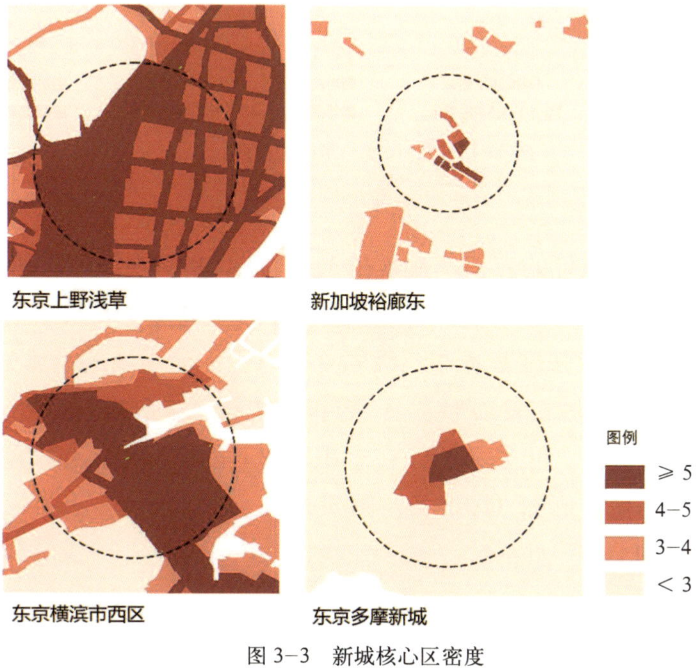

图 3–3　新城核心区密度

来源：作者自绘

3.2 研究案例建成环境评估

3.2.1 城市集约

从宜步行角度进行评价，城市街坊面积在 5000 平方米时最适宜人行，街坊面积为 10000—40000 平方米时，也较为适合人行，而 40000 平方米以上的城市街坊过大，不利于人行[9]。东京及香港的案例街坊尺度基本在 40000 平方米以下，较为适合步行。而新加坡的榜鹅和裕廊东平均街坊面积较大。街坊尺度大小也间接影响路网密度，街坊面积较小的片区步行路网密度也较小，即城市可步行的道路较多，有利于提高步行出行率（图 3–4）。

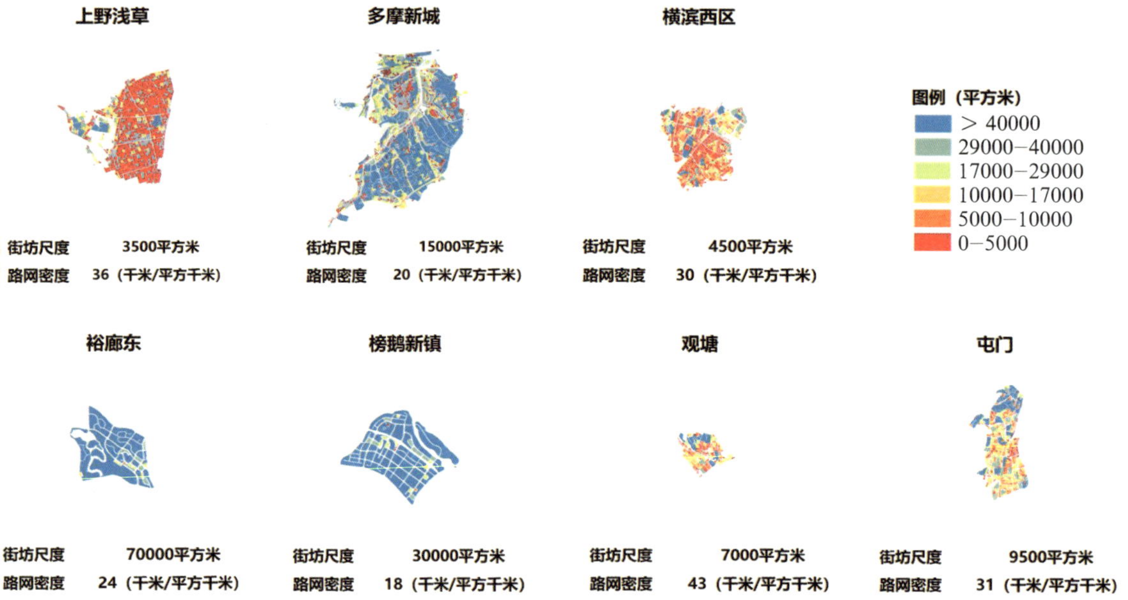

图 3–4　街坊尺度与路网密度图

来源：作者自绘

研究案例中除多摩新城以外的容积率基本在 3.0 左右，其中观塘中心的容积率达到 5。对比上海市 2020 年发布的《关于加强容积率管理全面推进土地资源高质量利用的实施细则》（表 3–1），研究案例的开发强度基本在三级强度区以上，而观塘的总体强度已经达到特定强度的最高等级。在整体的城市发展形态上，容积率较高的城市相应的建筑密度也较高，属于高强度高密度的匀质形态。但是裕廊东在容积率 3.0 的情况下，建筑密度仅为 18% 体现出一种高强度低密度的城市形态（图 3–5、图 3–6）。

表 3–1　　新城开发强度指标表

用地性质	开发强度（区）	1 级强度	2 级强度	3 级强度	4 级强度	5 级强度
住宅组团用地	基本强度	≤ 1.2	1.2—1.6（含 1.6）	1.6—2.0（含 2.0）	2.0—2.5（不含 2.5）	2.5
	特定强度	—	—	≤ 2.5	≤ 3.0	＞ 3.0
商业服务业用地和商务办公用地	基本强度	1.0—2.0（含 2.0）	2.0—2.5（含 2.5）	2.5—3.0（含 3.0）	3.0—3.5（含 3.5）	3.5—4.0（含 4.0）
	特定强度	–	–	≤ 4.0	≤ 5.0	＞ 5.0

来源：上海市《关于加强容积率管理全面推进土地资源高质量利用的实施细则》

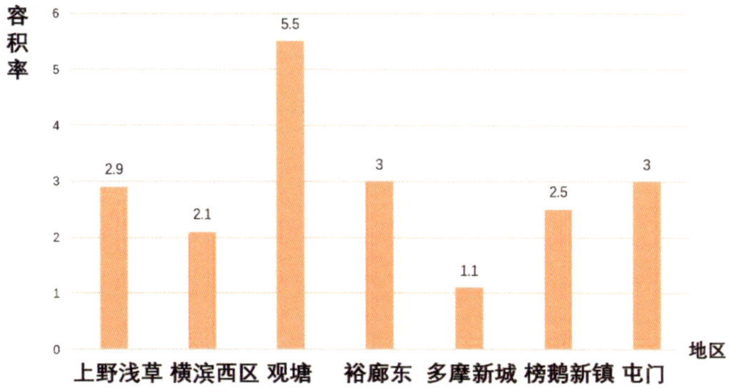

图 3–5　容积率（毛）

来源：作者自绘

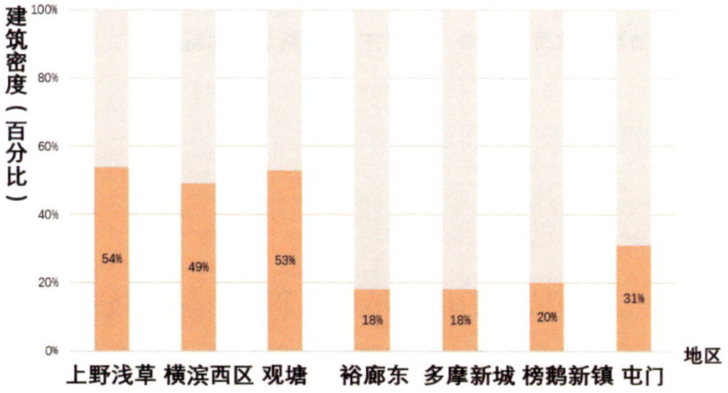

图 3–6　城市建筑密度

来源：作者自绘

3.2.2　功能混合

在居住人口与就业人口的配比上，以商业办公为主要功能的城市副中心或 CBD 呈现出就业人口远多于居住人口的现象，而以居住功能为主的多摩、榜鹅和屯门则体现出居民人口占多。裕廊东由于发展尚未成熟，因此暂时也处于居住人口多于工作人口。但从总体上可以看出，新城开发若以城市核心区进行定位，则职住比需设定在 1.5 或以上，而以居住为核心的区域则可以考虑设定比例在 1 或以下（图 3–7）。

城市功能多元化指数主要体现了研究区域内城市功能种类的丰富度以及数量的均衡。研究选取了包括商业、娱乐、公共服务等一系列总共 121 种设施进行统计，利用熵指数进行满分为 100 分的评分。从结果可以看出，除了发展尚未成熟的裕廊东，其余案例的城市功能评分均在 60 以上，意味着新城核心区的功能多样性及数量要求较高（图 3–8）。

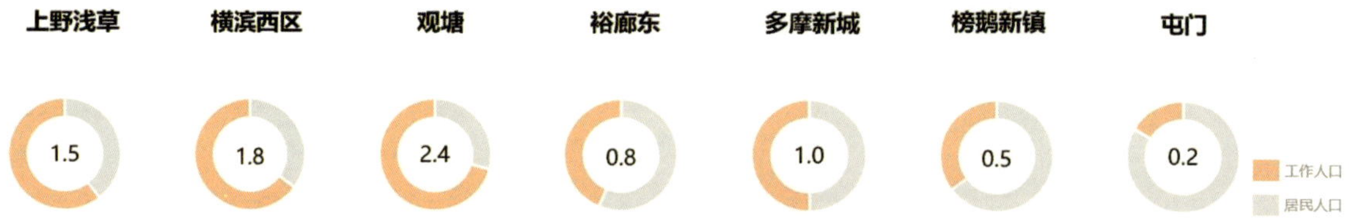

图 3–7　城市职住平衡分布

来源：作者自绘

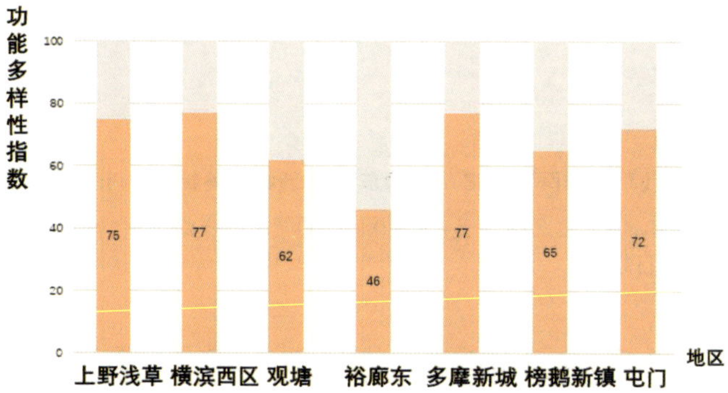

图 3–8　城市功能多元化指数（N=121）

来源：作者自绘

3.2.3　交通支撑

为精确探究城市轨道站点在新城中的供给情况，研究以城市轨道交通站点为起点，测算沿步行路网行走 500 米所覆盖的步行路网长度占总步行路网长度的百分比作为覆盖率的计算指标。根据结果，除尚处于建设状态的裕廊东以及居住为主的多摩新城以外，其余新城的轨道交通覆盖率达到 30% 或以上（图 3–9）。

对各地区轨道交通线路平均站距进行统计（表 3–2），地铁的平均站距在 1—2 公里之间，其中站距较大的多摩、榜鹅、屯门内部另外设有站距较小的轻轨或电车。

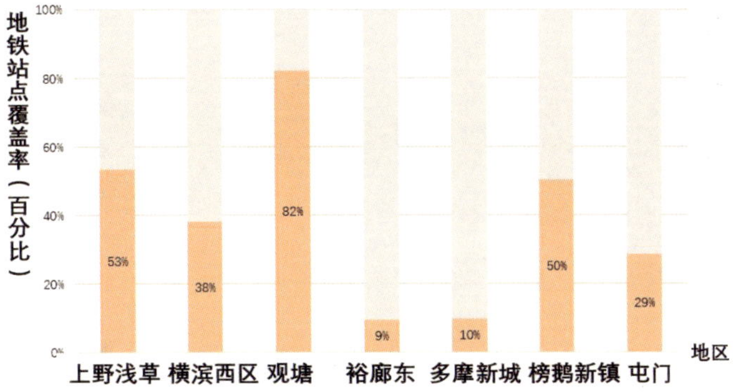

图 3-9　城市轨道交通站点覆盖率

来源：作者自绘

表 3-2　　轨道交通线路平均站距

平均站距（公里）	上野浅草	横滨西区	观塘	裕廊东	多摩新城	榜鹅新镇	屯门
高铁	29	—	—	—	—	—	—
地铁	0.8	1.0	1.0	1.6	1.6	1.5	2.0
轻轨 / 电车	—	—	—	—	0.8	0.7	0.5

来源：作者自绘

利用与轨道交通站点同样的测算方式，对案例的公交站点步行 400 米（5 分钟）范围的覆盖率进行统计（图 3-10），可以看出所有案例的公交站点覆盖率都高于 70%。

在居民的出行方式统计中，所有城市采用公共交通及非机动车出行的比例均超过 80%，其中东京和香港采用轨道交通出行的比例均在 30% 以上[10-12]（图 3-11）。在 2021 年上海五个新城分别发布的“十四五”规划建设行动方案所提出的对综合交通的指标要求，公共交通占机动化出行比例要求超过 50%，与研究案例对比发现这一比例在高强度开发的地区仍有提高的空间。

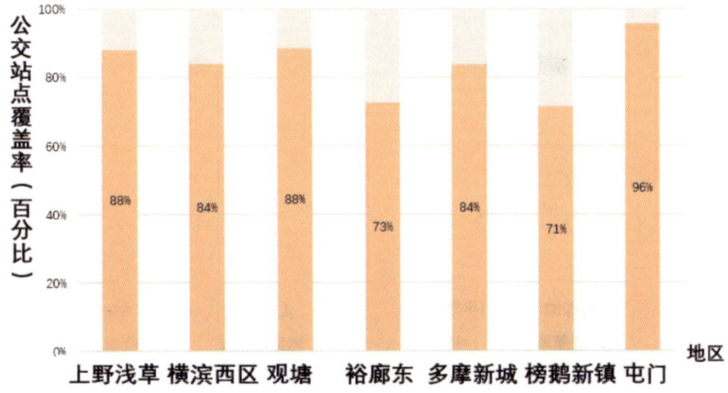

图 3-10　公交站点覆盖率

来源：作者自绘

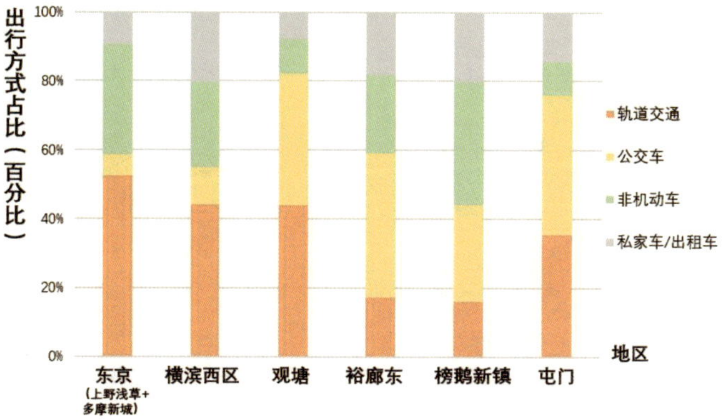

图 3-11　居民出行方式配比

来源：作者自绘

3.2.4　绿色生态

不同地区的人均绿地面积差别较大，香港一直都存在人均绿地面积较少的问题，而观塘作为产业及人口密集的地区，人均绿地面积仅有 0.5 平方米 / 人。上海五个新城的“十四五”规划建设行动方案的规划建设指标中对人均绿地面积要求为 13 平方米 / 人，基本与多摩、裕廊东以及榜鹅的指标相近。但是参考城市副中心级别的上野浅草以及横滨西区人均绿地仅 13 平方米 / 人，因此考虑新城核心区域的人均绿地指标或许有降低的余地（图 3-12）。

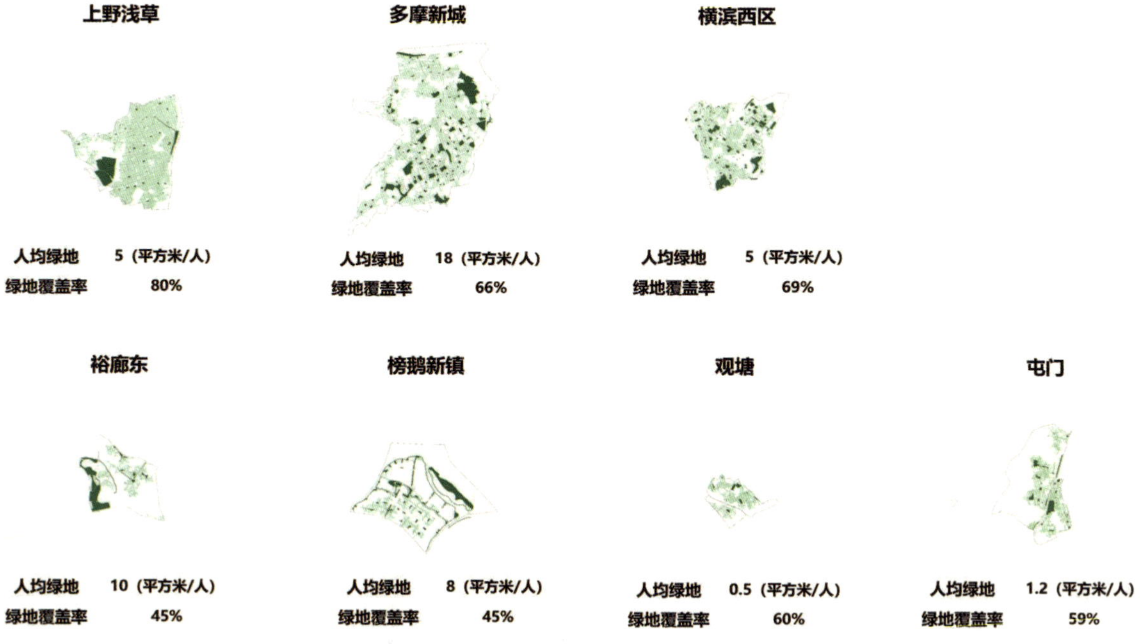

图 3-12　人均绿地及绿地可达覆盖率

来源：作者自绘

以绿地中心为起点，计算沿步行路网行走 400 米（5 分钟）所覆盖的步行路网长度占总步行路网长度的百分比作为绿地覆盖率指标。东京及香港的绿地覆盖率平均在 60% 以上，新加坡仅有 45%，也就意味着东京和香港的绿地人均面积虽然不及新加坡，但是城市绿地相对更加可达，便于居民使用。而在目前的上海五个新城的规划指标中，并没有对这方面进行要求。

3.2.5 品质配套

在城市的配套设施方面，对城市公共活动设施、医疗服务设施、教育设施等共 38 项设施进行统计，并用熵指数展现设施的多元化程度，以满分 100 分进行打分。从图 3–13 的统计看出，城市公共设施多元化指数基本在 60 以上，且各城市之间的差距不大。

根据《上海市 15 分钟社区生活圈规划导则》建议，医疗服务设施的步行可达距离在 800—1000 米左右，教育设施在步行 200—300 米范围内，而菜市场、超市、便利店等零售商业设施的步行可达范围在 500 米之内。因此以 1000 米、300 米、500 米为步行距离对医疗设施、幼儿园和小型商业设施进行步行可达覆盖率统计。从图 3–14 可知，医疗设施基

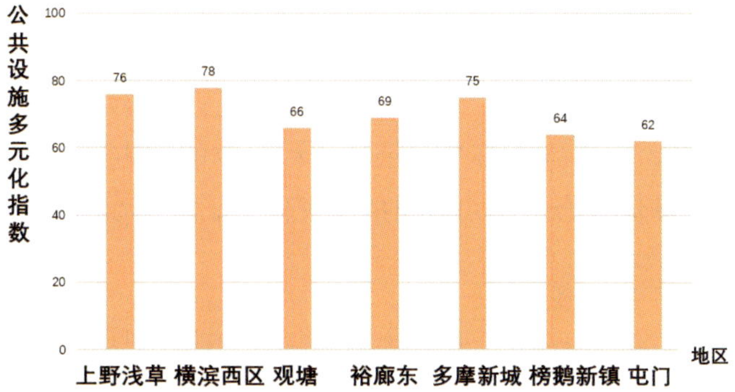

图 3–13 公共设施多元化指数（N=38）

来源：作者自绘

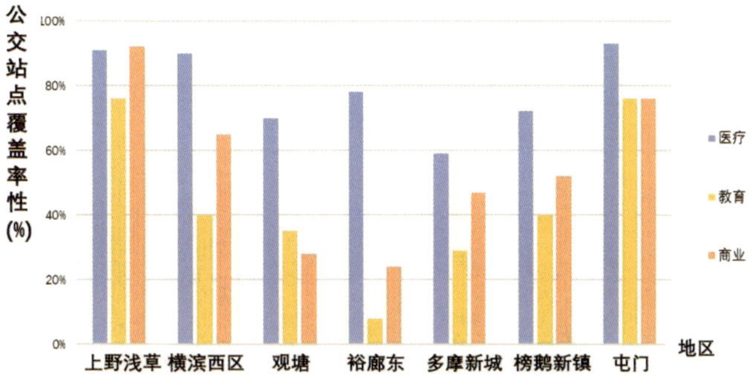

图 3–14 城市医疗教育商业设施覆盖率

来源：作者自绘

本可以达到覆盖率在 70% 左右。教育设施与商业设施的覆盖率差异较大，最好的地区如屯门和上野浅草可以达到接近 80%，而裕廊东由于尚未完全开发仅有 8% 和 24%。目前各新城“十四五”规划建设行动方案对公共服务设施的指标要求以人口数量划分，但是公共服务设施的充分配置不仅需要考虑服务能力也需要考虑可达与便利度。

4 总体评价及问题探究

4.1 总体特征评估

依据整体的评估，7 个研究案例可分为两种发展形态。一种是以城市副中心定位的上野浅草、横滨西区和观塘，这三个地区在五个方面的评价指标中发展较为均衡，其中，城市紧凑集约度的得分较高，这体现出地区呈现高强度开发的特征。生态绿色的评估值则稍低，这说明了高强度开发地区内部偏低绿地率的特征，但有效保证了外围地区更多的生态空间。而另外一种则是偏居住为主的新城包括榜鹅、多摩和屯门。其中，榜鹅和多摩在城市的配套性和平衡度较高，而集约度较低，体现了低密度开发的新城特点。定位为未来 CBD 的裕廊东由于尚未开发完善，目前也呈现与居住式新城相似的特点，与上野浅草、横滨西区和观塘对比，说明裕廊东在城市开发上继续提高城市集约度。最后，屯门的发展模式在以居住为主的新城中较为特殊，屯门拥有较好的集约度和配套性，还有很高的可达性，但是在绿地率上极为欠缺（图 4–1）。

通过案例研究发现，城市副中心与卫星城两种定位的城市区域呈现不同的建成环境发展形态。依据上海五个新城综合性节点城市的发展定位，建议参考城市副中心的发展形态，

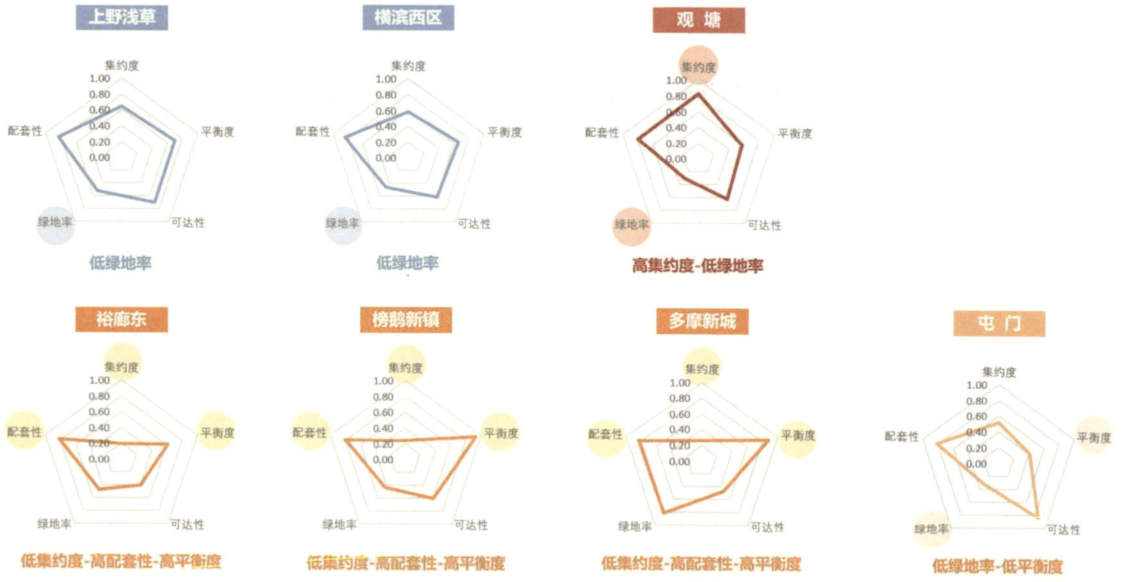

图 4–1 研究案例综合评价图

来源：作者自绘

采取高集约度绿地率稍低的发展模式。同时，未来 CBD 裕廊东案例展现了正在发展中的城市副中心可能会经过一个发展不平衡的过程。

4.2 新城发展特征探究

4.2.1 城市街坊尺度的再考量

根据前文的案例分析可知，城市街坊面积大多符合宜步行的街坊尺度，步行路网密度平均也比各新城“十四五”规划建设行动方案中规定的 10 公里／平方公里高出 2 倍多。从城市交通出行结构分析可以看出，提供适宜步行的城市形态尺度有利于鼓励居民步行，同时激发一系列与步行相关的交通活动，减少机动车的使用。同时，为确保居民的步行权益，道路的通行权利分配也需要进行进一步考量。

4.2.2 城市强度与密度的协调发展

由案例分析得出两种高强度城市形态发展趋势——高强度高密度发展、高强度低密度发展模式。根据研究，城市的建筑高度以及街坊尺度的改变会影响出行的碳排放量[13]。在相同的街坊尺度下，建筑高度沿城市中心梯度下降的模式能够有效减少交通碳排放。而在城市建筑高度相同的情况下，均质的小街坊更能够减少城市碳排放。因此，从低碳减排的角度下，城市的建筑高度、建筑密度以及街坊尺度需进行相互协调。

4.2.3 产业先行，职住均衡的考量

研究案例中城市副中心的职住人口比均在 1.5 以上，其中观塘的职住比达到了 2.4。从城市的发展历程看，观塘原本是工业区正在经历城市更新转型，横滨在建设初期便注重产业的引入，通过就业人口吸引居住人口。对比《绿色生态城区评价标准》（表 4–1），五个新城中心由于规划上与观塘及横滨相似，因此在指定职住平衡指标时，不能再以 1 ： 1 的平衡标准考量，应适当提升就业人口容量。

表 4–1　　职住平衡评分规则

新开发城区（就业 – 住宅比）	更新城区（就业 – 住宅比）	分值
0.5 ≤ JHB < 0.8 或 1.2 < JHB ≤ 5	0.5 ≤ JHB < 1 或 2 < JHB ≤ 5	3
0.8 ≤ JHB ≤ 1.2	1 ≤ JHB ≤ 2	5

来源：《绿色生态城区评价标准》

4.2.4 高密度城市绿地的需求转变

在有限的绿地容量中，需要提高绿地的便捷性和可达性以达到高效使用。因此除了对

人均绿地面积以及绿地面积占总城市开发面积比例的指标进行统计，还需要考虑城市绿地的步行覆盖率。在城市碳汇的计算当中，蓝绿空间占比和乔灌木占比是影响碳排放的两大核心指标。而城市绿地空间除满足碳汇需求，更重要的是成为居民生活使用空间。因此，为保证新城的城市绿地空间的使用有效性，对于城市绿地中的道路绿化这类无法提供活动的用地，需有节制地做高质量的林荫道。

4.2.5 公共交通网络多层级供给与覆盖

研究案例中均以城市轨道交通为主要交通进行对外交通，其中上野浅草设有高铁站。而在对内交通中，公交站点对城市内部的覆盖率基本达到 70% 以上，形成对外对内两套公共交通系统。在多摩、榜鹅和屯门还在内部设有轻轨环线，形成地铁 + 轻轨 + 公交的多层级公共交通网络。

4.2.6 城市核心区公共服务设施多元化供给

在对研究案例的城市功能以及公共服务设施多样性评估中，7 个案例都体现城市核心区功能多样的特点。针对城市核心区特别是以城市轨道站点位核心的地区由于受如“轨道 + 物业”的开发模式激发，会聚集多样的城市功能。在这样密集的城市功能地带，需要同样保证公共服务设施的多元化供给。

5 新城开发模式与策略研究

5.1 新城开发模式——紧凑模式与常规模式

《上海市新城规划建设导则》中提出新城的未来规划人口为 1.2 万人 / 平方公里，新城中心商办就业密度不低于 8 万人 / 平方公里。结合案例分析，新城高强度地区应在此基础上提出更紧凑的开发模式。若按照居住人口密度 1.5 万人 / 平方公里，商办就业密度 13 万人 / 平方公里估算的容积率为 2.5 的常规新城开发模式。在紧凑的开发模式中，相同的城市人口容量所需的城市开发用地较常规模式可以减少 30% 以上，城市容积率达到 3.2（图 5–1）。

5.2 新城高强度地区开发总体策略

紧凑开发是从规划角度对城市生态绿色低碳发展倡导的一个总体应对理念（图 5–2）。针对目前上海五个新城的现状，本研究将提出新城核心区高强度开发的 9 项规划设计策略以及 4 项规划管理策略。

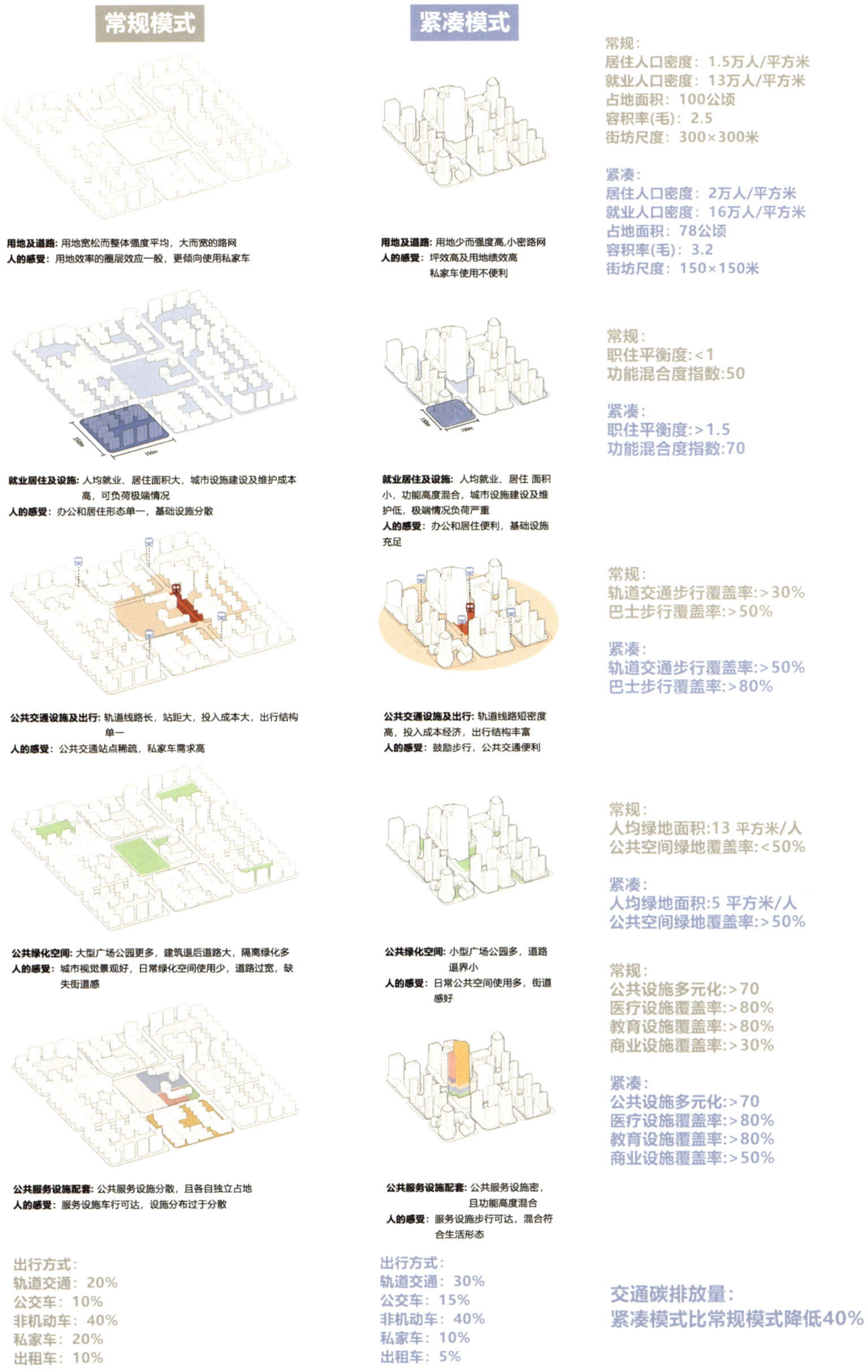

图 5-1　新城开发常规模式与紧凑模式对比

来源：作者自绘

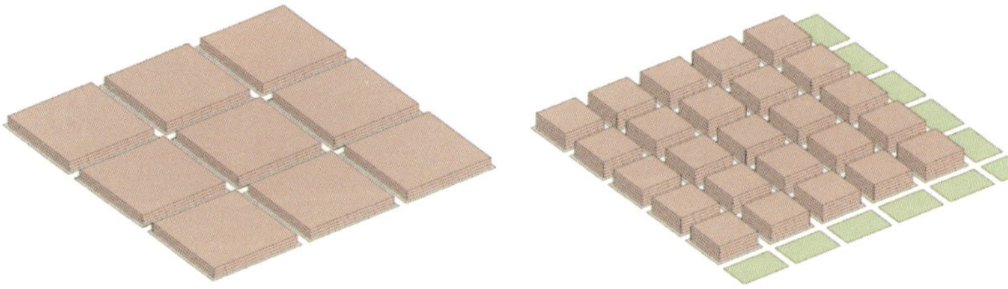

图 5–2　常规开发与紧凑开发模式的容量对比
来源：作者自绘

5.2.1　规划设计策略

（1）高密度开发区按梯度进行强度分区

为保持新城高强度开发的有效性，避免造成“空城”现象，新城的高强度开发需要规划在一定的范围之内。一方面，参考东京、横滨、多摩的强度开发模型（图 5–3），高强度开发区域通常在容积率 2.5 以上，呈点状分布，每一个地区范围维持在半径 1500 米左右。另一方面，新城的强度开发呈现一定的梯度分布，如多摩地区的容积率模型呈现的同心圆模式，容积率 5.0 以上的地区主要为轨道交通站附近 500 米之内，在外围的圈层容积率在 2.5—5.0 左右，其余城市区域的容积率在 2.5 以下。

同时，在明确不同片区的强度、密度数值过程中，应以梯度的方式进行灵活规划，确保新城核心区的开发价值不流失的同时减少新城不必要的城市开发。例如以轨道交通站点为核心的高强度开发区可进行两个级别的强度开发（图 5–4），以居民的步行能力作为界

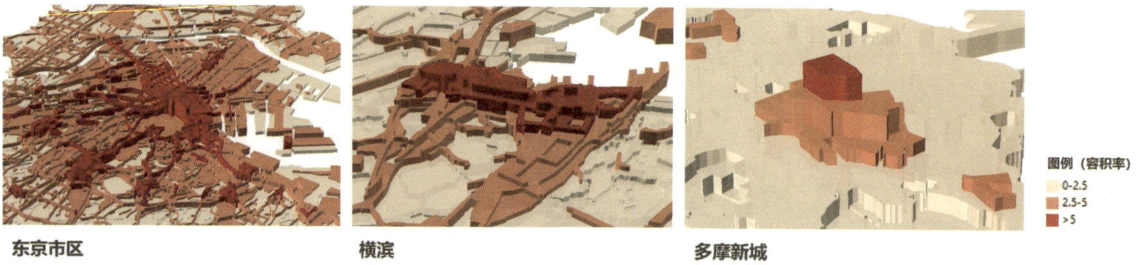

图 5–3　东京城市开发强度（容积率）
来源：作者自绘

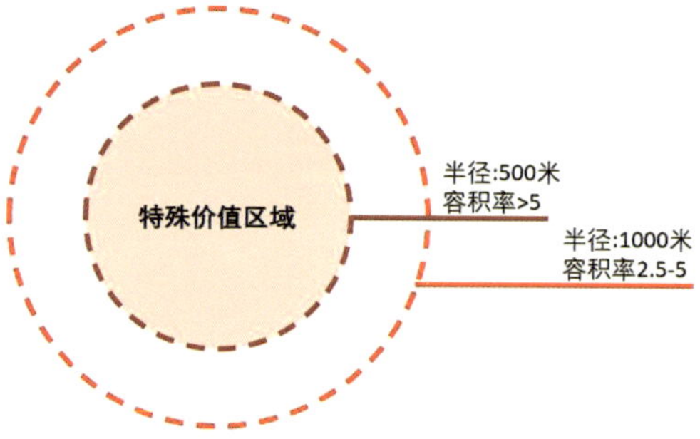

图 5–4　新城强度开发梯度模型
来源：作者自绘

定依据，轨道交通站点为圆心步行 5 分钟内可达的区域（半径 500—600 米范围内）规划为高密度特殊价值区域，容积率可设定在 5.0 或以上。而在轨道交通站点步行 10 分钟可达的区域（半径 1000 米范围内），随着步行距离变长土地的开发价值也会有所降低，因此这一区间内的土地整体容积率建议在 2.5—5.0。对于区间内不同用地属性的地块，宜在高强度核心区以外的土地实行 2.5 以下的容积率开发。若区域内有轨道交通站点，应考虑交通站点所附带的开发价值，考虑站点周围及沿线的密度强度提高，形成常规同心圆模式的变体。

（2）步行优先，设置路权优先级、服务水平级并优化慢行环境

在城市交通结构设置上，提倡以步行出行优先。目前的大城市发展中，为提高城市出行效率，营造更好的城市环境，许多城市开始注重出行结构的调整。例如巴黎提出的 15 分钟城市倡议，期望通过改造城市街道布局、提供更适宜步行和自行车出行的环境，以减少私家车的使用。在新城建设的过程中，为确保核心区的高效运转以及环保低碳，应在街道规划过程中进行路权设置，将步行、自行车出行列为优先级，并且在街道设计过程中，提供适宜步行的慢行环境。特别是对于五个新城内已建成的老城区如嘉定、青浦，应着力于打造老城核心区成为宜步行街区，减少公共交通出行成本。对于有丰富蓝绿资源的地带更应结合自然环境着重打造环境优美的慢行网络。同时依据城市宜步行街坊尺度数据 [9]，建议新城高强度开发区域的街坊尺度在 150 米 ×150 米左右。

（3）轨道交通供给优先，保证核心区内轨道交通站点步行可达覆盖率

将高密度的人群和城市功能布局于轨道站点，能够提升公共交通出行比例，降低交通出行碳排放 [14]。因此在新城的核心区内，首先，需确保轨道交通的供给优先，形成“步行 + 地铁 + 步行”的出行方式。在新城核心区的交通网络规划中，应以步行 5 分钟内到达轨道交通站为标准规划足够的轨道交通站点。其次，为鼓励步行，可在规模较大的轨道交通或铁路站点处设置汽车禁行区域，如荷兰乌德勒支火车站对于自行车、行人、汽车、公共交通的路网规划中，自行车、行人及公共交通可以直接到达站点内，而汽车则需要停靠在车站周围街区的停车场内再步行到达车站（图 5-5）。在五个新城中，如松江新城、嘉定新城以及南汇新城等都拥有大型的铁路站点，乌德勒支火车站的交通规划方案对新城的大型铁路站点具有借鉴意义。

（4）通勤车站区高强度（上盖）开发，优先布局公共服务设施

在轨道交通区的高强度开发策略中，如何应对轨道交通区域的开发需求，目前在世界范围内施行最为直接有效的措施就是进行轨道站点的上盖开发。以开发经验最为丰富的香港为例，香港轨道站点上盖开发包含商业、停车、居住、其他公共交通换乘以及其他公共服务设施等一系列功能，站点街区的容积率均在 5.0 以上，位于城市中心的香港站和九龙站容积率甚至达到 7.0 以上（图 5-6）。

（5）城市用地整合开发，功能高度混合，提高坪效

高强度的城市开发，除了从建筑层面提高街坊的容积率以外，还需要从城市用地规划

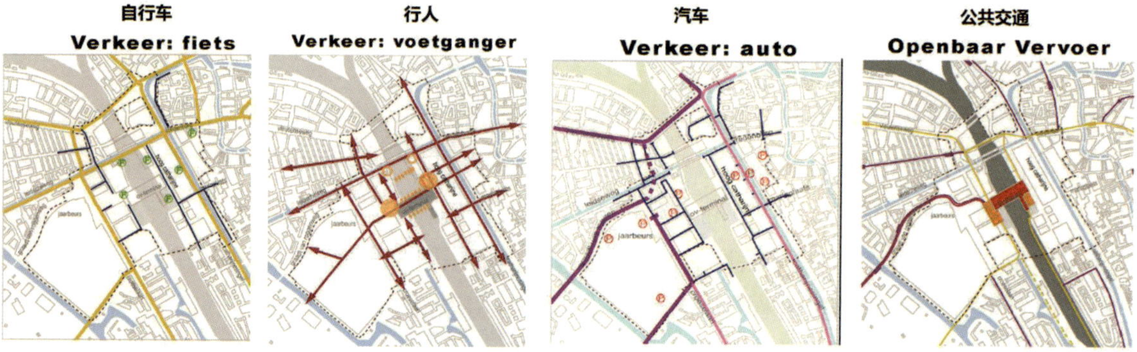

图 5-5　荷兰乌德勒支火车站的交通方案
来源：作者改绘自乌德勒支中央站地区城市更新项目[15]

	地盘面积（公顷）	总面积（平方公里）	容积率
香港站	5.71	0.42	7
九龙站	13.54	1.09	8
奥运站	16.02	0.67	4
青衣站	5.40	0.29	5
东涌站	21.70	1.03	5

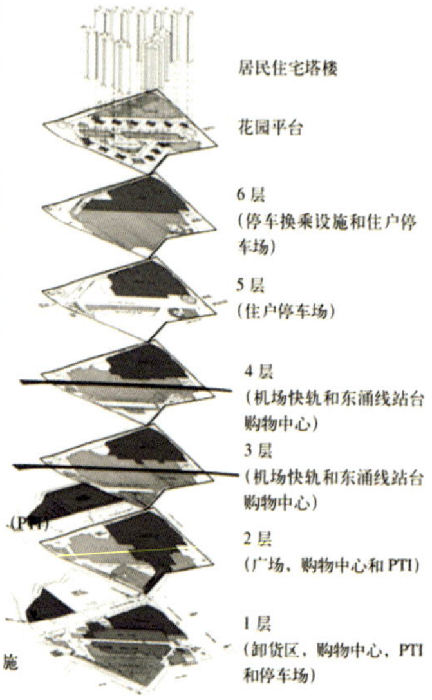

图 5-6　香港轨道上盖综合开发
来源：作者改绘自相关资料[16, 17]

上进行功能整合。目前的城市规划在划分用地时，倾向进行单一功能的用地划分，城市中一些容量需求较低的公共服务设施，如变电站、垃圾处理站、公共交通站点等设施若占据独立用地会大幅度降低城市的强度和用地坪效。因此在规划阶段宜将一些公共设施用地进行整合规划。

为提高整合效率，除了对公共设施进行整合以外，对城市基础设施进行整合开发也能够大幅减少城市用地。如日本的涩谷站区就进行了不同交通工具的立体化整合，车站 2 层为高铁区域，3 层为公交巴士站区，4 层是出租车与私家车的停靠区域。立体化的整合方式同时可以考虑进行城市地下空间开发，避免造成地面建筑过高过密而影响城市微环境。

（6）城市道路、轨道站点等基础设施立体化整合

城市用地整合开发中，为提高整合效率，除了对公共设施进行整合以外，对城市基础设施进行整合开发也能够大幅减少城市用地。如东京的涩谷站区、香港的九龙地铁站就进

行了不同交通工具的立体化整合。立体化的整合方式同时可以考虑进行城市地下空间开发，避免造成地面建筑过高过密而影响城市微环境。

（7）小型公共空间有机密集嵌入城市

在用地紧凑的高密城市中，为保证城市拥有足够的绿地空间，大多采用口袋公园的绿地设计理念，即在城市建筑的间隙以及不规则空间设立小面积的绿地空间让周围居民能够便捷地享用城市绿地。小面积的公共空间还能成为城市的集水蓄水空间，满足海绵城市发展需求。因此在新城的规划中，建议减少设置大面积的城市绿地，多利用城市的间隙空间，规划大量密集的小型绿地空间嵌入城市，让居民在步行可达的范围内便捷使用城市绿地。同时应注重公共空间的使用有效性，确保公共空间内部设计满足居民需求。

（8）公共服务及活动设施开放共享

在高强度开发的城市内，为保证核心区内的公共服务及活动设施的充足供应，并且减少资源浪费，提倡城市内社区及学校进行公共服务及活动设施的开放共享。通过城市规划在精细化管理过程中制定可行的分时段管理政策，将属于部分机构的设施在有限时间内开放供大众使用，以提高设施的使用率同时减少重复建设。如日本的中小学体育运动设施基本面向社会开放，在文部省 1990 年的调查显示，日本全国 99% 中小学的体育运动设施已对外开放，其中 80% 的体育场馆、运动场以及 40% 的游泳池和 30% 的室外网球场对外开放。而在国内，2017 年教育部、国家体育总局发布的《关于推进学校体育场馆向社会开放的实施意见》中提出学校体育场馆向学生和社会开放的具体措施。考虑新城的公共服务及基础活动设施在建设过程中可能出现短缺过程，建议如松江大学城等拥有丰富的运动场馆资源的高校及中小学校，考虑有限度地向公众开放，以减少核心区内对于公共服务及活动设施的规划需求及建设压力。

（9）进行综合能源专项规划，最大化可再生能源的占比

高强度高密度开发的城区，其能源消费的强度一般也较高。近年来，国家持续推进煤炭增优减劣，积极推进油气增储上产和清洁能源消纳，提倡发展可再生能源。五个新城的规划建设也应以促进能源结构优化、提高能效为前提，减少传统煤炭的消耗，最大限度利用清洁能源，提高可再生能源占比。

此外，新城的建设也应当慎重思考城区与能源系统的关系，对城区进行高密度、高强度、功能混合型规划开发。针对城区开发的规模、业态从能源的产生侧、输配侧、消费侧等几个方面进行不同能源种类的综合利用规划，切实可行地在新城落地综合能源系统，缓和负荷时空差异，稳定热电比，实现多元用户互补。

5.2.2 规划管理策略（高密区）

（1）探索土地供给整合机制，避免土地单一类型规划

为保证城市空间集约开发，土地利用高效，在城市建设初期的用地规划过程中，应探

索土地用地的整合开发机制。例如新加坡在城市用地规划上有不同功能混合的开发用地，以及为未来开发预留尚未有任何规划的“白地”（图 5–7）。

（2）提供容积率奖励及容积率银行政策

在城市开发过程中，采用容积率奖励及容积率银行政策以平衡城市空间权，并利用激励机制充分调用市场资源，平衡各方产权及利益关系，提高城市资源配置效率。例如东京在进行轨道交通站点开发时，在保护原有建筑的同时可以获得一定程度的容积率奖励，以刺激新建项目的投资与开发（图 5–8）。

（3）鼓励联合体开发，提供分层空间权政策

另一种提高城市资源配置的政策是鼓励联合体开发，在建筑体量过大无法由单一开发商进行开发的情况下，采取联合开发能够最大化开发效益。在更细化的层面上，对于一栋建筑内考虑提供分层空间全政策，如深圳地铁在开发过程中就提出由地铁公司牵头建设，地铁上盖建筑的不同楼层交由不同的开发商进行开发，在减少地铁公司开发建设压力的同时使轨道交通站点的土地价值得到最大化利用（图 5–9）。

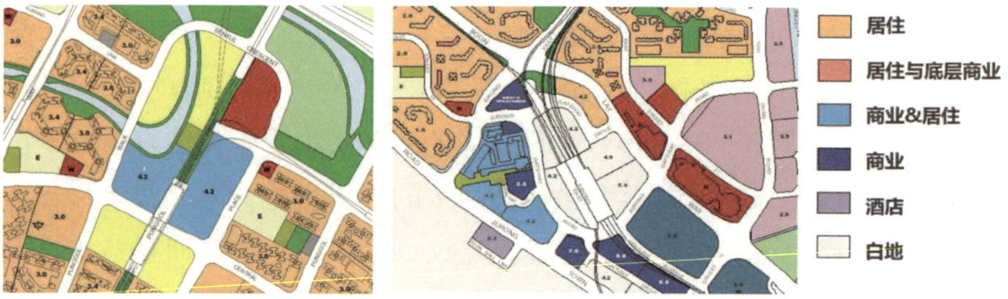

图 5–7　新加坡城市用地规划图

来源：作者改绘自新加坡总体规划 [18]

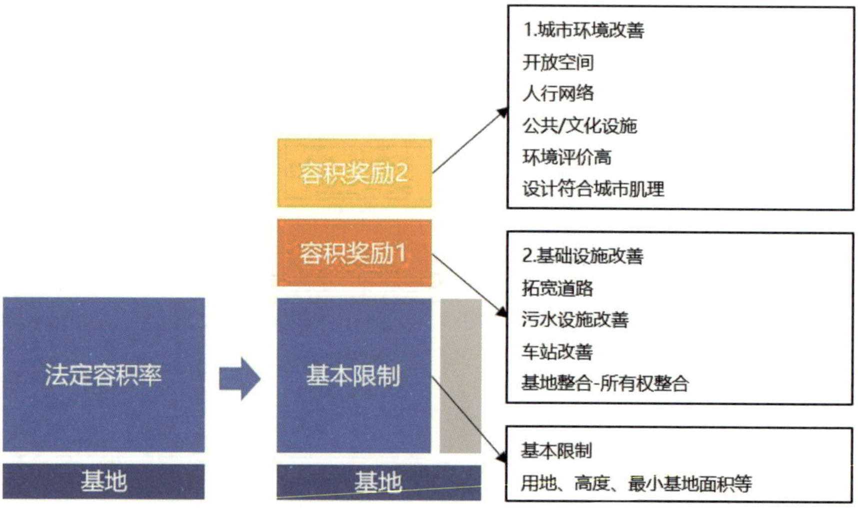

图 5–8　东京轨道站点开发容积率奖励政策

来源：陆钟骁．东京的城市更新与站城一体化开发 [J]．建筑实践，2019(03)：42–47．

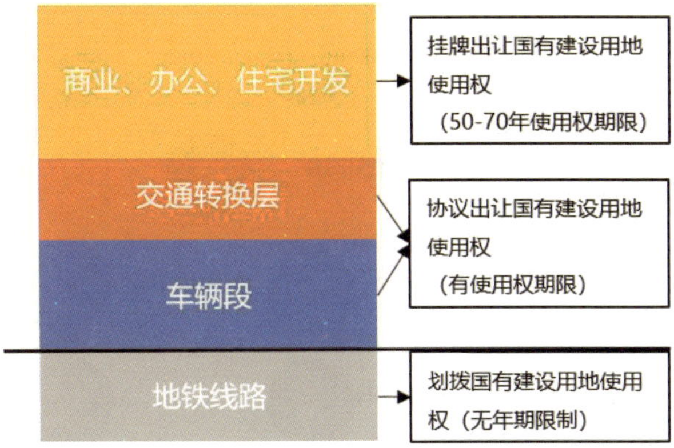

图 5–9 深圳地铁上盖分层开发示意图

来源：薛露露，方琬丽．中国城市轨道加物业开发的本土化实践：深圳的启示 [R]．北京：世界资源研究所，2015．

（4）轨道站点区域提供“轨道 + 物业”的开发模式政策

在整体的轨道站点地区开发上，为减少地铁等基础建设的投资压力，最大化地铁站域的土地利用价值，国内外城市已进行许多不同开发模式的探索。如香港的“轨道 + 物业”的开发模式。目前内地城市如深圳、广州也在参考这种模式进行站点开发。由于新城的核心区域大多以轨道交通为中心，在新城轨道站点周边还有许多可以开发利用的空地，因此在新城的轨道站点区域开发中，建议与地铁公司协商提供轨道与周边土地共同开发的模式，不仅能确保地铁运营拥有持续盈利形成可持续开发，同时也能确保轨道交通上盖的高强度开发，最大化地发挥土地价值。

5.3 五个新城高强度地区开发建议

5.3.1 高强度开发选址规划建议

本文通过全球案例分析与评估提出新城高强度地区的紧凑开发模式，为确保生态绿色低碳的发展目标，新城开发建议以城市轨道交通为基础进行紧凑高密度规划。目前五个新城轨道交通通勤状况如图 5–10 所示，新城在利用城市轨道交通与主城区实现 1 小时通勤外，与上海周边的城市如昆山、嘉兴，重要的交通枢纽等也可实现市域铁路 1 小时通勤，2 小时内可达苏州杭州等重要城市。

（1）嘉定新城高强度开发地区

嘉定新城总体空间结构规划由两个轴组成，一个是以安亭轨道枢纽为核心的沪宁发展轴，另一个是以嘉定老城区为核心的沿江发展轴（图 5–11）。嘉定新城核心区位于沿江发展轴，北面为嘉定老城区，有轨道交通 11 号线贯穿南北，片区拥有良好的城市基础配套。但依据用地现状图，嘉定老城区及周边以及地铁 11 号沿线周边地区基本建成，且多为居住用地，适宜进行高强度开发的区域较少。

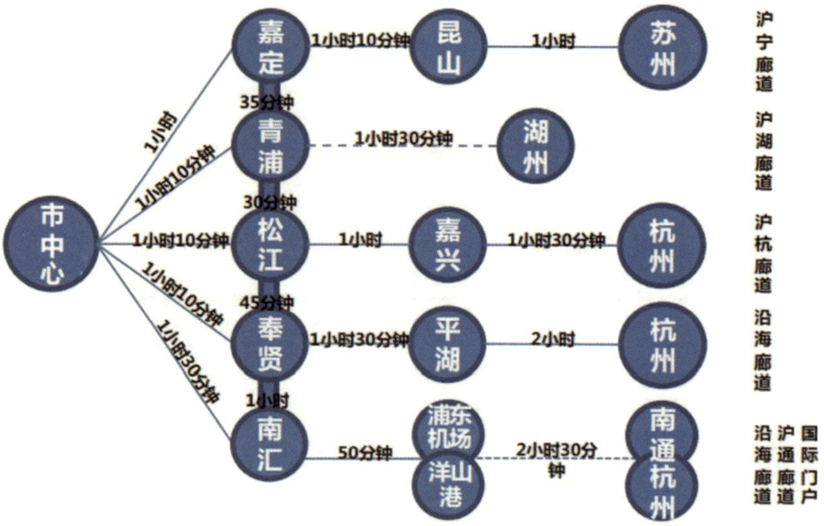

图 5-10　五个新城通勤时间示意图

来源：《2020 长三角城市跨城通勤年度报告》

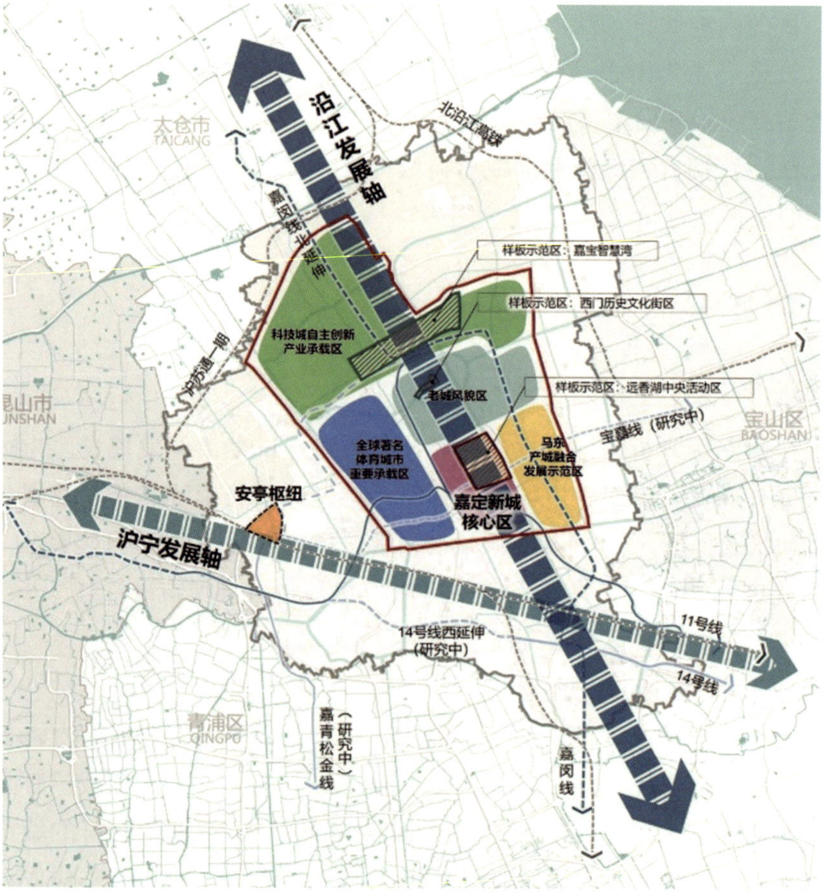

图 5-11　嘉定新城空间结构图

来源：《嘉定新城“十四五”规划建设行动方案》

图 5–12 嘉定新城高强度开发建议区位与用地现状

来源：作者根据《嘉定新城“十四五”规划建设行动方案》绘制

选址建议：依据开发策略，高强度地区建议选择邻近轨道交通站点的地块。建议选择嘉定新城站与沪嘉高速之间地块进行高强度开发。地块紧邻远香湖可为高强度地区提供充足的绿地资源（图 5–12）。

规划建议：由于远香湖片区内部没有轨道交通线路或市域铁路线路，虽邻近嘉定新城站，但出行时间较长，因此在对内对外交通中仍需要依靠公交与机动车，容易导致交通出行效率低下及城市碳排放量过高。在进行新城开发过程中，考虑增设连接嘉定老城区及轨道交通 11 号线的内部轻轨环线或者在现有轨道交通线路规划上增设延长线，有利于提高高强度地区的出行效率改善出行结构，同时提升地块的吸引力与价值。

（2）松江新城高强度开发地区

依据松江新城的空间结构规划，新城由两个核心功能区组成，分别是以松江新城站为核心的双城融合核心区和以松江南站为核心的枢纽核心区（图 5–13）。目前，双城融合核心功能区已基本建设成熟，公共服务配套设施完善，且核心区内轨道交通站点周边基本为住宅与行政用地，与高强度开发需求不符。

选址建议：依据用地现状，结合未来规划，建议划定松江大学城站东部，广富林路与梅家浜路之间的用地作为高强度开发地区。

松江南站核心区，对外有沪杭高铁线连接至杭州，对内松江南站点为地铁 9 号线终点站，具有优质的交通资源，且周边可开发用地充足。建议在松江南站枢纽核心区中以松江南站为圆心的 800 米范围内规划高强度开发区（图 5–14）。

规划建议：根据目前规划，松江大学城站点东部地块用地性质为综合交通枢纽，建议高强度开发区域结合综合交通枢纽用地采取“轨道 + 物业”模式进行综合开发。

对于松江南站地区进行高强度开发需注意高铁站点与城市之间的联系。如图 5–14，松

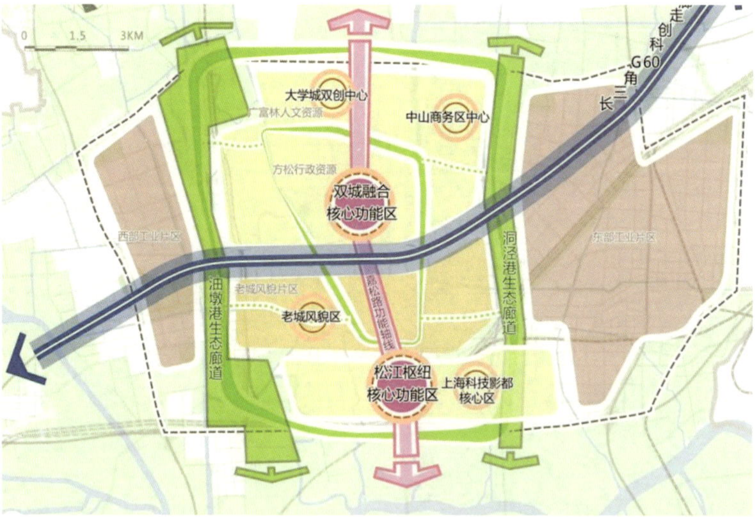

图 5-13　松江新城空间结构图
来源：《松江新城“十四五”规划建设行动方案》

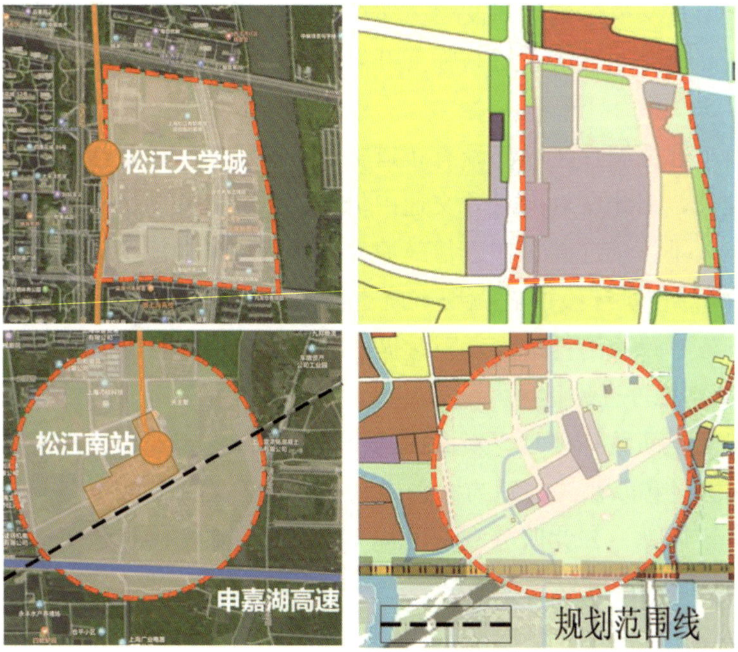

图 5-14　松江新城高强度开发建议区位
来源：作者根据《松江新城“十四五”规划建设行动方案》绘制

江南站南部还有东西向的申嘉湖高速，站点周边土地被铁路与高速路分割。在划定高强度开发片区时，应注意选择不受铁路及高速路割裂影响的地块，同时在城市设计过程中注意解决铁路、高速公路对城市的割裂现象。

（3）青浦新城高强度开发地区建议

青浦新城片区以青浦新城站为核心建立中央商务区（图 5-15）。目前青浦新城站南边基本建成居住小区，站点北边主要为工业用地，站点上盖已有成熟的商业综合体。

选址建议：建议选择青浦新城站北面青安路与华青路之间地块作为核心区高强度开发地区（图 5–16）。

规划建议：由于建议地块在青浦新城站点北部，为加强轨道交通站点与高强度核心开发区域的联系，可以采取地下连廊或地上二层廊道在轨道站点及其上盖物业与高强度开发区内建筑进行衔接，形成对内通过轨道交通与新城内部及主城联系，对外通过高速公路连接附近省市的格局。同时，地块被南北向外青松公路分割，需注重解决宽马路对城市步行可达的影响。

（4）奉贤新城高强度开发地区建议

奉贤新城南北两端都有东西向的市域铁路规划，地铁 5 号线沿新城中部从北向南延伸

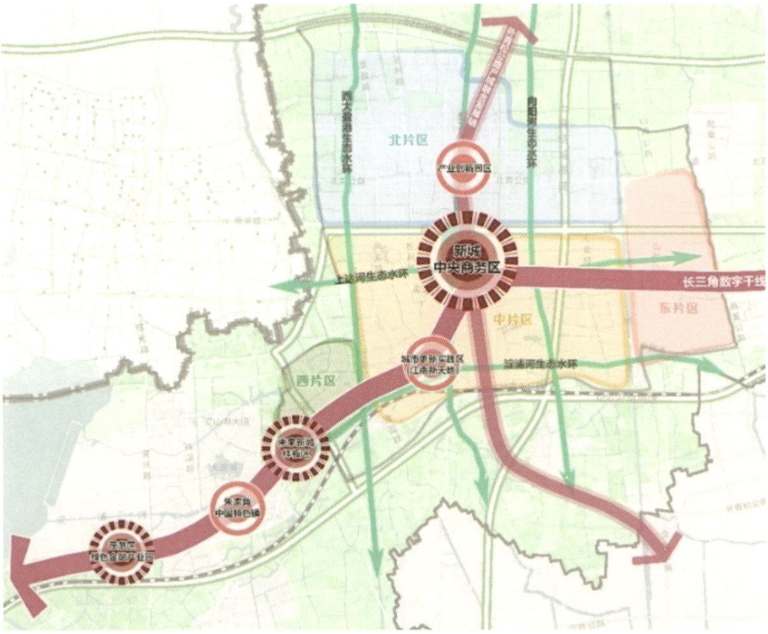

图 5–15　青浦新城空间结构图

来源：《青浦新城“十四五”规划建设行动方案》

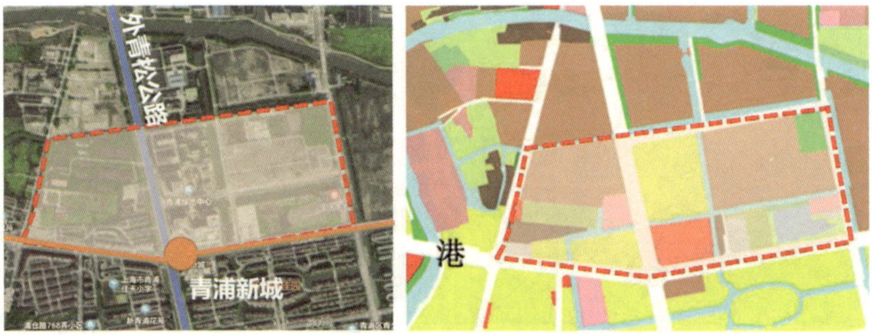

图 5–16　青浦新城高强度开发建议区位

来源：作者根据《青浦新城“十四五”规划建设行动方案》绘制

连接上海主城区与奉贤新城。依据新城空间结构规划，奉贤城市中心位于以上海之鱼为核心的新城中部（图 5–17）。

选址建议：地铁 5 号线金海湖站点东部年丰路与秀竹路之间地块进行高强度开发。该地块紧邻地铁站，可充分利用轨道交通的交通优势迅速吸引人流，提升土地价值。

以望园路站为核心，选取望园路北部地块进行高强度开发。两个地块均拥有轨道交通站点，且紧邻上海之鱼，拥有优质的蓝绿资源（图 5–18）。

规划建议：未来新城南部拟建设研究增设沪乍杭高铁奉贤站，弥补奉贤新城对外铁路服务空白。在此基础上，可考虑建设新城内部轻轨环线加强奉贤站与新城核心区联系，提高新城内部交通效率。而对于尚在研讨阶段的市域铁路奉贤站，建议设站尽量邻近城市中心，郊外设站难以形成与城市中心的互动，提高通勤流量。

（5）南汇新城高强度开发地区建议

目前南汇新城的规划尚未清晰，依据目前的结构规划图，未来新城主要以滴水湖为核心进行沿海发展。在市域轨道与城市轨道交通规划中，未来滴水湖将由两港快线连接浦东机场与虹桥机场，因此滴水湖片区拥有明显的交通区位优势（图 5–19）。

选址建议：依据现状用地图，目前滴水湖周围片区基本建成，建议选择紧邻滴水湖核

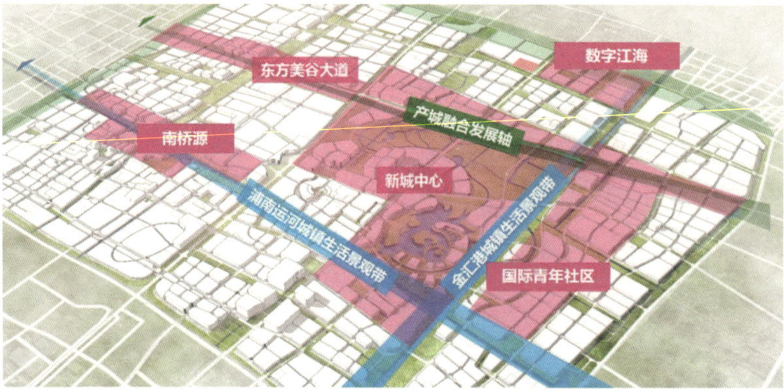

图 5–17　奉贤新城空间结构图
来源：《奉贤新城“十四五”规划建设行动方案》

图 5–18　奉贤新城高强度开发建议区位
来源：作者根据《奉贤新城“十四五”规划建设行动方案》绘制

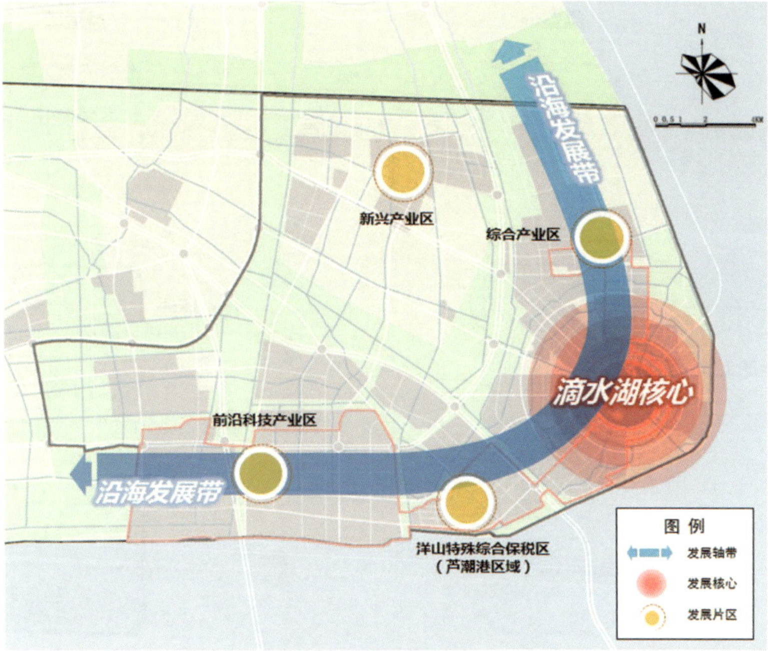

图 5–19 南汇新城空间结构图

来源：《南汇新城“十四五”规划建设行动方案》

图 5–20 南汇新城高强度开发建议区位

来源：作者根据《南汇新城“十四五”规划建设行动方案》绘制

心地区的两港大道附近地块进行高强度地区建设。综合考虑城市轨道交通走向，建议划定地铁 16 号线临港大道站域或两港大道与 16 号线交叉处为高强度开发片区（图 5–20）。

规划建议：未来可考虑增设两港大道城市轨道交通站，同时在整体新城基本建成后考虑建设内部轻轨环线以提高新城内部交通效率。

5.3.2 高强度地区开发模式建议

依据五个新城的实际建设与规划情况以及未来高强度片区选址建议，目前新城高强度

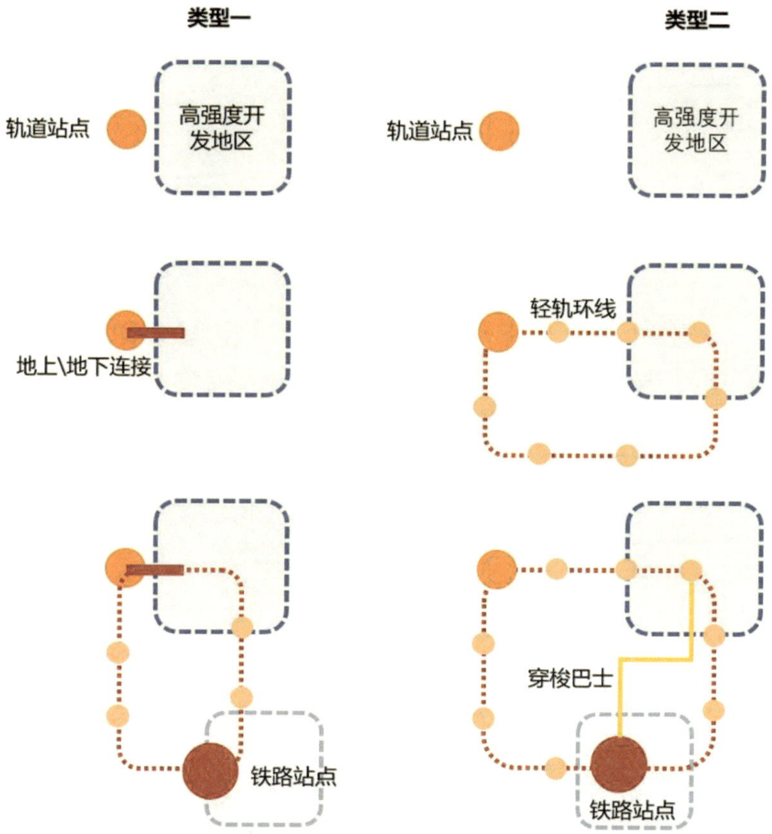

图 5–21 新城轨道交通发展结构

来源：作者自绘

片区的潜在选址区位可分为两种类型（图 5–21）。类型一为紧邻新城内轨道交通站点，类型二为与现状轨道交通具有一定距离。

为确保公共交通作为主要出行方式，针对类型一：紧邻轨道交通站点的地区，在未来规划发展中，建议加强现状轨道交通站点与高强度地区内建筑的联系，可通过地上二层平台或者地下连廊的方式设置短距离有顶盖步行系统连接车站与周边建筑，引导车站人流高效通行的同时提高居民的步行出行率。

针对类型二：高强度开发地区与现状轨道交通站点具有一定距离的情况，在未来建设中，首先需提高地区内部的公共交通覆盖率。即考虑新城内部增设轨道交通延长线连接至高强度开发地区内部形成类型一的开发模式，或者在原有的轨道站点与规划的高强度地区之间设立站距较密的内部轻轨环线，提高对内及对外的公共交通可达性。

6 总结

本文基于生态绿色低碳需求对新城高强度开发地区进行开发模式与规划策略探讨。依据案例研究及评估模型构建，提出以绿色出行为导向的城市紧凑开发模式，该模式通过高

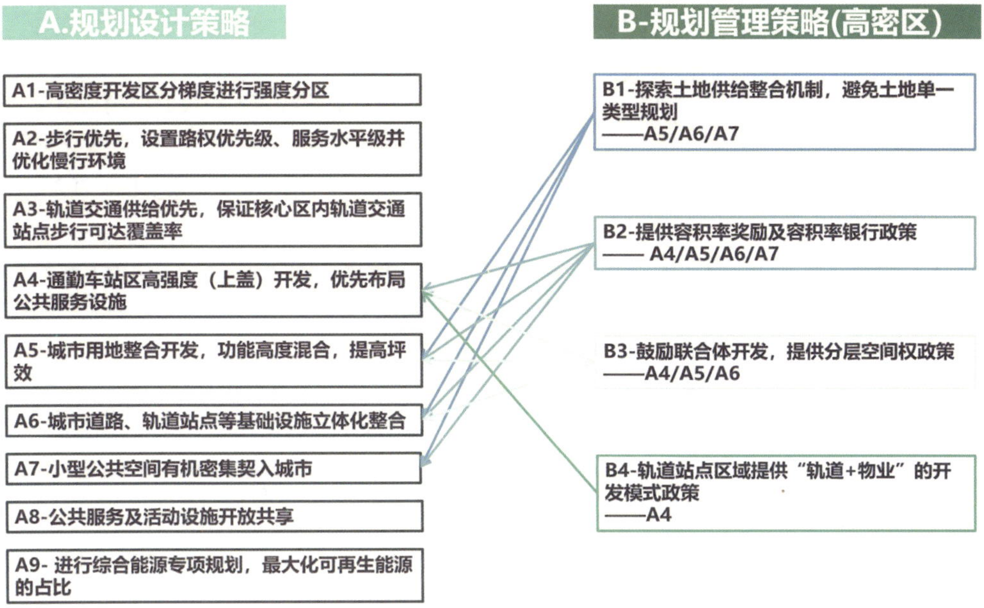

图 6-1　规划策略关系图

来源：作者自绘

密度紧凑的城市规划，打造适宜公共交通与步行的城市结构，为城市蓝绿发展提供更多用地，同时减少城市生活的碳排放。

2016 年中共中央国务院《关于进一步加强城市规划建设管理工作的若干意见》提出，“城市设计是落实城市规划、指导建筑设计、塑造城市特色风貌的有效手段”。但长期以来，城市设计是在一种“非法定”规划的状态下运作，不能直接作为指导城乡建设管理的法律依据[19]。因此，本文进一步提出针对城市高密区开发的规划管理策略，旨在从规划管理层面对规划设计策略提供政策的引导鼓励与支持。由图 6-1 的规划设计策略与管理策略对应关系可知，在施行城市功能混合开发、轨道车站结合城市功能开发、城市立体化开发以及城市绿地空间规划等方面，需要在土地供给分配、城市空间开发权力以及城市开发合作等方面提出有别于现状的规划管理策略。新的策略有利于提升城市开发的紧凑度以及开发的效率和不同开发主题之间的积极性，从而促进城市生态绿色低碳以及高强度开发目标的达成。

作者信息：

庄宇，同济大学建筑与城市规划学院教授、博士生导师，arch-urban@163.com。

崔敏榆，同济大学建筑与城市规划学院博士研究生，minyucui@tongji.edu.cn。

参考文献

[1] 陈群民，吴也白，刘学华．上海新城建设回顾、分析与展望 [J]．城市规划学刊，2010(05)：79–86．

[2] 顾竹屹，赵民，张捷．探索“新城”的中国化之路：上海市郊新城规划建设的回溯与展望 [J]．城市规划学刊，2014(03)：28–36．

[3] 冷红，陈曦，马彦红．城市形态对建筑能耗影响的研究进展与启示 [J]．建筑学报，2020(02)：120–126．

[4] 邬尚霖．低碳导向下的广州地区城市设计策略研究 [D]．广州：华南理工大学，2016．

[5] 吕雄鹰，潘海啸．低碳出行导向下新城居住区建成环境优化研究：以上海市松江新城为例 [J]．住宅科技，2021，41(05)：60–66，72．

[6] 张灵珠，晴安蓝，崔敏榆，等．立体化超高密度亚热带城市的老年群体休憩用地使用偏好研究 [J]．国际城市规划，2020，35(01)：36–46．

[7] 李文竹．国内外生态城市评价指标体系比较研究 [C]// 中国城市科学研究会．2020 国际绿色建筑与建筑节能大会论文集．北京：中国城市出版社，2020：554–558．

[8] 吴健生，许娜，张曦文．中国低碳城市评价与空间格局分析 [J]．地理科学进展，2016，35(02)：204–213．

[9] SIKSNA A．The effects of block size and for min North American and Australian city centres．Urbanmorphology，1997，1(01)：19–33．

[10] 中原地图．2016 年中期人口统计数字 [EB/OL]．[2021–11–01]．https：//census.centamap.com/%E9%A6%99%E6%B8%AF．

[11] 上海市城乡建设和交通发展研究院．2020 年上海市综合交通年度报告 [R]．上海：上海市城乡建设和交通发展研究院，2020．

[12] e–stat．Statistics of Japan[EB/OL]．[2021–11–01]．https：//www.e–stat.go.jp/en．

[13] PARK H T．Beyond compact city：A spatial configuration model for carbone mission reduction 026．”(2013)

[14] 郑德高，吴浩，林辰辉，等．基于碳核算的城市减碳单元构建与规划技术集成研究 [J]．城市规划学刊，2021(04)：43–50．

[15] 乌德勒支中央站地区城市更新项目．乌德勒支中央站地区城市设计“结构规划（Structuurplan）”公开文件 [EB/OL]．[2021–11–01]．https：//cu2030.nl/images/Structuurplan_stationsg ebied_December_2006_nav_raad.pdf．

[16] 顾新．香港轨道交通规划与经营理念对深圳的启示 [J]．城市规划，2009，33(08)：87–91．

[17] 铃木博明，瑟夫洛，井内加奈子．公交引导城市转型：公交与土地利用整合促进城市可持续发展 [M]．北京：中国建筑工业出版社，2013．

[18] URA．Master plan[EB/OL]．[2021–11–01]．https：//www.ura.gov.sg/maps/?service=MP．

[19] 段进，范拯熙，蔡天怡．新形势下城市设计制度建设的思考 [J]．时代建筑，2021(04)：16–20．

完善新城风险治理体系，打造安全韧性人民新城*

孙建平　方伟　文曦

（同济大学城市风险管理研究院，上海，200092）

1　新时期新城建设的安全韧性治理目标

2021年是我国“十四五”开局之年。在《中共中央关于制定国民经济和社会发展第十四个五年规划和二〇三五年远景目标的建议》中，国家首次将“韧性城市”的概念纳入国家战略规划之中，提出推进以人为核心的新型城镇化，强化历史文化保护、塑造城市风貌，加强城镇老旧小区改造和社区建设，增强城市防洪排涝能力，建设海绵城市、韧性城市。

城市是一个由许多相互关联的系统共同组建的复杂系统，包括外显的建筑设施、内隐的生命线工程、活动其中的人、经济行为等。因此，上海的新城安全运行面临较多复杂而不确定的挑战。于五个新城而言，韧性城市建设是提升风险防范能力、实现治理能力提升的关键方向，是运用全周期风险防控、城市运营等理念持续优化规划建设方法的创新实践，是新城规划建设高标准的体现，也是提升人民安全感、强化“人民城市”的特色做法。

1.1　韧性的内涵

韧性的理念最早由加拿大知名生态学家霍林于1973年提出，他指出韧性的概念是指系统能够较快恢复到原有状态，并且保持系统结构和功能的能力。后来，不同学科的学者对韧性概念进行了阐释和拓展，近年来韧性城市理论作为一种新的发展理念在城市规划和社会治理领域受到了广泛关注。

韧性思想应用到城市管理中标志着城市学者对可持续发展的意义和实现模式有了全新的认知。经济合作与发展组织（Organization for Economic Cooperation and

* 本文曾发表于《上海城市发展》2021年第4期。

Development，OECD）提出，韧性城市是指城市具有能力吸收各种经济、环境、社会和制度冲击带来的影响并从中恢复，同时总结经验、提升城市应对各种“急性”和“慢性”冲击的能力，为未来冲击做好储备。美国洛克菲勒基金会“100个韧性城市”项目提出，韧性城市是城市中的个体、社区、机构、企业和系统无论受到何种慢性压力或严重冲击，都能从中幸存、适应并保持增长的能力。国际标准化组织（International Organization for Standardization，ISO）认为，一个具有韧性的城市能够以一种及时有效的方式抵御、吸收、容纳、适应、转化灾难和冲击，并从中快速恢复[1]。

随着城市化进程逐渐加快，城市面临着日益突出和复杂的问题与风险，如人口拥挤、土地利用粗放、公共资源紧张、城市环境污染，越来越多地遭受自然界和人类社会的各种冲击，表现出极大的脆弱性[2]。为促进城市可持续发展，有效应对包含气候变化在内带来的风险挑战，提高居民幸福感，全世界越来越多的城市根据自身发展特点和面临气候风险类型，积极设计并参与韧性城市的规划建设[3]。

综合来看，“安全韧性城市”的建设目标即是强调一座城市在面临自然和社会的慢性压力和急性冲击后，特别是在遭受突发事件时，能够凭借其动态平衡、冗余缓冲和自我修复等特性，保持抗压、存续、适应和可持续发展的能力。

1.2 新城韧性建设的发展历程

新城一直是上海城市发展的战略空间与重要议题。1946年，上海提出《大上海都市计划》，引进西方新城运动的城市规划先进理论，孕育了上海新城建设思想的萌芽。此后的上海城市规划历程中，一直致力于“在上海周围建立卫星城镇，分散发展，减少市区人口过分集中”，如1970年提出的七大卫星城镇建设方案，1999年上海总体规划提出的十一座小型新城建设方案，2006年上海总体规划提出的“中心城—新城—新市镇—中心村”四级城镇体系等，充分发挥新城对于上海这座超大城市在空间优化、人口聚集、经济增长、环境改善方面的积极作用[4]。

2018年，上海市政府发布《上海市城市总体规划（2017—2035年）》，提出将位于重要区域廊道上、发展基础较好的嘉定、青浦、松江、奉贤、南汇五个新城，培育成在长三角城市群中具有辐射带动作用的综合性节点城市。上海在打造卓越的全球城市总目标下提出建设可持续的韧性生态之城这一概念，这是上海首次将城市韧性这一概念纳入城市总体规划。嘉定、青浦、松江、奉贤、南汇五个新城的规划建设标准也是对《上海市城市总体规划（2017—2035年）》中全面贯彻独立的综合性节点城市定位、把生态和安全放在更加突出的位置、打造韧性城市、完善资源配置等上位规划的具体落位，从而形成绿色、韧性、低碳的空间新格局。

2021年，上海发布《上海市新城规划建设导则》，进一步明确将五个新城打造成为引领高品质生活的未来之城、全市经济发展的重要增长极、推进人民城市建设的创新实践区、城市数字化转型的示范区和上海服务辐射长三角的战略支撑点。在诸多政策、规划、导则、行动方案的引导下，上海市五个新城建设进一步强化了安全发展要求，提出“韧性城市”建设目标，如《上海市新城规划建设导则》明确提出五个新城要构建安全韧性、弹性适应的空间新模式。可以预见，未来上海五个新城将成为新发展理念的战略承载地、韧性建设标准的创新实践地。

相比于传统的城市应急系统建设，韧性城市的建设更具系统性、长效性，也更加尊重城市系统的演变规律。传统的应急应变建设策略重心在于短期的灾后规划，呈现出典型的破坏之后在最短时间内回复到原始状态的工程思想，韧性城市的思想则强调通过规划技术、建设标准等物质层面和社会管治、民众参与等社会层面相结合的系统构建过程，全面增强城市系统的结构适应性，从而长期提升城市整体的系统韧性[5]。

1.3 新城韧性建设的风险挑战及现实问题

随着新城开发建设不断推进，各类新风险随机、突发涌现，不断为经济社会的可持续发展带来重重障碍。

一是增量与存量并行建设环境下的安全运行风险。上海五个新城并非一张白纸，新城处在增量开发拓展与存量提质优化并行的状态，安全问题复杂多样，产业、人口导入过程中进入运行事故高发风险期，需时刻关注各类施工管理规范、排查隐患到位，应急救援物资及力量同步匹配。

二是高新技术及理念应用带来的城市管理风险。作为产业集聚区的新城，势必对产业变革、产业转型高度敏感，产业链上的任何波动都对新城风险管理提出新要求。而“十四五”期间，新城实现经济高质量发展，产业升级是必然选择。复杂的技术可以给生活带来便利，但也带来网络安全、多种故障事故等各种新的不确定风险——我们的社会进入了一个“高不确定”的风险社会。新城各类产业研发、新技术应用聚集，对既有建设标准和管理模式带来崭新挑战。如机动车无人驾驶技术的应用对道路安全环境和管理产生诸多新的要求，并考验城市安全管理的适应能力。

三是新经济空间融合带来的灾害事故风险。新城生态资源丰富，有望结合绿廊水系等要素，培育亲水、融绿的功能载体。在实现高品质空间环境的同时，也扰动固有的生产、生活、生态边界，加大森林防火、防汛等管理难度系数。此外，上海打造创新策源地，要汇聚全球顶端科创人才，集聚全球创新要素，对新城功能、品质也提出了全新的要求，新城的医疗、教育、金融等功能要求全新的空间设计，生产、生活、生态边界如何布局，如何融合，如何管理，都会带来新挑战，要充分考虑各类安全事故风险，在设计规划期就充分考虑，在日常管理中持续改进。

四是高对流性带来的要素交叠风险。作为区域性综合节点城市，新城承担人流、物流枢纽职能。在本轮发展建设过程中，新城功能升级会带来人流、物流量的迅速增大。各类设施迎来高频次、集中式的中转和集散，面临全新布局和调整，对非常规情景模式下的设施安全运营需有预案，确保抵御各类要素流动形成的慢性压力和急性冲击。且随着新城发展不断推进，还容易造成各种风险叠加，一个事故引发次生灾害和群体事件的可能性也在增大。所以，各类新风险随机、突发涌现的趋势还将加剧，新城管理需要进一步从应急管理向风险防控主动升级，突出安全韧性思维，运用新技术，构建安全韧性新城。

1.4 新城韧性治理的目标

新城作为未来上海发展的重要载体，如何提高新城系统面对灾害事件、生产事故等不确定性因素的响应与适应能力是当前研究的热点与重点话题。面对种种不确定性，传统的城市安全与防灾理念已经不能满足未来城市发展的要求，而城市韧性理念从动态与发展的角度为城市灾害的应对提供了新的思路。城市韧性不仅关注灾害的应对，还强调对灾害的吸收和适应能力；不仅关注刚性应对，还关注人在灾害过程中的参与、决策与应对的能力。因此，提升城市韧性成为未来城市灾害治理和城市安全发展新的方向和趋势，城市治理需要进一步从应急管理向风险防控主动升级，突出安全韧性思维，统筹治理目标、方法和机制的体系建设。

在治理目标层面，应坚持以人民为中心，落实人民城市理念，以生态文明思想和总体国家安全观为指导，推进新城规划、建设、管理，借鉴现代城市发展的先进理念和先进经验，面向未来打造宜居城市、韧性城市、智能城市，使新城更健康、更安全、更宜人。围绕安全韧性城市建设理念，立足全生命周期、精细化风险防控要求，诠释“免疫力、自愈力、恢复力”三大目标内涵，为新城的发展活力和发展品质筑牢安全底线。其中“免疫力”重点对应“小恙事前防”，即增强新城的风险防控能力，强化新城建设各类新旧风险感知及防范能力，推进风险源头治理扎实落地，从隐患排查到风险辨识、分类、分级、评估、评价等，做到底数清、情况明、参数准；“自愈力”重点对应“轻疾事中控”，在遭遇多级突发事件情况下，新城地区能够快速有效响应，对症下药，找准干预措施，抵抗干扰实现自我康复；“恢复力”重点对应“大病事后养”，确保在面临罕见事件时，区域救援力量、应急物资补给充足，空间资源及设施高效运作，新城运行较快回归正轨。

在治理方法层面，创新治理方式，提升新城科学化、精细化、智能化管理水平。构建管理规程全、技术手段多、设施配置方案性价比高的安全韧性新城建设操作路径，不断优化治理“工具箱”，打造新城韧性治理的“健身房”，提高治理精细化水平，具体来看可从以下几方面着手展开相关工作：

一是探索韧性体检机制。梳理现状新城的安全韧性发展特征、建设短板、治理问题，从生产、生活、生态等维度进行综合性城市风险防控评估，确定新城空间安全韧性治理关注重点。形成新城安全韧性体检操作规程，构建体检档案，综合横向比较五个新城韧性体检结果，共同提升新城安全韧性发展质量。

二是构建韧性空间模式。从空间防控的角度，以保证城市安全为底线，构建弹性适应、具备抗冲击和快速恢复能力的安全韧性城市空间，通过空间规划策略，将复杂的大型灾害一一分解，建立广空间、多层次、多尺度的韧性城市空间模式，如可系统梳理新城应急避难场所、防灾减灾设施的空间布局策略、规模配置标准，编制新城应急空间资源建设规划。

三是完善韧性治理体系。在新城开展韧性城市治理试点工作，制定实施方案，可聚焦情景辨析与规划，开展城市风险评估工作，实现底数清、情况明，在此基础上加快信息化和数字化平台技术、各类风险防控保险产品、先进的科技终端监测及预警设备的综合运用，系统化推进风险综合监测评估，以风险指数的形式实现风险实时、精准管控。

2 探索四生韧性体检机制，系统评估新城韧性水平

习近平总书记在 2015 年中央城市工作会议上要求健全社会公众满意度评价和第三方考评机制。住房和城乡建设部、自然资源部先后发布城市体检相关文件。其体检规程从各自部门职能出发，重在查找城市规划建设中存在的短板和不足，体检指标覆盖全面，内容综合，是对城市发展状态的全面体检。韧性城市的打造也需配套相应的体检规程，挖掘既有问题，把握风险趋势，精准掌握城市总体的安全运行状态，使建设动作有的放矢，筑牢新城安全防线。

2019 年 11 月，习近平总书记在上海考察时强调，无论是城市规划还是城市建设，无论是新城区建设还是老城区改造，都要坚持以人民为中心，聚焦人民群众的需求，合理安排生产、生活、生态空间，走内涵式、集约型、绿色化的高质量发展路子，努力创造宜业、宜居、宜乐、宜游的良好环境，让人民有更多获得感，为人民创造更加幸福的美好生活。生产、生活、生态三种功能空间基本涵盖了人们物质生产和精神生活中的空间活动范围，是人类社会、经济活动的基本载体，也是研究城市安全的基础框架。而针对城市安全发展的评价，《国家安全发展示范城市评分标准（2019 版）》等文件围绕城市安全治理，依据全生命周期理论，部署了“管理、科技、文化”三大重点工作，紧扣本质安全、智慧安全、人本安全，是对城市功能空间安全的有机联通和有力支撑，使得城市这一生命有机体更富有生机，在多方协同的机制下安全运行。

城市是一个有机生命体，城市安全运行问题综合且复杂，涉及众多领域如建设、交通、气象、卫生等，也涉及众多行业部门如应急管理局、住房和城乡建设委员会、发展和改革委员会、规划和自然资源局……基于韧性城市理论，城市安全问题需要建立体系模型以系统、综合、全面地审视、探讨、分析、评估。从治理对象来看，一方面以功能空间为治理对象，结合生产、生活、生态三种功能空间，覆盖城市及居民的空间活动范围，重在硬件；另一方面以体制机制为治理对象，结合科技、管理、文化三大应急管理重点工作，重在软环境。

基于此，可构建生产、生活、生态、生机“四生融合”的韧性城市体检机制，从生产安全、生活安全、生态安全和安全生机四个方面对城市安全韧性运行状态进行体检评估。

生产安全维度聚焦产业，旨在研究及评估城市产业发展场所、企业等能量和危险物质比较集中区域的安全程度。

生活安全维度聚焦民生，旨在研究及评估民生工程安全程度，关注人员密集区域安全程度，涉及人们衣食住行等领域。

生态安全维度聚焦环境，旨在研究及评估自然生态环境、气象灾害、地质灾害等存在的安全隐患。

安全生机维度聚焦潜力，研究及评估新城涉及安全工作的软环境建设，解读新城安全发展的活力、底蕴及未来潜力，主要包括城市的安全管理水平，支撑城市安全的科技创新以及安全文化的培养。

2.1 生产维度：聚焦产业发展

新城发挥疏解功能的同时，也因为区位原因，布局了较多工业企业，承担着上海市较多产业生产功能。其中各类生产和运输场所是能量和危险物质比较集中的领域，是城市安全风险的主要来源。因此，生产安全既是保护劳动者的安全、健康和国家财产，也是促进社会生产力发展的基本保证。结合各大新城发展特征，可从以下方向开展体检工作：

一是危化品企业方面。危化品即危险化学品，是指具有易燃、易爆、有毒、有害和放射性等特性，在运输装卸和储存保管过程中易造成人员伤亡和财产损毁而需要特别保护的化学物品。各新城可从实际出发，重点研究评估各行政区域内危化品企业的规模数量、空间分布、危险源数量及级别、安全管理制度及措施、监测预警设备使用等指标，分析相关数据并实地检查相关情况。

二是建筑施工业方面。建筑施工业工序多、作业过程复杂、生产过程始终处于动态变化中，且建筑施工的周期较长、施工作业经常是在高处或露天处进行，这些特点决定了建筑施工的安全风险与其他行业相比有较大的差别。各新城可从实际出发，建立各自的建筑工地数量规模及分布清单，分析历年的事故数量、类型、变动规律、典型案例，并分析事故主要原因。

三是特种设备方面。特种设备是指涉及生命安全、危险性较大的锅炉、压力容器（含气瓶）、压力管道、电梯、起重机械、客运索道、大型游乐设施和场（厂）内专用机动车辆这八大类设备。特种设备用处广泛，遍布于人民的生产和生活中，在城市建设和发展过程中起到了至关重要的作用。各新城可结合各自主要设备类型，分析设备数量规模、行政许可及备案情况、相关事故数量及类型等指标。

2.2 生活维度：聚焦民生安全

生活韧性体检重点在对与居民生活息息相关的重点行业领域进行安全现状评估，包括城市居民大量聚集的人员密集场所，维持居民正常生活的城市生命线基础设施，保障居民工作、生活、通勤的道路交通运行状况，维护社会安全环境、公共卫生环境等。对新城运行安全中居民生活方面出现的问题进行归纳总结，对未来发展趋势进行研判，并为新城加强生活安全提出建设性意见。

一是人员密集场所方面，各新城可结合实际，重点研究各自行政范围内的高层建筑、老旧小区、大型商业综合体、养老院、学校、医院等场所的分布、设施安全、隐患整改情况、应急准备情况等指标。

二是交通运输方面，各新城可重点研究道路交通事故的多发路段、时段，基于道路交通事故次数、频率、变化规律、事故类型和损失情况、机动车驾驶违规数等指标对交通安全进行整体评价。

三是基础设施方面，主要涉及城市生命线运行及管理。各新城可结合实际，重点研究城镇燃气、供电行业、供热行业、天然气输送等领域，对经营企业现状、管道现状、站点现状、相关设备现状等进行综合分析评价。

四是社会安全方面。社会和谐稳定、人民安居乐业，是检验平安建设和社会治理最有效的标准。各新城可与城市运行管理中心深度合作，基于失业率、老龄化率、报案率、市民热线等数据，重点评价社会环境的安全程度，评价社会治安及犯罪方面的发展情况。

2.3 生态维度：聚焦自然环境

生态韧性体检以影响城市安全的自然环境要素为重点研究对象，结合城市防灾减灾工作的开展，重在研究及评估自然生态环境、气象及地质自然灾害影响下的环境安全。

一是气象灾害方面。气象灾害是制约社会和经济可持续发展的重要因素。上海市各新城由于地理位置、地形地貌和天气气候的特殊性、复杂性，属气象灾害多发区。同时由于各新城经济发达、人口密集，如发生气象灾害，造成的人员伤亡和经济损失将比较大。各新城可重点研究因台风、暴雨、暴雪、雷电、干旱、大风、冰雹、高温热浪、低温冻害等气象灾害的数量、历年受灾人数、直接经济损失等指标。

二是地质灾害方面。五大新城的地质灾害类型多以地面沉降等缓变型地质灾害为主，但也存在发生崩塌、滑坡等突发生地质灾害的可能。各新城可重点研究对于地质灾害的防治工作开展情况、事故类型及损失、灾害发生原因等指标。

三是生态环境方面。各新城可重点从大气环境、河道水环境、噪声环境等维度进行研究，如可重点研究历年环境空气质量指数（AQI）、细颗粒物（PM2.5）指标、水源地数量及分布、废水排放量等指标。

2.4 生机维度：聚焦发展潜力

生机韧性评价聚焦新城在安全韧性方面的发展潜力，解读城市安全发展的活力、底蕴及未来潜力。基于应急管理部提出的三大重点工作维度，新城可从管理生机、科技生机及文化生机等指标方向展开相关体检评估工作。

一是管理生机方面，各新城可重点研究各自的安全规划编制情况、应急预案编制情况产业引导准入情况、责任体系建设情况、监督执法情况、救援体系及救援队伍建设情况、应急演练情况等指标数据，从保证城市安全运行的制度上进行整体评判。

二是科技生机方面，各新城可结合各自范围内的安全应急产业发展现状，可重点研究应急科技成果生产及推广、应急科研机构及人才引进、应急管理信息平台搭建情况等指标，其中可以各自的应急管理信息平台、监测预警平台等领域为核心进行深入研究评价。

三是文化生机方面，各新城可围绕宣传、教育、培训等维度，重点研究各类安全应急管理培训规模及次数、安全应急体验场馆建设情况、安全应急宣传次数、安全演习次数、安全教育宣传栏面积及数量等指标。

2.5 五个新城的韧性体检

新城是一个有机的整体，城市规模的扩大和现代化发展的进程增大了新城的复杂性和脆弱性，也对新城的抗风险能力提出了新的要求。新城抗风险的目标已经从过去的灾害救济转为更积极的灾害监测预警和风险干预，而实现主动干预的重点则在于对城市韧性能力的及时掌控，即通过体检评价的方式，对韧性发展的现状有一个全面系统的评估。韧性体检针对上海各新城韧性城市建设存在的不足，“以检促建”，通过定期对新城韧性制度体系完备情况、社会参与韧性建设情况进行体检，促进对政策投入、长效预防、社会参与的重视，引导新城韧性建设理念的转变。

韧性体检中辨别的各类“未病”也可成为政府制定重大决策、开展各个领域风险防控和隐患整改专项工作的指向标。韧性体检成果可成为考核各类规划实施过程中，韧性建设目标达成情况的有力佐证：在规划中期评估中，韧性体检成果可作为下一阶段规划调整和落实的重要参考；在规划期满总结时，可作为总结规划成效的素材。

此外，新城韧性体检对大量跨层级、跨部门、跨领域的数据进行分析，以不同空间尺度的韧性体检为基础，可为新城的城市运行管理中心、大数据中心等智慧化综合管理平台提供数据监测清单，完善包括数据采集、数据录入、数据计算、数据展示、数据预警、数据动态更新、数据分析等功能的运行机制。

3 构建多维韧性空间模式，分级防控新城灾害风险

结合不同空间尺度与地域特征，灵活构建“区域—城市—社区”三个空间尺度的城市韧性体系，梳理不同尺度的灾害风险场景，针对性地探讨区域网络、用地规划、功能系统、基础设施布局、运行机制等问题，提出相应的韧性问题和应对策略。当突发城市灾害时，各个空间尺度的韧性效应产生叠加作用，从而共同分散城市风险。

3.1 区域层次：侧重整体性风险

区域层次的风险多形成圈域性并发的态势，因此应侧重整体性风险的应对。从当前的形势来看，区域层次面临的灾害场景更加宏观、综合，多与区域生态网络、交通廊道等有关，主要包括区域性功能风险和区域性生态风险。

区域性功能风险是由极端气候如强降雨、地震、台风等，造成的区域交通通道、能源运输通道、区域大型给排水基础设施受损而无法正常运行的风险。区域性生态风险多指由于快速城市化带来的城市周边负面生态环境效应，如生态系统服务价值损失、生态功能退化、生物多样性损失等，而引发的生态环境恶化风险及生态系统不稳定风险。

区域层次的韧性空间策略，主要可通过廊道规划建设等提高韧性能力。一方面可从跨区域国土空间规划层面加以指导、协调，强化区域防灾减灾规划和专项规划、预案对各廊道规划、建设的关注，如交通、供水、供电、供气等领域的安全应急研究。另一方面，通过建立生态安全格局，合理规划生态保护片区和生态连绵带，维系特定区域正常的水循环、碳循环、能量流、信息流等，保证生态系统的持续健康状态。具体来看，一是多关注生物多样性的提高，可推进建设湿地生命系统，设立鸟类栖息地，并建立飞鸟迁徙网络；二是要构建区域的大尺度绿色廊道，设置生物迁徙通道，保护动植物原有栖息地，构建立体生态保护网络。

3.2 城区层次：侧重结构性风险

城区层次是构建韧性空间体系的重点单元，也是应对各类灾害风险的基本载体。保证它的安全稳定运行，保证城市功能结构的完整和持续性发挥作用，需要时刻关注城市维度的灾害场景。

结合前述分析，城市维度的灾害场景覆盖生产、生活、生态等多个维度，受到来自自然灾害、公共卫生、建设施工、危化工业等多方面的威胁。自然灾害如 2021 年 7 月，河南省郑州市连遭暴雨袭击而造成的人员伤亡、建筑倒塌、经济损失等问题；危化工业如 2015 年 8 月的天津滨海新区爆炸事故；公共卫生事件更是会严重影响城市的稳定运行，如 2019 年以来新型冠状病毒肺炎给全世界带来了巨大的冲击，疫情期间，部分城市封闭，城市功能受到影响，影响了居民的生活。此外，在现行的国土空间规划三生空间下，也存在一些边界模糊所引发的城市风险，如上海某新城的科技创新区设立在生态边界周边，楼宇与树木植物等紧密结合，容易引发火灾等灾害。

为有效防控城市风险，让新城具备持续运转的活力，实现功能分区及用途管制和城市密度控制是有效手段。一方面，与国土空间分区相类似，城市范围内的生产、生活、生态空间可以依据不同的风险特点和城区功能定位、发展潜力和灾害抵抗力来有针对性的调控指标和管制措施，以增强城市的免疫力、自愈力、恢复力。另一方面，由于各类城市空间之间有机融合交织紧密，很难一一分解开来治理，所以还应重点关注城区范围内的过渡功能区和具备不同功能的混合空间。如对城区范围内的生产和生活分区交织的区域，可在周边增设绿地和冗余区域；对生活和生态分区过渡的区域，要严格保障生态保护红线不被破坏，同时可以因地制宜地布置一些消防场站及设施等，避免相关灾害事故的发生。

3.3 社区层次：侧重基础性风险

社区维度与人民生活息息相关，是构建人民城市的重要抓手。现阶段，城市设施和建筑不断老化，带来了大量隐患，若不及时更新维修很容易产生各类灾害事故，如历史街区和老旧小区火灾、高层玻璃幕墙坠落等。设施老化、公共空间的缺乏等问题已成为社区最主要的风险来源。因此，社区层级的风险防控的源头治理与手段探索也将与城市更新紧密相连。

从空间规划策略来看，可统筹规划“枢纽—节点—设施”的社区公共空间体系，实现分布式、全覆盖的风险网格化管理。枢纽指大中型城市公共空间及其周边具有公共服务效能的公共设施；缓冲节点包括小区出入口、活动中心等居住社区节点和公园、商业场所外部空间等其他功能区节点，用于临时搭建应急设施，与枢纽之间协同运转，并支持医疗救护、消防救援、抢修抢险、通信运输等各类应急设施。

一方面，在社区城市更新方案中，可结合低风险区域的公共开放空间作为临时避难场所，查漏补缺，补充设计满足避难要求的公共空间。同时应定期排查消除安全隐患，包括清理老旧小区路面杂物以疏通消防救援路线，定期维护电力、电信、自来水、天然气等与日常生活密切相关的设施以确保灾害发生时的正常运转等。另一方面，还要留足技术和社会参与的通道，并在规划管理中将这些要素融入审批指标。一是提供技术赋能的应用场景，布置社区级别的智能设施与系统，包括物联网、智慧消防、无人机监测等，利用技术提供精细化管理，提高“事前”“事中”韧性。二是明确社会共治的方向，如利用民间救援、保险等社会化兜底手段的介入提升韧性，也即事后的救援与恢复能力。如 2021 年 7 月的河南暴雨导致严重洪灾，郑州市中原区、高新区、管城区、经开区均为居民购买了治安家财保险，因暴雨造成的家庭财产损失可获得保险理赔，从而实现“政府出资，居民受益”。

3.4 五个新城的韧性建设

韧性建设在城市不同区域、不同空间层次的侧重点和落脚点存在差异。因此，在系统性构建韧性空间体系的同时，也应根据五个新城自然条件、发展定位的不同，明确重点各自的风险类型。如南汇和奉贤新城作为沿海区域，需要关注汛期的风暴潮洪“三碰头”“四碰头”风险，并在后续指标体系和目标设计突出防汛防台预案的编制、海堤建设的完善、水文监测预报预警和排水系统设施的建设。青浦、松江和嘉定新城地处上海西北面，作为易受到外区域污染物影响的区域，可围绕聚焦提升空气质量，从蓝绿交织的公园空间建设、污染减排与治理等方面细化落实。

同时，作为连接上海中心与周边城市的门户，五个新城应重点考虑区域廊道枢纽功能建设，增强区域连通性，探索跨区域灾害风险防控及防灾减灾救灾机制的建立。同时五个新城需要将新冠疫情防控纳入韧性城市的建设中，持续完善疫情防控方案和应急处置预案，不断优化应急工作机制。

4 完善新城风险治理体系，提升应急管理保障水平

4.1 常态化开展新城风险评估

现代化的应急管理贯穿“事前、事中、事后”全过程，风险源的辨识评估是“全过程”应急管理的首要环节，开展常态化的城市安全风险评估也是国家安全发展示范城市创建的核心任务。截至目前，我国尚未建立统一的城市安全风险评估方法和相关标准（尤其是定量化的评估方法），各个城市的风险评估工作迫切需要科学化、定量化、标准化的方法来指导，以确保城市安全风险评估工作的规范性和有效性。

新城在未来发展过程中，可联合专业机构，开展城市安全风险评估。一是全面梳理各新城重点监管的工贸、建筑施工、交通运输、公用事业、商业场所、特种设备、环保设施、仓储、房屋安全等行业领域现有的风险评估方法，基于已有方法对新城进行全面的城市安全风险评估，作为项目研究的基础和参考；二是通过构建典型行业事故灾害数据库，为“定量化”城市安全风险评估奠定数据基础。

具体实施过程中，可通过独立的风险单元逐步推进工作。新城是一个由相对独立、相互联系的若干部分组成的城市，各部分的功能、风险类型、存在的危险有害因素均不相同。将整个新城作为一个评价对象，可先按一定原则将评价对象分成若干有限、确定范围的单元分别进行评价，然后再综合为整个系统进行评价。将系统划分为不同类型的评价单元进行评价，不仅可以简化评价工作、避免遗漏，而且由于能够得出各评价单元危险性相比较的结论，避免以最高危险单元的危险性来表征整个系统的危险性，夸大整个系统的危险性的可能性，从而提高评价的准确性，降低采取对策措施的安全投资费用。根据《国家安全发展示范城市建设指导手册》中所覆盖的城市安全风险范围所限定的内容，各新城可结合各自城市风险的实际现状，划分城市工业风险单元、城市人员密集场所风险单元、城市公共设施风险单元、自然灾害风险单元等风险评价单元开展风险评估工作。

4.2 体系化推进街镇安全体检

习近平总书记高度重视基层治理工作，反复强调“基层强则国家强，基层安则天下安，必须抓好基层治理现代化这项基础性工作”。2021 年 4 月中共中央、国务院印发《关于加强基层治理体系和治理能力现代化建设的意见》，要求建立党组织统一领导、政府依法履责、各类组织积极协同、群众广泛参与，自治、法治、德治相结合的基层治理体系，健全常态

化管理和应急管理动态衔接的基层治理机制。而街镇及社区，即是承担基层治理工作的基本单元。

街镇安全与市民生活息息相关。在经过机构改革、权责下沉到基层后，城市多依靠街镇发挥风险管控的作用，即以街镇为基本风险管控单元。因此韧性体检不仅要着眼在新城整体层面上，还应深化到新城的中微观空间层次，聚焦街镇、村居等尺度，从实际出发进行差异化体检，提升风险防控和韧性建设的精细化水平，夯实治理体系和治理能力现代化建设基础。

针对街镇安全韧性评价工作，国际、国内已做出诸多有益探索。总结来看，街镇安全韧性评价呈现四个关注：关注人的认知感受、关注风险辨识评估、关注基层自治机制、关注技术支撑应用。基于此，新城可从人口及其结构、生态、政府服务、基础设施、生活方式和社区竞争力、经济发展和社会文化资本等方面对街镇进行安全体检评估。

此外，新城街镇韧性体检的一个思路是引入“社区生活圈”的概念。近年来，各大城市陆续启动不用层级和类型的生活圈规划编制。有别于传统住区规划只关注落实住房的空间组织和配建指标，社区生活圈更加重视相应居住人口的结构特征和需求。通过居住组团、服务设施和慢性网络的合理布局，构建设施多元、服务可达的城市基本单元。

4.3　系统化推动风险综合监测

2021 年 9 月，国务院安全生产委员会办公室组织召开城市安全风险监测预警工作现场推进会，对各省、自治区、直辖市认真贯彻落实习近平总书记关于城市安全重要指示精神，按党中央、国务院关于推进城市安全发展的有关决策部署推动城市安全风险监测预警工作体系试点建设，切实提升全国城市防范化解安全风险的能力和水平等，进行了整体安排。当前，各省、自治区、直辖市试点城市和部分重点城市，均已着手开展城市安全风险监测预警平台方案设计和试点建设工作。开展城市安全风险监测预警平台建设，是各地提高政治站位，切实担负起城市安全发展的政治责任和属地责任，认识新发展阶段、贯彻新发展理念、构建新发展格局，统筹发展和安全两件大事的重要实践。

各新城可着手打造城市安全风险综合监测预警平台，可充分汇聚整合建设管理、市场监管、交通、公安等行业主管部门，以及燃气、供水公司等社会企业已建的城市安全风险感知系统，实现城市生命线、公共安全、安全生产和自然灾害等各行业领域感知数据的综合汇聚。以“一张图”形式呈现城市整体运行和风险态势，7 × 24 小时监测值守，形成全方位、多层级、立体化的城市风险监测预警体系以及多主体、大联动应急管理协同处置体系，提升新城安全综合风险管控能力。

4.4　智慧化构建城市风险指数

基于城市安全风险数据基础，各新城可探索构建新城总体风险指数模型，并建立动态更新发布机制。指数是一种表明社会经济现象动态的相对数，运用指数可以测定不能直接相加和不能直接对比的社会经济现象的总动态，可以分析社会经济现象总变动中各因素变动的影响程度；可以研究总平均指标变动中各组标志水平和总体结构变动的作用。而风险指数，则是反映城市安全运行及风险管理水平的相对数。通过风险指数的研究，可实现对城市风险管理水平的量化评估及监测预警，对加强城市安全源头治理、健全城市安全防控机制，构建系统性、现代化的城市安全保障体系都具有重要的现实意义。

新城可选取如应急资源力量、危险源、主导产业发展安全状态等影响城市安全运行的重点指标深入研究探讨，通过历史数据等分析，形成发展曲线、分布规律等模型，为重点行业领域安全发展提供决策依据及研判方向。同时，可利用分级、分类的风险指数报告研究基础，搭建风险指数信息管理及发布平台，设计平台运营及管理机制，形成包括数据采集、数据录入、数据计算、数据展示、数据预警、数据动态更新、数据分析等功能的信息平台，推动新城应急管理数字化工作的展开，建立风险管控的长效机制。

4.5 灵活化实现风险平急转换

由于城市风险的发生时间、影响范围、持续过程具有高度的不确定性，这就决定了韧性城市的建设必须以人为本、因地制宜。所谓“平急转换”，从时间维度分析即为日常和应急两种状态的转变，日常状态下，各部门履行其相应职责，维护城市公共利益；应急状态下，各部门需保障突发事件时相应的应急处置工作及时有效地开展，保障应急资源的布置、流动和储备与人员的派遣。

在韧性治理体系中构建“平急结合”的机制，实现不同场景下各类利用资源的合理切换，将成为应对自然灾害、公共卫生等事件的重要治理思路。相比于中心城区，嘉定、青浦、松江、奉贤、南汇五个新城在“规划平时和急时不同状态下的功能秩序”“丰富和完善韧性治理体系的内涵”“充实和拓展人民城市建设经验”等方面更具备空间资源的优势，可最大程度地成为上海应对突发公共事件的新范式。各新城可从社区空间规划维度出发，通过激励社区空间平急转换的主动性和强化公众参与，如将绿地、空置场地等改造成平急转换的防灾减灾避难所。此类改造是可逆的，土地利用性质并未改变，只是临时性地扩展出一个可供平急转换的空间，有助于支持城市韧性化发展的循序渐进。

4.6 总结与展望

近年来，城市灾害事件的不断发生为经济社会的可持续发展带来重重障碍。城市作为未来人类发展的重要载体，如何提高城市系统面对灾害事件等不确定性因素的响应、适应及恢复能力应是新城建设发展的底线及基础。五个新城可系统梳理分析安全源头治理、风险防控、监督管理、安全保障、应急救援方面的情况，推进新城安全治理体系建设，打造全生命周期防控体系，从城市的免疫力、自愈力及恢复力三方面着手提升新城发展韧性，为新城的发展活力和发展品质筑牢安全底线。

免疫力即是增强新城的风险防控能力，建议一是完成新城安全风险地图，包括隐患排查、风险辨识、分类、分级、评估、评价等，做到底数清、情况明、参数准；二是搭建一个预警和管理操作平台，通过“城市大脑”“运营中心”等载体，实现分色预警、分级响应、分类处置，使风险处于受控状态。

自愈力即是增强新城的基层治理能力，建议完善社区层级的治理制度规范，明确标准、要求、措施、责任，落实谁来做、怎么做、做什么，排出计划表、路线图，形成长效机制，做到响应及时、处置得当、施策精准，实现城市安全运行精细化管理和可持续发展。

恢复力即是增强新城的事后救援能力，建议一是加强安全生产应急救援专业队伍建设，加强应急资源共享，形成顺畅的应急救援机制，以专业化的高素质人力资源和区域联动的应急物资供应作保障；二是搭建建立统一指挥，协调联动的应急救援平台，集中各方力量应对灾害的不确定性，形成应急救援的合力。

希望上海五个新城的发展能以安全为底线，以激发活力为关键，打造高品质的人民城市、韧性城市，在百年未有之大变局中，创出品牌，创出示范，创出效益，迈向卓越、面向未来，不负习近平总书记的嘱托和人民的期待。

作者信息

孙建平，同济大学城市风险管理研究院院长、教授、博士生导师，sjp1608@163.com。
方伟，同济大学城市风险管理研究院安全发展示范城市技术研究中心副主任、总工程师。
文曦，同济大学城市风险管理研究院研究员。

参考文献

[1] 孙建平．上海城市运行安全发展报告 [M]．上海：同济大学出版社，2020．
[2] 邱爱军，白玮，关婧．全球 100 韧性城市战略编制方法探索与创新：以四川省德阳市为例 [J]．城市发展研究，2019，26(02)：38−44+73．
[3] 王祥荣，谢玉静，徐艺扬，等．气候变化与韧性城市发展对策研究 [J]．上海城市规划，2016(01)：26−31．
[4] 陈群民，吴也白，刘学华．上海新城建设回顾、分析与展望 [J]．城市规划学刊，2010(05)：79−86．
[5] 徐江，邵亦文．韧性城市：应对城市危机的新思路 [J]．国际城市规划，2015，30(02)：1−3．

新城建设与上海韧性城市规划的策略框架

张尚武[1,2] 钱慧[2] 刘振宇[2] 王昱菲[1]

(1. 同济大学建筑与城市规划学院，上海，200092；
2. 上海同济城市规划设计研究院有限公司，上海，200092)

我国现代化建设正处在国际国内形势发生深刻变革的历史交汇期，立足新发展阶段，系统统筹发展与安全更是成为国家“十四五”及面向中长期发展的基本任务。十九届五中全会围绕习近平总书记提出的总体国家安全观，提出“以国内大循环为主体、国内国际双循环相互促进”的发展格局，突出强调安全问题对于国家高质量发展的战略意义。当前气候变化及全球新型冠状病毒肺炎疫情背景之下，安全韧性成为全球城市研究关注的重点。上海是我国乃至全球超大城市的典型代表，安全韧性问题的重要性尤为突出。在“双循环”背景之下，上海提出加快新城建设，及打造“国内大循环中心节点、国内国际双循环的战略链接”的战略定位，带来了更加特殊的安全韧性要求。本文基于以上背景，立足上海新城建设、优化市域空间格局和推进长三角一体化建设要求，针对上海发展所面临的不确定性主动探索适应性的调整思路和途径，对上海韧性城市规划研究应对策略框架进行了探讨，为上海实现生态韧性之城的建设目标提出建议。

1 新城建设与上海韧性城市规划的分析框架

1.1 韧性城市规划作为上海加快新城建设的战略议题

2021 年上海市发布了《上海市国民经济和社会发展第十四个五年规划和二〇三五年远景目标纲要》（简称《纲要》），“十四五”期间上海将围绕持续提升上海城市创新能力和对外开放的核心竞争力，提出打造“国内大循环中心节点、国内国际双循环的战略链接”的战略定位，加快推进长三角一体化发展，构建“中心辐射、两翼齐飞、新城发力、南北转型”的空间新格局[1]，将加快新城建设作为优化市域空间格局、实施新一轮空间战略的重要支点。

韧性城市是城市规划建设应对灾害和风险的理念及模式的积极转变，使城市运行系统能够适应经济、社会、环境、安全等领域的变化，在受到外部冲击和面对不确定因素时，具备承受、适应和恢复的能力。作为代表国家参与国际竞争的经济中心城市和典型的超大城市，安全韧性是未来上海城市发展建设必须关注的重大挑战。在全球气候变化及全球新型冠状病毒肺炎疫情蔓延的背景下，各类风险在全球性超大城市汇聚并集中体现。国际上以纽约为代表，在 2012 年遭受“桑迪”飓风后，将安全韧性作为城市面向 2050 战略的核心议题。国内“7.20”郑州特大暴雨灾害也为中国超大城市敲响了警钟。在“双循环”背景下，上海将着力打造“双循环”的“战略链接”，更带来特殊的风险挑战及安全韧性要求。

加强韧性城市规划是上海落实习近平总书记总体国家安全观、十九届五中全会提出的“统筹安全与发展”要求，增强上海可持续发展能力和抗风险能力以及提升上海发展质量的紧迫任务。对此，《纲要》突出强调“十四五”期间上海要全面提高城市的抗风险能力，把安全发展贯穿到经济社会各领域和全过程。“新城发力”是上海“十四五”期间市域空间格局优化的战略重点，安全韧性是新城发力的重大支撑战略，是上海在空间格局上全面重塑应对安全风险能力的重要契机。因此，上海在加快新城建设过程中，加强韧性城市规划建设是“十四五”期间的重要任务，既要突出新城建设在全市安全格局中的地位，形成新思路，也要针对上海韧性城市规划建设面对的挑战补短板，探索新路径。

1.2 上海韧性城市规划研究的分析框架

韧性城市规划建设是城市应对灾害和风险的能力建设。关于韧性城市规划的策略框架研究，国内外学者主要针对城市韧性的规划理论框架广泛开展研究，并形成较为系统性的成果，依据视角的不同主要有基于灾害风险视角的框架 [2]、基于城市管治视角的框架 [3]、基于复杂适应系统（CAS）视角的框架 [4] 以及涵括物质空间和社会系统的综合性研究 [5, 6]。各类框架的繁杂程度不一而足，但多数是以城市韧性的理论框架，将城市的单项或多项要素作为分析对象，搭建较为宏观的城市整体或某一空间层次的韧性规划框架 [7]。主要内容一般包括风险识别与评估、抵抗冲击的空间优化、快速恢复的弹性空间构建、适应变化的应对能力提升等方面 [8]。

本文认为，上海韧性城市规划研究的分析框架包含了四个内容。第一，是多目标识别。韧性城市的规划研究首先要识别城市面临的关键韧性议题。城市是一个包括自然、经济、社会和空间等子系统，相互关联、相互作用的复杂系统。韧性城市规划核心是空间视角，但也应该从系统性角度出发，从自然、经济、社会和空间四个子系统来识别韧性议题，进而分析各个议题在空间上的影响和作用机制，作为提出空间应对策略的依据，提出实现“建设更可持续的生态韧性之城”的多目标综合路径（图 1–1）。

第二，是多情景应对。安全韧性问题具有不确定性和动态性，需要确立多情景的应对框架，其关键是基于韧性议题对城市脆弱性的关注和识别，根据发生频率、影响程度、影响范围、影响人群等，加强对各类灾害风险脆弱性评估和预警能力，并采取针对性策略。

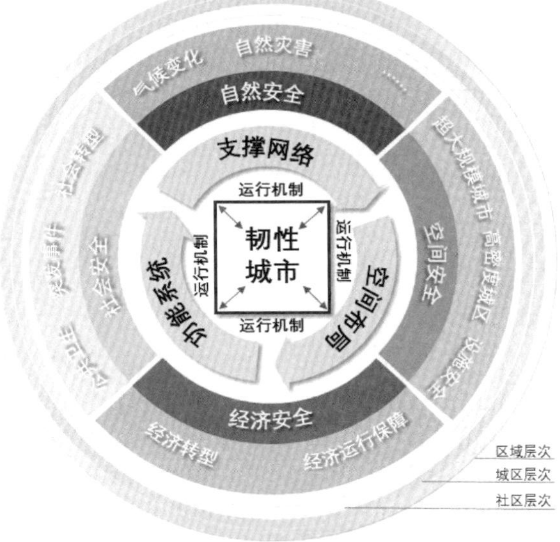

图 1-1　韧性城市规划的解析框架

来源：作者自绘

第三，是多系统协调。韧性城市规划包括了支持空间运行安全的四个系统。针对上海高密度超大规模城市地区的特点，要增强空间系统的适应性，提升支撑网络、空间布局、功能系统及运行机制对空间系统运行的支撑能力。一是支撑网络，包括交通与基础设施网络、生态网络等。这是韧性城市建设的基础，是城市在面对外来冲击维持保障城市基本功能正常运行的生命线。二是空间布局，即城市空间的布局模式，与城市空间结构优化相协调，是城市功能系统运行抗击外部冲击的支撑。三是功能系统，主要通过土地利用与开发模式的控制，在面对外部冲击时使城市能维持并保障其基本经济、社会等功能体系的正常运行。四是运行机制，包括规划制定及干预机制等，从空间规划治理能力形成韧性城市规划运行的顶层设计。

第四，是多层次治理。韧性城市规划涉及不同的空间尺度，对于上海这样的特大城市、区域中心城市而言，其韧性城市规划包括了从区域到城区再到社区三个空间层次。区域尺度重点关注跨区域协调的议题。城区层面主要是城市和城乡尺度，对应城市总体规划和分区规划，重点关注空间结构和分区之间的差异。社区尺度重点关注微观层面的韧性议题，对应详细规划，核心是在风险应对中保障居民的日常生活。针对不同层次安全韧性目标的差异和高密度超大城市空间系统运行的复杂性，要将多情景、多维度应对策略与区域、城区及社区三个空间层次结合起来，构建多尺度的空间应对策略框架（图 1-2）。

2　多目标综合：探索超大城市韧性规划建设新路径

上海韧性城市的总目标是建设更可持续的生态韧性之城。因此，五个新城建设及韧性

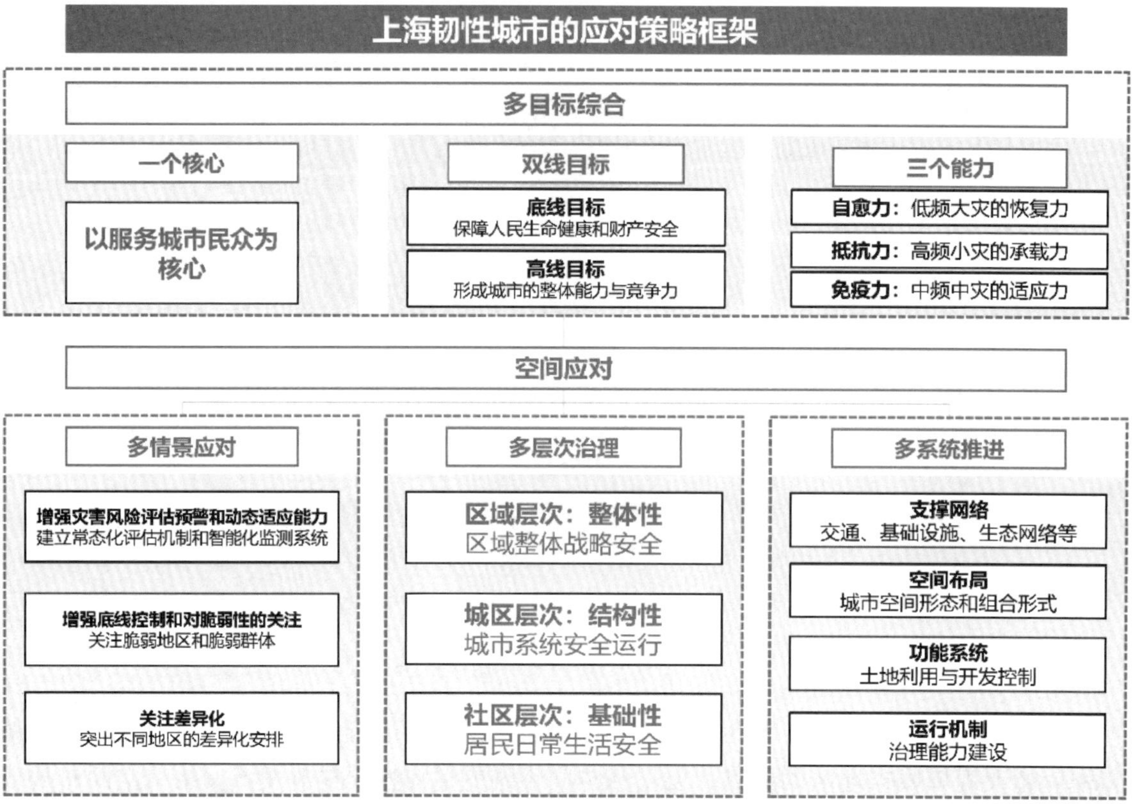

图 1–2　韧性城市规划应对的总体框架

来源：作者自绘

规划建设应确立“一个核心、双线目标和三项能力”的总体思路。其中，“一个核心”即强调人，以服务城市民众为核心。“双线目标”包括底线目标与高线目标，底线目标是保障人民生命健康和财产安全，实现城市抗冲击、保安全的基本能力。高线目标是将应对各类自然灾害、公共安全冲击能力与城市可持续发展目标相结合，形成城市空间系统防范长期风险的整体能力与竞争力。

“三项能力”为承载能力、适应能力和恢复能力。围绕城市所面临的风险特征和过程阶段差异，三项能力分别有所侧重。承载能力（抵抗力）重点对应“小恙事前防”，提高城市应对高频小灾的承载力，即增强城市的风险防控能力，强化各类新旧风险感知及防范能力，推进风险源头治理扎实落地。适应能力（免疫力）重点对应“轻疾事中控”，提高城市应对中频中灾的适应力，指在遭遇多级突发事件情况下，城市能够快速有效响应，对症下药，找准干预措施，抵抗干扰实现自我康复。恢复能力（自愈力）重点对应“大病事后养”，应对低频大灾的恢复力，确保在面临罕见事件时，区域救援力量、应急物资补给充足，空间资源及设施高效运作，城市运行较快回归正轨。

3 多情景应对：重视风险的不确定和城市的脆弱性

上海韧性城市建设的空间应对框架应突出多情景应对的思路，关注针对情景变化的动态适应能力，底线控制和对脆弱性的关注，以及差异化策略的制定。既要加强对各类灾害风险的评估和预警能力，根据发生频率、影响程度、影响范围、影响人群等采取针对性策略，同时加强脆弱性的关注，加强自然应对、底线控制和动态适应的应对能力。

第一，需加快制定区域自然风险地图，建立灾害风险评估预警机制，针对灾害及扰动的动态变化强化学习和动态适应能力，建立常态化评估机制和智能化监测系统，不断提高学习和动态适应能力。

第二，针对城市脆弱性开展评估并制定针对性策略。重点关注承灾能力及抗干扰能力较差的脆弱地区（如高密度中心、老旧社区、交通物流枢纽、重化园区、滨海地区等）、脆弱系统（如以地铁为代表的地下空间等）、脆弱群体（如老年人口、儿童等）等。

第三，关注地区差异化应对策略。突出不同地区、不同系统针对不同灾害风险及扰动时应对策略的差异化安排，并将短期应对策略和长期的应对方案结合起来。针对老城、新城等在自然地理特征、功能定位、建成环境、开发模式等存在显著差异的地区，针对所面临的风险挑战的不同，突出空间策略制定的差异性。

针对五个新城不同定位及不同灾害风险议题提出相适应的差异化策略。南汇和奉贤新城应积极示范上海应对气候变化的能力，完善海堤建设以应对极端气候灾害；松江和嘉定新城应围绕区域廊道枢纽功能，增强区域连通性，探索跨区域灾害风险防控及防灾减灾救灾联合机制的建立；青浦新城应重点增强雨洪灾害及自然安全应对能力。

4 多系统推进：增强多要素空间应对策略的系统性

针对上海高密度超大规模城市地区的特点，新城韧性城市规划建设通过四个维度的系统性空间策略安排，提高城市韧性水平。

一是支撑网络，包括交通网络、基础设施、生态网络、安全服务等四个系统。支撑网络是提升城市韧性能力、保障安全运行的基础，需均衡协调联通性与独立性、承载力与可替代性两组关系，加强多系统协同，构建保障城市安全运行的基础。

二是空间布局，指城市各组成部分的空间分布形态及相互间的组合形式，要突出多中心、组团式、单元化的空间布局模式，通过关键设施、核心功能的分布式、模块化布局，提升城市韧性水平。

三是功能系统，通过土地利用与开发控制，提高空间弹性与功能灵活性度，加强对开发强度、时序等的控制，增强空间系统的韧性适应能力。

四是运行机制，通过制度化、数字化、智能化提升治理水平，完善新城韧性规划建设管理机制，建立全生命周期规划治理模式，构建多主体、动态应对的韧性治理体系，提高韧性城市保障能力。

5　多层次治理：加强多尺度空间应对策略的整体性

针对高密度超大城市空间系统运行的复杂性，构建区域、城区、社区三个空间层次的整体应对框架。

5.1　区域层次：突出战略性

区域层次策略针对上海大都市圈和上海市域，以维护区域自然、空间和经济社会安全为目标，增强应对区域功能性风险和生态性风险的能力，空间策略突出战略性和整体性。

一是全面增强应对区域安全风险跨区域协同治理能力。区域协同建立完整的监测网络、创建评估预测平台，为重大风险的预警防治提供数据和平台支撑。建立跨区域的防灾减灾机制、基础设施互联互通与共建共享机制、生态共保与环境共治机制，提高区域协同治理能力。

二是全面增强灾害应对自然解决方案能力。合理规划生态保护片区、生态连绵带及生物迁徙廊道，保护生物多样性；围绕雨洪安全、水质提升等要点，将韧性理念、自组织和自适应能力融入生态规划建设，维护崇明岛、淀山湖、海岸带湿地等重点生态区；统筹建设各类区域级重大灰绿防灾基础设施；构建沿海防护林体系、推进骨干河道两侧滨水廊道建设及高速公路两侧林带建设。

三是要强化多中心网络化结构，构建区域“防火墙”与增强区域连通性并重。加快新城发展，进一步推动全球城市核心功能在市域的整体布局，打造新城独立、综合性节点城市功能，推动多中心结构形成。完善综合运输通道布局，增强区域和市域联通性。将新城建设成为中心城区与上海大都市区的缓冲地带，通过提高新城的韧性能力成为连通区域、提升中心城区韧性能力的“安全岛”；充分发挥乡村地区的“海绵作用”，利用保护自然水系、乡村地区高透水性道路建设以及水利工程建设与绿化结合等手段提高乡村地区应对雨洪风险的缓冲能力；促进城市内部开敞空间、绿地系统规划建设与乡村的融合，通过提高生态网络连通性稳固城乡安全格局。

四是要提升水资源、能源以及重大战略设施和重要廊道安全保障能力。积极发展都市农业、提高农业生产效率，聚焦粮食生产、储备、加工等环节，加快构建更高层次、更高质量、更有效率、更可持续的粮食安全保障体系，推进粮食应急加工能力建设。加强对支撑上海城市发展的战略性基础设施安全的研究，在区域层次探索能源、水源、交通等战略性基础设施替代方案，提高冗余度，实现突发状况能够维持有限可用的状态，保障城市经济运行安全。重点保障新城、水源地等高价值目标，针对公共安全、公共卫生事件结合上海道路卡口建设连续的线性监控隔离带。加强区域生命线系统建设，通过生命线工程系统核心设施选址的风险区域规避；分布式空间布局、模块化系统设计和冗余化服务功能增强韧性能力。通过提高建设维护标准、增加冗余备份等方式保障区域重要廊道安全通畅。

5.2 城区层次：突出结构性

城区层次策略针对上海主城和新城，侧重经济社会和空间安全，增强超大规模高密度城市运行应对综合性风险的能力。

一是加强城区“安全网”和“超级”强韧化的主干生命线系统。构建城市“安全网”，生命线工程系统（水务、能源、交通、通信、医院等）核心设施选址尽量规避灾害高风险区域，并通过分布式空间布局、模块化系统设计、冗余化服务供给、综合化功能配置增强韧性水平，从而提升其对灾害风险的适应能力，确保城市居民在灾中仍然能较为稳定地获得各项基本生存服务。充分响应超大规模高密度城市自身的脆弱性及对风险的放大效应，提高主干道系统（城市应急通道骨架）、主干管网系统及核心设施的设计和建设标准，建设“超级”强韧的主干生命线系统，提高高密度城区的灾害适应能力；硬件防洪（堤坝、障碍物和其他水保护结构）及软件防洪（防水设计和开发的施工过程）共同作用加强黄浦江防汛建设。

二是要增强城区内自然生态系统的支撑能力。促进水网连通及滨水空间管控，充分发挥蓝绿生态空间的防灾功能；结合城市生态空间体系建设形成由各级应急避难场所和防灾通道构筑的综合防灾网络；推动海绵城市建设，完善城乡雨水排水体系，提高下凹绿地、屋顶绿化海绵设施滞蓄消纳雨水能力，创造兼备雨洪管理和公共活动的多功能城市水广场，增强雨洪韧性。

三是应协同构建空间分布式格局与安全防控体系。结合空间分布式格局构建安全防控体系。充分利用城市公共空间布设应急避难场所，以此为节点，以救援疏散线路为骨架，建设“应急防灾单元—综合防灾单元—独立防灾系统”层级清晰的城市应急空间体系，重点补足基础层次紧急避难场所的短板。5—10 分钟生活单元（1—2 平方公里以内）建设应急防灾基本单元，具备自救互救、紧急避难能力、短期物资供给能力和完善的社区网络；以街道为范围建设设施完备的综合防灾单元（3—5 平方公里），建设固定避难场所，具备固定避难能力、完备的人员、物资储备和管理体系；以城市片区为范围的独立防灾系统（50 平方公里以上）建设中心避难场所，具备输出救援力量的能力，是防灾应对的中心节点。

四是要强化多层次、多中心、组团式的空间布局模式，组团具备一定的规模和相对综合的功能，组团间合理分工，以保障城市尺度功能布局的均衡性。持续推进“城市主中心（中央活动区）—城市副中心—地区中心—社区中心”的公共活动中心体系建设，提高空间均衡性（图 5–1）。尤其重视地区中心建设（包括主城区地区中心、新城地区中心和新市镇中心），以地区中心为基本单元促进与人口分配相协调的公共服务与就业岗位均衡布局，保障其功能齐全与设施完备，使之成为保障城市安全运行的基本单元。积极发展轨道交通，通过高效灵活的交通模式保障多层次组团布局模式的运行效率。

五是应加强城区开发强度和密度控制，关注城市重点地区和脆弱地区安全，通过空间弹性、要素配置增强经济社会的转型能力。上海应建立常态化风险评估机制，识别高冲击、高价值、危险源密集、防灾能力薄弱等城市重点地区和脆弱地区并评估风险，针对 CBD（陆

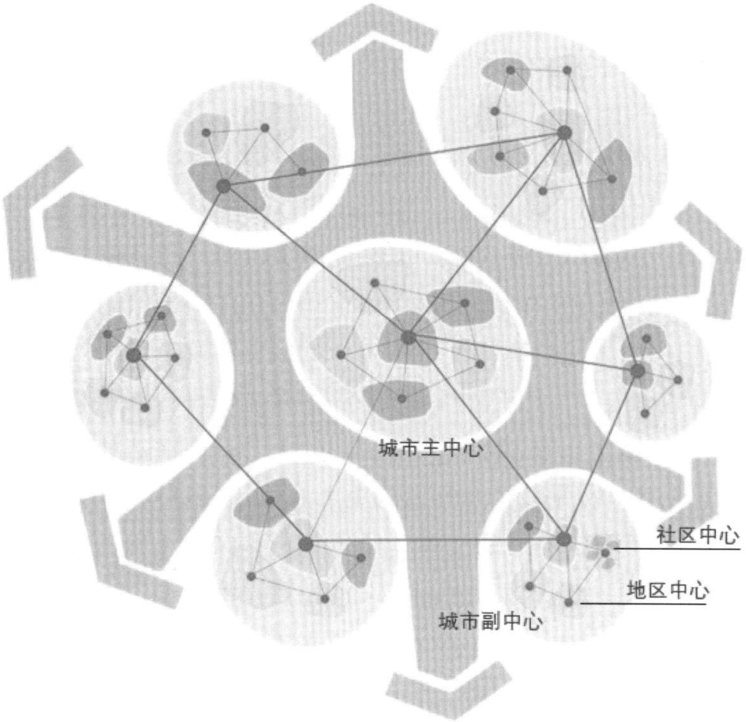

图 5-1　提升城市韧性水平的空间组织模式
来源：作者自绘

家嘴、人民广场地区等）、高密度的老旧社区（新村等）、交通物流枢纽（虹桥枢纽等）、重化工区、以地铁为代表的地下空间以及滨海地区等制定高风险和脆弱地区的专门解决方案。通过与城市空间结构、中心体系建设相匹配的开发强度和密度控制避免高密度城区均质化蔓延，降低高密度城区运行风险的同时提高城市宜居性。同时，鼓励空间留白，科学划定、严格管控战略留白用地，在高风险地区前瞻性布局应急设施用地，预留交通、市政等城市基础设施接入条件，预留弹性空间以保障城市面临重大扰动时的特殊功能需求。要面向经济社会转型要求处理好住房、公共服务、公共空间等要素配置的结构关系，适应人口结构演变、新经济形态等社会经济转型要求。

5.3　社区层次：突出基础性

社区尺度突出基础性，侧重社会和空间安全，增强保障居民生命财产安全和提升宜居品质的能力。

一是加强社区“救生舱”和社区生命线系统建设，以社区生活圈作为分布式布局基本单元完善基本公共服务网络。结合社区生活圈合理规划建设防灾应急单元（社区“救生舱”），将公共活动空间（公园绿地、体育馆、学校等）与应急避难场所的建设相结合，并配备必要的医疗服务设施及其他应急设施（应急通信设备、抢险救援车辆等）和物资（储备食物、饮用水等），确保每个社区生活圈具有相对独立的抗击灾难、自救互助的能力，保障受灾人员方便、及时地获得庇护和救助。与此同时，要合理设计社区单元与外部空间连接的救援疏散通道，确保灾害发生后受灾人员能有序疏散，外部物资能顺利进入。推进社区生活圈建设，将社区生活圈作为分布式布局的基本单元。依托社区生活圈建设完善基本公共服务网络。拓展公共服务内涵，全面覆盖居住、就业出行、休闲与安全等方面，应对社区居民的多样化需求并适应未来成长型需求，完善基础保障型服务的同时丰富品质提升型服务、增加特色引导型服务，通过基本公共服务网络的完善提高社区韧性能力。

二是应注重社区功能的复合性，增强空间包容性，关注社区脆弱人群，建设全龄友好型社区。通过空间的多样化、复合利用以及平灾兼用的公共设施、公共空间保障应急使用的弹性空间容载。以提供多样化的可负担住房为切入点，为年轻人、创新创业人群及创新型企业提供低成本空间，提高城市宜居性，为经济转型发展提供空间保障。充分响应老人、儿童需求，建设全龄友好型宜居社区，通过提高公共服务供给的针对性保障脆弱群体享有基本公共服务的稳定性；加大对重点群体、弱势群体的关爱保障力度，完善现代社会救助体系，健全应对突发性、紧迫性临时民生兜底保障和特殊人群关爱机制。

三是要建立可持续的城市更新机制，提升韧性社区治理能力。积极创新新城土地开发和建设运行模式，控制系统性风险，探索各类老旧建筑、基础设施动态维护、更新、改造与重建方式。上海建筑、基础设施老化问题将日趋严峻，直接导致的潜在事故灾害风险将增加，同时设施老化引发的功能退化也会导致防灾能力的退化。因此，需定期排查消除安全隐患，包括清理老旧小区路面杂物连通消防救援路线，定期维护电力、电信、自来水、天然气等与日常生活密切相关的设施以确保灾害发生时的正常运行能力等；建立城市更新机制，识别重点更新改造地区并采用多种技术手段进行实时监控与定期评估。在规划的决策过程中充分利用社区和媒体力量加强市民参与，社区或居民自组织能够依靠自身力量快速应对冲击，并逐渐恢复；留足技术参与通道，包括提供技术赋能的应用场景，布置社区级别的智能设施与系统，包括物联网、智慧消防、无人机监测等，利用技术提供精细化管理，提高“事前”“事中”韧性；提供社会共治的方向，如利用民间救援、保险等社会化兜底手段的介入提升韧性，也即事后的救援与恢复能力；鼓励社区中不同社团、居民参与活动等自下而上的社区治理，可提高基层单元主体的防灾意识、互救自救能力，有利于提高社区应对突发事件的韧性能力（表 5–1）。

6 结语

韧性城市规划建设是发展理念、发展模式的优化转变，是上海在空间格局上全面重塑应对安全风险能力的重要契机。五个新城是上海在新历史阶段全面提升全球城市能级，发挥在长三角世界级城市群核心引领作用的重大举措。本文针对上海发展所面临的主要空间挑战，提出多目标综合、多情景应对、多系统推进和多层次治理的上海韧性城市规划应对

表 5–1　　不同空间层次的策略重点

	区域	城区	社区
议题与多情景应对	整体性 侧重区域尺度自然、空间和经济社会安全	结构性 侧重城区尺度自然、空间和经济社会安全	基础性 侧重社区尺度空间和社会安全
支撑网络	制定区域自然风险地图，提升自然解决方案能力（生物多样性、气候变化、自然灾害）； 加强区域性“防火墙”和生命线系统建设	增强城区内自然生态系统对城市安全的支撑（生态空间体系、蓝绿空间网络、海绵城市建设）； 加强城区“安全网”和“超级”强韧化的主干生命线系统	社区公共服务和公共空间网络、公共安全基础设施网络； 加强社区“救生舱”和社区生命线系统建设
空间布局	强化多中心网络化结构，增强区域连通性； 强化新城和乡村地区在区域安全格局中的作用	强化多层次组团布局和高效灵活的交通模式； 空间分布式格局与安全防控体系的协同构建； 加强城区开发强度和密度控制	以社区生活圈作为分布式布局基本单元； 空间复合性、功能留白，增强平灾兼用的空间容载
功能系统	提升资源、能源安全（水资源、能源、粮食安全等）保障能力； 区域重大战略设施、廊道安全保障能力	城市重点地区和脆弱地区安全； 空间弹性、要素配置适应经济社会转型要求	关注社区脆弱人群，建设全龄友好型社区； 建立可持续的城市更新机制
运行机制	应对区域安全风险的协同治理能力； 增强应对区域性安全风险的跨区域协同治理能力（区域协调、区域联防联控、基础设施互联互通与共建共享机制、生态共保与环境共治等）	应对城区安全风险的空间治理能力； 多规合一、部门协同等	提升韧性社区治理能力； 公众参与、技术赋能、社会共治等

来源：作者自绘

策略框架，并从区域、城区和社区三个层次提出相应的具体空间应对策略。

基于框架研究成果，建议上海韧性城市规划建设继续推进的工作方向。第一，开展上海安全韧性评估与指标体系研究，围绕区域、城区、社区多层次，自然安全、空间安全、社会安全、经济安全多系统，依托评估指标体系开展基于多情景的上海安全韧性评估，识别脆弱区域、脆弱环境、脆弱系统。第二，开展高密度城市安全韧性影响机制研究，通过情景分析、条件推演、系统梳理，重点分析韧性议题对高密度城市和高密度城区在系统运行、空间格局、治理体系等方面的影响机制。第三，建议编制《上海韧性城市规划设计导则》，对都市圈、城市、社区／村居等空间层次提出包括多灾害风险扰动影响评估、多系统要素协同的韧性空间布局、自适应循环规划监测在内的韧性城市规划设计技术要求。

作者信息

张尚武，同济大学建筑与城市规划学院副院长、教授、博士生导师，上海同济城市规划建设研究院有限公司院长，zhshangwu@tongji.edu.cn。

钱慧，上海同济城市规划设计研究院有限公司城乡统筹规划研究中心副主任。

刘振宇，上海同济城市规划设计研究院空间规划研究院副总规划师。

王昱菲，同济大学建筑与城市规划学院硕士研究生。

参考文献

[1] 上海市人民政府．上海市国民经济和社会发展第十四个五年规划和二〇三五年远景目标纲要 [EB/OL].(2021-01-30). https：//www.shanghai.gov.cn/nw12344/20210129/ced9958c16294feab926754394d9db91.html

[2] CUTTER S L，BARNES L，BERRY M，et al. A place-based model for understanding community resilience to natural disasters[J]. Global Environmental Change，2008，18(04)：598-606.

[3] JABAREEN Y. Planning the resilient city：Concepts and strategies for coping with climate change and environmental risk[J]. Cities，2013，31(02)：220-229.

[4] 陈志端，仇保兴，陈鸿．韧性城市系统韧健水平提升与强健模型研究：基于复杂适应系统理论(CAS)[J]. 城市发展研究，2021，28(08)：1-9.

[5] LU P，STEAD D. Understanding the notion of resilience in spatial planning：A case study of Rotterdam，the netherlands[J]. Cities，2013，35(04)：200-212.

[6] DESOUZA K C，FLANERY T H. Designing，planning，and managing resilient cities：A conceptual framework[J]. Cities，2013，35(04)：89-99.

[7] 臧鑫宇，王峤．城市韧性的概念演进、研究内容与发展趋势 [J]. 科技导报，2019，37(22)：94-104.

[8] 陈利，朱喜钢，孙洁．韧性城市的基本理念、作用机制及规划愿景 [J]. 现代城市研究，2017(09)：18-24.

韧性交通国际发展前沿与新城交通网韧性能力建设路径

李辉[1] 彭晨鹏[2] 李兴华[1] 杨超[1] 林坦[2] 贾明[1]

(1. 同济大学交通运输工程学院，上海，200092；
2. 同济大学中国交通研究院，上海，200092)

近年来，全球气候变暖导致极端气象已经成为一种常态，世界气象组织指出，2021 年全球至少已经历 189 场极端天气，郑州暴雨只是全球极端天气常态下的一个缩影。自然灾害等危害频发使得交通运输灾害越来越呈现出不确定性高、随机性强、可预见性低、破坏性大的特点，导致交通基础设施生命周期缩短以及运营维护成本增高。而以新城建设为契机，建设韧性交通网逐渐成为全球发展的热点和重点。

1　问题提出

城市交通系统作为城市发展之命脉，居民的日常出行以及物资的运送均依赖城市道路网络而实现。由于其开放且复杂特征，极易遭受极端天气、自然灾害、恐怖袭击等突发事件的侵扰，因此在日常运作过程中很容易受到来自系统内部或外部各种因素的干扰，极易导致路网路段通行能力降低甚至中断。当城市交通受到严重冲击时，倘若无法及时恢复，很容易产生较为严重的损失。

据统计，1949—2007 年间，以上海为中心的 550 公里范围内经过并影响到上海市的台风约 200 个，且都带来大风、暴雨、风暴潮等灾害，对城市交通系统正常运行造成巨大冲击，甚至导致城市生命线系统瘫痪，严重影响城市及周边地区乃至全国的经济发展和社会稳定。2021 年第 6 号强台风“烟花”席卷我国华东地区，造成浙江、上海、江苏等地 482 万人受灾，直接经济损失 132 亿元。气候变化影响下极端天气频发，交通基础设施经常遭受各种灾害考验，国际机构和发达国家都在积极倡导打造韧性交通网络，新城建设应将韧性交通建设作为重点工作。2021 年 8 月，美国参议院通过的万亿基础设施投提案中，增强韧性成为1100亿美元道路和重大交通项目投资的重要目标，并且专门列支了应对气候变化的460亿美元韧性投资，是美国历史上规模最大的防灾减灾投资。根据国际机构研究，无论是风险损失总规模还是单位里程损失，我国城市交通基础设施均处于“脆弱”水平，提高新城交通网络韧性以保障交通“生命线”不中断已经刻不容缓。

2 韧性交通内涵与作用

目前，城市交通系统主要受到三大类扰动的影响：自然灾害、交通设施损坏、重大突发事件。自然灾害在我国各城市普遍存在，我国国土幅员辽阔，气候跨度大，地质条件错综复杂，常常受到暴雨、洪水、地震、台风、泥石流等各类自然灾害的影响。暴雨和洪水经常致使地下通道浸水，地铁无法运行；地震会破坏关键桥梁、危害隧道，且地震产生的次生灾害如滑坡等会中断路网；台风则影响交通出行，电力运输；交通设施损坏也十分常见；由于车辆超载，国内近五年发生了多次桥梁倾覆事件，不仅造成了生命财产安全损失，同时中断了关键的交通路线；重大突发事件也造成严重影响。自2020年初以来，新型冠状病毒肺炎疫情的出现使得公共交通网近乎停运，严重阻碍社会经济的发展与运行。而韧性交通概念的提出就是为了保障社会经济的平稳安全运转与发展。

“韧性”在英文中是“resilience”，起源于拉丁语中的“resilio”，意为弹回原来的状态。随着时代的发展，韧性的外延和内涵也在不断丰富。韧性的概念自提出以来，经历了两次较为彻底的修正：从最初的工程韧性，到生态韧性，再到演进韧性[1]。进入21世纪以来，韧性的概念逐渐进入城市的灾害治理和可持续性研究中，“韧性城市”“韧性交通”等概念应运而生。地震工程综合研究中心将韧性定义为“系统在地震发生时减少震动的可能，以及吸收震动、在地震后及时恢复的能力”[2]；联合国国际减灾署将韧性定义为“暴露于危险中的系统、社区或社会，具有抵御、吸收、适应和及时高效的从危险中恢复的能力，包括保护和恢复其重要基本功能”；国际韧性城市联盟将“韧性城市”定义为：城市系统能够消化并吸收外界干扰的能力[3]；研究者近年提出“韧性城市交通”的概念内涵要求城市的交通变得富有弹性，有较强的抗冲击能力，并提出了韧性城市交通系统的五项准则：多样性、模块化、高通量、需求侧管理、智慧化[4]。国内外学者对城市韧性的定义不尽相同，在社区韧性、组织韧性、自然灾害韧性、基础设施韧性等方面均有不同侧重，但总体仍是围绕抵御、恢复、适应三方面能力进行延伸。

总体而言，韧性交通是指交通网络能够预测和适应不断变化的外部环境，具有较高的稳健性和必要的冗余性，能承受、应对突发事件并实现快速恢复。韧性交通与应急交通最大的区别在于其前瞻性和系统性，强调事前风险抵抗、事中冲击吸收和事后恢复。

3　国际机构积极倡导打造韧性交通“生命线”

3.1　气候变暖导致极端天气剧增已成为全球共识

根据联合国发布的《2000—2019 年灾害造成的人类损失》，进入 21 世纪以来，重大自然灾害发生次数显著上升，其中中国报告 577 起，灾害事件最多。世界气象组织发布的《2020 年全球气候状况》指出，2010—2019 年气象灾害比 2000—2009 年增加了 9%、比 1991—2000 年增加了近 14%。世界经济论坛联合发布的《全球风险报告 2020》将极端天气、气候问题应对失败、自然灾害列为发生可能性前三的风险。联合国和世界银行等相关机构将极端气候事件风险定义为危险性、暴露度和脆弱性的组合，极端自然灾害大幅提升了危险性、城镇化进程提升了暴露度，要求交通生命线减少脆弱性，增强灾害应对韧性。

3.2　国际机构积极倡导韧性理念以增强交通系统防灾减灾能力

2015 年，联合国将“建造韧性基础设施，促进可持续的工业化，推动创新”以及“建设包容、安全、韧性和可持续的城市及人类住区”作为全球 17 个可持续发展目标中的两大目标。2019 年由牛津大学、世界银行、欧盟委员会等开展的《全球公路、铁路基础设施资产多风险分析》表明，全球约 27% 的公路和铁路资产至少面临着一种自然灾害，约 7.5% 面临百年一遇的洪水风险，公路和铁路网络最易受地表洪水的影响。其中，中国的交通基础设施预期损失占比最高——中国的公路和铁路里程只占全球的 6%，但是每年的预期风险损失却占到全球的 24%。中国交通基础设施的预期风险损失大约为 1093 美元／公里（影响最大的是洪水），同样排在全球前列。

国际社会普遍认为投资韧性交通建设具有较高的产出效益。2019 年世界银行发布《生命线：韧性基础设施机遇》将交通基础设施定义为生命线之一，并提出气温和降水潜在性的增加将缩短公路生命周期，并增加多达 10 倍的养护和修复费用，天气变化对于桥梁带来的额外风险是以往的 3 倍。美国国家建筑科学研究所对 23 年来联邦减灾赠款成效分析发现，交通基础设施韧性建设每投入 1 美元可产生 4 美元的未来收益，针对洪涝、强风等风险的投入产出比更是高达 1∶8 和 1∶7。加强交通基础设施韧性不仅可避免昂贵的维护成本，也可显著降低自然灾害对人民生计和福祉的冲击和影响程度。

从政府治理的角度，建立韧性交通网络需要将工作重点从应急管理维度前移到强化系统韧性、优化工程设计、适应气候、社区和社会变化等多个维度（表 3–1）。世界银行制定了五项基础原则作为各国实施韧性交通建设的主体框架（表 3–2）。根据国际组织的研究和实践，韧性交通与交通应急最大的区别在于其前瞻性和系统性。

表 3–1 韧性交通建设维度

维度	应急管理	工程设计	气候、社区和社会变化
任务	计划、准备、响应、恢复	抵抗、适应	计划、抵抗、适应、恢复
持续时间	小时—月	数年—数十年	十年以上
潜在因素	• 天气事件 • 自然灾害 • 恐怖事件 • 灾难性事件	新的工程要求	• 极端天气影响 • 气候变化影响 • 海平面上升 • 减碳举措 • 流行病
影响范围	当地 – 区域性	当地	区域性或全球性
治理（沟通、协调、资源等）	公共安全机构，通常根据管辖范围的需要提供事件指挥	交通运输管理部门提供项目管理	• 各级政府多个机构，包括国际和社区团体 • 非政府组织和私营部门
机构角色	根据司法管辖区： • 支持疏散和紧急救援活动 • 交通维修牵头机构	交通运输管理部门通常提供工程和施工服务	• 资金 • 规划 • 政策与标准 • 减缓项目

来源：作者根据相关资料整理绘制

表 3–2 世界银行的韧性交通建设框架

韧性交通建设障碍	韧性交通建设建议	韧性交通建设对策
基础设施设计、管理和养护不善	持续提升交通基础设施管理水平	注重执行法规、施工规范和采购规则，确保交通基础设施合法合规建设
		做好基础设施养护、常态化安检、应急预案工作，保障在不同天气状况下的可靠运行
		为基础设施规划、建设和养护提供适当融资
政治、经济变动及协调失败	建立抗风险机制以应对政治、经济变动及协调解决方案	在现有监管体系基础上，建立韧性交通实施整体方案
		筛选关键基础设施和明确可接受风险水平
		关注弱势群体，确保韧性交通的公平使用
韧性交通建设缺乏激励	将“韧性”纳入法规和激励措施	在总体规划、标准和法规中融入韧性目标，并定期调整以适应气候的变化
		建立服务供给奖惩机制
		确保交通基础设施法规与土地利用规划相一致，以引导更安全地区发展
对自然灾害和气候变化考虑不足	改进交通管理决策	投资可获取的自然灾害和气候变化数据
		开展不同灾害情境下交通基础设施压力测试
		鼓励公众参与数据挖掘和建模分析
财政承受能力以及融资限制	确保足够财政支持	在总体规划和项目前期设计中开展风险评估
		制定资金保障战略以促进从无法避免的灾害中恢复
		提高韧性交通项目透明度以引进社会资本参与投资、建设和管理

来源：作者根据相关资料整理绘制

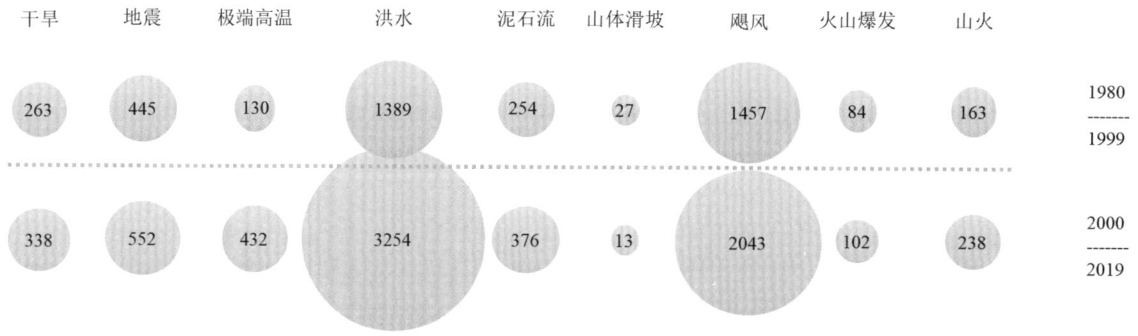

图 4-1 全球各类灾害发生数量对比（1980—1999 年与 2000—2019 年）
来源：《2000—2019 年灾害造成的人类损失》[5]

4 发达国家将“韧性能力”作为现代交通网络建设的重要方向

2005 年美国新奥尔良的卡特里娜飓风、2014 年美国凤凰城 10 号州际公路的洪水、2021 年我国郑州和德国洪水等事件都显示了交通基础设施在极端事件中的脆弱性，灾害数量统计见图 4-1，洪水、飓风、地震、高温等是近 20 年最频繁发生的灾害。发达国家积极打造韧性交通网络，并在相关法律法规中将交通网韧性和应急保障作为主要战略目标和规划内容，“韧性”理念在国外已经深入到交通政策和城市规划的各个层面。

4.1 美国：以各州交通部门和城市规划部门为主体开展韧性实践

2015 年，美国 FAST 法案要求在国家和城市中长期交通规划中要考虑韧性要求。2019 年美国国家科学院、工程院和医学院倡议国会立法制定州际公路系统更新和现代化计划（RAMP），将“实施交通基础设施韧性提升举措”作为重要内容。2021 年，美国政府问责局（Government Accountability Office，GAO）指出，美国缺乏跨联邦机构的战略组织来协调气候韧性的交通投资，建议国会采取联邦政府层面的机构安排来识别需要联邦政府优先投资的韧性交通项目，并提出了将气候韧性纳入联邦公路局政策框架、更新韧性交通设计标准等具体建议。2021 年，美国科学院出版了《交通部门的韧性入门》，为美国各层级交通政府部门推广韧性交通提供参考。

万亿基础设施投提案中，专门指出美国 2020 年遭受 22 场极端气象灾害，累积损失将近 1000 亿美元，并计划投资 460 亿美元用于韧性建设和防灾减灾。美国韧性实践以各州交通部门和城市规划部门为主体，联邦公路局在全国开展了 46 个韧性试点项目，在优化及养护、资产管理、安全保障、识别风险、应急与恢复、洪水管理等方面采取了多种措施。2019 年发布的“纽约 2050”规划中，明确指出将韧性作为五大价值观之一[6]。

4.2 英国：识别并强化关键交通网络

英国在 2014 年对公路、铁路、航空、海运、港口等交通基础设施及伦敦交通运输系统实施了系统性韧性评估，并由地方公路管理部门及其他交通基础设施管理机构在每年冬季之前进行例行气候变化风险评估。英国交通部联合英格兰公路管理局、地方公路管理部门等识别认定关键交通网络，判定是否存在潜在薄弱环节并予以强化，明确承担重要客流及供应链的交通通道及尚未获得防洪资金资助的交通基础设施，予以重点养护和提升，并确保公路和铁路建设和养护支出纳入资产管理计划。

4.3 新西兰：保障关键基础设施的可达性

新西兰交通运输局制定实施了交通基础设施韧性评估框架，可适用于项目级、网络和路线级、区域级交通基础设施资产管理。在韧性评估的基础上，新西兰强化识别关键基础设施，确保在紧急情况下，关键基础设施节点（如控制中心或变电站）、关键社区服务设施（如医院）的可达性，以及是否设有备选通行路线。

越南、纽约、波士顿等国家和城市也开展了交通基础设施风险量化评估，作为韧性交通建设重点的实施依据。

5 国际机构和发达国家推动韧性交通的典型做法

5.1 系统实施交通基础设施所处环境风险评估

世界银行建议交通管理部门加大获取自然灾害和气候变化数据投资力度，开展不同灾害情境下交通基础设施压力测试。美国交通运输部明确要求各州评估海平面上升和其他气候变化对区域内交通基础设施、流动性和应急管理的影响，并提供在专业的技术和知识指导，为不断变化的环境和气候条件升级交通系统。英国交通部对各类交通基础设施及伦敦交通运输系统实施了极端天气影响韧性评估，并从基础设施、部门联动、服务供给等维度提出具体韧性提升方案。

5.2 全面识别区域内关键交通基础设施网络

为确保交通运输系统在极端气候事件后快速恢复服务，世界银行建议交通管理部门明确区域内关键交通基础设施，以及分析制定可接受的风险水平。美国各州交通局致力于识别关键的交通网络，通过制定和定期更新韧性交通预案来改善交通对重大事件的响应。英国交通部要求各地公路管理部门全面识别区域内关键公路网络，与战略公路网共同组成韧性公路网，以确保关键服务及关键基础设施的可达性。新西兰关注紧急情况下关键基础设施节点（如控制中心或变电站）、关键社区服务设施（如医院）的可达性。

5.3 重视为用户提供具有韧性的运输服务

交通基础设施中断的影响程度取决于用户能否正确应对，世界银行要求交通管理部门建立信息系统来制定、评估以及实施和改进灾害应急救援方案。美国要求强化易受洪水及气候变化影响的交通基础设施，以及在紧急情况期间就交通系统状态和临时措施向机构的利益相关者和公众进行宣传。英国要求交通基础设施运营商在网站上发布最新预报信息以明确反映当时的天气情况及评估实际可提供的最佳服务，为乘客、其他用户和行业合作伙伴提供可靠运输服务。

5.4 结合气候变化及自然灾害影响提升交通基础设施设计标准

世界银行号召在交通总体规划、标准和法规中融入韧性目标，并定期调整以减轻交通基础设施所受各种自然灾害和气候变化带来的影响。瑞典在2008年更新了公路排水标准，引入气候安全系数来应对未来因气候变化而增长的降雨量。为了减轻自然灾害影响和威胁，美国要求在交通基础设施更新时整合各类气候韧性功能，例如洪水吸收及循环功能等。

6 面向新城建设的韧性交通网的现状与发展路径

6.1 城市韧性交通网现状

在快速的城市化和新城建设进程中，环境问题日益突出，要使城市具备“弹性适应”环境的变化与自然灾害的能力。针对以上问题《交通强国建设纲要》和《国家综合立体交通网规划纲要》都针对韧性交通系统建设提出了具体要求：建设现代化高质量综合立体交通网络，增强系统弹性，提升交通网络系统韧性和安全性。提升韧性交通网络能力成为交通强国建设的重要内容。

2020年10月，《中共中央关于制定国民经济和社会发展第十四个五年规划和二〇三五年远景目标的建议》首次提出建设“韧性城市”，提出“推进以人为核心的新型城镇化，要强化历史文化保护、塑造城市风貌，加强城镇老旧小区改造和社区建设，增强城市防洪排涝能力，建设海绵城市、韧性城市。”我国部分沿海发达地区在韧性城市的建设上走在全国前列。上海“十四五”规划纲要中提出，“提高城市治理现代化水平，共建安全韧性城市”。北京市在《北京城市总体规划（2016—2035年）》中提出“加强城市防灾减灾能力，提高城市韧性”，建设统一的灾害风险评估和监测预警体系，构建城市防灾空间格局；上海市在《上海市城市总体规划（2017—2035年）》中提出建设“更可持续的韧性生态之城”，应对全球气候变化，完善城市安全保障；广州市在《广州国土空间总体规划（2018—2035年）》提出建设“安全韧性城市”，健全地质灾害防治体系，稳步推进海绵城市建设。

随着我国交通基础设施建设和运营规模的增加，穿越复杂地形地貌和深度城镇化也增加了综合立体交通网的技术复杂性和脆弱性，新型冠状病毒肺炎疫情、极端天气等造成的交通网络和枢纽中断反映出交通发展对于灾害事后应急的重视程度远高于事前韧性能力建

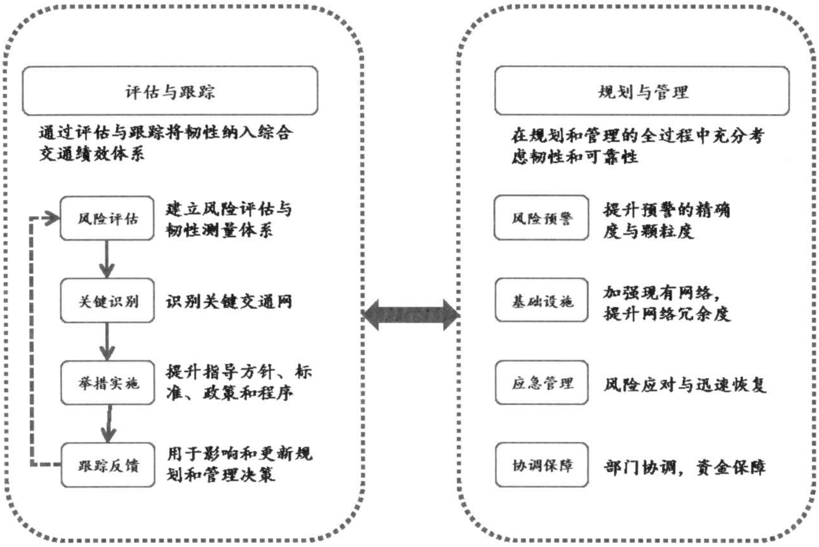

图 6-1　韧性交通发展框架

来源：作者自绘

设和事中冲击吸收的特点，城市韧性交通体系在发展理念、承受冲击、适应冗余、快速恢复等方面仍有巨大提升空间（图 6-1）。

一是交通基础设施韧性建设目标性不足。目前，尚未针对地震、强降雨、疾病等不同类型的灾害进行深入研究分析，建立侧重点不同的交通基础韧性评估和建设目标。对交通基础设施来说，自然扰动和人为扰动属于低频高损型灾害，应对重点在于提高恢复能力。技术扰动属于高频低损型灾害，应对重点在于提升适应能力。《国家综合立体交通网规划纲要》和《国家综合立体交通网指标框架》虽然分别将“重点区域多路径连接比率”“交通网韧性”作为发展指标，但是可操作性不强，国内韧性交通的系统架构、重点任务、实施标准和项目管理等理论和实践亟待厘清和完善。

二是韧性交通系统的整体性待提升。韧性交通建设是一个长期系统工程，在部门分割、职能分散、信息壁垒等问题的影响下，各种交通方式在发展过程中较多地考虑自身安全、区域安全，忽略了整体韧性能力建设。在极端冲击情况下暴露出部分地区应急预案实效有限、交通基础设施破坏难以恢复、运输网络冗余度不高、运输装备应急能力欠缺等问题，容易导致“一损俱损”，迫切需要从整体角度推动综合交通基础设施网络韧性建设。

三是精细化监测预警能力与应急管理机制尚有差距。已经形成较完善的地震、气象等重大灾害预警机制，但是针对具象化交通风险指标，目前交通信息网络的精细化反馈尚显不足，气象等中小尺度精细化、高分辨、高时效监测信息与预警缺失，预警阈值指标的科学性尚不完善，对于应急规则行为的指导性比较模糊，直接影响交通基础设施的风险承压和恢复能力评估。

6.2 城市韧性交通网发展路径

6.2.1 系统开展韧性交通发展专项规划研究

将“韧性能力”作为国家综合立体交通网规划、建设与管理全生命周期的重要目标，尽快组织开展韧性交通发展专项规划及前期研究工作，从顶层设计角度构建系统的韧性交通建设目标、发展框架和实施重点，将交通应急救援能力建设资源和资金适度前置到风险评估、工程设计、知识培训等多维度韧性能力建设，统筹应急救灾与韧性减灾方面的资源和资金投入，在标准设置、规划衔接、量化评估等方面全面提升交通网络韧性。

6.2.2 完善交通基础设施韧性评估标准和建设指南

建立交通基础设施韧性标准体系，开展韧性交通行业标准研究，在交通总体规划、标准和法规中融入韧性目标，完善整体交通韧性能力标准和不同交通方式的韧性能力标准衔接匹配，研究细化规划、工程建设、运营服务等不同阶段的韧性能力技术参数。发布韧性交通建设指南，对于交通运输系统中的不同环节设置相应的目标韧性水平，组织编制应急基础设施（道路）建设规范标准，确定建设内容、工艺方法和流程。完善韧性风险评估机制，实现韧性测量由定性评估到定量评估、由针对现状的脆弱性评估到模拟风险发生的防范能力评估，识别区域内易受自然灾损的基础设施，建立明确的韧性能力评估与应急响应关联机制。

6.2.3 建立国家综合立体交通网风险时空大数据平台

建立综合立体交通网自然灾害历史数据库，应用卫星、无人机遥感以及地理信息（GIS）技术，建立综合立体交通网及沿线区域风险模型（如水文模型、洪水灾害地图、数字高程模型等），为交通资产韧性提升建立良好的信息基础。完善国家综合立体交通网风险多来源实时预报系统，建设覆盖历史自然灾害、基础设施检测、风险预警等多维数据的综合平台，在综合应急指挥中心平台上搭建灾害信息服务、实时监测服务、信息预警服务、灾害应对指导等示范应用系统。定期组织综合立体交通网设施与服务韧性评估，调查、跟踪和报告基础设施保护、安全和应急管理方面的最新情况，建立韧性评估报告与公开机制，跟踪掌握基础设施的老龄化状态，做好信息报送和技术指导。

6.2.4 以公路为重点开展交通韧性能力提升工程

建立韧性导向的公路基础设施建设机制，在综合立体交通网公路规划和建设标准考虑并适应气候变化，完善韧性公路运营绩效激励机制，推广应用基于韧性或风险的可持续交通基础设施资产管理系统。明确韧性公路建设的资金保障，开展已（待）建公路的韧性提升工程，定位和标记重大交通基础设施薄弱点，建立重大隐患排查整治清单，对桥梁、边坡（高填深挖）等重要工程、地质灾害易发路段、特种设备进行重点排查，对于铁路、枢纽场站等网络关键设施设置高韧性目标实行保护修复。提高现有国家综合交通枢纽城市的连接冗余度，适当提高韧性综合交通枢纽的建设与维护标准，确保在自然灾害发生时多种交通方式的配合与补充。

7 面向雨洪灾害的城市交通基础设施韧性提升技术——以生态透水铺装为例

近年来，城市内涝现象发生的频率越来越高，主要原因有两方面：①不透水铺装面积的增加，导致渗入地下的水量越来越少；②城市排水系统的作用是使径流顺着道路排水系统排出城市区域，现状是城市排水系统排洪能力不足、管网设施不配套等问题。据统计，2008—2010年，全国62%的城市发生过不同程度的内涝，内涝灾害超过3次的城市有137个。根据中国1990—2015年的城市内涝统计数据来看，中国东部基本每个城市均发生过城市内涝。2012年我国有184个县级以上城市遭受了不同程度的内涝灾害。

目前，海绵城市建设已上升为国家战略，恢复城市生态本底、让城市更宜居。根据国务院办公厅《关于推进海绵城市建设的指导意见》，海绵城市建设是指充分发挥建筑、道路和绿地、水系等生态系统对雨水的吸纳、蓄渗和缓释作用，有效控制雨水径流，实现自然积存、自然渗透、自然净化的城市发展方式。2016年，上海市被选为全国第二批海绵城市试点城市，在浦东新区临港开展试点工程。2018年，市住建委公布了包括嘉定新城试点区在内的16个市级海绵城市建设试点，加速推进上海市海绵城市建设。2020年，根据国家“十四五”规划要求，将进一步继续深入推进海绵城市建设。《上海市防洪除涝规划（2020—2035年）》中也强调发挥“海绵”的调蓄功能，提高雨水消纳能力。《上海市嘉定区总体规划暨土地利用总体规划（2017—2035年）》中强调将上海嘉定打造为一座更具可持续发展力，健康生态之城，完善新城周边生态空间建设，并提升城市防汛除涝能力，推进海绵城市建设。尤其是嘉定新城作为上海“十四五”规划中“五个新城”的其中一个重要综合节点，对交通基础设施规划、公共服务、生态规划等各方面提出了新的高标准要求。

海绵城市能够提高城市生态性、舒适性、安全性，解决普通铺装所产生积水、湿滑、潮湿等一系列问题，通过结合透水铺装、植草沟、下凹式绿地等技术方案，进行机动车道、广场、人行道、校园、公园、运动场、停车场、活动空地等区域的海绵化建设，结合海绵示范技术展示系统和城市数字化雨水管理监测系统等智慧化手段，实现嘉定新城具有渗、蓄、滞、净、用、排功能。同时，还能够缓解热岛效应、吸收噪音、恢复生态廊道、美化城市环境。而海绵城市实践也将不同程度地减轻城市水网压力，并对城市雨水资源的利用起到带头示范作用。

透水铺装作为海绵城市的重要组成部分，同时又是重要的基础设施、主要的排水载体，成为“海绵城市”下的一种重要的源控制技术，可以有效的减少洪峰流量、防治城市内涝现象。透水铺装材料通常是由粗骨料、胶结性材料和改性剂材料等组成，多采用单粒径或间断粒

图 7–1　普通铺面与透水铺面对比

来源：作者自摄

径级配粗骨料作为骨架，水泥或沥青胶结材料包裹在粗骨料的表面，各骨料颗粒通过硬化的胶结材料形成多孔的堆积结构，因此透水铺装材料内部存在着大量的连通孔隙，丰富的连通孔隙为雨水的自然渗透、地下水回补等提供了条件基础，并能减轻道路径流雨水污染、缓解城市雨洪灾害、提升出行体验和出行安全等（图 7–1）。[7]

生态透水铺装材料一般分为透水沥青混合料和透水水泥混凝土材料两种类型。透水水泥混凝土又称多孔水泥混凝土，是由骨料、水泥和水拌制而成的一种多孔轻质混凝土，空隙率为 10%—25%。透水水泥混凝土在美国从 20 世纪 70 年代就开始研究和应用，美国佛罗里达州提出的无细集料“多孔水泥混凝土”，它由单一粒径的粗集料、普通水泥和水制成，不添加其他添加剂[8]。一般由粗骨料表面包覆的薄层水泥浆相互粘结而形成孔穴均匀分布的蜂窝状结构[9]，存在大量连通孔隙且多为直径超过 1 毫米的大孔，故具有透水、降噪和净化等功能特性[10]。

8　结论与讨论

近年来，城市中不断涌现的洪涝、高温、台风等极端自然灾害和新型冠状病毒肺炎疫情、爆炸火灾等突发社会事件无不对城市的基础设施及交通系统进行着严峻的考验，未来必将面临更多的风险和阻碍，而大规模的城市交通建设不应只追求数量和容量，而应向质量提升转型，将韧性的理念贯彻到城市交通规划、建设、运营的全过程中，将建立更加具有韧性的交通运输系统和基础设施体系作为未来国内城市建设的发展目标。韧性交通的建设将为城市社会经济的平稳、高效发展建设提供了有效的解决方案。而现阶段韧性交通理论还待完善、部分技术已开展应用于实践，但针对于多种多样的风险，韧性交通政策、规划、管理、运营与技术还需要更深入的研究和发展。

作者信息

李辉，同济大学交通运输工程学院教授，hli@tongji.edu.cn。

彭晨鹏，同济大学中国交通研究院助理研究员。

李兴华，同济大学交通运输工程学院教授。

杨超，同济大学交通运输工程学院教授。

林坦，同济大学中国交通研究院研究员。

贾明，同济大学城市交通研究院博士生。

参考文献

[1] 邵亦文，徐江．城市韧性：基于国际文献综述的概念解析[J]．国际城市规划，2015，30(02)：48–54.

[2] GIAN-PAOLO C，REINHORN A M，BRUNEAU M. Framework for analytical quantification of disaster resilience[J]. Engineering Structures，2010，32(11)：3639–3649.

[3] UNISDR. Terminology on Disaster Risk Reduction[R]. 2009.

[4] 仇保兴．构建韧性城市交通五准则[J]．城市发展研究，2017，24(11)：1–8.

[5] 联合国防灾减灾署．2000–2019 年灾害造成的人类损失[R]．2020.

[6] New York Government. OneNYC2050[R]. 2019.

[7] LI H，HARVEY J T，HOLLAND T J，et al. The use of reflective and permeable pavements as a potential practice for heat island mitigation and stormwater management [J]. Environmental Research Letters，2013，8(1).

[8] LI H，LIU J，ZHANG H，et al. 2021. Investigation on the effect of fine solid wastes on the runoff purification performance of porous asphalt mixture[J]. Environ. Manage：300.

[9] YANG B，LI H，ZHANG H J，et al. Laboratorial investigation on effects of microscopic void characteristics on properties of porous asphalt mixture [J]. Construction and Building Materials，2019：46–434.

[10] LIANG X，CUI S，LI H，et al. Removal effect on stormwater runoff pollution of porous concrete treated with nanometer titanium dioxide[J]. Transp. Res. Part D Transp. Environ：34–45，73.

新之城与城之新：上海新城与新城交通的思考*

陈小鸿[1,4] 刘翔[2] 陆凤[3] 廖霜婷[3] 叶孟洋[3] 叶建红[1]

（1. 同济大学交通运输工程学院，上海，200092；
2. 同济大学城市交通研究院，上海，200092；
3. 上海市嘉定区交通委员会，上海，201807；
4. 同济大学铁道与城市轨道交通研究院，上海，200092）

随着超大城市中心城区空间形态基本成型、建设用地增长受限、区域辐射能力进一步提升要求，城市群与都市圈环境下城镇化发展进入新阶段：中心城市建成区与周边中小城市形成网络化空间形态[1]。在《上海市城市总体规划（2017–2035 年）》（以下简称“上海 2035”）[2] 及其他超大与特大城市总体规划编制过程中，都将“主城区—新城—镇”作为市域城镇体系的基本框架，并提出充分发挥中心城和新城的辐射带动作用，以都市圈—城镇圈—生活圈逐层优化空间布局的核心规划思路。“上海 2035”确定了市域范围长三角节点新城布局，上海“十四五”进一步明确了大力实施新城发展战略，承接主城核心功能，按照产城融合、功能完备、职住平衡、生态宜居、交通便利的新一轮新城建设要求，把五个新城建设为长三角城市群中具有辐射带动作用的独立综合性节点城市，融入长三角区域城市网络。

新城只是一座新建的城市，还是一座按照新的目标、规则与发展路径建设的城市？这是新城规划首先需要回答的问题。要重新理解新城概念的内涵与功能：是面向未来的新城市，还是既有城市的复制或外延式拓展；是独立于主城区的综合性城市，还是与核心城市社会经济联系紧密的功能疏导型城区；是区域功能结构中的节点城市，还是地域视角下依存行政管制关系的郊区新城。如何看待新城的发展定位，将直接影响到新城综合交通体系

* 本文曾发表于《上海城市规划》2021 年底 4 期。国家自然科学基金重点项目“城市交通治理现代化理论研究”（编号 71734004）支持。

构建及与之对应的交通结构与模式选择。面对超大城市城区扩张逐渐收敛，转向城市区域融合发展的态势，新城发展与新城交通既是出行时间约束条件与城市空间布局优化之间的平衡，也是综合采用新的交通技术与规划方法，探索未来交通体系的重要契机。

本文从新城概念沿革、国内外新城发展特征与规律入手，结合本轮上海五个新城总体设计工作成果，阐述上海五个新城核心发展目标与共性要求。基于新城交通发展的现状瓶颈与挑战，结合嘉定新城综合交通体系研究，探讨新一轮上海五个新城发展中交通战略的应有之“新”，提出未来上海新城综合交通体系规划思路与策略。

1 新城内涵与新城之“新”

1.1 新城概念：多元混杂、增长导向

中文语境的“新城”源自新市镇（new town）。自 20 世纪 80 年代引入我国以来，就成为推动地方经济发展、加快城镇化进程的重要概念，并由此衍生出“新区”“开发区”“园区”等相似概念，还承担着我国对外开放、科技创新、制度改革的平台性功能[3]。以“新城”之名的新发展区域，从功能类型大致分为四类（表 1–1）：①产业型，通常以港口为依托，在主城区边缘，依托原有制造业基础向生产性服务业转型提升的新城，如临港新城、苏州新城；②商务型，在因承载能力受限的老城区邻近，通过高密度开发商务商业功能，有机疏解老城区承载压力，成为新的城市中心，如钱江新城、珠江新城；③居住型，以疏解或安置中心城区居住人口，在郊区建设的大型居住社区，是早期新城的主要形式，如大兴新城。④城镇节点型，作为超大城市城镇体系和城乡统筹的重要空间节点，通过建设较为完备的城市服务功能，为大城市郊区提供基本公共服务，如嘉定新城、青浦新城、松江新城。

表 1–1　　我国新城新区的发展缘起

生长模式	主要空间特征	典型案例
产业型	常以港口为依托，位于主城区空间边缘； 以制造业为主导，空间结构扁平化	临港新城 苏州新区
商务型	主城核心区，是城市新窗口与会客厅； 高层高密度开发，聚焦商务商业功能	钱江新城 珠江新城
居住型	位于通勤成本与级差地租叠合的远郊区；高密度大型居住社区，聚焦基本公共服务	大兴新城
城镇节点型	超大城市城镇体系中的重要空间节点； 城市功能相关完备且独立	嘉定、青浦、松江新城

来源：作者自绘

我国新城概念存在概念泛化、名词混用的情况，共性是依托既有特大城市主城区或区域中心城市，在首位度高、规模大的核心城市带动下，快速生长并形成新的城镇化集聚区域。

其建设目的是承载城市经济体量与人口总量增加，从而增强城市和其所在区域的经济能级与综合竞争力。

上海以中心城功能外溢为原始推动力，试图解决中心城大城市病布局新城，以快捷、便利、可靠的交通联系，为新城生长提供最初的“动力源”。因中心城而有“新城”，中心城与新城具有特殊关系，更是新城与邻沪城市的重要比较优势，与中心城的关系的分阶段塑造，是新城能否和以什么样的方式实现其定位目标的关键。

1.2 上海城市总体规划：从卫星城到新城

上海新城建设最早可追溯到 20 世纪 50 年代，确定了规模在 20 万人口左右的闵行、吴泾、嘉定、安亭和松江 5 个卫星城，以及 20 世纪 70 年代金山卫石油化工和宝山钢铁两个卫星城[4, 5]，奠定了上海城市的基本布局与范围、也界定了各个卫星城的职能分工。

《上海市城市总体规划（1999–2020）》明确了围绕中心城“多层、多核、多轴”的城市布局体系和新城功能定位。与国外新城模式的根本不同之处，上海新城不是新造之城，而是以既有县级行政中心、公共服务中心或重大产业项目为依托，发展成为与中心城空间相对独立、功能有机联系、具有完整社会经济功能的城市，从而实现大都市圈网络化空间格局，以抑制中心城过度膨胀导致的各种“城市病”[6]。与之相配合的“153060”[1] 上海高速公路网成型与 9 号、11 号、16 号、17 号等连接各新城轨道线的贯通，极大地改善了新城与中心城的可达性，加速了中心城产业功能转移和新城发展。2011 年进出外环线日均交通量达到 440 万人次，较 2000 年增长 65%[7]。外环线以外交通量增加更为迅速。

上海 2035 总体规划延续了 2001 版总体规划确立的“主城区—新城—新市镇—乡村”的四级城镇体系，但突出强调新城在长三角城市网络、在上海大都市圈中承担部分全球城市功能，在长三角区域中具有辐射带动作用，培育成为按照大城市标准进行设施建设和服务配置的综合性节点城市[8]。塑造完整的城市功能、提供综合的城市服务、树立城市群中连接与转换的节点地位，成为上海新城发展的核心诉求。

国内外新城发展历程基本证明了新城生长的外部条件是作为都市圈次级城市、地处经济带与区域城镇走廊的关键区位[9–11]。新城发育与地区城镇体系发展和综合运输廊道整体格局相关，是核心城市与大区域发展对都市圈内各类城镇节点共同作用的过程，不完全依赖于城镇行政等级和既有基础[12]。

1.3 城市网络中的新城定位：独立的综合性节点城市

新城的内涵与功能随着时代特征和城市发展阶段不断迭代更新。《中共上海市委关于

1 在上海高速公路网中，重要工业区、重要集镇、交通枢纽、客货主要集散地 15 分钟进入高速公路网、中心城与新城、中心城至省界 30 分钟互通、高速网上任意两点间 60 分钟内到达。

制定上海市国民经济和社会发展第十四个五年规划和二〇三五年远景目标的建议》中提出“中心辐射、两翼齐飞、新城发力、南北转型”发展思路，要求嘉定、青浦、松江、奉贤、南汇等五个新城发展成为“独立的综合性节点城市”。新城在上海市城市发展中的认知价值提升，并期望以新城为突破口探索城市发展、城市治理新的模式与路径。

上海“新城发力”是超大城市整合区域力量、优化功能布局、实现高质量发展的必然路径。从区域角度看新城，是长三角城市群结构完善需求、上海大都市圈均衡发展需求。新城应当成为上海辐射并凝聚大都市圈的节点与支点，避免成为断裂点。从上海发展看新城，是卓越全球城市的组成与发展的必由之路。从发展路径看新城，则是下一代城市可持续、高品质的集成实验。新城建设的目标，不在于增加一个新的城市，而是探索未来城市、人民城市的达成路径。新城之“新”，在于五个方面：

（1）功能新：从承载超大城市人口、功能疏解的新镇，向具有更加便利、更加综合服务功能的城市转变；

（2）格局新：在城市群、都市圈形成过程中，成为锚固区域城市网络的节点城市，成为连接核心城市与其他城市的枢纽；

（3）产业新：以制造业为主的产业园区向创新驱动的产业集群转型，以创新为动能，以新技术集成应用引领产业发展，如人工智能、自动驾驶、数字城市；

（4）交通新：强调节点城市的枢纽特性，新城与外部的网络化连接，以新交通技术集成应用为支撑、以服务便利为目标构建新城多模式一体化完整网络；

（5）需求新：从物质基础需要到美好生活需要，更加强调城市的包容与公平，更加强调生活与就业的多元融合。

1.4 上海新城规划建设推进模式：创新与尝试

新城规划建设是面向未来全新城市的集中尝试，期望在城市群、大都市圈中成为独立的综合性节点城市（图 1–1），作为区域城市综合实力金字塔的腰部关键层次，向上接纳扩散核心城市功能、向下传递辐射次级城市发展。

上海新城因此确定了五个规划目标和四个方面的发展策略（表 1–2），通过一个目标

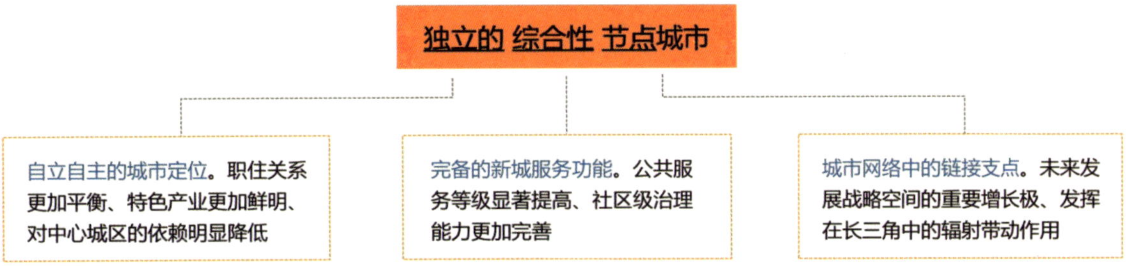

图 1–1 新城特质：独立的综合性节点城市

来源：作者自绘

战略文件和综合交通、产业发展、空间品质、公共服务、环境品质及新基建等六个重点领域专项工作，制定五个新城从政策、规划、设计到项目延续贯通的体系。在技术层面，则尝试推动宏观、中观联动的“总体城市设计”体系。总体城市设计落实城市总体规划、明确城市功能空间布局、塑造城市特色风貌、指导建筑设计，贯穿城市规划建设管理全过程，并要求细化集成新理念的示范片区，发挥新城转型发展的“触媒”和“标杆”作用。上海这一轮新城总体城市设计大致可归纳“三合一”，即三家设计单位并行展开并博采众长；新城总体城市设计须包括重点地区城市设计“1+N”；重点地区城市设计须包括专项研究，如支撑城市设计的产业功能与人口岗位规模研究、交通体系与智慧交通应用研究、街道功能与设计标准研究等。

表 1–2　　上海新城规划建设的目标与策略关键词

	目标与策略	重点与关键词
规划目标	最现代	空间治理、孪生城市、智慧交通
	最生态	蓝绿城市、安全韧性、绿色低碳
	最便利	慢行友好、未来社区、智慧城市
	最具活力	产城融合、活力街区、立体城市
	最具特色	气质鲜明、空间有序、人文个性
发展策略	汇聚共享	功能聚合、宜居宜业、产城融合
	高效智能	对外便捷、未来社区、新基建
	低碳韧性	蓝绿交织、安全韧性、低碳新样板
	个性魅力	疏密有致、视廊通透、文化特色

资料来源：作者自绘

基本完成的上海五个新城新一轮规划设计方案虽然侧重点和表达方式迥异，但设计理念与方向仍有诸多共同之处：以空间优化为根本，“轴带引导，缝合分区，中心集聚”的基本空间设计方案，注重生态格局与新城空间格局的勾勒、保护、涵养关系，以高低错落有致引导和调控空间开发强度，有控制地增加密度、增加高度、增加强度。以生态保护为底线，强调城绿共融、提升新城宜居品质与城市活力氛围，围绕水、山、湖、海构建生态空间格局，将社区公园绿地均衡分布作为15分钟生活圈的重要组成。以交通重塑为保障，围绕城际与市域轨道枢纽实现公共交通导向开发（transit-oriented development，TOD）、站城一体开发，加密新城内部路网密度，紧凑街坊尺度，倡导慢行理念，集成示范智慧交通新技术，规划面向基于自动驾驶应用和共享交通的一站式出行服务，提升环境品质，提升公共交通分担率，提升交通承载力，率先实现碳达峰与减量。规划设计还特别强调历史文化传承，意识到历史文化资源的重要性和各自的独特性，将教化之城、水乡文化、

图 1–2　新城规划的技术流程与内容——青浦示例

来源：作者自绘

上海之根等作为城市发展源泉与内生动力，有机地融合到方案设计中，使老城机理与新旧融合成为新城之“新”的独特基因。

通过城市总体规划—总体城市设计—重点片区城市设计的贯通，保障城市规划的目标与理念得以落实。支撑城市运行的各类系统，特别是综合交通系统，其设施规划、建设、使用、运行，也需要同步建立时空间延续的完整治理体系（图 1–2）。

2　新城发展的交通问题与规划挑战

2.1　新城交通现状与发展瓶颈

经过二十余年的持续建设，上海五个新城基本实现了道路成网、地铁通达、公交服务骨干覆盖[13, 14]。至 2019 年年末，五个新城常住人口共计 230.8 万人[15]，占上海市常住人口的 9.5%，人口与产业集聚能力明显弱于中心城，制约了公交、医疗等公共服务的投入与可持续运行（表 2–1）。

表 2–1　　上海五个新城现状规模与发展目标

新城名称	新城面积（平方公里）	2020 年常住人口（万人）	“上海 2035”规划人口（万人）	“上海 2035”建设用地（平方公里）	人口密度（万人 / 平方公里）	新规划 2025 年人口（万人）	新规划 2035 年人口（万人）	人口复合年均增长率
嘉定新城	159.5	46.5	70	106.5	0.7		100	5.24%
青浦新城	91.1	51.1	60	64.9	0.9		100	4.58%
松江新城	159.4	64.14	110	122.1	0.9	360	100	3.01%
奉贤新城	67.9	24.87	75	60.5	1.2		100	9.71%
南汇新城	343.3	约 20	65	176.8	0.4		100	11.33%

来源：作者自绘

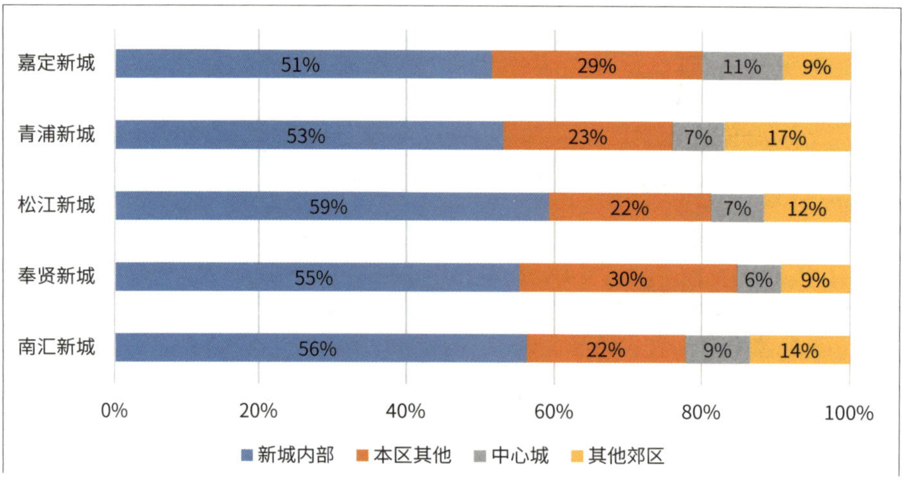

图 2-1　上海五个新城出行分布情况

来源：上海市嘉定区交通委员会．“十四五”嘉定新城综合交通规划研究（征求意见稿）[R].2021.

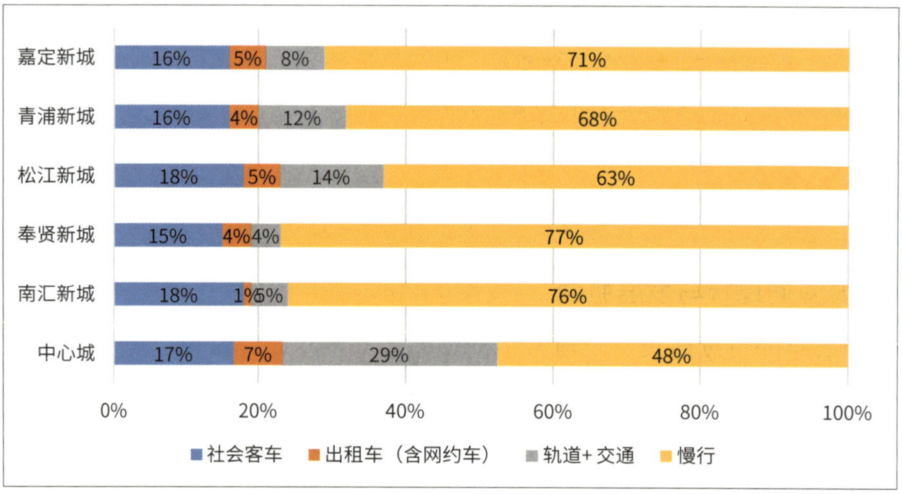

图 2-2　上海五个新城内部出行结构

来源：上海市嘉定区交通委员会．“十四五”嘉定新城综合交通规划研究（征求意见稿）[R].2021.

五个新城及所在行政区内部出行比例达到 80%，其中新城内部出行占比超过 50%，反映出新城生产生活的相对独立性（图 2-1）。新城内部交通公交出行比例不足 10%，但慢行占比超过 70%（图 2-2），具有良好的绿色出行本底，但新城与中心城的出行联系为出行总量的 6%—11%，仍然证明了新城是大都市圈城市网络中与中心城具有特殊关系的城市，在交通上存在着远高于一般城市间联系的强度。新城至中心城方向小汽车出行比例与公共交通出行比例各占一半，轨道线路高峰期在进入主城区前的断面均呈现较为拥挤的状态，嘉定新城、松江新城轨道交通廊道服务能力接近饱和。

面对新城百万人口规模、独立的综合性节点城市发展目标，新城交通的挑战除交通基础设施本底仍以公路网络为主、多模式综合交通服务供给不足之外，还呈现出枢纽对外辐射能级不足、交通网络体系层次不清、交通空间整合效能不充分、设施资源使用配置低效等短板。

（1）枢纽对外辐射能级不足。五个新城内部均缺少与城市规模、能级相匹配的对外交通枢纽，未能在国家高铁网络建设中提升区位优势。同为沪宁铁路通道上的昆山站和安亭站，后者到、发班次与客流仅为前者的 12% 和 5%，严重制约新城对外联系的便利性。五个新城的中心至市区主要枢纽时间平均在 1 小时以上，耗时超过邻近城市，难以发挥新城作为上海对外带动辐射的节点功能（表 2–2）。

表 2–2　上海新城与邻沪城市到达铁路枢纽的便利性

	至上海火车站 / 分钟	至上虹桥枢纽 / 分钟		至上海火车站 / 分钟	至上虹桥枢纽 / 分钟
嘉定新城	45	64	昆山	34	17
青浦新城	73	26	太仓	34	31
松江新城	61	84	苏州	25	25
奉贤新城	89	96	嘉兴	57	27
南汇新城	72	94	杭州	87	57
平均	68	73	平均	47	31

来源：作者自绘

（2）交通网络体系层次不清。虽然新城范围内道路基本成网，但密度低、结构层次不合理。特别是新城空间扩张导致高快速路与国道被“包裹”在城区，对城市发展形成割裂，如松江新城与 G60、嘉定新城与 S5 和 G15；市域干线公路同时作为新城骨干道路，过境交通与到发交通混合、客货混行，新城交通拥堵不亚于中心城。为新城城市功能提供高可达性的独立路网不仅未能建成，还因缺乏功能分离的空间而难以规划。新城核心区沿已建成的干线公路展开，或影响市域网络的功能保持、或影响新城风貌与品质、或增加建设改造成本。新城城区范围内有相当比例的干线道路是原公路，缺乏人行道，不利于公交、步行、自行车等。

（3）交通空间整合效能不充分。新城作为上海之根、上海之源，交通设施、管理措施与老城风貌特色与错位。慢行在新城出行方式的主体占比，并未体现为道路断面资源分配的慢行优先。新城交通出行，特别是中长距离出行中，个体机动化出行占比明显高于公共交通，且地面公交模式与目标单一，与新城人口岗位的集聚水平不相适应。

（4）设施资源使用配置低效。新城尚未形成交通枢纽与走廊带的土地利用—交通资源配置平衡结构。从中心城到新城的轨道交通线路，在五个新城内站点 600 米用地覆盖率不超过 10%，远低于上海 2035 提出的覆盖率 30% 的要求。市域铁路建设给新城带来新机遇，但最重要的仍然是用快速、集约的交通方式服务连接新城与中心城核心地区，巩固上海新城的区位优势，为新城发展聚人气、增能力（图 2–3）。

图 2–3　上海五个新城的 1 小时车行可达性范围

来源：作者自绘

2.2　新城交通规划的主要问题与挑战

五个新城的发展目标首先是人口规模——百万级大城市，未来交通系统需要支撑的客运活动需求是现状两倍以上。新城交通系统的基本服务目标——“30、45、60”[1] 是可达性体现的便利性，作为区域节点对于周边地区的服务能力、与中心城的便捷联系，也是支撑和引领未来新城发力的重要保障。对于新城交通系统的要求，不仅仅是通过增量扩容、存量优化保障一座新的城市的精明增长，更是集中体现在新发展阶段贯彻新发展理念，构建新发展格局，实现高质量发展的重点领域。

按照“最现代”“最生态”“最便利”“最具活力”“最具特色”的新城发展原则，要求新城综合交通规划以绿色交通为主导，以新技术为支撑，各类交通工具与运输组织模式、用地开发模式、交通管理政策协调一致且互为支撑的内容架构。然而，现阶段新城规划重点仍集中于空间与功能的总体安排，缺乏与综合交通体系在程序、技术等层面的互动。以正在开展的嘉定新城综合交通体系规划为例，至少存在以下发展前景、对外联动、品质提升三类的十个方面的问题：

（1）面向未来的新城交通，“新”在何处，何为样板。展现智慧、共享、绿色的交通技术前景可期，但技术周期、综合成本、设施依赖和应用成效存在不确定性。

（2）人口规模、类型及交通需求增长的不确定性。人口规模、辐射与集聚能级、交通系统的构建成为影响未来出行特征的关键。面对人口—空间—交通的动态反馈和发展阶段特征，综合交通体系特别是治理能力如何弹性应对。

1　30 分钟实现内部通勤及联系周边中心镇，45 分钟到达近沪城市、中心城和相邻新城，60 分钟衔接国际级枢纽。

（3）综合交通如何支撑新城突围“走出去”，在迈入融入长三角的基础上辐射长三角。如何以便利、一体的交通服务体系支持新城与邻沪城市的竞合关系，并通过良性竞争共同提升。

（4）如何有导向地提升新城与中心城之间大容量快速联系的能力。新城与中心城的便捷交通联系是新城的发展条件，也是新城在长三角城市群中的优势所在。交通需求增长的趋势明确，但通道数量少、容量不足问题已十分突出。

（5）如何谋划建立邻近新城间的快捷可靠联系，在大都市圈发展中互为寄托。嘉定新城的上海西北门户效应，需与宝山、青浦等地联动发展；松江新城的G60科创走廊枢纽功能，需与金山、奉贤等地联动发展，均需要快捷交通的支撑。

（6）强线路、弱功能的新城枢纽如何做强做大。“一城一枢纽”是新城规划的标志，目前新城既有枢纽如安亭、松江南的客运效益与其区位优势、占地资源极不匹配。交通的枢纽体系与城市的中心体系，如何通过TOD规划建设模式创新，而成为城市低碳绿色、智慧集约的发展新范式。

（7）如何缓解新城日趋加剧的交通拥堵。新城并非一张“白纸”，在非机动化时代新城的核心区和以非集中城市化区域设施标准建设的城区，交通需求过于集聚，过境与到发混杂，客货交通混杂，点、线、面交通拥堵常发甚至比中心城更严重，是新城高标准规划、高品质服务首先要解决的问题。

（8）如何提升公交与慢行交通品质。合理定位公共交通作用，变革、创新公共交通服务势在必行。

（9）如何打造重点地区标志性交通。重点地区除了标志性建筑还需要标志性交通，引领和示范交通前沿。

（10）如何实现客货交通的有效分离。解决区域性货运通道、先进制造业物流与宜居城市、品质出行的冲突矛盾。

3 新城综合交通的体系与方法创新：以嘉定新城为例

作为独立的综合性节点城市，新城综合交通体系承担着人口导入、空间布局与新产业发展的基础性、战略性支撑作用。新城综合交通体系的规划建设，既要面向未来城市与未来交通的发展愿景，也要同步解决自身扩张与辐射周边过程中的现实需要。

首先，要对标未来城市、人民城市、数字城市、双碳城市的愿景，建立新城综合交通体系的发展蓝图和规划建设指导原则。以人的活动链、方式链为基本着力点，借助新技术、新业态、新模式克服传统城市交通发展的弊病，打造随时点对点、随地门到门的数字城市时代高品质出行服务，塑造便利快捷、无缝调度、动态均衡的交通服务新范式。强化交通—空间—产业的协同布局，面向货物运输的产业链与供应链需求，货畅其流，降低物流成本，控制环境影响。

其次，要突出面向全国（全球）、长三角、上海大都市圈、上海市域等多维空间层次，抢抓打造独立综合性节点城市的关键窗口期，做强新城与邻沪城市、新城与新城、新城与主城区间的复合交通走廊，形成以城际铁路、市域铁路、地铁等快速大运量公交和高速、快速路组成的快联系强辐射通道与一体化网络。提升枢纽能级，优化集疏运体系，变交通转换为交流空间，实现站城融合。新城综合交通体系建设，应将对外关键通道、枢纽、网络等战略性交通资源的谋划布局作为当前工作的重中之重，并处理好平衡好区域网络衔接、新城网络完整、市域网络重构之间的关系。

最后，要突出交通设施新基建与数字化转型的必然趋势，构建新时期新城交通设施建设的标准体系和政策法规体系。融合应用数字孪生城市、大数据与人工智能等技术手段，支撑新城交通设施的升级换代，持续推动新城智慧交通建设、道路交通精细化管理、交通数字化转型治理等一系列导则与标准制定，服务于“物联、数联、智联”的交通数字底座和应用场景建设。

3.1　新城交通规划的编制思路

上海正在探索适应新城发展的国土空间规划与实施推动体系，综合交通规划体系在目标、框架、方法上也必须响应调整（图 3–1）。综合交通需要系统性规划，是综合规划、专项规划、项目实施规划的集成，要充分利用既有数据源和公共数据平台，建立综合性、公共性、延续性的定量分析与评估模型。一方面支持总体城市设计的空间优化与设施布局，另一方面对不同交通子系统的平衡性、协同性进行整体测试与评估，保持重要枢纽、走廊的结构规模稳定性，控制系统风险，保障网络运行、交通服务的可组织性，提升系统韧性。

嘉定新城因此确定了“1+6”综合交通规划与专项系统规划相结合的推进框架。综合

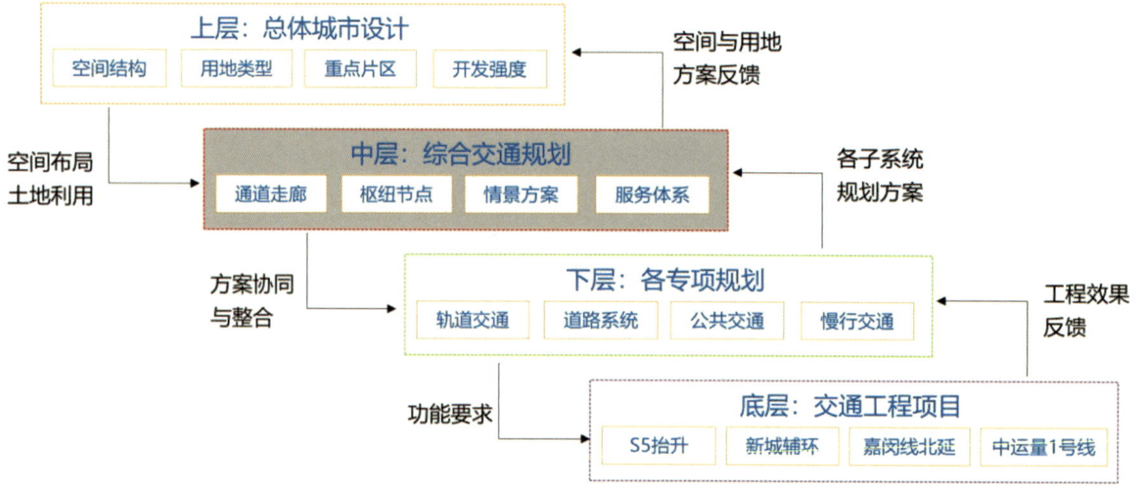

图 3–1　嘉定新城综合交通规划体系及层次关系

来源：作者自绘

交通系统的规划目标是便捷高效、全域共享、绿色低碳。便捷高效体现为对外出行便捷、内部出行高品质，各种方式无缝连接的出行体验。针对新城客流密度低、分布区域广的特点，通过智慧交通赋能，使各类共享型、响应型、自助型出行服务方式成为优选，新城以共享、低碳为标识成为未来交通的样板。特别充分发挥新城之上海源头、江南水乡特质，以出入畅达、街道可漫步的品质留住人，使交通服务成为新城的吸引力。

3.2 新城交通规划的技术方法

新城交通规划，为各类新技术可应用条件下新的规划技术及方法提供了场景。目标要面向未来、成果要指导实施、过程要体现治理，尝试建立五个“三”编制方法（图3–2）。

3.2.1 认知上跳出三大局限

面向未来谋新城，简单套用百万人口城市标准规划和建设新城交通，只是建新城而非走新路。必须跳出上海看新城，在长三角一体化国家战略格局下审视新城及其交通在区域网络中的关系。以构建交通出行服务体系为宗旨，从便利客货运输角度，从客运出行链与服务链、货运产业链与供应链之本源，规划新城复合交通网络。

3.2.2 战略上处理三对关系

既要立足当前，解决现实问题；更要面向未来，引领城市升级。既要完善内部，构筑完整体系；更要做强连接，实现对外突围。既要工程建设，夯实交通本底；更要人本服务，打造品质出行。

3.2.3 方法上贯通三个层次

由传统的基础设施规划转向设施与服务的整合规划。上层空间体系，从新城内部、新

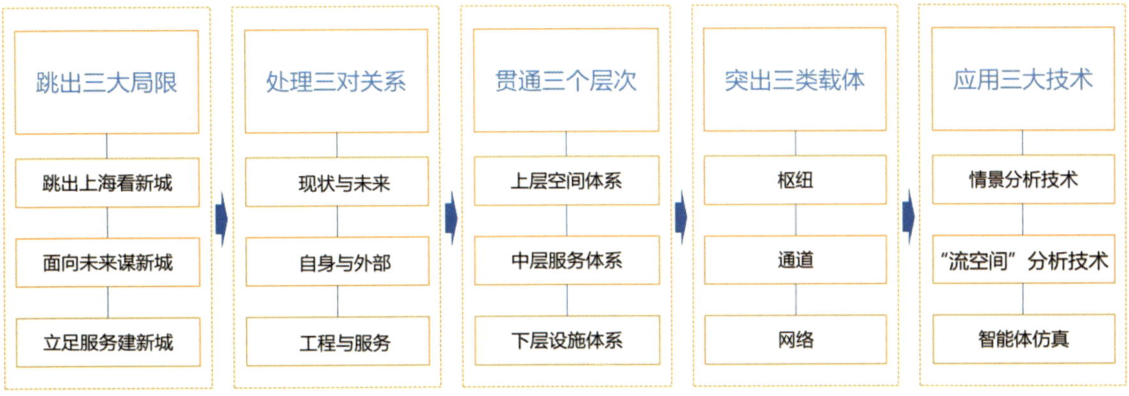

图 3–2 嘉定新城综合交通规划编制思路

来源：作者自绘

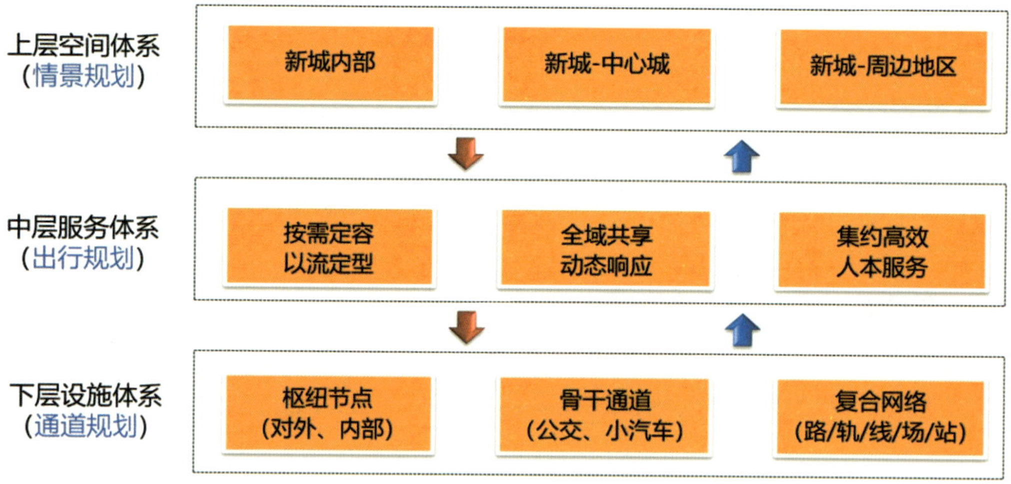

图 3–3　综合交通体系规划的层次与重点

来源：作者自绘

城—中心城、新城—周边地区三大空间层次分别规划未来新城空间结构和与之对应的综合交通体系，构建一个完整的、层次清晰的综合交通规划体系。中层服务体系，按需定容、以流定形搭建交通设施结构，按照全域共享、动态响应组织交通服务体系，以集约高效、人本服务推动形成智慧交通、绿色出行高质量发展。下层设施体系，以枢纽为节点，锚固远香湖中央商务区、安亭枢纽等重大开发片区的功能服务等级，以通道为骨干，支撑新城重要空间轴带发展（图 3–3）。

3.2.4　成果上突出三类载体

将交通枢纽作为新城门户，通过枢纽整合城市空间与人的活动：人流集聚强度越高的地区，布局越高能级的枢纽支撑。枢纽不仅提供交通转换，更提供交往空间，从公共交通导向开发模式（TOD）进阶为移动性导向开发模式（mobility oriented development，MOD）。凸显网络的复合化与集约化布局，以通道整合轨道、公交与道路设施，协调沿线土地使用、停车配建等。

3.2.5　路径上强化三大技术

建立面向未来不确定性的情景分析技术。强中心、强走廊、多中心等不同空间发展模式，对交通体系的构建要求差异显著。应用流空间分析技术，掌握出行活动规律，以流定形，按需定容，支撑通道配置方案设计。创新宏微观智能体嵌套仿真技术。建立出行链仿真 MATSim 与出行需求模拟 VISUM 嵌套技术，既能评价基础设施服务能力，也能评价包括出行服务平台在内的面向个体的出行服务质量。

3.3 新城交通系统优化重点与发展策略

3.3.1 通达便利的城际网络：从互联互通到直联直通

高标准建设“一城一枢纽”，承担大都市圈中心城市与外围城市间承上启下、整合系统、提升服务的“节点”作用。根据新城空间组织模式和交通功能设计系统结构，构建衔接紧密的一体化综合体系，实现从物理衔接到功能深度融合。面对城市通勤与区域流动兼具的交通需求类型，五个新城应以铁路城际网优化与市域网建设为重点，构建新城直连直通的城际出行网络。结合区域空间格局特征、交通服务需求以及市域轨道交通快线实现其运输服务性能的技术选择可能性，确定市域轨道交通快线的基本要求[16]。以时间约束界定空间范围，以功能层次决定技术制式，布网与建设阶段处理好四个关系：①线路、站点与地区开发的关系；②服务便利与服务效率的关系，控制站距与速度；③多制式轨道的互连互通关系，比选枢纽换乘与线路贯通等不同模式；④环境影响与建设成本之间的关系。

3.3.2 高容集约的廊道体系：保持与中心城的快捷、可靠联系

新城的“独立”在于功能、体系的完成。在较长一段时间内，新城与中心城的便捷交通是新城发展基本条件。以立体复合模式全面改造并增设新城—中心城交通廊道，增加交通容量，提升新城与主城核心区的交通服务与可达能力，是新城交通体系建设的重点任务，但必须以公共交通为主导，以轨道快线和市域铁路为根本，采用创新的建设理念与建造方式，布局、改造一批市域与城际铁路枢纽。此外，还应该推动与中心城联系的高速公路实施精细化车道管理，开辟共乘车道（HOV 车道）、智慧车列系统，率先实现智慧化运行管理、精细化治理。

特别需要说明的是，新城与中心城的尺度与交通出行的性质，要求建立新城重点区域与中心城中心体系之间“多对多”轨道交通快捷联系网络，而不是布局市郊火车站，多次换乘才能到达城市中心。可借鉴的成功案例是纽约市中心直联新泽西通勤铁路网的 PATH 枢纽，以及柏林火车站。

3.3.3 优质智慧的城区交通：系统完整综合、服务便利高效

新城功能独立依赖于各类服务系统的完整，其中尤以交通为首。以零拥堵、零排放、零事故为未来新城交通规划目标，以低拥堵、低排放、低事故为近期约束条件，以“大城市”定位高标准建设五个新城内部交通系统，并作为高效便捷、低碳绿色的示范：

（1）根据“空间—用地—交通”的互馈机制，形成与城市空间布局、功能布局一致的交通功能结构与交通网络布局：新城内部形成“脊梁型”轨道走廊和“枢纽辐射”公交网络，针对客流特征建立“公交 + 慢行交通 + 新能源”的响应型服务融合的绿色交通体系，尝试并鼓励各种共用、合用交通模式，提供多样化并更有效率的出行服务，审慎规划并选择中

运量公交系统规模与制式。

（2）提高新城路网密度，建设道路间距不宜超过300米小尺度路网。按照步行—自行车—公共交通—其他车辆的顺序分配路权，塑造功能完整的城市街道；建设与绿道一体的慢行交通网络，考虑助动车使用，适当增加非机动车道宽度并配置相应的交叉口控制管理技术，建立低成本、低负担、低影响、高效能的交通系统。

（3）抓住新技术与新业态的发展机遇，以完整出行链的新型交通服务模式为方向，依托多模式、不同层级的新型交通枢纽（mobility hub），重塑公共交通与个体交通的互动关系与转换模式，满足居民日益个性化的出行需求。

（4）面向未来，完善适应车联网、智能驾驶等先进交通技术的路网系统与建设管理标准。采用先进建设手段、智慧管理方法，分离过境交通。

4 结语

国际大都市所走过的发展历程表明，新城建设是优化城市空间格局、提升城市功能品质、促进区域更高质量发展的重要力量。以新城交通先行带动新城发展，包括规划思路、技术方法、发展策略的选择，本质上是新城交通在新的发展契机下，如何处理现状与未来、自身与外部、工程与服务之间关系的问题。基于新城既有空间尺度与出行特征，窄密路网、慢行优先、一体化公交走廊是保障新城绿色出行、降低机动车依赖程度的理想解决方案。面对新城对外出行的现实基础与未来需求，以轨道交通网络提升交通服务能力和速度，是保障新城对外带动辐射能力的必选途径。运用智慧交通新技术，规划面向基于自动驾驶应用和共享交通的一站式出行服务，是提升公共交通分担率，提升交通承载力，率先实现碳达峰与减量的价值探索方向。

希望通过上海新城交通规划的结构性梳理，对上海未来五个新城的综合交通体系规划体系构架、技术方法、发展策略与优化重点提供参考，明确交通战略在新城发展的应有之“新”，也为其他超特大城市编制新城或新区综合交通规划提供可比较、可借鉴的范例。

作者信息

陈小鸿，同济大学交通运输工程学院教授，同济大学铁道与城市轨道交通研究院院长，tongjicxh@163.com。

刘翔，同济大学城市交通研究院博士研究生。

陆凤，上海市嘉定交通委员会党组书记、主任。

廖霜婷，上海市嘉定交通委员会综合规划科科长。

叶孟洋，上海市嘉定交通委员会交通建设科科长。

叶建红，同济大学交通运输工程学院副教授、博士生导师。

参考文献

[1] 汪光焘，李芬，刘翔，等．新发展阶段的城镇化新格局研究：现代化都市圈概念与识别界定标准[J]．城市规划学刊，2021(02)：15–24．

[2] 上海市规划和国土资源管理局．上海市城市总体规划（2017–2035年）[R]．上海：上海市人民政府，2017．

[3] 武敏，彭小雷，叶成康，等．国家治理视角下我国新城新区发展历程研究[J]．城市规划学刊，2020(06)：57–64．

[4] 姚凯．上海城市总体规划的发展及其演化进程[J]．城市规划学刊，2007(01)：101–106．

[5] 敬东，石德亮．构筑区域整体性与差异性相统一的上海新城空间结构体系[J]．上海城市规划，2011(05)：7–13．

[6] 夏丽卿．新城规划建设的回顾及建议[J]．上海城市规划，2011(05)：3–4．

[7] 周翔，陈小鸿．化解城市拥堵：促进多中心空间发展之交通视角[J]．上海城市规划，2015(02)：49–55．

[8] 庄少勤．迈向卓越的全球城市：上海新一轮城市总体规划的创新探索[J]．上海城市规划，2016(04)：1–8．

[9] 霍尔．明日之城[M]．童明，译．上海：同济大学出版社，2001．

[10] 肖亦卓．规划与现实：国外新城运动经验研究[J]．北京规划建设，2005(02)：135–138．

[11] 邓奕．反思日本新城建设50年[J]．北京规划建设，2006(06)：128–130．

[12] 陈小鸿，周翔，乔瑛瑶．多层次轨道交通网络与多尺度空间协同优化：以上海都市圈为例[J]．城市交通，2017，15(01)：20–30+37．

[13] 中国城市规划设计研究院上海分院．上海大都市圈空间协同规划：战略愿景总报告[R]．2020．

[14] 上海市规划和国土资源管理局．上海市城市总体规划实施评估报告[R]．2012．

[15] 上海市嘉定区交通委员会．“十四五”嘉定新城综合交通规划研究（征求意见稿）[R]．2021．

[16] 陈小鸿，刘迁，何志工，等．市域轨道交通快线规划与建设：中国城市交通发展论坛第22次研讨会[J]．城市交通，2019，17(04)：114–125．

面向多功能需求的上海新城地铁建设沿线综合开发

曾小清[1]　刘源[1]　王奕曾[2]　周希圣[3]

（1. 同济大学道路与交通工程教育部重点实验室，上海，201804；
2. 香港城市大学计算机科学系，香港，999077；
3. 上海轨道交通十四号线发展有限公司，上海，201103）

“城市轨道交通是现代大城市交通的发展方向，发展轨道交通是解决大城市病的有效途径，也是建设绿色城市、智能城市的有效途径”，习近平总书记如是说。当下，伴随着我国城镇化水平不断发展，越来越多的城市选择新建城市轨道交通。截至 2021 年，我国内地共有 44 个城市开通城市轨道交通运营，运营线路达 233 条，运营里程突破 7500 公里。

上海市轨道交通 17 号线的建设，从区域层面看具有三个层面的战略意义。一是具有国际化的视野，矗立在诸光路地铁站旁的国家会展中心，作为中国国际进口博览会的永久举办地，开拓上海国际眼光，促进我国对外开放。二是其核心区域是全国最大的交通枢纽——虹桥交通枢纽，具备各种交通方式。三是其作为上海长三角一体化的桥头堡，通过聚焦轨道交通领域，率先突破、示范引领，有效助力“轨道上的长三角”的发展，推动长三角实现更高质量一体化融合。17 号线是中心城向青浦区辐射的放射线，是贯穿青浦区东西客运走廊的通道。线路全长约 35.3 公里，其中高架段线路长度 18.4 公里，地下段线路长度 16.1 公里，敞开段长度 0.8 公里。共设站 13 座，其中高架车站 6 座，地下车站 6 座，既有地下车站 1 座。17 号线是青浦区的生命线、生态线、人文景观线，其建成通车，堪称青浦城区的新纪元、新文化、新经济、新生活、新模式、新共赢、新合作的标志，对区域城市发展、经济建设有着重要意义。17 号地铁的建设受到市、区高度重视，在申通集团的领导下，项目公司精心组织、统筹兼顾，形成工程设计、施工及管理方面诸多特色。

1 地铁线路建设背景

17 号线东起虹桥交通火车站，进一步增强虹桥枢纽通达度，加强“大虹桥”区域发展；途经国际会展中心，服务海内外客商出行，促进以中国国际进口博览会为主的会展经济发展；串通青浦城区、淀山湖新城，助力青浦区“一城两翼”战略的有效实施，建设青浦区以轨道交通为主的多层次、全方位、现代化交通体系；连接朱家角古镇、东方绿舟景区，改善景区交通条件，加快上海乡村振兴、全域旅游战略发展。未来，可通过东方绿舟站，到达苏州市、嘉兴市，连通江浙，加速长三角区域一体化进程，为区域发展添砖加瓦（图 1–1）。

17 号线建设采用全线与周边开发密切结合的理念，充分体现了轨道交通满足城市建设需求与轨道交通塑造城市形态两方面的功能。在整个设计研究过程中，业主与青浦区政府充分重视车站与周边开发结合的方案，始终将此作为一项专题任务进行落实。线路采用标准化技术的个性化高架车站外墙设计，其预制混凝土构件（PC）技术应用亮点在于，充分利用 PC 的标准化技术实现车站外立面的个性化设计，比如在东方绿舟站、朱家角站、徐泾北城站、赵巷站、嘉松站的外立面设计中，均展现了丰富多彩的外立面效果，确使人难以相信竟然是采用标准化 PC 生产技术实现的。17 号线车站装修设计采用“灵秀水乡，上海之源”的主题，从现代水乡文化为切入点，以“灵秀水乡，上海之源”为概念主题，旨在将 17 号线打造成一条上海最美的风景线，体现青浦文化特色，展现上海国际化都市新形象，营造“上海的”“青浦的”“17 号线的”渗透着文化艺术的景观长廊。上海 17 号线采用的信号系统是国内首个由单一供应商完整开发的具备全自主化知识产权的基于通信的

图 1–1 17 号线线路车站示意图

列车运行控制系统（CBTC），运行准全自动驾驶模式（DTO），包括：列车自动监控子系统（ATS）、列车自动防护和自动运行子系统（ATP/ATO）、联锁子系统（CI）、数据通信子系统（DCS）及维护管理子系统（MSS）。该系统在安全性、可靠性、功能和性能等方面均满足大容量高密度城市轨道交通列车运行控制的要求，在开发流程上也严格遵守ISO9001标准、CMMI3级标准规范、安全相关软件标准开发流程EN50128的要求，安全相关子系统均以较高标准获得国际独立权威安全认证机构的SIL4安全认证。

2 地铁沿线开发结合理念

17号线是一条供大众“阅读”的地铁生命线，其正在打造公共交通导向型开发模式的经典应用案例，必将带动整个青浦的经济腾飞，也必将成为生长于上海之根的蓬勃血脉。它的通车，对区域城市发展、经济建设有着重要意义，开启了青浦的新纪元，并为整个上海西部地区的繁荣与发展提供有力保障。未来，17号线将承担起青浦区社会经济发展的“火车头”作用。

从17号线青浦新城站4号口出来，抬头就是青浦绿地中心商用楼。在青浦绿地中心这个32万平方米的商业综合体中，不仅有五星级酒店、甲级写字楼，吸引着世界级企业的入驻，更有6万平方米的商业购物中心、青浦唯一的4D球幕影院，一站式满足市民的吃喝玩乐需求。17号线建设充分体现了轨道交通满足城市建设需求与轨道交通塑造城市形态两方面的功能，全线10个车站均与沿线开发（涉及11个地块）密切结合。此外，17号线建设充分重视车站与周边开发结合的模式，始终将此作为一项建设理念进行落实，力求做到方案功能合理、形式最优，并形成了一套多方共同参与、共同推进、共同监督的工作机制，最终使17号线车站与周边开发紧密结合、无缝衔接，基本做到同步实施。下沉式广场，如漕盈路站、青浦新城站、汇金路站、诸光路站，形成与周边建筑协调统一的建筑风格；过渡空间，如朱家角站、淀山湖大道站、徐盈路站，创新站内空间和谐利用；附属设施结构建设，如嘉松中路站、蟠龙路站，保障沿线道路建筑美感；综合体开发，如徐泾北城站、徐泾车辆段上盖等形式，形成地上、地下城市空间的立体化开发。每个车站（除东方绿舟站）都做到沿线开发与车站同步开通。

2.1 公共交通导向型开发背景

上海轨道交通17号线全线约94.5%的线路位于青浦区内，线路定位为服务于青浦区的市郊线，也成为中心城联系青浦新城的市域快线。整条17号线基本沿东西向走行，是中心城向青浦区辐射的一条放射线。17号线贯穿青浦区东西客运通道，沿线串联了朱家角、青浦新城、赵巷新镇、赵巷商业商务区、徐径镇、华新配套商品房基地、中国博览会、虹桥枢纽等重要地区。

从国外先进的轨道交通建设经验来看，在地铁建设进程中，轨道交通站点与周边商业设施的结合的举措将促进地下空间开发，为商业设施带来大量稳定的客源。此外，商业机会增加、空间品质提升也会大幅度提升站点区域人气，反哺地铁客流，为城市带来可观的经济与社会效益。相反，如果车站建设时期不考虑其与周边地块的衔接或预留，在未来将带来车站保护、交通疏解、管线二次搬迁等问题，造成社会资源的巨大浪费。因此，在轨道交通建设中，抓住地铁建设对区域地下空间发展的有利因素，通过对地铁线路与周边站点综合开发的积极对接，有效规避风险，催化区域活力，能够实现地铁建设与城市发展共赢，达到轨道交通建设、运营的“可持续发展”要求。

因此，在17号线项目前期研究阶段，青浦区政府意识到轨道交通建设与区域发展的相互制约、相互反馈关系，高度重视沿线规划和沿线土地利用问题。为此，区政府组织力量对17号线沿线土地的功能策划、产业定位进行了专业分析，从青浦区总体规划—城市设计方案—控制性详细规划—修建性详细规划—土地“招”“拍”“挂”的各个阶段，严格把控城市设计成果的落实节点，引导沿线土地规划的开发利用方向，指导了轨道交通与沿线开发相结合的方案设计，使沿线综合开发与17号线建设基本同步进行，起到了轨道交通对城市规划的导向作用。

2.2 公共交通导向的开发思路

车站作为轨道交通线路的节点，是市民乘坐轨道交通的集散点。根据17号线与周边开发结合的设计理念，改变以纯工程学的思路设计车站的模式，使之与城市公共空间密切配合，使车站与上部建筑一体化，形成地上、地下相结合的立体化城市空间，车站成为区域的城市中心、多功能复合的城市综合体。对于处于城市特定区域的车站，将其作为城市公共空间来进行思考，营造真正的城市开发聚集地。

沿线系统规划整体开发理念为：将“地铁＋物业”整体开发模式引入17号线建设。沿线开发从规划到设计、从建设到管理都遵循整体规划、统筹发展、分期开发的策略，使沿线土地增值效应至最大化，以公共交通为导向的开发（transit-oriented development，TOD）模式作为区域的发展模式，以政策及规划导向吸引人口迁入，聚集人气，同时培育17号线客流（图2-1）。

3 地铁沿线开发结合设计

3.1 交通资源整合

交通功能是轨道交通站点综合开发中的最基本功能，统一考虑地铁站点附近的各类交通方式，方便旅客换乘，实现“无缝换乘”。比如紧密结合地铁站点设置公交枢纽站、中途站、停车换乘（P+R）公共停车场等，拓展地铁站交通辐射范围。地铁综合开发设计既要充分考虑上述要求，优化出入口布局、优化换乘衔接路径，又要实现宽敞便捷、全天候的“无

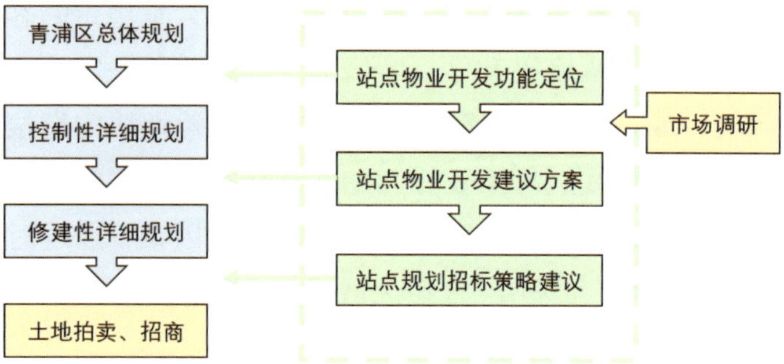

图 2–1　沿线系统规划工作流程图

缝衔接”路径，提升乘客的换乘体验。

漕盈路站站点周边在地铁建设之前为青浦客运站，是青浦区内交通枢纽，承载省际长途汽车客运、市区短途、区内公交等交通出行功能。17 号线作为青浦区对接上海市区的重要交通干线，青浦区结合地铁建设的契机，将原客运站用地重新出让进行开发建设，除了商业、酒店、办公、居住等规划功能以外，更将公交枢纽纳入到整合地块的开发建设中。新建成的公交枢纽与开发建筑形成完整的体量及协调的建筑外观，公交枢纽内设公交线路 22 条，社会车辆（含 P+R）停车位 200 个，非机动车停车位 600 个，出租车泊车位 10 个。经过轨道交通与开发之间的综合一体化对接，公交枢纽与地铁 1 号出入口之间，通过开发建筑地下下沉广场进行“无缝衔接”，为换乘出行带来极大便利（图 3–1—图 3–3）。

图 3–1　原青浦客运站

图 3-2　新建成地铁、公交枢纽、商业一体化综合开发建筑

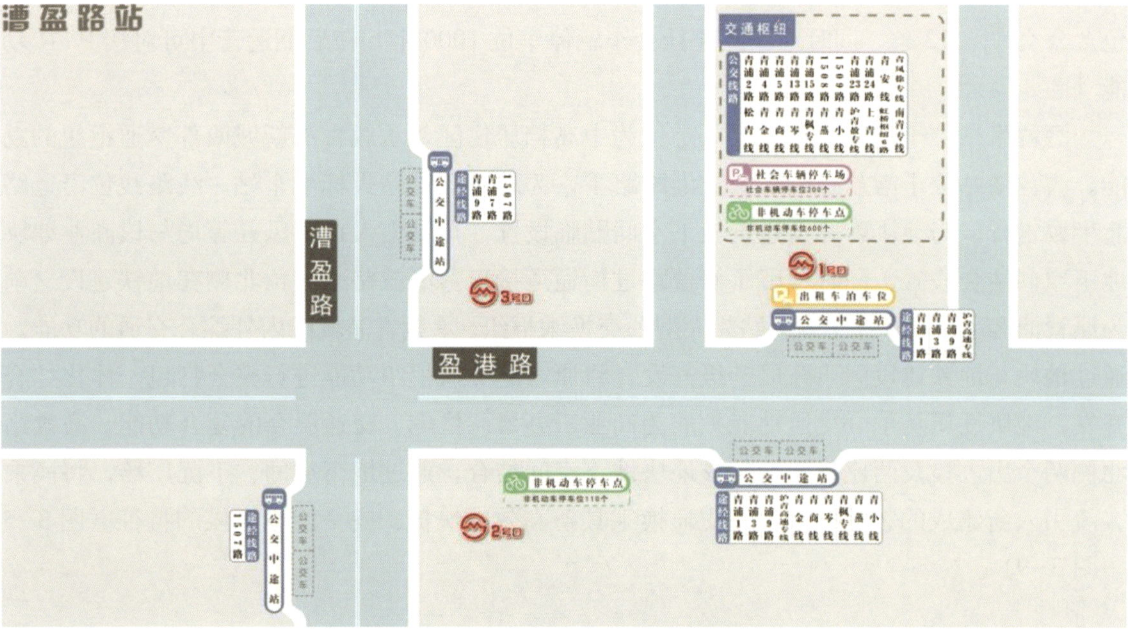

图 3-3　漕盈路站公交配套设施布局图

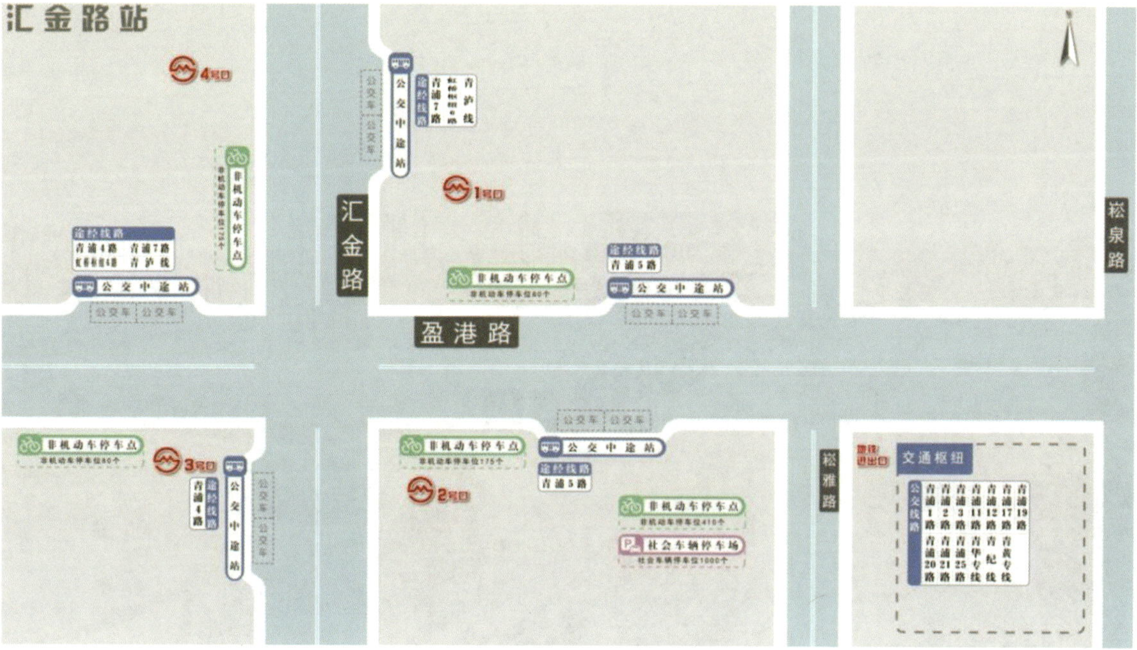

图 3–4 汇金路站公交配套设施布局图

同样，位于青浦新城东端的汇金路站，站点周边区域定位为新城公共服务中心，从站位上更是具备青浦新城对接主城的P+R门户作用。因此汇金路站站点周边地块的规划建设，除了商业、办公、居住等规划功能以外，在崧雅路、崧泉路之间地块配套建设了区域公交枢纽，包含公交线路 13 条，同时地块配建社会车辆停车位 1000 个，在后期运营中可对接 P+R 功能（图 3–4）。

漕盈路站位于青浦中部片区，定位为中高档居住区，承载青浦新城西部交通枢纽的功能。漕盈路站位于漕盈路以东、盈港路路下，为地下二层岛式标准车站。线路线位沿道路北半幅走行，与地块内开发建筑地下空间贴临设置，车站出入口、风井等均与该商业地块地下空间结合设置，同时预留了漕盈路过街通道接口。漕盈路站站位北侧在地铁建设之前为原青浦客运站。原青浦客运站为大型公交换乘枢纽，承载青浦城区内外综合交通的功能。通过地块与地铁建设同步开展升级开发，将原客运交通枢纽功能进行整合打包一体化综合开发，地块性质从单一交通功能扩展为商业、办公、住宅、交通混合的复合功能。漕盈路北侧两个出入口及两座风井均与该地块地下空间结合，通过地下空间、下沉广场，将换乘客流引入新建成的客运枢纽，使交通换乘具备高效、快捷、安全、全天候的特征（图 3–5—图 3–9）。

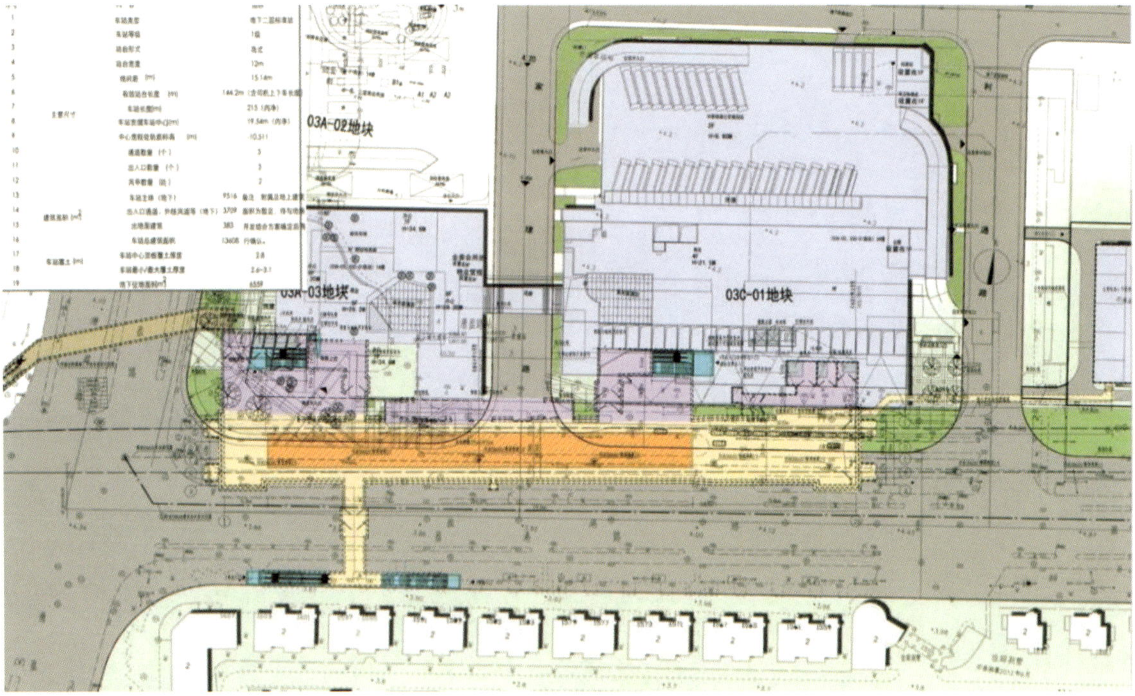

图 3-5 漕盈路站总平面图

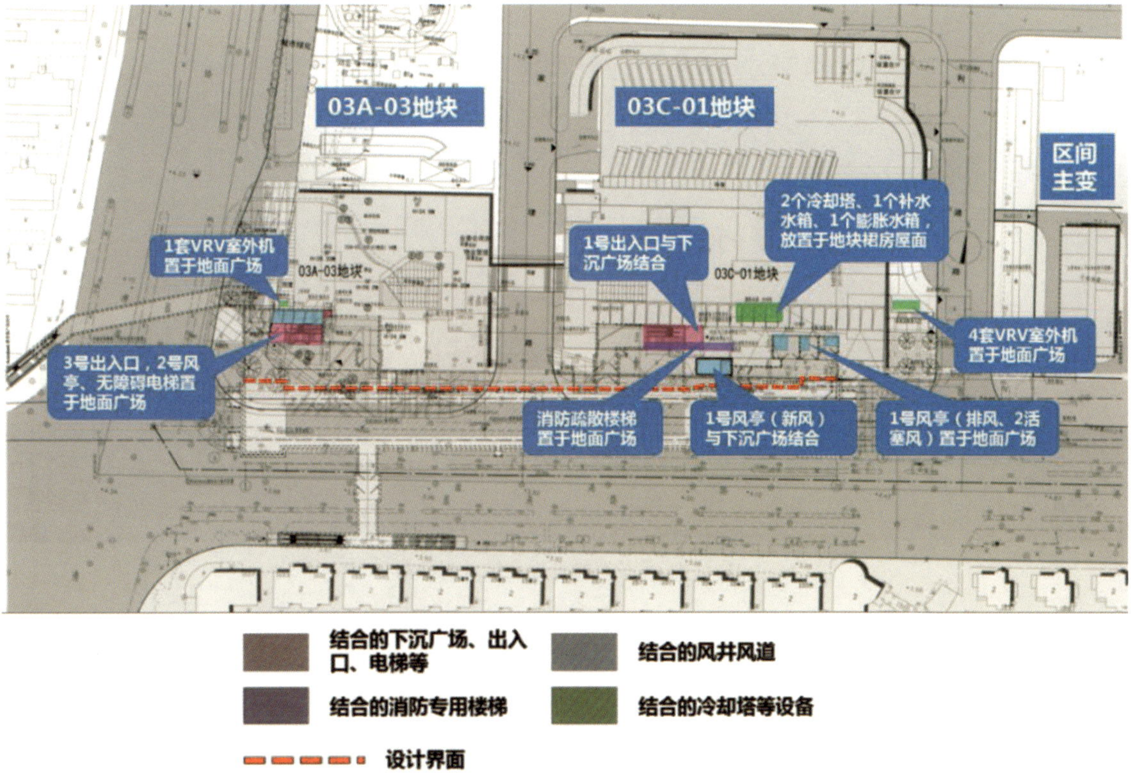

图 3-6 漕盈路站与开发结合设施布置图

图 3-7　漕盈路站实景图

图 3-8　漕盈路站开发建筑外观效果

图 3–9 漕盈路站出入口

3.2 车站内外开发空间综合利用

3.2.1 内外空间的综合

地铁车站的建设是空间开发的黄金机会，通过轨道交通车站的纽带效应，与周边新建地上、地下空间实现在建筑空间形态上的整合，车站空间和商业空间互相渗透、融合，达到各种空间的“无感过渡”。

地铁与空间开发的综合一体化设计，结合地铁车站的功能需求，对接内容集中以下两点。

（1）出入口的对接

车站客流在进出站特别是出站离开站厅层时，乘客可根据自身不同的目的地进行路径选择：可直接离开，即直接到达室外空间；可进入换乘通道，与其他交通方式进行换乘。这两条路径是地铁车站作为交通建筑最为注重的客流疏导诉求。此外，还可通过地铁与空间开发之间的接口进入商业或酒店、办公等功能空间。设计中在保证三种客流的有序组织的同时，还应考虑消防、人防、运营管理等一系列问题。

该部分涉及的地铁空间载体主要为出入口、站厅非付费区。在与空间开发对接的地铁出入口在外观形态上，通过与开发建筑整体风格的协调设计，建筑形态更加协调统一，避免了全线统一的出入口与千姿百态开发建筑之间格格不入的问题（图 3–10、图 3–11）。

图 3-10　汇金路站 1 号口对接宝龙下沉广场

图 3-11　汇金路站 2 号口对接宝龙下沉广场

（2）地铁设施的对接

地铁风井数量多、体量大，同时还有大量的地面设备，如冷却塔、VRV 室外机等。这些设备在室外布置时需要占用相当大的用地，而且由于外形丑陋，历来是地铁车站设计的景观“灾区”，对城市景观颇有影响。

17 号线通过设计的对接，将上述设备设施结合至开发建筑中，形成一种化解上述问题的有效对策，解决“个头大、数量多、布局零散”的地铁设施对城市景观造成的负面影响，保障城市道路沿线建筑景观的协调统一（图 3–12—图 3–14）。

图 3–12 青浦新城站 1 号风井与开发建筑对接

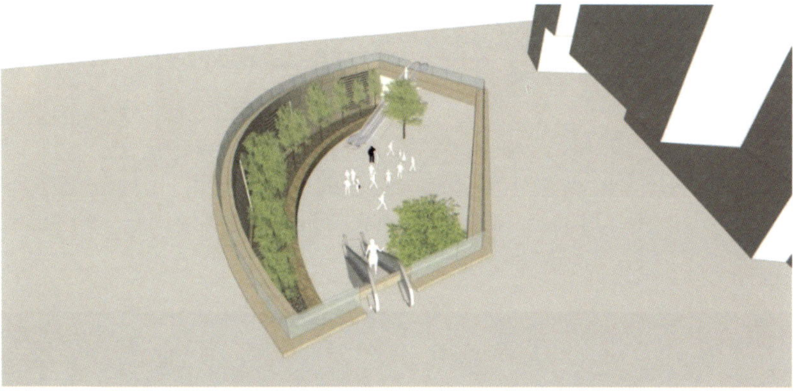

图 3–13 青浦新城站 2 号风井与开发下沉广场对接

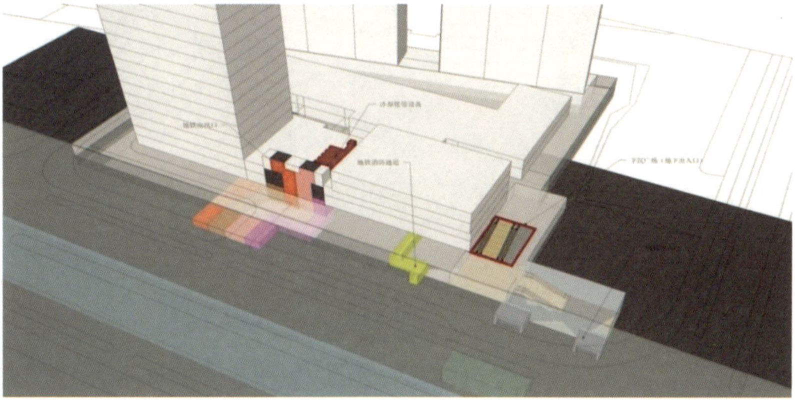

图 3–14 汇金路站 2 号风井、冷却塔与开发建筑对接

3.2.2 下沉式广场

车站出入口将站厅层与商业地下一层的交接位置完全打开，处理成下沉式广场，是一种十分理想的出入口的组织形式。这种形式，不但可以改善地下一层的建筑环境，增加建筑趣味性，也十分利于紧急时刻疏导大量人流。下沉广场有效地将地下空间地面化，室内空间室外化，实现室内外空间的相互渗透，在丰富了空间层次的同时，又改善了地下封闭内向的空间环境。

17 号线汇金路站、漕盈路站、青浦新城站、诸光路站在与地块的结合中均采用了此种形式（图 3–15—图 3–17）。

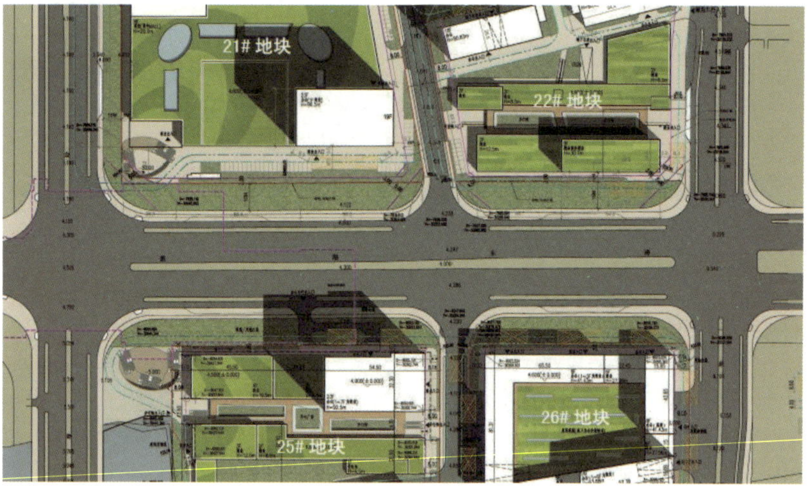

图 3–15　汇金路站下沉式广场位置示意图

图 3–16　汇金路站下沉式广场效果图

图 3-17　青浦路站下沉式广场效果图

3.2.3　地下过渡空间

地下过渡空间的功能主要为交通功能和商业功能。交通功能体现为步行交通空间，商业功能则包括商业店铺、文化展示空间等多种业态形式。地下过渡空间的空间形态布局以线状式和点状式为主，其中与车站主体站厅层直接对接的过渡空间一般为点状式，与车站出入口对接的地下过渡空间更多地呈现为线状式。

17 号线朱家角站、淀山湖大道站、徐盈路站在与地块的结合中采用了此种形式（图 3-18、图 3-19）。

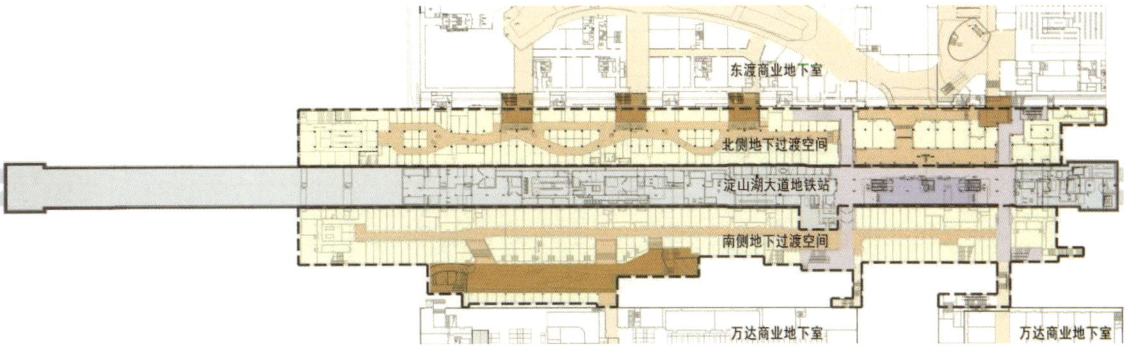

图 3-18　淀山湖大道站外挂开发空间示意图

图 3–19　徐盈路站与开发连通口效果图

3.2.4　典型案例

（1）汇金路站

汇金路站位于盈港东路与汇金路交叉口，承载新城东部居住区、交通枢纽的功能，规划定位为区域型商业、商务及公共交通服务中心，周边具备相当规模的居住社区。设计之初，考虑地铁及两侧地块同步建设，从方案阶段即进行紧密对接，将内层服务商业、商务地块纳入地铁辐射范围。

汇金路站跨汇金路设置，在盈港东路与汇金路交叉口四个象限布置四个出入口，设置四组风井。其中，汇金路以东的出入口及风井均与开发地块结合（图 3–20）。

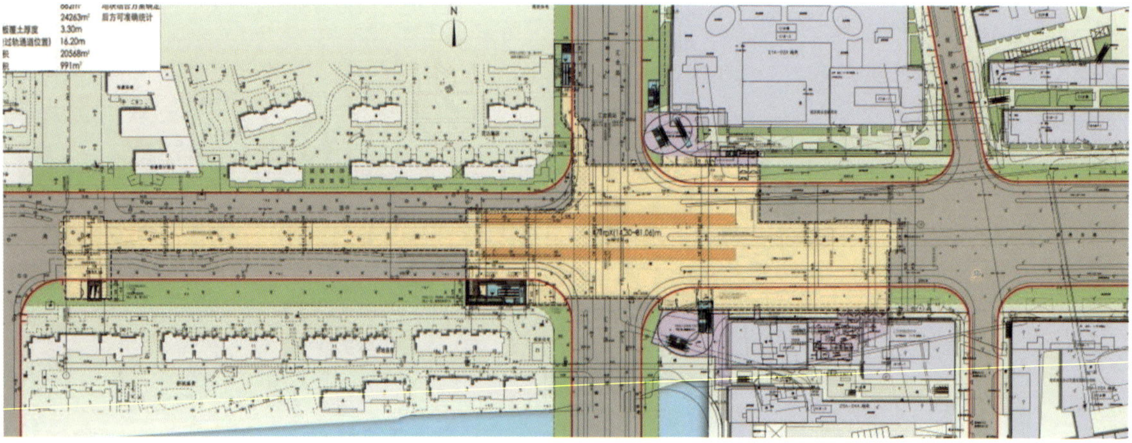

图 3–20　汇金路站总平面图

地铁出入口与地块地下室对接的节点设置下沉广场。下沉广场设计为两层室外空间，衔接地面与地下的各层空间，兼顾地铁商业客流、地铁进出站客流。在 25 号地块一侧，通过地下空间与东侧公交枢纽进行换乘对接。通过地铁车站自身站台下方的过轨通道层，使本站的四个出入口形成站内的过街系统。汇金路站结合跨路口站位特点，以毗邻地块地下同步开发契机，形成以车站为核心，服务于地下商业、停车、公交换乘、乘客进出站交通（通勤）的“地下多功能步行系统”（图 3–21—图 3–25）。

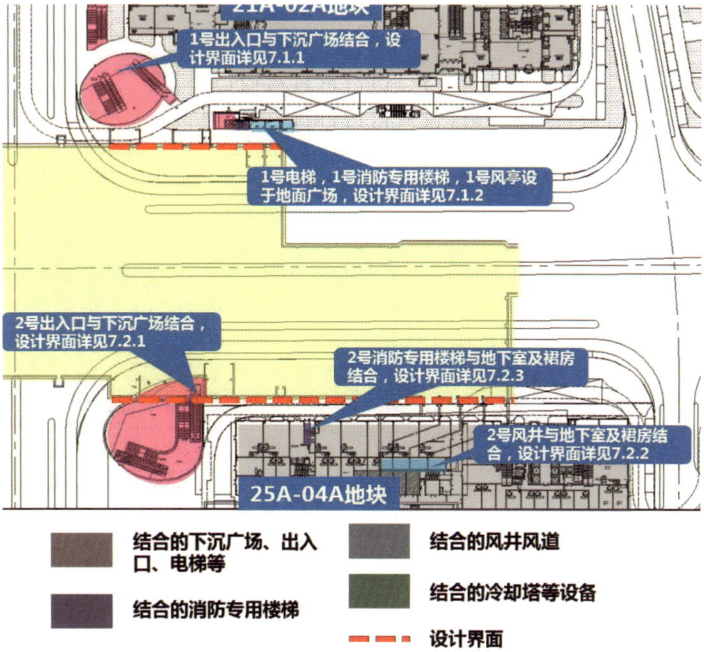

图 3–21　汇金路站与开发结合设施布置图

图 3–22　1 号出入口下沉广场效果——地下二层

图 3-23　1 号出入口下沉广场效果——地下一层

图 3-24　1 号出入口下沉广场效果——地下二层

图 3-25　汇金路站下沉式广场

（2）青浦新城站

青浦新城站位于外青松公路以东盈港东路路下，为地下二层岛式标准车站。线路线位沿道路北半幅走行，与地块内开发建筑地下空间紧贴设置，车站出入口、风井等均与该商业地块地下空间结合设置，同时还预留了外青松公路过街通道接口（图 3–26—图 3–29）。

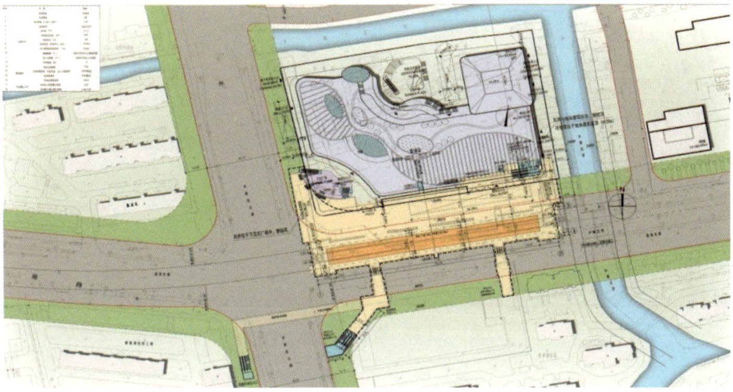

图 3–26 青浦新城站总平面图

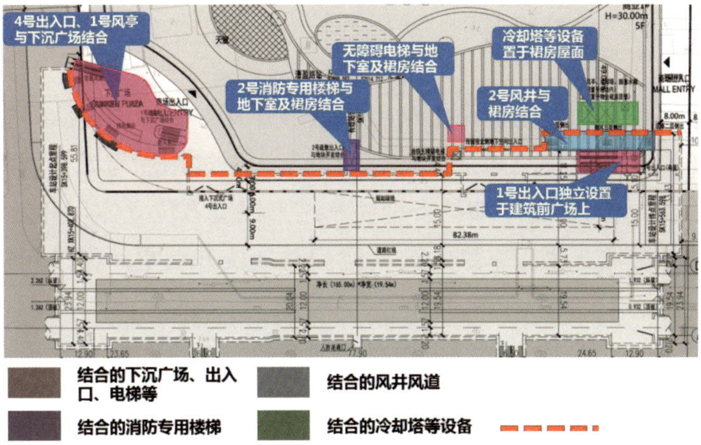

图 3–27 青浦新城站与开发结合设施布置图

图 3–28 出入口、风井与下沉广场对接效果

图 3-29　青浦新城站出入口

3.3　城市功能结合

3.3.1　城市综合体开发

城市综合体开发是一种土地集约化利用的城市开发方法。该方法将处于城市特定区域的轨道交通车站作为城市公共空间来进行规划思考。通过站点与城市规划的一体化设计，确立地块的功能定位及空间形态，即结合地铁车站形成全方位立体化开发的，含交通枢纽、商业、办公功能的城市综合体。车站的公共空间与地块开放空间得以顺畅衔接，实现了车站与城市开发的土地复合利用及有机共生。

17 号线徐泾北城站、徐泾车辆段上盖采用了此设计理念。其中，徐泾车辆段上盖开发开创了上海车场与上盖开发的全新模式。该上盖综合开发的项目功能定位为“建设以轨道交通为导向的综合社区中心”，力求充分发挥西虹桥的辐射优势。在优化车辆段总平面布置的基础上，通过 1000 多根混凝土及组合劲性柱，搭建约 15 万平方米的“城市再造用地”，从而在再造地上建设商业群、住宅、办公、道路和绿化等设施，营造一座新的多功能社区。通过与地铁徐盈路站无缝对接，实现轨交、商业、居住协调发展的城市空间新模式（图 3-30、图 3-31）。

17 号线建设与周边开发的有机结合、有效协调、有序推进，在很大程度上得益于青浦区政府从政策角度制定的统筹规划，从实施角度给予的有力支持。使得 17 号线发挥轨道交通在解决城市交通疏解、引导城市发展中的重要作用，使得车站发挥作为轨道交通线路的节点、市民出行活动集散点的作用，通过多功能复合的城市综合体与车站建筑一体化整合，形成地上、地下城市空间的立体化开发格局，成为了城市区域的相对中心。同时，在轨道

图 3-30　徐泾车辆段上盖开发平面示意图

图 3-31　徐泾车辆段上盖开发效果图

交通建设方的大力配合下，最终形成了车站与周边开发形式多样、功能完善的结合方案，提高了沿线开发地块的可达性和使用价值，加大了青浦区建设用地的开发强度，提升了城市功能结构，带动了城市区域经济发展，为今后轨道交通与沿线开发结合的模式提供了值得参考的案例（图 3-32）。

图 3-32 车站与商业综合体结合开发

3.3.2 城市功能的综合

17 号线是贯穿青浦区东西客运走廊的通道，基本每个车站周边都有与开发地块衔接。通过设置下沉式广场，地铁出入口直接在广场内解决，打破地下空间的封闭感，把地下、地面空间及出入口巧妙地联系在一起。下沉式广场将地下过渡空间的商业功能作为整体商业综合体的一部分，是对相邻地块商业的支持与补充，而商业功能则是地下过渡空间保持活力运作的关键。

通过下沉广场室外开敞空间进行过渡是一种比较有利的处理方式，在汇金路站、青浦站、漕盈路站均有采用。这种方式一方面使得地铁和空间开发之间的界面和空间过渡自然、连贯，能够很好地满足消防、人防的独立划分要求，并达成明确、清晰的运营管理界面。另一方面也可以给地铁车站和商业、交通换乘等地下空间创造出更加连贯的连接方式。通过下沉广场的引入，自然光与景观随之而至，空间之间的过渡衔接更为有机、融合、安全，创造出舒适、人性化、方向感良好的步行环境。

3.3.3 典型案例：淀山湖大道站

淀山湖大道站位于青浦城区西部片区，定位为生态宜居生活区。车站站点位于丁家港东侧的淀山湖大道路中，车站沿淀山湖大道沿东西向设站。淀山湖大道是青浦新城重要的景观大道，车站范围内路中绿化带宽达 16 米。车站设计充分利用宽路中绿带，设置下沉广场或采光井，并综合设置风井设施。

淀山湖大道站为小交路折返站，正线之间设有存车线两股，受存车线控制，车站在站厅层西端预留为站内商业开发空间。从目前国内轨道交通建设情况来看，独立的站内开发空间很难具备规模效益，且存在着消防与人防设计问题，较少有成功案例。同时，由于车站位于路中，车站边界距离道路红线尚有 20 米左右的空间，对于位于地块与地铁之间、不影响地铁功能的“夹心”区域的地下空间加以利用，将站点毗邻的地块定位为商业、商务功能，将外围地块定位为居住功能，以使车站、商业空间、办公地块呈现“线面”形态的连接，实现更好的互通与连接。通过整个地下空间的全面无间断对接，使开发地块与车站共同形成连贯交织的“地下步行系统”，地铁近距离内层服务核心商业、商务地块，远距离外层服务居民出行（图 3–33—图 3–35）。

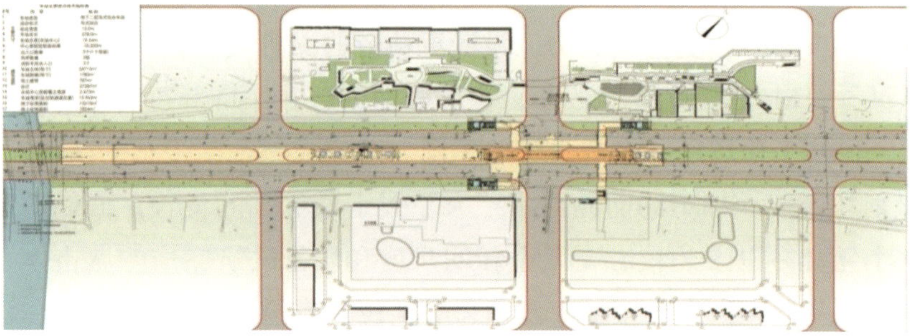

图 3–33　淀山湖大道站总平面图

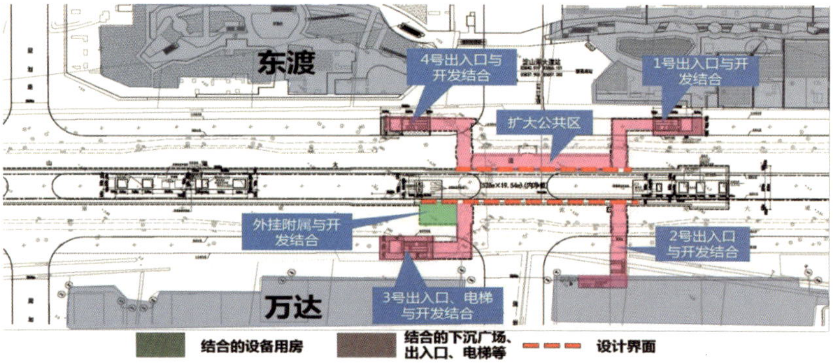

图 3–34　淀山湖大道站与开发结合设施布置图

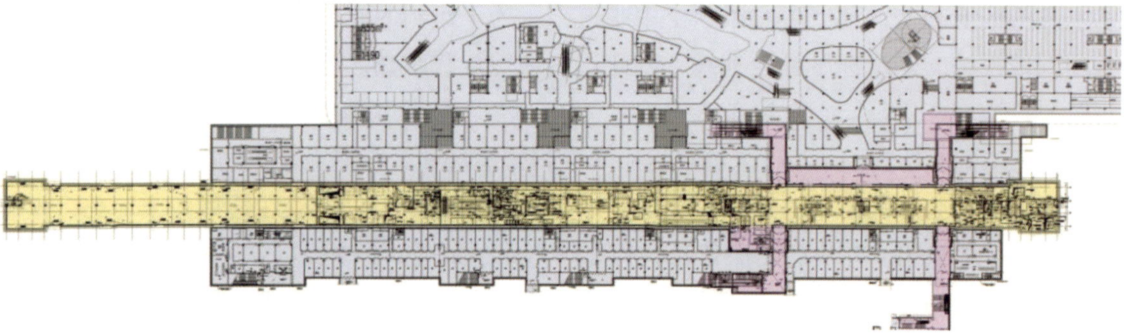

图 3–35　淀山湖大道站站厅层与地下空间的全面对接

4 上海天空之城综合开发项目

上盖于徐泾车辆段的天空之城作为上海首个集商、住、办公为一体的地铁车辆段综合开发项目，创造了集约利用土地、重塑城市空间、提升区位价值的典范。伴随着车站周边区域数百万平方米的同步开发，上海轨道交通 17 号线正在打造轨道交通 TOD 模式的经典案例，也必将成为生长于上海之根的蓬勃血脉。

《上海市城市总体规划(2017—2035 年)》的副标题是“迈向卓越的全球城市”。全球城市被看作是城市发展的高级阶段和国际化的高端形态，目前国际上形成一定共识的“全球城市”只有四个：纽约、伦敦、巴黎和东京。回顾这四座城市的规划和目标。到 2030 年，纽约要建设成为“更伟大更绿色的城市”（Greater and Greener New York）；伦敦要成为宜居型世界城市和一座更具吸引力、设计更精致的绿色城市；东京 2030 年的规划主题是“我的东京城”（My Town Tokyo），目标是创造并保持舒适的生活环境和促进城市结构的再组织，保持工作场所和家庭之间的平衡，以建成一个多中心的城市。

上述的规划与目标，都不约而同地将“人”置于最优先的位置。诚然，未来城市一定是到“人”这个元素，以人为核心，以全新的尺度和场景构筑完成的城市体系。未来的生活场景一定是更为开放、生态、便捷、舒适、有情感、有温度的。

上海的天空之城和东京的二子玉川有相似之处，它位于 17 号线的徐盈路站附近，三期的住宅、办公以及购物中心就直接由地铁停车场上盖建成。天空之城位于虹桥商务区的西面，也是青浦区借大虹桥发展契机，着力打造的区域。整个地块总建筑面积 53.9 万平方米，其中规划住宅约 35.4 万平方米，商业约 9.9 万平方米，办公约 8.8 万平方米。若仅有这些功能，天空之城仅仅只是一个城中城，之所以称其是一个 TOD 模式开发的项目，在于它不仅是处于地铁上盖，还承载了地铁车辆段的功能，包括地铁站、停车库、试车线和维修车间。整个开发周期约 5 年，地铁、项目交叉施工。

天空之城区域里所有的购物中心、写字楼、住宅、公园和学校，可以最大限度上达到规划设计的一致性以及街道尺度的合理完整性。同时，住宅部分也是智慧社区的最新升级(图 4-1）。

上海的天空之城借鉴了纽约的高线公园的设计理念。从地铁站到住宅组团间，利用项目本身的基地高差，打造了一条“空中步道”。为了达到 800 米步行舒适距离，每个住宅组团到地铁站的道路都尽量走直线，以此达到最短直线距离。步道充满绿植并打造部分公共服务设施。业主每天经过这条步道去地铁站，沿途会经过咖啡馆、小广场、商业街等，一路遇见不同的场景，令几百米的步行距离变得饶有趣味，心理距离也同时缩短。这条“空中步道”后期会和购物中心连接，为购物中心引流。非业主也可以在这里散步休憩，但却进入不了住宅组团。开放而又保留私密的社区空间是未来的趋势。

同时，项目还设计了丰富的立体交通系统，形成多层次的回家动线。规划总图可以看到，车行道、步行道、慢跑道、自行车道等多种道路交织其中，这些道路高低错落地通往购物中心、

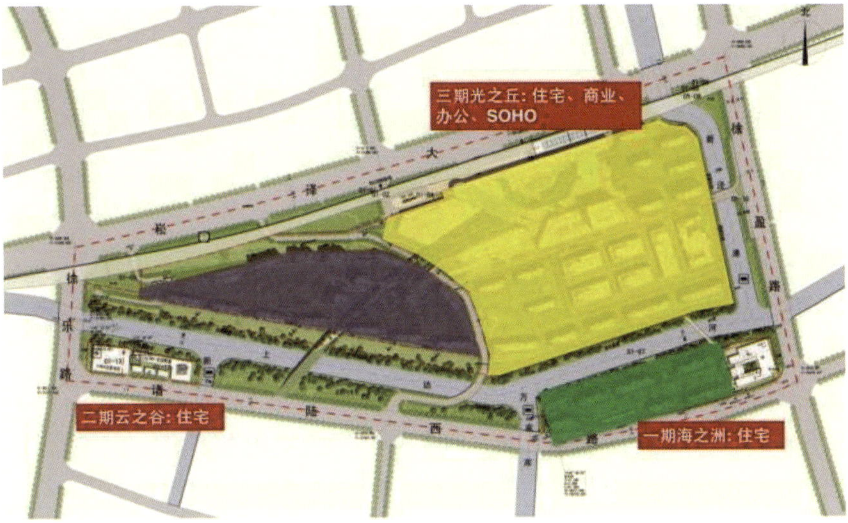

图 4-1 “天空之城”位置示意图

图 4-2 “天空之城”效果图

住宅组团、地铁站和停车场，形成一个垂直的空间（图 4-2）。

5 总结

当前，我国的轨道交通领域已进入了蓬勃发展阶段，地铁的建设为老百姓的出行带来方便的同时，也带动了沿线经济的发展。上海新城地铁 17 号线不仅被青浦居民亲切称为交通“生命线”，也成为淀山湖新城乃至青浦经济发展的经济线。本文通过对地铁 17 号线建造及开发的叙述，介绍了面向上海新城的多功能需求，地铁建设如何利用好沿线各种资源进行综合开发利用，在保证轨道交通安全运行的前提下，采用新理念、新技术践行生态文明建设，引领城市发展，从而为今后轨道交通新建线路建造提供参考借鉴。

本文数据图片来源：上海市住建委项目(JS–KY18R022–7)“上海轨道交通十七号线地铁建设创新技术实践与提升研究”

作者信息

曾小清，同济大学交通运输工程学院教授、博士生导师，同济大学道路与交通工程教育部重点实验室主任，zengxq@tongji.edu.cn。

参考文献

[1] 曾小清．轨道交通运行控制与管理[M]. 上海：同济大学出版社，2015.

[2] 曾小清．有轨电车运行控制技术[M]. 上海：同济大学出版社，2020.

[3] 陈宇佳．面向数据对象的 CBTC 区域控制系统安全评价方法研究[D]. 上海：同济大学，2019.

[4] 王维旸．面向节能的城市轨道交通列车运行协调控制机理与方法[D]. 上海：同济大学，2019.

[5] 林海香．基于轨道交通信号系统本体的事故致因机理研究[D]. 上海：同济大学，2020.

[6] 邹临风．面向节能的列车辅助驾驶系统设计[D]. 上海：同济大学，2019.

[7] 曾小清，徐新晨，王维旸，等．一种轨道交通列车节能速度轨迹曲线优化方法：CN111125831A[P]. 2020–5–8.

[8] 毕湘利，蔡蔚，曾小清．阅读 17：上海轨道交通 17 号线技术创新与实践[M]. 北京：中国铁道出版社，2021.

上海市智能交通系统顶层设计（2021—2025年）

涂辉招

（同济大学交通运输工程学院，上海，201804）

2021年同济大学支撑上海市交通委员会和上海市道路运输管理局编制印发了《上海市智能交通系统顶层设计（2021—2025年）》（沪交科〔2022〕66号，以下简称《顶层设计》）。《顶层设计》以“五个新城”建设为突破口，突出人本化的交通出行设计、前瞻性的战略规划布局、精细化的城市交通管理、跨越式的前沿科技创新等建设需求，提出了上海市智能交通系统“三全发展愿景、四优2025目标、五融架构体系、七可数字底座、八化关键系统、N智特色示范”的总体设计，明确了智能交通系统的重点任务和重点项目。

1 需求分析

“十三五”时期，围绕“五个中心”建设，依托中国国际进口博览会举办、国家公交都市建设示范城市和城市综合运输服务示范城市创建等契机，上海市交通科技创新环境不断完善，智能交通水平大幅提升，智能交通对业务的引领和驱动能级不断增强。“十四五”是开启全面建设社会主义现代化国家新征程和加快建设交通强国的第一个五年，也是上海市向全面建成“五个中心”和具有世界影响力的社会主义现代化国际大都市目标迈进的第一个五年。以交通强国建设、长三角一体化建设、上海“十四五”规划新城发力整体战略布局、自贸区临港新片区建设为行动指南，以人工智能、区块链、云计算、大数据等新技术、新基建为创新引擎，上海市智能交通发展面临新的形势，处在新的方位，承担新的使命，实现新的要求。

1.1 战略规划前瞻性布局是智能交通建设的新要求

《交通强国建设纲要》和《国家综合立体交通网规划纲要》指出要加强智能网联汽车研发，形成自主可控完整的产业链，开发新一代智能交通管理系统，基本建成便捷顺畅、经济高效、绿色集约、智能先进、安全可靠的现代化高质量国家综合立体交通网。《中华人民共和国国民经济和社会发展第十四个五年规划和2035年远景目标纲要》提出要加快交通、能源等传统基础设施数字化改造，发挥市场主导作用，打通多元化投资渠道，在智能交通、智慧能源等重点领域开展试点示范。2020年9月第七十五届联合国大会，习近平总书记向全世界承诺力争于2030年前达到碳达峰，2060年前实现碳中和的宏远目标。《长江三角洲区域一体化发展规划纲要》强调要充分发挥市场和政府作用，加强原始创新成果转化，重点开展新一代信息技术、生命健康、新能源、智能交通等领域科技创新联合攻关，构建开放、协同、高效的共性技术研发平台。《上海市国民经济和社会发展第十四个五年规划和二〇三五年远景目标纲要》明确嘉定、青浦、松江、奉贤、南汇五个新城承接主城核心功能，按照产城融合、功能完备、职住平衡、生态宜居、交通便利的新一轮新城建设要求，建设为长三角城市群中具有辐射带动作用的独立综合性节点城市。《上海国际航运中心建设“十四五”规划》打造便捷高效、功能完备、开放融合、绿色智慧、保障有力的世界一流的国际航运中心，建设智慧高效、服务完备、品质领先的国际集装箱和世界级航空枢纽，提升国际航运中心国际话语权和影响力。双碳目标、国家和地方战略规划前瞻性布局，对智能交通建设提出“绿色化、智慧化、一体化”等新要求。

1.2　城市交通精细化治理是智能交通建设的新作为

《中共上海市委关于深入贯彻落实“人民城市人民建，人民城市为人民”重要理念，谱写新时代人民城市新篇章的意见》指出要践行“人民城市人民建，人民城市为人民”重要理念，充分利用新兴技术，围绕“一网通办、一网统管”目标，推动行业治理的数字化、智能化提升赋能，加强新模式、新方式推广应用，如一站式出行服务、跨区域联程联运、出行无感支付、非接触式配送等，让人民有更多的获得感和幸福感。《上海市综合交通发展“十四五”规划》要增强交通精细治理能力，加快交通治理数字化转型和新型基础设施建设，加速绿色低碳转型发展，实现“传统管理”向“精细化管理和风险管理”转变和交通治理能力的全面现代化。超大城市交通精细化治理，对智能交通建设提出“协同化、智慧化、个性化”等新要求。

1.3　交通出行人本化需求是智能交通建设的新内涵

《中华人民共和国国民经济和社会发展第十四个五年规划和2035年远景目标纲要》指出要推动交通出行、购物消费等各类场景数字化，构筑美好数字生活新图景。上海对照国际最高标准、最好水平，面向2035远景目标“基本建成令人向往的创新之城、人文之城、生态之城，高品质生活广泛享有”，“践行人民城市人民建设，人民城市为人民”重要理念，要优化慢性交通空间，形成全龄友好、无障碍出行的高品质交通环境，加快实现更高质量、更有效率、更加公平、更可持续、更为安全的发展。上海市《关于厚植城市精神彰显城市品格、全面提升上海城市软实力的意见》提出深化交通等生活领域数字化转型，创造内容丰富、便捷可及的数字化体验，打造满足品质生活的服务体系。交通出行人本生态需求，赋予智能交通系统“个性化、人性化、公平化”等新内涵。

1.4 新兴科技颠覆性突破是智能交通建设的新动能

《关于全面推进上海城市数字化转型的意见》深化“一网统管”建设，聚焦公共安全、交通管理等重点领域，实现经济数字化形成新供给、生活数字化满足新需求、治理数字化优化新环境，整体推进城市数字化转型。《上海市交通行业数字化转型实施意见（2021–2023年）》指出要推进以“数字感知，智慧底座”为核心的交通经济新转型，形成以“数字大脑，协同治理”为内涵的行业治理新模式，全面构建数字交通“新场景”，构建行业数字化转型标杆工程，实现集成创新和协同创新，力争将交通行业打造成为上海市数字化转型建设标杆。《上海市交通行业推进新型基础设施建设三年行动方案（2020–2022年）》指出要形成“智能、绿色、高效、安全、共享”的交通领域新型基础设施新生态，建设智慧道路系统、智慧机场系统、智慧航运系统、智慧港口系统、智慧出行系统，推动高效便捷、内联外通的客运枢纽体系，促进经济高质量发展、人民高品质生活、行业高水平管理。新基建、人工智能等新兴科技颠覆性突破与数字化转型，是实现智能交通建设“智慧化、自动化、个性化”的新动能。

2 总体设计

2.1 指导思想

《顶层设计》以习近平新时代中国特色社会主义思想为指导，深入贯彻落实习近平总书记考察上海重要讲话和在浦东开发开放30周年庆祝大会上重要讲话精神，突出目标导向、需求导向，科学把握新发展阶段，坚决贯彻新发展理念，服务构建新发展格局，以创新能力建设为保障，以深化改革为动力，以满足广大人民群众美好生活需求为根本目的，深入落实《交通强国建设纲要》和《交通强国建设上海试点实施方案》，坚持“人民城市人民建，人民城市为人民”理念，对标国际最高标准、最好水平，推动交通高质量智慧化发展，为加快建设具有世界影响力的社会主义现代化国际大都市当好先行者。

2.2 发展目标

2.2.1 发展愿景

《顶层设计》的“三全”发展愿景，即打造全维融合、全龄享行、全物畅通的“三全”海派魅力智能交通系统。其中，全维融合是指物质流、信息流、业务流、能源流和资本流五个维度要素实现全维度深度融合；全龄享行是指成年人、老年人、儿童和弱势群体等全龄人群都能享受便捷安全出行；全物畅通是指普通货物、危险货物、专用货物、大型构件等全类型货物实现物优其流。

2.2.2 具体目标

具体而言，《顶层设计》的目标有以下几点：

（1）“四优”“2025”目标。智能交通重点任务实现交通效率提升 20%、交通事故率下降 25%；双碳目标下智能交通领域机动车 NO_x 排放总量减少 20%、港口 NO_x 排放总量减少 25%、智能交通运输企业实现综合能耗效率总体提升 20%、中心城区绿色交通出行比例大于 75%；智能交通重点任务社会资本融资占比，五个新城大于 20%、中心城区大于 25%；

（2）“五融”架构体系。搭建物质流—信息流—业务流—能源流—资本流深度融合的“五融”智能交通架构体系；

（3）“七可”数字底座。构建 1+5 中心城区五个新城一体化的可监测、可视化、可交互、可预测、可决策、可赋能、可扩展的“七可”智能交通数字底座，主要指标见表 2–1；

（4）“八化”关键系统：建设绿色化、协同化、一体化、智慧化、自动化、个性化、人性化、公平化的“八化”智能交通关键系统，主要指标见表 2–1；

（5）“N 智”特色示范：形成公共社会数据共享、政府企业数据融合、可复制可推广的“N 智”智能交通特色示范。

表 2–1　上海市智能交通系统顶层设计主要指标表

类别		指标	属性
四优 2025 目标	交通效率	智能交通重点任务实现交通效率提升 20%	预期／定量
	交通安全	智能交通重点任务实现交通事故率下降 25%	预期／定量
	交通双碳	双碳目标下智能交通领域机动车 NO_x 排放总量减少 20%、港口 NO_x 排放总量减少 25%；智能交通运输重点用能企业实现综合能耗效率总体提升 20%、中心城区绿色交通出行比例大于 75%	预期／定量
	交通投资	智能交通重点任务社会资本融资占比，五个新城 ⩾ 20%、中心城区 ⩾ 25%	预期／定量
七可数字底座	中心城区	形成智能交通数字底座，实现重要区域关键信息的自动化监测与智能预测、五个新城与中心城区的数据可交互、交通运行状态的可预测	预期／定性
	机　　场	形成数字孪生机场雏形，实现关键信息的可监测、模块数据的可交互、运行态势的可预测、运行保障资源的可决策	预期／定性
	港　　口	形成智慧港口数字底座，实现港区内船、车、货等信息的可监测、港口与长江沿线码头的数据可交互、码头生产运营态势的可预测、赋能长三角航运	预期／定性

续表

类别		指标	属性
七可数字底座	地　铁	形成智慧轨道交通数字底座，实现建设运维的数字化生产、出行服务的数字化供给、集团管控的数字化治理	预期／定性
	虹桥交通	将虹桥国际中央商务区打造成全国数字化城市转型发展先行区	预期／定性
	嘉定新城	基本形成智慧交通先导试验区数字底座，实现新城内部、嘉定新城与中心城区的数据可交互、全面赋能城市交通复杂巨系统	预期／定性
	南汇新城	基本形成未来交通模式创新区数字底座，实现跨部门、南汇新城与中心城区数据交互、交通管控效果可预测	预期／定性
	奉贤新城	基本形成全出行链交通新治理数字底座，实现跨部门、奉贤新城与中心城区数据交互、自动驾驶企业跨领域数据可交互	预期／定性
	松江新城	基本形成 AI 超算驱动智慧交通数字底座，实现新城内部、松江新城与中心城区的数据可交互、局部监控 AI 分析和大数据分析赋能	预期／定性
	青浦新城	基本形成低碳化韧性交通典范数字底座，实现新城内部、青浦新城与中心城区的数据可交互、交通运行状态的可预测	预期／定性
八化关键系统	绿 色 化	实时骨干公交通道车速智能诱导和车队智能调度、到站预报服务 100% 覆盖	预期／定量
	协 同 化	高快速路与地面道路骨干路网协同化诱导，中心城区 30 处、五个新城 25 处	预期／定量
	一 体 化	创新形成多模式路网建设运营一体化管理机制、建成五个新城综合节点枢纽	预期／定性
	智 慧 化	建成 5 条智慧样板道路，创新 10 类自动驾驶典型商业化应用场景	预期／定量
	自 动 化	基本建成便捷高效、功能完备、开放融合、绿色智慧的高质量集疏运网络	预期／定性
	个 性 化	实现公交、地铁、共享单车、长途客运、定制公交、出租等方式的联程联运、一码通行和支付一体化	预期／定性
	人 性 化	形成健康安全街区空间，建成更宜行、宜骑的慢行交通设施网络	预期／定性
	公 平 化	建成适幼化、适老化及残疾人均等化交通典型示范场景各 10 类	预期／定量

来源：作者自绘

2.3　基本原则

（1）坚持全局性谋划，构建智能交通新体系。加强前瞻性思考和战略性布局，坚持全市一盘棋，强化统一架构、系统集成、整体提升，以数据为核心要素，以打造数字底座为支撑，以全面数字化转型为路径，实现跨行业、跨部门、跨区市数据协同、业务协同、创新协同。

（2）坚持全方位赋能，激发智能交通新活力。以数据驱动线上与线下融合，推动新基建、行业治理、交通服务的全面数字化转型，规范有序推进政府和社会资本合作（PPP），提高资源配置效率，实现智能交通基础设施与 5G、大数据及人工智能等新基建深度融合，激发智能交通新活力。

（3）坚持全方式创新，培育智能交通新格局。聚焦全龄享行、全物畅通的核心目标，

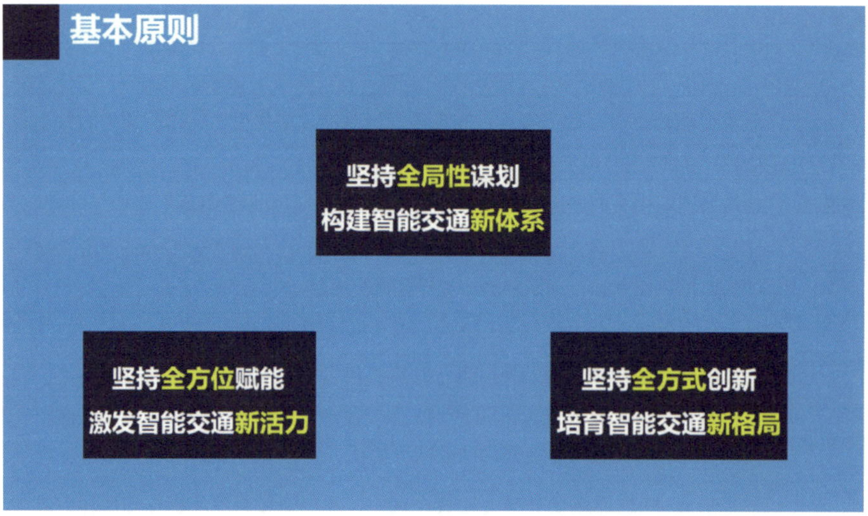

图 2–1　上海市智能交通系统基本原则

来源：作者自绘

以全面数字化转型推动交通行业服务提升、规则重构、功能重塑，拓展步行、骑行、公交、接驳、航空、水运、物流配送等全方式交通服务新场景、新模式，构建智能交通新生态、新格局（图 2–1）。

2.4　发展策略

（1）厘需求。以破解交通事故、交通拥堵、交通污染、交通能耗四大交通问题为根本，厘清智能交通重大需求，形成需求牵引供给、供给创造需求的高水平动态平衡，促进交通系统良性循环。

（2）重体系。加强顶层设计和系统体系建设，避免各个系统业务独立和形成信息孤岛，强化基础设施、数据信息、业务流程、能源供给、资本投入的深度融合。

（3）明理念。以创新、协调、绿色、开放、共享的新发展理念贯穿智能交通发展全过程和各领域；“绿色化、协同化、一体化、智慧化、自动化、个性化、人性化、公平化”是智能化核心要素。

（4）固根基。加强数据采集和数据治理能力建设，建设数据采集共享交换标准，形成数据闭环管理机制，实现行业数据格式统一、数据标准统一、数据源统一、数据出口统一的“四统一”目标。

（5）强互通。明确智能交通系统建设的网络架构、数据格式、接口标准和技术路线，进一步加强综合交通大数据互联互通能级，确保系统间互兼互容，促进中心城区与五个新城的数据共享。

（6）提品质。提供多样化、人性化、高品质的出行服务，提升对出行需求的适配性，推进货运物流服务绿色高效发展，增强人民群众的获得感、幸福感、安全感（图 2–2）。

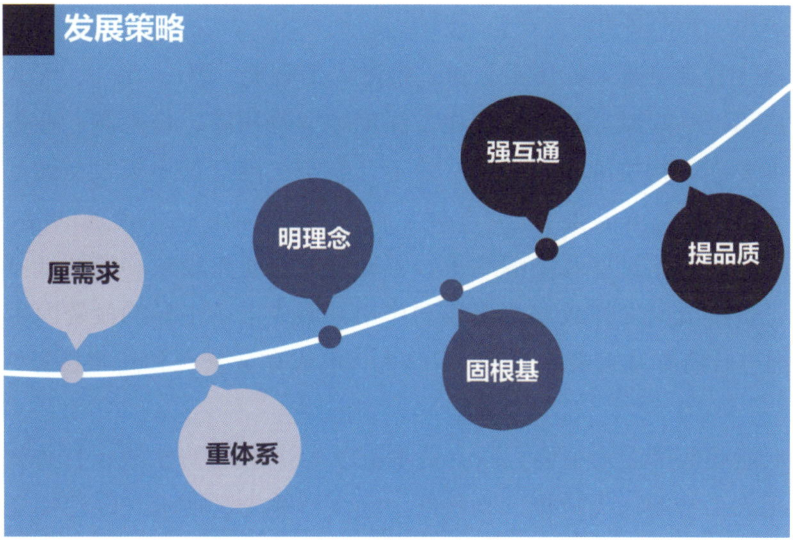

图 2–2　上海市智能交通系统发展策略

来源：作者自绘

2.5　总体设计框架

“三全、四优、五融、七可、八化、N 智”上海市智能交通系统总体设计包括：针对“三全”海派魅力智能交通系统发展愿景，面向“四优”“2025”目标的实现，塑造一个“五融”智能交通架构体系，打造“七可”智能交通数字底座，构建“八化”关键支撑系统，建设“N 智”特色示范应用（图 2–3）。

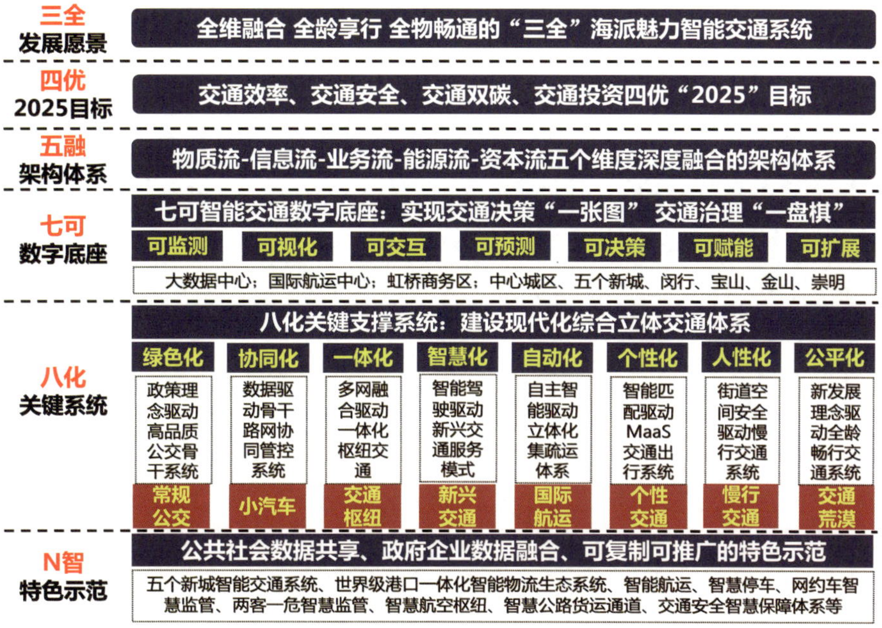

图 2–3　上海市智能交通系统总体设计

来源：作者自绘

2.5.1 “五融”架构体系

塑造“五融”智能交通架构体系。通过推进人工智能、5G、北斗、无人机等技术与交通行业的协同应用、终端赋能和系统优化，深度融合物质流、信息流、业务流、能源流和资本流五个维度要素。物质流包括道路、轨道、航空、港口等多模式交通基础设施和融合交通基础设施要素；信息流涵盖“七可”数字底座、数据确权估值流通的数字资产等要素；能源流面向双碳总体战略目标和能源约束，驱动智能交通建设从高能源低排放向低能源低排放转型发展；资本流以发挥政府投资撬动作用、形成市场主导的投资内生增长机制为导向，规范有序推进政府和社会资本合作（PPP），形成存量资产和新增投资的良性循环（图2–4）。

能源流以低能耗低排放为主要方向，资本流以PPP投融资主线，打造智能交通可持续发展范式；利用人工智能、大数据、物联网、区块链等先进技术，以感知全要素交通数据为核心要素、打造智能交通数字底座为重要支撑、推动交通基础设施数字化为主要内容，构建智能交通数字资产化信息流，由此驱动传统业务和自动化业务等智能交通业务流深度融合物质流与信息流。

2.5.2 “七可”数字底座

推动道路交通、航空交通、轨道交通、水运交通、交通新基建等多模式交通大数据的采集、清洗、存储、挖掘、分析等技术创新，培育数据采集、标注、存储、传输、管理、应用等全生命周期数字资产体系，攻克人工智能、边缘云计算、大数据分析、高精度定位与地图、信息安全、BIM、GIS等智能交通共性关键技术，形成数据标准化、价值化、确权化、共享化的智能交通数据资产平台，加快提高数字化治理水平，打造“可监测、可视化、可交互、

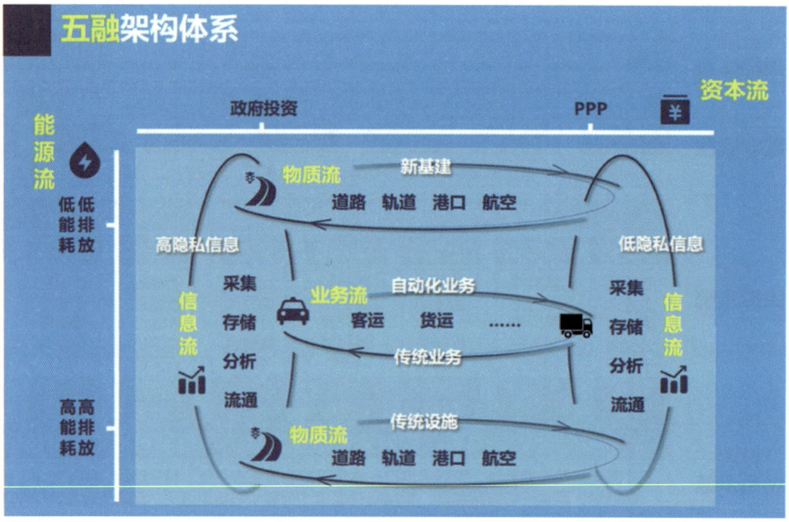

图2–4 智能交通系统“五融”架构体系

来源：作者自绘

可预测、可决策、可赋能、可扩展”的“七可”智能交通数字底座，进一步强化国际航运中心、交通委交通指挥中心、五个新城、虹桥国际中央商务区等数字化转型和数据赋能，支撑实现交通运营中心与运管中心的交通决策“一张图”和交通治理“一盘棋”。

2.5.3 “八化”关键系统

建设“绿色化、协同化、一体化、智慧化、自动化、个性化、人性化、公平化”的“八化”智能交通关键系统。面向绿色化常规地面公交出行，建设政策理念驱动高品质公交骨干系统。面向协同化小汽车出行，建设数据驱动骨干路网协同管控系统。面向一体化多模式交通出行，建设多网融合驱动一体化枢纽交通。面向智慧化新兴交通模式出行，建设智能驾驶驱动新兴交通服务模式。面向自动化港口运输，建设自主智能驱动立体化集疏运体系。面向个性化需求响应式出行，建设智能匹配驱动出行即服务（MaaS）交通出行系统。面向人性化健康绿色出行，建设街道空间安全驱动慢行交通系统。面向公平化适老适幼弱势群体出行，建设新发展理念驱动全龄畅行交通系统。

2.5.4 “N 智”特色示范

中心城区与五个新城形成公共社会数据共享、政府企业数据融合、可复制可推广的“N智”智能交通特色示范。中心城区与五个新城在物质流、信息流、业务流、能源流、资本流全维融合架构体系引导和七可数字底座支撑下，既保障市区一体化又各具特色。中心城区，定位海派交通文化新范式；嘉定新城，定位智慧交通先导试验区；南汇新城，定位未来交通模式创新区；青浦新城，定位低碳化韧性交通典范；松江新城，定位 AI 超算驱动智慧交通；奉贤新城，定位全出行链交通新治理（图 2–5）。

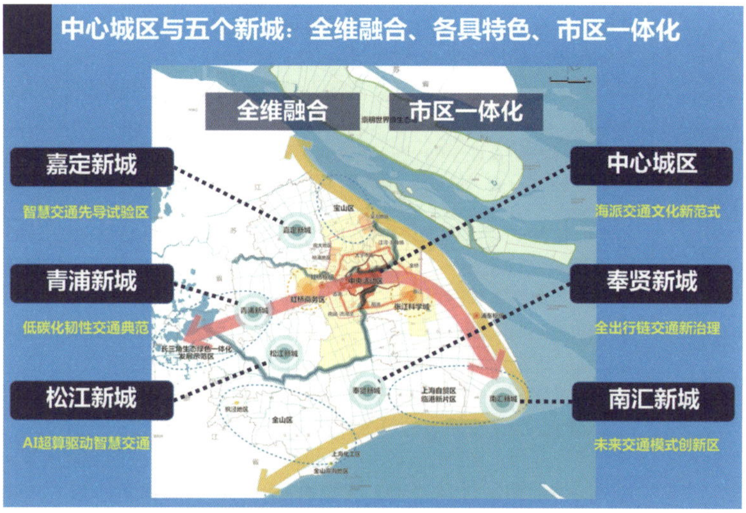

图 2–5 中心城区与五个新城智能交通定位

来源：作者自绘

3 重点工作任务

《顶层设计》与上海市交通委员会和上海市道路运输管理局相关处室、“五个新城”交通委、临港新片区管委会、虹桥商务区等部门开展了座谈调研，并与上海国际港务（集团）股份有限公司、上海机场（集团）有限公司、上海申通地铁股份有限公司、中远海运（上海）有限公司、中国船级社上海分社、中国交通通信信息集团上海公司等企业座谈调研，经过多轮征询，形成了87项重点任务清单。

序号	任务名称	任务内容
（一）“五融”架构体系		
1.1	智能交通“五融”架构体系	目标：在“物质流、信息流、业务流、能源流、资本流”五维度深度融合基础上，打造低能耗低排放能源流和PPP投融资资本流驱动的智能交通发展范式，实现智能交通可持续发展。 近期，到2025年，在双碳目标能源约束下，以PPP投融资资本流为导向，初步探索低能耗低排放能源流和PPP投融资资本流驱动的智能交通发展范式。智能交通重点任务社会资本融资占比，五个新城≥20%、中心城区≥25%。双碳目标下智能交通领域机动车NO_x排放总量减少20%、港口NO_x排放总量减少25%；智能交通运输重点用能企业实现综合能耗效率总体提升20%、中心城区绿色交通出行比例大于75%。 远期，到2035年，构建低能耗低排放能源流和PPP投融资资本流为导向的智能交通可持续发展模式，实现“物质流、信息流、业务流、能源流、资本流”五维度融合。
（二）“七可”数字底座		
2.1	中心城区“七可”智能交通数字底座	目标：“七可”智能交通数字底座 可监测：推进新型感知技术与传统手段融合，确保数据安全与网络安全。近期，到2025年，实现中心城区重要区域的车流、客流、货流等信息的可监测；远期，到2035年，实现中心城区重要路段、重要节点的车流、客流、货流等信息的可监测。 可视化：近期，到2025年，实现综合管控、运行监控、运维监控、应急指挥等智能交通管理可视化。 可交互：近期，到2025年，实现中心城区与五个新城的数据交互；远期，到2035年，实现跨部门跨行业跨设施跨领域的数据交互和措施交互。 可预测：近期，到2025年，实现交通运行态势的预测；远期，到2035年，实现交通安全态势、管控效果的预测。 可决策：远期，到2035年，实现大数据环境下基于证据的交通决策功能。 可赋能：近期，到2025年，实现交通治理从经验判断型向数据分析型转变，从被动响应型向主动管理型转变的交通大数据赋能。 可扩展：近期，到2025年，实现面向新业务、新技术、新区域等新需求的数字底座可扩展。
2.2	机场集团“七可”数字孪生机场	可监测：推进新型感知技术与传统手段融合，确保数据安全与网络安全。近期，到2025年，实现机场飞行区车辆及无动力设备、空中低慢小、航班保障节点、航站楼旅客排队、货物等信息的可监测。 可视化：近期，到2025年，实现机场生产运行、安全管控、指挥与应急的可视化。 可交互：近期，到2025年，实现上海机场各模块的数据交互。 可预测：近期，到2025年，实现机场航班运行态势的预测；远期，到2030年，实现机场运行态势、安全态势等的预测。 可决策：近期，到2025年，实现机场运行保障资源分配智能决策。 可赋能：近期，到2025年，实现机场治理从经验决策向数字决策转变，从设施驱动向效率驱动转变的数字赋能。 可扩展：近期，到2025年，实现面向新业务、新模式、新技术等新需求的数字底座可扩展。

续表

序号	任务名称	任务内容
2.3	上港集团“七可”智慧港口数字底座	目标：“七可”智慧港口数字底座 可监测：确保数据安全与网络安全。近期，到 2025 年，实现上海港区内的船、车、货等信息的可监测；远期，到 2030 年，实现集团内外数据全面融合，港航物流业务上下游的船、车、货等信息的可监测。 可视化：近期，到 2025 年，实现上海港综合管控、运营监控、指挥调度等智能指挥管理可视化。 可交互：近期，到 2025 年，通过长江服务平台，实现上海港与长江沿线码头的数据交互；远期，到 2035 年，通过港航纵横平台，实现跨行业跨领域的数据交互和措施交互。 可预测：近期，到 2025 年，初步搭建集团 AI 平台，实现码头生产运营态势的预测；远期，到 2035 年，实现港口作业，船期的预测。 可决策：近期，到 2025 年，初步搭建智能指挥调度中心，实现大数据环境下基于实时数据的智能决策功能。 可赋能：近期，到 2025 年，通过搭建集团大数据平台和调度指挥中心，实现从经验判断型向数据分析型转变，赋能长三角智慧航运和港航物流生态圈。 可扩展：近期，到 2025 年，实现面向新业务、新技术、新区域等新需求的数字底座可扩展。
2.4	申通地铁“七可”智慧轨道交通数字底座	目标：“七可”智慧轨道交通数字底座 可监测：确保数据安全与网络安全。近期，到 2025 年，构建数字孪生地铁，融合建设管理、运营管理、设施设备、资源开发、企业管理五大应用系统群；加强智慧工地平台建设和动态感知力，探索实践运营环境的全时空泛感知。 可视化：近期，到 2025 年，实现对现有数据的传递与共享，使集团对运行安全、设备管理与资产经营实现全域可视和管控。 可交互：近期，到 2025 年，建立用户信息统一视图，实现大数据动态监测和分析，促进数字经营模式创新。 可预测：近期，到 2025 年，通过动态指标数据分析，准确掌握集团各大业务板块的体征状态，预警预测业务风险与变化趋势，实现对业务的管理与督促；探索客流、运力、运能匹配的最佳模型，实时进行滚动客流数据分析预测，动态优化调整列车运行图；通过智慧维保平台建设，实现关键业务的端到端在线监测，多维数据的关联分析，以及抢修过程的全流程透明监控，推动“预测性维修为主、计划修故障修为辅”的设施设备智能维护模式转型。 可决策：近期，到 2025 年，实现对已有数据的传递与融合，实现集团对资产、业务和流程的全面监管，构建管理精细化、运行高效化、效益最大化的数字化治理体系，科学配置企业资源和优化企业秩序，提升一体管控能级。 可赋能：近期，到 2025 年，将现实世界以数据形式记录、计算、分析、判定、预警、控制，形成全过程的业务数据化和数据业务化，赋能决策、管理与执行，实现现实世界和数字世界同步运转；以数字化技术为核心，建设内部统一、健全的信息管理和服务平台，实现流程数字化和培训自助化服务，重塑员工工作场景，提升员工体验，赋能员工数字化创新和价值创造。 可扩展：近期，到 2025 年，搭建数字虚拟化云平台，建立技术与业务中台，形成与业务相匹配数字化服务能力，在统一的技术架构下实现资源共享、打通信息壁垒；整合构建通用业务中台和数据中台，推进共性业务共享集成应用，实现对内业务与对外服务的“一网统管”“一网通办”。

续表

<table>
<tr><th>序号</th><th colspan="2">任务名称</th><th>任务内容</th></tr>
<tr><td>2.5</td><td colspan="2">虹桥交通“七可”数字空间</td><td>目标：将虹桥国际中央商务区打造成全国数字化城市转型发展先行区
可监测：近期，到 2025 年，实现对虹桥枢纽 P9、P10 停车场，公交车上下客点，出租车蓄车场，高铁出站口，地铁进出站口等交通复杂场景增加建设 AI 摄像头、5G 基站、雷达、边缘计算 MEC 等新型基础设施，更加精准感知虹桥枢纽交通态势，全方位捕获交通相关数据，到 2030 年，通过多模块专业运营，运营数据和感知数据的积累融合，形成多维融合数据体系。
可视化：近期，到 2025 年，打造数字孪生虹桥数字空间，关键交通要素数字化建模，可视化呈现整体虹桥枢纽路网态势，按需把交通信息在信息化中心大屏“一图展示”，直观全面展现枢纽交通数据情况。
可交互：近期，到 2025 年，实现地铁、民航、高铁、公交、出租等多维交通要素数据的多维接入与交互。
可预测：近期，到 2025 年，打通“城市公交、长途客运、汽车停泊、路网路况”等出行应用，建立未来出行一张图，满足市民多样化、个性化的出行需求；依托数据资源进行交通态势预测，预判枢纽交通拥堵情况，客流集散情况等，做到事件提前干预，风险预先化解。
可决策：近期，到 2025 年，做到“一图总览”，辅助政府交通指挥，应急联动，决策规划工作；数字底座按时、按需提供数据报告及建议方案，辅助政府监管和交通研究。
可赋能：近期，到 2025 年，从数据资产管理、数据产品销售、数据赋能等数据驱动业务场景角度向政府、企业提供数据增值服务。
可扩展：近期，到 2025 年，探索自动驾驶短途接驳场景等未来交通出行模式；分类汇聚，按需存储，面向新业务，新模式，新技术提供多样的数据开发接口和拓展接口，在原有数字底座上实现高延伸。</td></tr>
<tr><td colspan="4">（三）“八化”关键系统</td></tr>
<tr><td>3.1</td><td>绿色化</td><td>政策理念驱动高品质公交骨干系统</td><td>目标：绿色化常规地面公交系统
近期，到 2025 年，倡导绿色出行理念，持续深入实施公交优先战略，基本实现全市新能源和清洁能源公交车比例达到 80% 以上；界定公交线网结构功能定位和运行特征，优化提升公交线网，系统化和网络化建设公交优先车道，推进“20+8+X”骨干公交通道和中运量公交系统建设，搭建网络鲜明的地面公交骨干走廊，换乘公交距离在 50 米和 100 米以内的轨道交通站点比例分别达到 80% 和 90% 以上，进一步强化路权保障和信号优先，公交高峰运行平均车速超过 15 公里 / 小时；完善公交财政补贴政策，推进 5G、人工智能、自动驾驶等新技术创新公交优先车速诱导、车队调度等，加强方式间换乘衔接，提升郊区公共交通吸引力和绿色环保车辆比例；优化农村路网布局结构，提升城乡一体化公交服务；实现公交车的动态客流采集、智能化集群调度、用能监测等功能，并实现外环以内和五个新城公交电子站牌覆盖率大于 50%、实时到站预报服务全覆盖，提供高品质常规地面公交服务。
远期，到 2035 年，主动适应互联网 +、定制公交、需求响应式公交等交通新模式，强化轨交交通运营前后两网融合规划，构建以轨道交通为骨架，公交为骨干、水上轮渡为补充、慢行交通为延伸的高品质公交体系。</td></tr>
<tr><td>3.2</td><td>协同化</td><td>数据驱动骨干路网协同管控系统</td><td>目标：小汽车出行骨干路网管控协同化
近期，到 2025 年，开展政企多源数据共享与融合分析，基于交通大数据解析城市交通拥堵机理，预测交通拥堵时空动态演化规律，提出出行全过程精准诱导、分圈层渐进式协同管控、控制与诱导的协同等高快速路与地面道路骨干路网的诱导控制协同优化方法，研发时空精准拥堵诱导系统，构建高快速路与地面道路骨干路网协同管控系统，优化提升城市骨干路网结构和功能。
远期，到 2035 年，构建数据驱动的“低碳、高效、安全、便捷”多目标协同优化的、高快速路与地面道路骨干路网协同管控的、分时分区动态费率小汽车出行系统。</td></tr>
</table>

续表

序号	任务名称		任务内容
3.3	一体化	多网融合驱动一体化枢纽交通	目标：一体化多网融合交通枢纽 近期，到 2025 年，理顺航空交通枢纽、轨道交通、市域铁路、公共汽电车、共享单车等多路网建设运营一体化管理机制，健全完善多网运行机制，强化多网融合一体化枢纽交通规划，建设多层级枢纽交通接驳换乘设施，优化地面公交出行链；推进上海东站、松江南站、宝山站等铁路客站建设；加快建设安亭枢纽、青浦新城枢纽、松江枢纽、奉贤新车枢纽，实现新城内外交通的便捷高效换乘，推动长三角一体化和长三角区域公路视频监控共享；打造世界一流的航空枢纽设施和高效便捷的机场集疏运体系，建设全感知、可视化、主动防御的空港安全体系，全面推进四型机场建设，夯实在长三角机场群建设中的核心引领地位。 远期，到 2035 年，健全一体化投资、建设、运营的机制，构建网络化智能运输组织体系，提供功能互补、更高品质的一体化枢纽交通运输服务，建成最具影响力的世界级航空枢纽。
3.4	智慧化	智能驾驶驱动新兴交通服务模式	目标：智能化新兴交通模式 近期，到 2025 年，加快推进 5G、北斗等新基建与智慧交通的融合应用，以 G60 高速公路、G15 高速公路（嘉浏段）、G50 高速公路、S32 公路、环湖一路、远香湖环路等为重点，建设智能道路，面向智能驾驶驱动新兴交通出行和新兴物流配送等新兴交通模式，制定需求导向的车路协同组成架构、功能要求、性能要求等技术体系；进一步丰富自动驾驶测试场景数量和种类，推动全车种、全出行链、全风险类别、全测试链条和新基建融合基础设施的“四全一融合”自动驾驶测试场景布局，开展智能网联公交示范线建设、“5G+ 自动驾驶重卡”“无人监管”商业化运营、自动清扫示范、自动驾驶接驳巴士、自动驾驶无人物流配送等新兴交通服务模式示范。 远期，到 2035 年，形成智能网联公交示范线、“5G+ 自动驾驶重卡”“无人监管”、自动清扫、自动驾驶接驳巴士、自动驾驶无人物流配送等新兴交通服务模式商业化运营。
3.5	自动化	自主智能驱动立体化集疏运体系	目标：自动化集疏运体系 近期，到 2025 年，建设全球一流的集装箱枢纽港，开展新一轮上海港总体规划修编，加快构建长三角世界级港口群一体化治理体系，推动市场化投资运营主体组建和港口行政资源一体化，支持市场主体以资本为纽带形成以上海为中心、江浙为两翼、长江流域为腹地的区域港航协作架构，集装箱吞吐量达到 4700 万标准箱以上，保持国际领先；与浙江合作推进小洋山北侧综合开发，推进内河通海基础设施建设，研究预留港口发展战略空间；完善以水中转为主体、公路疏港为基础、海铁联运为重要组成的港口集疏运体系，开辟长三角地区集装箱河海直达运输通道，提升信息互通共享水平，推动多种运输方式高效衔接和标准统一，加大智能电网、微电网在港区推广应用，提高岸电利用效率，建成便捷高效、功能完备、开放融合、绿色智慧、保障有力的世界一流的国际航运中心。 远期，到 2035 年，打造公铁水运输方式齐全、内外衔接高效的港口航运物流综合集疏运体系。
3.6	个性化	智能匹配驱动 MaaS 交通出行系统	目标：个性化交通出行 智能匹配驱动 MaaS 交通出行系统以“绿色环保、便捷出行、全程服务”为目标，以信息技术提升公众出行服务能力，以大数据技术提升综合数据整合及分析能力，加强与互联网头部企业的生态融合，促进城市交通数字化转型和可持续发展。 近期，到 2025 年依照“目标导向、开放创新、分类施策”的工作思路，以公共交通信息一体化和支付一体化服务等“小切口”，实现 MaaS 系统建设运营的“深突破”：重点围绕公交、轨道、轮渡以及停车等出行场景，让市民可获得公共交通出行的全过程一站式、全品类信息服务，包括出行路径规划，实时到站预报、车厢舒适度、无障碍车厢，停车诱导、错峰共享、停车预约等。 远期，到 2035 年，以支持交通运输部标准二维码、随申码、社保卡等一体化支付为目标，协调推进公交、地铁终端及系统改造，实现换乘优惠，同时加强与“衣、食、住、游”等领域的关联度，形成 MaaS 交通出行低碳积分等激励措施。

续表

序号	任务名称		任务内容
3.7	人性化	街道空间安全驱动慢行交通系统	目标：健康街道慢行交通系统 近期，到 2025 年，依托“15 分钟生活圈”建设，以人性化理念统筹城市设计、交通设计、景观设计，更加注重人性化、精细化、无障碍化，加强街区慢行空间治理，提升街坊道路连通性，完善步行连廊和地下通道系统，保障步行道和自行车道的有效通行宽度，保持步行道和自行车道铺面的平整完好和连贯性，形成小尺度、人性化的城市空间肌理；构筑相对独立的慢行交通网络，结合路网加密，综合采取优化路权分配、辟通断点、立体化改造等措施，增加慢行交通网络密度；修订非机动车配建标准，加强非机动车停放管理，完善、创新停放设施，合理布设停放点位，形成路内外统筹协调、便利有序的停放环境；结合滨江、滨河、绿地等资源配置慢行通道，促进慢行交通的通行功能与游憩、健身、休闲等功能有效衔接，建设社区微基建保障高品质的社区“15 分钟生活圈”；推进信息智能手段在慢行交通引导中的应用，加强与公交枢纽等各类功能节点指引系统的衔接与融合。 远期，到 2035 年，实现街区可漫步、滨水可游憩。
3.8	公平化	新发展理念驱动全龄畅行交通系统	目标：全龄畅行系统 近期，到 2025 年，以人为本，树立“人民城市”新发展理念，加强道路、交通工具及配套设施等全出行环节适老化和无障碍设施的无缝衔接，强化适老化改造和无障碍设施连贯性与包容性建设，提升对残障人士、老人、儿童等特殊群体的使用友好性；对任何使用者都不会造成伤害或使其受窘的公平使用原则、涵盖广泛的个人喜好及能力的弹性使用原则、简易及直觉使用原则、有效地对使用者传达了必要资讯的明显资讯原则、将危险及因意外或不经意的动作所导致的不利后果降至最低的容许错误原则、可有效舒适及不费力地使用的省力原则；在重点区域为儿童划定独立、连续的步行和骑行空间，构建连续的出行网络、完善道路交通安全设施，加强机动车交通管理，为儿童营造足够安全的出行环境、通过建设高品质的慢行设施，为儿童提供舒适的出行环境，充分体现城市建设对儿童的关怀和爱护；基于儿童视角，在道路出行系统中通过趣味化设计，形成丰富有趣、激发儿童兴趣的出行空间，并起到引导儿童出行路径的作用。 远期，到 2035 年，实现涵盖老人、残障人士、儿童、成人等全龄畅行交通系统。
（四）“N 智”特色示范			
4.1	嘉定新城：智慧交通先导实验区		嘉定新城定位智慧交通先导试验区 开展国家智慧城市基础设施与智能网联汽车协同发展先行先试，打造长三角智慧交通最佳实践区和示范体验区；建设广覆盖的车用无线通信网络、覆盖全国路网的道路交通地理信息系统以及高精度时空基准服务和智能汽车基础地图；构建国家智能汽车大数据云控基础平台、智能汽车云控平台和运营服务平台，基于 5G 和整体车用无线通信网络基础设施，探索建设上海乃至长三角地区的智慧交通专网，逐步参与构建全国统一的智能汽车专用“智慧交通专网”；支持车企等创新主体加快智能、网联等核心技术攻关，深化人工智能应用和软件开发，鼓励智能传感、互联网等企业与车企跨界深度融合，提供更多自动驾驶系统解决方案和智能汽车集成方案；推进 5G 通信网、北斗定位网和智能交通网三网融合，重点围绕远香湖中央活动区开展先行先试，深度开发“一环三路”智慧交通应用场景。

续表

序号	任务名称	任务内容
4.2	南汇新城：未来交通模式创新区	南汇新城定位未来交通模式创新区 建设国内领先的车路协同车联网，丰富自动驾驶开放测试道路场景，进一步扩大开放测试道路范围，推广智能网联汽车、船联网等场景应用，探索无人机、无人车等无人驾驶载运工具应用，打造国家级智能汽车示范区；推进道路设施数字化改造，探索推进车路协同技术应用路径、标准规范，支撑自动驾驶汽车在复杂路况下的适应能力；完善自动驾驶相关技术标准、测试，推进环湖智能公交示范线建设、开展自动驾驶乘用车示范运营，重点开展洋山港铁公水集疏运 + 自动驾驶集卡物流体系建设；发展定制公交、智能停车、智能公交、共享汽车、分时租赁、共享单车、自动驾驶微公交等服务新业态；建设统一的交通综合信息平台，实现对外交通、公共交通、道路交通、货运交通等各系统交通信息互通、共享，打造新城综合交通“智慧平台”；探索政企联合推进机制，加强研究按需响应的新型智慧交通服务，鼓励政企联手，率先研究 MaaS（出行即服务）技术的应用，可在“公交 + 地铁 + 出租车 + 自行车”等城市公共出行领域先行研究 MaaS（出行即服务）技术的应用，构建“智慧出行”系统。
4.3	奉贤新城：全出行链交通新治理	奉贤新城定位全出行链交通新治理 依托数字孪生和智慧场景应用，将传统交通运输业及基建行业和互联网进行有效渗透与融合，推动奉贤新城高质量发展、创造高品质生活、实现高效能治理；打造安全高效的智慧出行场景应用示范，结合数字交通重点区域建设，持续推动智能网联汽车试点示范区建设，打造车路协同场景应用示范；提升道路交通智慧管控能级，推进建设“智能信号灯”路口、新型行人过街提示系统、潮汐车道信号控制系统；以智能驾驶为基础，为构建智能交通系统提供支撑，推动奉贤全出行链开放道路测试基地建设；推动道路交通智能化发展，依托 5G 等新兴技术，结合一网统管构建智慧交通大数据平台、路灯 / 井盖智能监控等，推进交通“新基建”应用，通过试点高峰期单行道、设置潮汐车道、推动新城干道绿波控制、建立新城交通诱导系统等手段，提升交通管理与交通运行特征的匹配度，充分发挥道路资源利用效率。
4.4	青浦新城：低碳化韧性交通典范	青浦新城定位低碳化韧性交通典范 面向智慧城市、城市交通精准化治理与服务发展趋势，以“提升交通基础设施智慧化水平，打造低碳化韧性交通典范”为愿景，形成“一片、两线、多点、一行业”的总体工作思路，包括：上海市西软件园智慧交通示范区、结合 G50 拓宽工程建设智慧高速示范线、崧泽大道和 G318 沪青平公路两条智慧公路示范线、多个路口智慧化提升、构建“毗邻智慧公交”网络；提升慢行交通的比例与品质，建立便捷连通、舒适宜人的慢行网络，依托丰富的蓝道绿道资源，结合老城厢等发展特点，打造特色休闲慢行系统；结合道路断面改造、蓝绿道建设、城市公园建设等工作，完善慢行交通体系与驿站服务配套，试点建设安宁交通社区；遵循“保留特色桥梁名片、不再新建桥梁”的原则，推进特色化的水上交通日常化发展，规划建设多级水陆换乘枢纽，直接接入绿道和自行车道，建立水陆自由转换的交游系统。
4.5	松江新城：AI 超算驱动智慧交通	松江新城定位 AI 超算驱动智慧交通 搭建交通大数据平台、交通 AI 平台，建成“全面感知、智能认知、辅助决策、服务交通”的 AI 能力图谱；拢数据：跨行业横向数据、行业内市交通委相关数据、互联网数据有效补充；补短板：补充前端感知设备、智能化，电子化、移动化应用；推进交通监测与应急指挥（TOCC）、综合规划、应急指挥、交通出行特征分析（智慧枢纽）等大数据应用；实现交通建、管、养智能化、智慧公路、智慧港航、智慧运输、智慧执法，数字孪生的交通运行监控等智能化应用；促进基于车路协同 5G、人工智能的可变公交车道、AI 非现场执法和 AI 道路巡检等创新引领应用。

续表

序号	任务名称	任务内容
4.6	智慧停车	近期，到2025年，动态优化停车配建标准，适度增加基本车位供给，科学调控拥堵区域车位，重点推进住宅小区、医院、学校等典型场所内部停车空间挖潜、外部规划新建公共车位，构建规模适宜、布局和结构合理的停车设施体系；加快推进公共停车价格市场化改革；积极盘活各类停车资源，加大车位开放共享力度；搭建上海公共停车信息共享平台，打造面向社会公众的集车位信息发布、自助停车服务、停车诱导、停车缴费等功能于一体的停车信息化服务平台，对公共停车资源实行全面联网管理，对各类停车资源协同处置、智慧监管，为出行停车全过程提供“一站式”信息引导服务。
4.7	交运巴士智慧场站	目标：通过“业务数字化”“服务中台化”“决策智能化”三步走的方式，构建整套“数字化人工智能智慧场站”平台，实现集团业务的数字化，智能化，集约化，通过“数字化人工智能智慧场站”平台的建设，最终实现交运巴士集团业务发展、业务管理和业务运营的整体数字化转型工作，在提高能效的同时降低企业整体运营成本，并且可以更加高效地进行业务发展和业务拓展。 近期：实现“业务数字化”。将各客运站、车、司机、运营管理、财务管理、安全管理等全运营场景实现业务数字化运营，通过将集团各业务流程进行数字化实现，为用户提供更多数字化消费场景，将原有各个业务节点全部用数字化的方式进行打通，实现业务流程全数字化，作为智慧场站的第一步。 远期：实现“决策智能化”。通过人工智能算法，让整个平台拥有“智慧”，减少人工参与流程化、事物化的工作，解放生产力，让更多的资源可以投入到业务拓展和推广中来，更好的优化管理，降低整体管理成本。
4.8	高速运管中心数字化	结合城投公路集团已建成的路桥智慧运维管理平台所积累的经验和需求，编制公路集团智慧运维企业标准，梳理路、桥、隧各类设施设备的分类标准，整理编码标准。建设S32申嘉湖智慧高速“智慧设施”“智慧管控”“智慧服务”“智慧决策”：综合运用数字化思维和数字化技术，结合高精度地图的建立，搭建数字底座，形成数据资产，完整掌握道路设施设备的数字信息。打通建设期与运营期的数据信息，有效支撑道路的全要素、全周期数字化水平，促进公路提效能、扩功能、增动能，进一步提升道路的精细化数字管理水平。
4.9	智慧公路货运通道发展战略与关键技术	近期，到2025年，提出货优其流、高效绿色的智慧公路货运通道发展战略和关键技术，具体包括研判智慧公路货运通道发展态势、明确智慧公路货运通道战略定位、提出智慧公路货运通道目标愿景、预测智慧公路货运通道总体需求、统筹智慧公路货运通道规模布局，形成智慧货运通道关键节点场景车路一体化技术、面向智能货车编队的路面结构设计方法、智慧货运通道车路一体智能化管控技术、面向灾害风险管理的智能韧性货运通道设计、智慧货运通道车路一体化全链条测试与示范等智慧公路货运通道建设关键技术。
4.10	智慧航空枢纽	近期，到2025年，打造最具影响力的世界级智慧航空枢纽。加快构建上海国际航空枢纽共同体，形成多机场体系、超级承运人、空管保障、民航产业和集疏运网络“五位一体”的发展格局；建设跨区域的全球城市多机场体系，将浦东机场打造成品质领先的世界级航空枢纽和全球领先的智能高效货运枢纽，将虹桥机场打造成最具人性化的精品枢纽机场，与南通新机场共同组成多机场体系主枢纽，规划建设大型通用机场，进一步凸显在长三角世界级机场群中的核心枢纽地位；打造深度融合、高效联运的集疏运网络，推进浦东综合交通枢纽建设，建成以轨道交通为骨干、陆海空铁一体化的机场集疏运体系。

续表

序号	任务名称	任务内容
4.11	交通安全智慧保障体系	近期，到 2025 年，提升交通本质安全水平，完善交通基础设施工程和交通安全设施的技术标准，打造“平安百年品质工程”；创新交通安全生产体系，健全交通运输安全生产管理法规标准体系、安全责任体系、风险分级管控和隐患排查治理双重防控体系、科技支撑保障体系、安全生产培训教育体系等，提升安全管理水平；强化交通应急救援能力，完善自然灾害、公共卫生突发事件、社会安全事件等突发事件下的交通系统应急保障体系，构建完善近海和公路气象监测网；建设专群结合的应急物资储备体系和救援队伍，强化应急救援社会协同能力。

来源：作者自绘

作者信息

涂辉招，同济大学交通运输工程学院教授、博士生导师，huizhaotu@tongji.edu.cn。

汽车嘉定公共交通服务重构规划

吴娇蓉[1，2]　邓泳淇[2]　林清凯[2]

（1. 同济大学城市交通研究院，上海，200092；
2. 同济大学道路与交通工程教育部重点实验室，上海，201804）

新城是上海推动城市组团式发展，形成多中心、多层级、多节点的网络型城市群结构的重要战略空间。作为五个新城之一的嘉定新城自 2004 年启动建设以来，以汽车产业为支撑，以高端制造和电子商务为特色，开启了汽车嘉定的建设之旅。在“十四五”开局之年，关于汽车嘉定，在《嘉定新城“十四五”规划建设行动方案》中提出以打造“国际汽车智慧城”和长三角新能源智能汽车“硅谷”为契机，构建汽车“新四化”、智能传感器及物联网等千亿级产业。积极引入汽车“新四化”领域头部企业，聚焦氢燃料电池、新型车载智能终端、车路协同等核心技术，引领全市汽车产业发展[1]。《嘉定区总体规划暨土地利用总体规划（2016–2035 年）》确定了世界级汽车产业中心核心承载区的目标，深入打造汽车全产业链，以上海国际汽车城为重点区域，推动汽车产业资源由制造向服务布局，打造集制造、教育、研发、设计、金融、贸易、文化、旅游、后市场等为一体的汽车全产业链基地。聚焦国际汽车城产城融合示范区，以打造国内领先、在世界占有一席之地的国际汽车产业中心为目标，放大传统汽车产业优势和溢出效应，做强汽车制造及服务功能，构建汽车产业与服务创新生态圈及品质高端、产城融合的国际化社区[2]。

嘉定新城未来作为长三角沪宁廊道上的节点城市，规划常住人口 110 万，公共交通在机动化交通中需要承担主体作用，为新城与周边省市、邻近新城、中心城、周边乡镇，及新城内部提供良好可达性、高品质服务。但是，汽车嘉定的小汽车交通比其他新城及中心城的发展速度更快，公共交通发展遭遇瓶颈，分析嘉定新城从卫星城到长三角节点城市，公共交通的服务要求发生的显著变化，总结国外公共交通服务重构经验，提出汽车嘉定的公共交通服务重构目标和策略，采用人工智能技术，形成多模式的公共交通干线网络规划方案，对地面公交提出基于人口岗位密度的重构规划，为其他新城的公共交通发展提供参考。

1 嘉定新城概况

嘉定区位于经济最发达的近沪地区，是上海西北翼重点建设新城，同时位于沪宁与沿江通道之间，是沪宁发展轴线上的重要节点（图 1–1）。嘉定新城东至横沥河—城市开发边界—绿意路—浏翔公路，南至蕰藻浜，西至嘉松北路，北至城市开发边界[3]。总用地面积约 159.5 平方公里，规划人口 110 万人左右，现状约 68 万常住人口。按照“集聚百万人口”目标，嘉定新城将按照产城融合、功能完备、职住平衡、生态宜居、交通便利、治理高效的要求，以汽车研发及制造为主导产业，发展为具有独特人文魅力、科技创新力、辐射长三角的现代化生态园林城市。

结合第七次全国人口普查数据，目前嘉定区的人口聚集热点地区主要在老城、新城核心、南翔与江桥片区（图 1–2）。未来嘉定新城人口增长空间较大，人口导入方向主要有科技城片区、江桥和安亭镇区域以及南翔组团区域。

图 1–1 嘉定新城区位图

来源：嘉定新城总体城市设计（公众版）

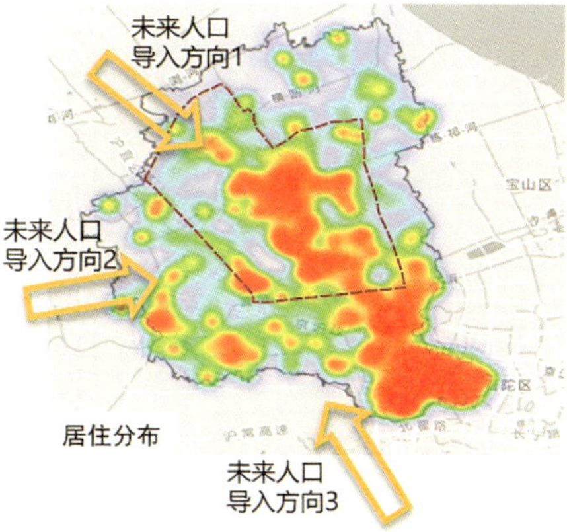

图 1–2 嘉定新城人口分布图片

来源：作者自绘

2 汽车嘉定的机动化出行特征

嘉定的交通出行机动化特征明显，主要表现在嘉定的家庭汽车拥有量高于中心城，通勤出行距离较大，需要更多依赖机动化交通工具支持通勤出行，且机动化出行服务要求快速、可达，由于既有公共交通在速度、可达性方面优势不足，机动化出行中公共交通比例偏低。

2.1 嘉定拥有小汽车的比例高于中心城

嘉定以汽车产业为特色，建成区开发强度低于中心城，嘉定新城人口、岗位密度约为 0.4 万人／平方公里、0.2 万人／平方公里，远低于上海中心城。嘉定新城拥有小汽车的家庭比例达到 68%，高于中心城（约 60%）。

2.2 通勤出行距离大，机动化交通出行成为必然

嘉定 2021 年通勤出行占总出行量的 41%，平均通勤出行距离为 9.0 公里；非通勤出行占总量的 59%，平均出行距离为 3.9 公里；全目的平均出行距离 6.0 公里。平均通勤出行距离 9.0 公里已超过了步行和自行车的适宜出行距离，需要更多依赖机动化交通工具支持通勤出行[4]。

嘉定除了步行、自行车和助电动车以外，采用小汽车、公共交通等机动化交通工具出行距离较长（图 2–1）。常规公交平均出行距离为 7.0 公里，小汽车、网约车、出租车平均出行距离为 9.9 公里、11.4 公里、12.5 公里，地铁平均出行距离为 26.9 公里，均高于中心城指标。因此，对于机动化交通工具而言，长距离出行必须具有快速可达的特点，才能适应出行时间 1 小时时耗约束。

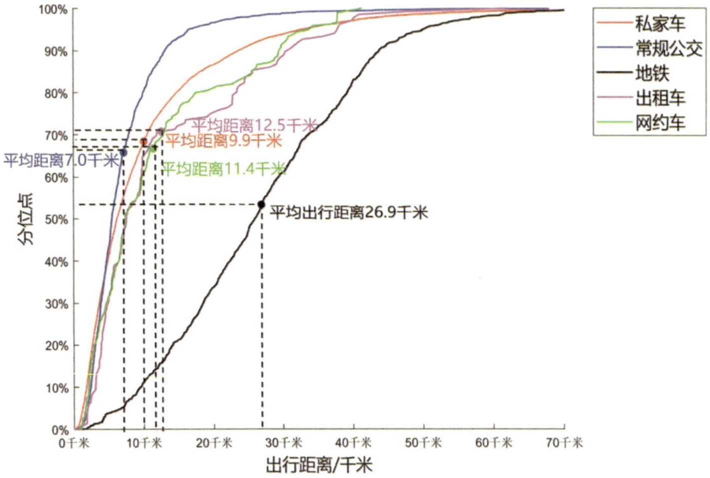

图 2–1 嘉定各类机动化交通工具出行距离累积频率曲线
来源：作者自绘

2.3 机动化出行中公共交通比例偏低

出行结构上，嘉定区出行方式以小汽车、助电动车为主。2021 年嘉定新城与中心城出行方式结构对比如图 2–2。嘉定新城步行、非机动车方式占比 56.5%，远高于中心城（39.2%）；嘉定新城公共交通方式（轨道交通、地面公交、班车、大客车）占比 8.8%，远低于中心城（29.7%）；嘉定新城小汽车（含摩托）方式占比 33.9%，远高于中心城（24.8%）。嘉定新城与中心城的机动化出行方式结构（不计步行和非机动车方式）差异明显，中心城公共交通占比为 48.8%[5]；嘉定新城公共交通占比仅为 20.2%。

嘉定公共交通出行比例由 2014 年的 12% 下降至 2021 年的 9%，公共交通占机动化交通比例由 2014 年的 34% 下降至 2021 年的 20%，公交客流也逐年下降，公共交通在客运系统中难以形成主体地位，地面公交衰退趋势明显。

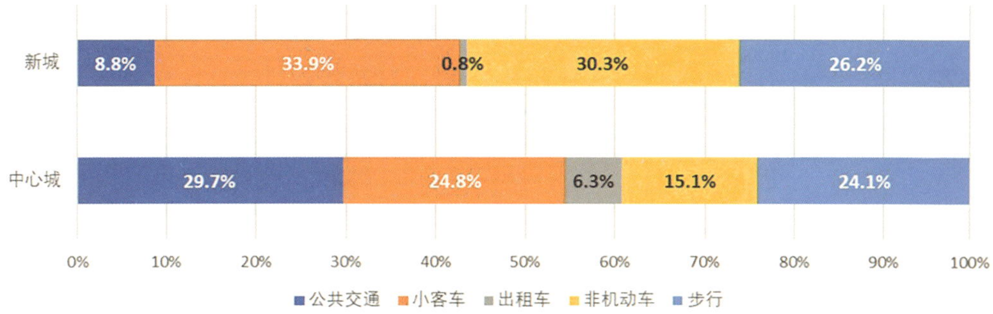

图 2–2 上海中心城与嘉定新城全方式出行结构比较

来源：作者自绘

3 嘉定新城公共交通发展瓶颈

3.1 公共交通时间可达性不足，地面公交客流量明显下降

嘉定新城的公共交通可达性无法满足 2025 年公共交通“30–45–60”[1]的时间可达性要求，1 小时公共交通可达区域约为嘉定区域总面积的 50%（图 3–1）。轨道交通主要解决新城与中心城的出行，由于 11 号线设站较多，到达中心城的时间需 1 小时左右。地面公交受制于道路交通条件，速度和可达性差于轨道交通，2016—2019 年嘉定地面公交客流相较 2014 年和 2015 年出现明显下降（图 3–2）；2020 年受疫情影响，客流出现异常，暂不讨论。

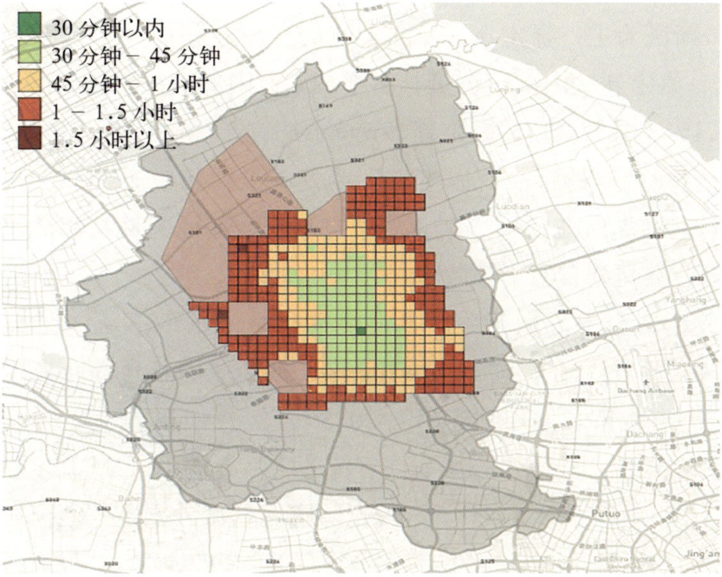

图 3–1 嘉定新城地面公交可达性

来源：作者自绘

1 《上海市新城规划建设导则》提出新城“30 分钟联系周边中心镇，45 分钟达到近沪城市、中心城和相邻新城，60 分钟衔接国际枢纽”。

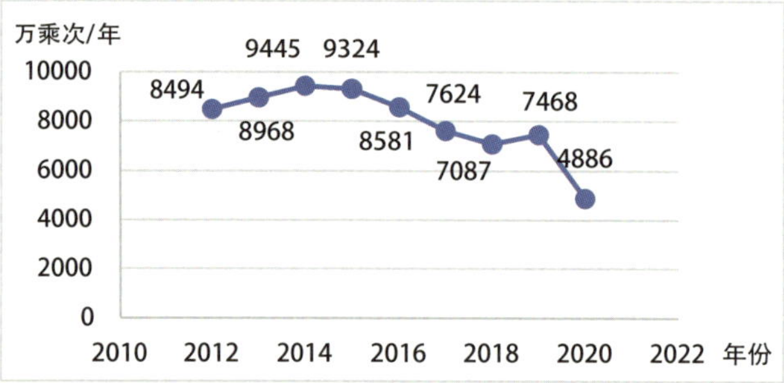

图 3-2　嘉定地面公交年客流量

来源：作者自绘

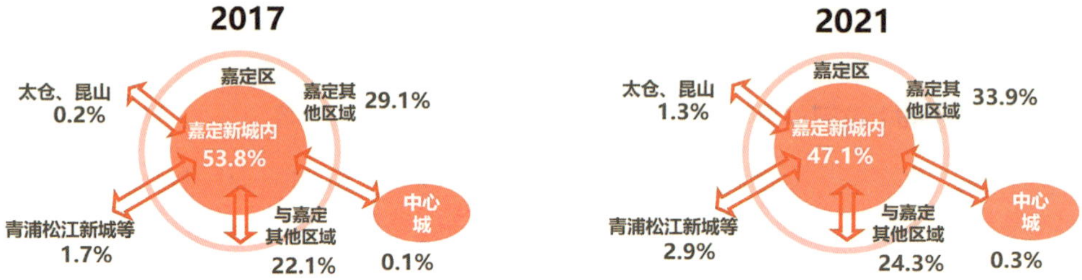

图 3-3　不同年份嘉定新城常规公交出行空间分布

来源：作者自绘

3.2　轨道交通和常规公交服务对象差异性

常规公交服务新城为主，嘉定新城公交上客量占嘉定全区 86%。根据 2017—2019 年地面公交 IC 卡数据，嘉定新城内部出行量有所增加，但内部出行占比有所下降，出行比例由 53.8% 下降至 47.1%（图 3-3）。嘉定新城对外的出行比例由 2017 年的 24% 上升至 2021 年的 29%[4]。出行空间分布特征呈现以老城区为核心放射状分布特征，并随着新城发展，出行重心逐渐移向远香湖所在的核心区，新城与嘉定区其他区域及邻沪城市、周边新城的联系有所增强，出行空间分布趋于分散。

轨道交通服务新城至中心城为主。嘉定轨道网络化水平不足，现状新城范围内仅有轨道交通 11 号线和 13 号线（末端），如图 3-4，在新城内站点 600 米用地覆盖率不超过 10%，远低于《上海市城市总体规划（2017–2035 年）》提出覆盖率 30% 的要求。轨道交通承担全区 85% 的公交客流，且以中心城方向客流为主。地铁 11 号线嘉定新城段出发客流，66.8% 至中心城，11.7% 至新城内部，9.4% 至除嘉定新城外嘉定其他区域[3]。

3.3　常规公交线路分类仅体现区域特征，未体现服务品质

嘉定区目前公交线路分为五类，分别是城区线、城乡线、镇域线、市通郊线、郊通郊线，这样的分类可以体现线路在空间上的分布特征，但是五类线路服务品质没有差异。例如：五类线路发车间隔都比较大，城区线与其他四类线路发车间隔没有明显差异。五类线路中，

图 3–4 嘉定区轨道站点周边公交站覆盖情况

来源：作者自绘

除了城区线平均配车数达到 10 辆以上，其他四类线路平均配车数在 7 辆左右，差别不大。五类线路中，除了城区线平均站间距略小，为 570 米，其他四类线路平均站间距较大，在 700—990 米之间，乘客普遍反映步行到站距离较大 [4]。

由于五类线路功能不清晰，高客流线路人口岗位覆盖比例低、覆盖不均衡，覆盖范围内的人口仅占全区比例 34%、岗位仅占全区 33%[4]，未发挥出骨干线网功能。新城范围地面公交客流廊道基本形成，但受制于区内道路条件、投资模式、运营模式等因素制约，骨干交通运营模式尚未有新的突破，公交运营效率不高。

公交优先道路只有三条，分别是曹安公路（公交专用道 20.1 公里）、沪宜公路（上海首条合乘车道，8.2 公里）、胜辛路（合乘车道，8.0 公里）。“公交优先”理念在新城范围内推动落实存在困难，由此也带来一定程度的道路拥堵和停车难等问题。

3.4 常规公交服务水平不高

嘉定区常规公交存在发车间隔大，88% 的线路高峰发车间隔大于 8 分钟，高峰发车间隔在 5—8 分钟的线路数量仅占 4%，高峰发车间隔为 8 分钟的线路占 8%，乘客普遍反映候车时间长，体验较差 [4]。

大多线路未对高峰时段及平峰时段差别化设置发车间隔，即高峰时段发车间隔没有明显变小，因此对高峰客流响应性较差，出现高峰时段服务能力不足，服务竞争力大大削弱。

线路运行可靠性仍需持续改进，运行时间稳定性和车头时距稳定性均好的公交线路占总线路数的 45%，运行时间稳定性、车头时距稳定性两个指标中有一个较差或两个均较差的线路占总线路数的 55%[4]。

客流通道上的平均公交运行速度较低，绝大部分线路高峰时段的运行速度低于 15 公里 / 小时 [4]，难以满足新城中长距离快速可达要求。

公交站点覆盖率仍需提高，乘客步行到站时间远超 5 分钟。嘉定新城 300 米覆盖率为 47%，远低于上海中心城（300 米覆盖率为 77%）；500 米覆盖率为 85%，也低于中心城（500 米覆盖率为 92%）[4]。

4 从卫星城到长三角节点城市，公共交通的服务要求发生显著变化

1986 年，上海第一个经国家批准具有法律效力的《上海市城市总体规划方案》中，城市结构分“中心城 – 近郊工业小城镇和卫星城 – 郊县小城镇 – 农村小集镇”四个层次，嘉定属于第二层级的 7 个卫星城之一，规划提出卫星城建设要形成一个比较完善的生产和生活环境，同时具有城市的综合功能，拥有自己的主导产业，强调产城一体的规划和发展（图 4–1）。

2001 年批复的《上海市城市总体规划（1999—2020 年）》中，确立了“中心城 – 新城 – 中心镇 – 一般镇”四级城镇体系。嘉定为 11 个规划新城之一，是以区（县）政府所在城镇、或依托重大产业及城市重要基础设施发展而成的中等规模城市。

2017 年批复的《上海市城市总体规划（2017—2035 年）》中，规划形成由“主城区 – 新城 – 新市镇 – 乡村”组成的城乡体系。嘉定新城为五个新城之一，规划人口 70 万人，规划引导为沪宁廊道上的节点城市，以汽车研发及制造为主导产业，具有独特人文魅力、科技创新力、辐射服务长三角的现代化生态园林城市 [6]，如图 4–1。

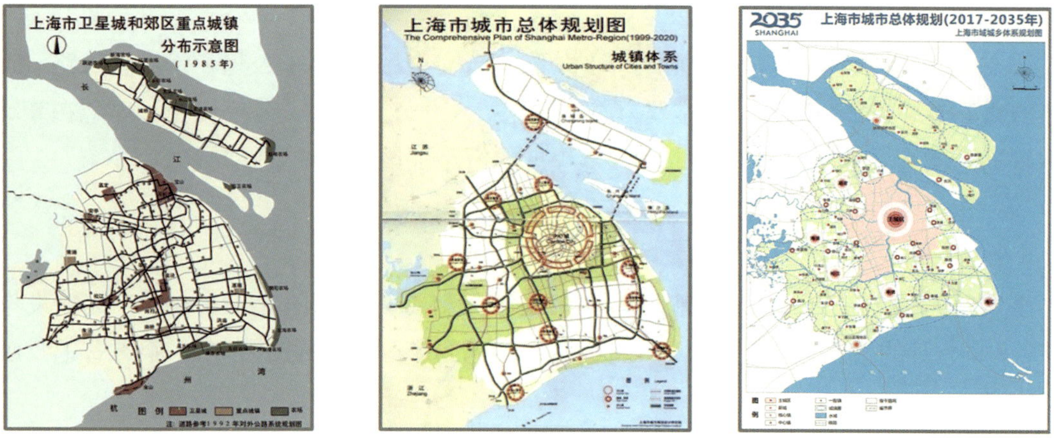

1986 版　　2001 版　　2017 版

图 4–1　各版本上海市城市总体规划城乡体系规划图

来源：《上海市城市总体规划》（1986）、《上海市城市总体规划（1999 年 – 2020 年）》《上海市城市总体规划（2017–2035 年）》

嘉定新城从中小规模卫星城向未来百万人口节点城市迈进，综合交通能级也随之跃变。在卫星城阶段，公共交通以服务卫星城与中心城的连通为主。2001 版总体规划的新城时期，嘉定新城的常住人口少于 50 万，公共交通以服务郊区新城与中心城的连通、新城内部为主，居民出行的公共交通分担率不足 10%。未来作为长三角沪宁廊道上的节点城市，嘉定新城规划常住人口 100 万，公共交通在机动化交通中应该承担主体作用，为新城与周边省市、邻近新城、中心城、周边乡镇，及新城内部提供良好可达性、高品质服务，居民出行的公共交通分担率将明显提高。

嘉定新城从 1986 年总体规划批复的卫星城，到 2001 版总体规划提出的郊区新城，再到 2017 版总体规划确定的长三角节点城市，经历着从中小规模卫星城向未来百万人口节点城市的变化，嘉定的公共交通发展由关注新城与中心城之间的快速联系，向构建新城内部公共交通体系转变，践行公共交通引领新城发展，重塑公共交通服务时机来临。

在《关于本市“十四五”加快推进新城规划建设工作的实施意见》中提出，2025 年公共交通占机动化交通比例达到 40%，然而对于嘉定新城，在“十四五”期间除了 14 号线通至封浜路站，再无新增轨道交通的情况下，如果地面公共交通服务品质没有显著提升，该指标由现状的 20% 提升至 40%，将变为不可能完成的任务。因此，汽车嘉定的公共交通亟须升级换代，顺应新城规划及功能架构。

5 汽车嘉定公共交通服务重构

5.1 国外公共交通服务重构经验总结

不少发达国家大城市近年来都面临公共交通客流下降的难题，促使这些城市重新审视公共交通服务。西班牙巴塞罗那、德国柏林、美国休斯敦、俄罗斯莫斯科等诸多城市进行了备受瞩目的“公共交通线网革命”，核心理念为在财政预算基本保持不变的情况下，整合资源，重新设计公交线网，大幅改善公共交通出行体验。

总结各城市公共交通服务重构方案目标关键词可得：可靠、可读、可乘、可换、多层级化。其中，可靠指公共交通服务可靠；可读指公共交通服务信息及时提供且鲜明易读；可乘指对各类人群各个地区的公平性；可换指提高线网的可换乘性，减少乘客换乘阻力；多层级化指线网规划设计趋于多层级，以服务公众的多样化出行需求。

各个城市在落实公共交通服务重构战略中，均采用了因地制宜的有效措施来实现目标。包括：交通走廊一体化管理（让有限的资源优先解决主要的交通走廊问题，可以显著实现交通改善目标）、网络结构重塑（结合城市道路特征和乘客需求，重新塑造公共交通网络结构，引导居民出行方式选择）、线路分级（打破公共汽车线网扁平化的现状，实现地面公交服务的提升发展）、公交品牌化设计（改善公共交通服务体验，提高公交优先等级，加强基础设施建设，优化公交线路可读性），如图 5-1。

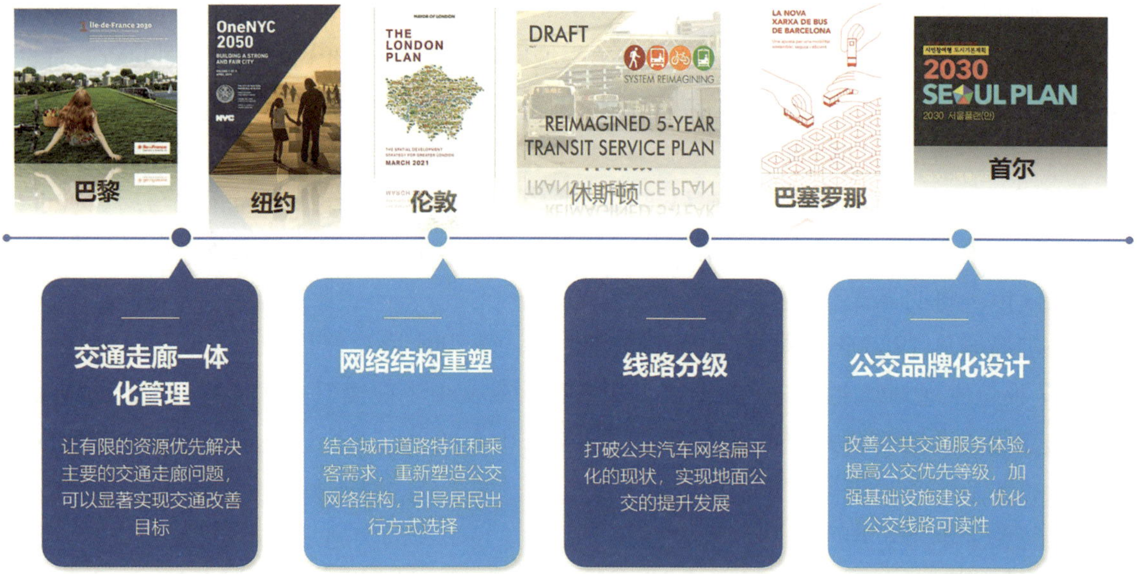

图 5–1　国外公共交通服务重构经验总结

来源：作者自绘

5.2　汽车嘉定的公共交通服务重构目标

结合嘉定公共交通发展现状与国外经验，按照“集聚百万人口”的新城发展目标，坚持绿色集约、公交优先，汽车嘉定的公共交通服务体系重构目标为“形成以城际铁路、市域铁路、地铁多级轨道交通为骨架，地面公共交通为支撑，提供多层次服务标准、覆盖全域、服务全民的固定线路与需求响应灵活服务协同合作的可靠、可读、可预约、智慧化公共服务”[4]。

该目标中规划构建多层次公共交通服务体系指形成轨道交通、地面公交干线、公交普线、公交保障服务线和需求响应公交服务协同的五层服务体系，如图 5–2。预判 2025—2035 年

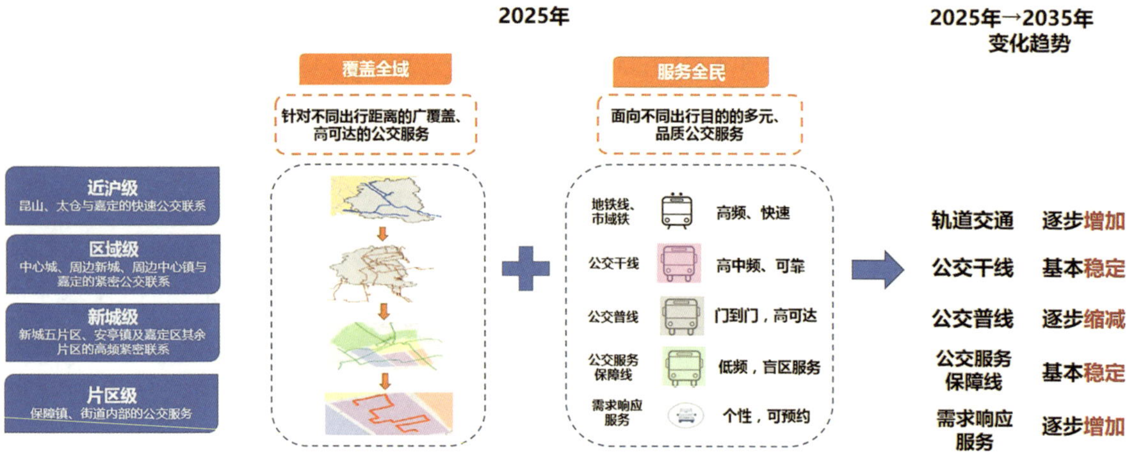

图 5–2　嘉定新城公交服务层级重构目标

来源：作者自绘

公共交通五层服务体系发展趋势为“两增加两稳定一缩减”，即轨道交通服务和需求响应公交服务逐步增加，地面公交干线和公交保障服务线保持稳定，公交普线服务逐步缩减。

对于嘉定新城五大片区内部出行的人群和往返于嘉定新城与周边中心镇（南翔镇、江桥镇、罗店镇）之间的人群，为了达到 30 分钟的可达性，建议提供市域铁路、地铁线、公交高频干线与公交普线。

对于往返于嘉定新城与近沪城市（昆山、太仓）之间、往返于嘉定新城与中心城之间以及往返于嘉定新城与相邻新城之间的人群，为了达到 45 分钟的可达性目标，建议分别设置城际铁路、市域铁路、地铁线和公交快线与公交高频线。

对于往返于嘉定新城与虹桥枢纽的人群，为了实现 60 分钟的可达性目标。建议提供城际铁（沪闵）、定制公交和公交快线。

以实现“30–45–60”的可达性目标为导向，嘉定新城公共交通服务层级重构如图 5–3。

（1）铁路分为三级。其中：城际铁路，专门服务于相邻城市间或城市群，旅客列车设计速度 200 公里 / 小时及以下的快速、便捷、高密度客运专线铁路；市域铁路，服务于城市与郊区、中心城市与卫星城、重点城镇间等，车站距离短、密度大，设计速度一般为 100—160 公里 / 小时；地铁，服务新城到中心城，设计速度为 80 公里 / 小时。

（2）地面公交线网由干线（高频线、快线）+ 普线 + 保障服务线 + 需求响应服务共同构成。其中：高频线，高峰时段发车间隔 5—15 分钟的公交线路；快线，速度不低于 25 公里 / 小时的公交线路，满足重要节点快速可达，轨道交通建成前替代性的公交线路；普线，

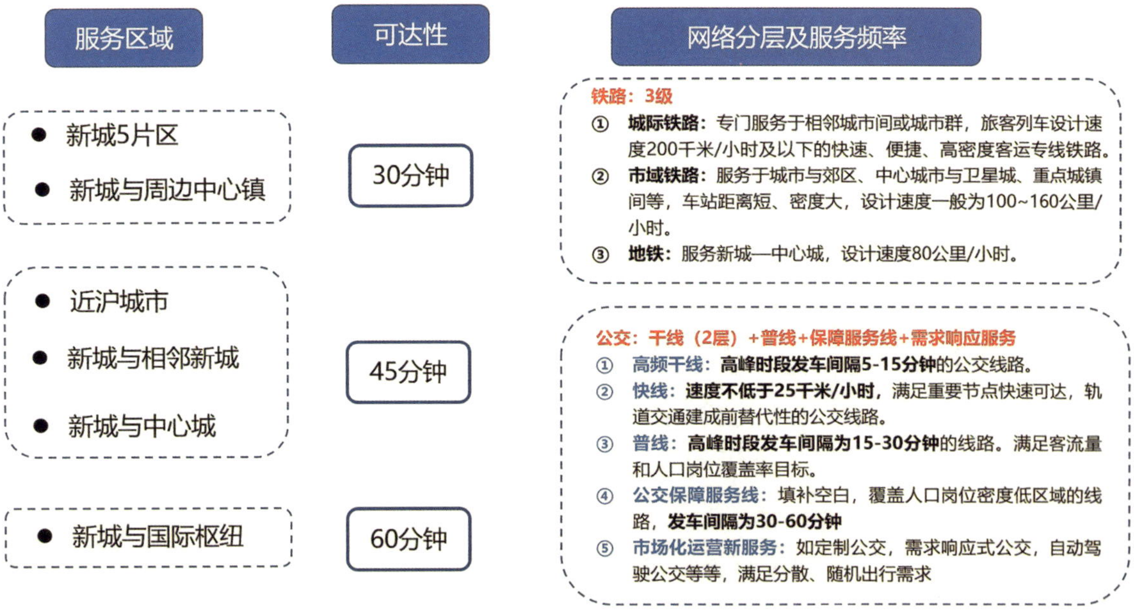

图 5–3　嘉定新城公共交通可达性和服务层级

来源：作者自绘

高峰时段发车间隔为 15—30 分钟的线路，满足客流量和人口岗位覆盖率目标；公交保障服务线，填补空白，覆盖人口岗位密度低区域的线路，发车间隔为 30—60 分钟；市场化运营新服务，如定制公交、需求响应式公交、自动驾驶公交等，满足分散、随机出行需求。

5.3 基于人工智能技术的干线网生成技术

基于多源大数据，利用人工智能技术对于数据训练的强大能力，通过划分城市空间单元的方式获取人工智能所需的“粒度化”数据，将公共交通线网的联系规律微观化为 500 米 ×500 米等距等大小的城市空间单元之间的联系规则。学习影响线网形态、结构、关联的要素，主要包括：城市空间结构、建成环境、道路条件、交通条件、活动需求特征等十余项指标，如图 5-4 所示。还原公共交通干线网的传承性及对多方要素反馈的客观性，形成多模式的公共交通干线网络规划方案 [7]，如图 5-5 所示。

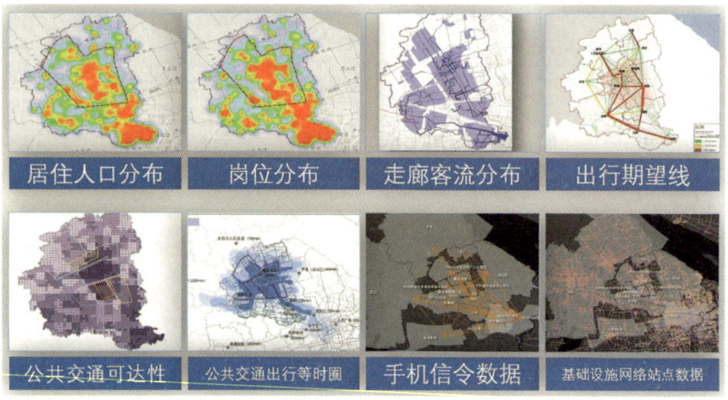

图 5-4　部分机器学习应用数据
来源：作者自绘

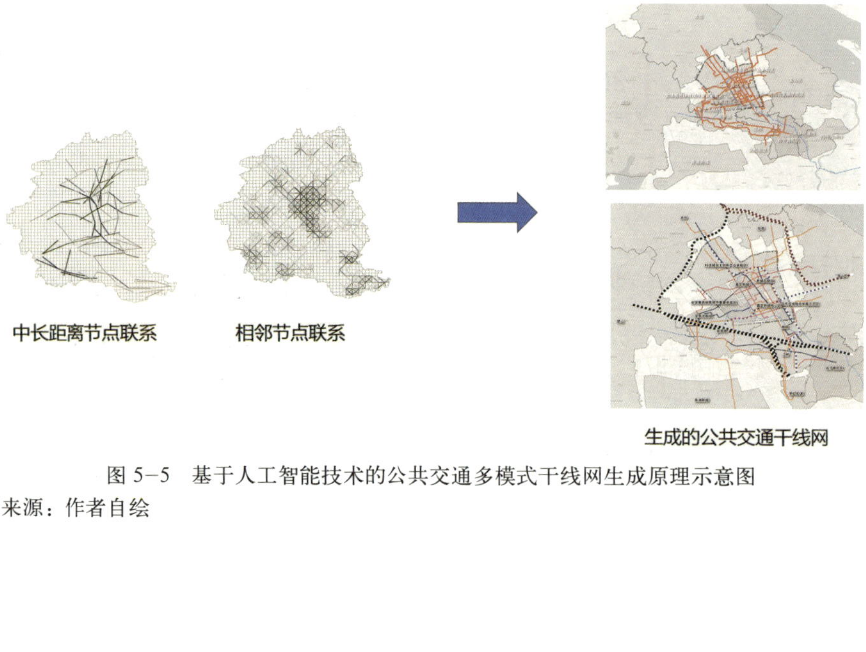

图 5-5　基于人工智能技术的公共交通多模式干线网生成原理示意图
来源：作者自绘

基于人工智能技术的公共交通干线网，简称机成网。将机成网与嘉定现状高客流公交线路进行对比分析（表 5–1、图 5–6），得出机成网对人口、岗位的覆盖情况更好，覆盖的人口数与岗位数相较现有高客流线网均有显著提高，提高比例为 41% 和 31%[4]。

表 5–1　　　　高客流线网和机成网覆盖人口岗位数量比较

线网类型	覆盖人口数（人）	覆盖岗位数（个）
现有高客流线网	545595	299998
机成网	767745（+41%）	392444（+31%）

来源：作者自绘

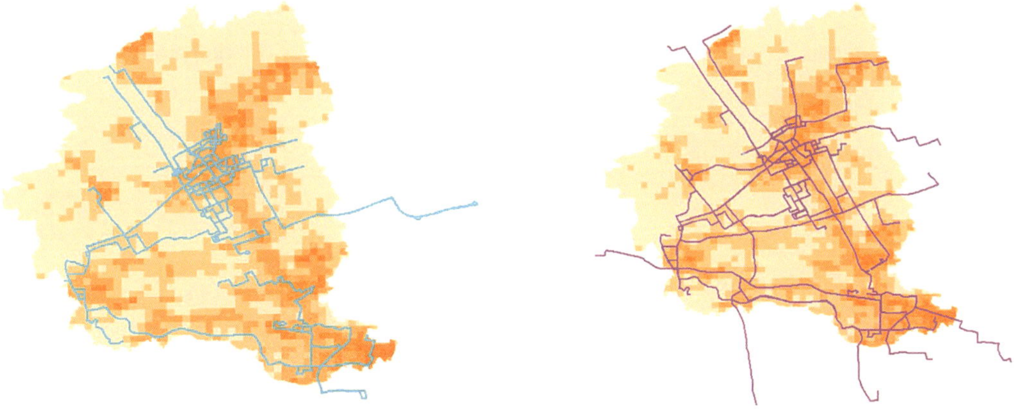

现状高客流线网覆盖人口情况　　　　机成网覆盖人口情况

图 5–6　高客流线网和机成网比较

来源：作者自绘

5.4　基于人口岗位密度的地面公交线网重构规划

结合基于人工智能技术生成的公共交通多模式干线网，基于人口岗位密度对地面公交线网重新构建。地面公交干线网覆盖人口岗位密度中高区域，满足客流需求，划分为高频干线、快线两个等级；公交保障服务线网主要覆盖低人口岗位密度区域；其余为普线。

地面公交干线网规划[4]：规划 10 条高频干线满足嘉定新城内部及新城—马陆—南翔、新城—安亭—江桥大量出行需求，如图 5–7。结合可达性时间要求，规划 11 条快线，满足新城客流直达周边不同片区出行需求，如图 5–8。

公交保障服务线网规划：规划 26 条线路覆盖外冈、徐行、马东、黄渡、工业区北区等片区，如图 5–9。

公交普线网[4]：随着嘉定市域轨道交通的逐步建设，普线网将逐步缩减，如图 5–10。

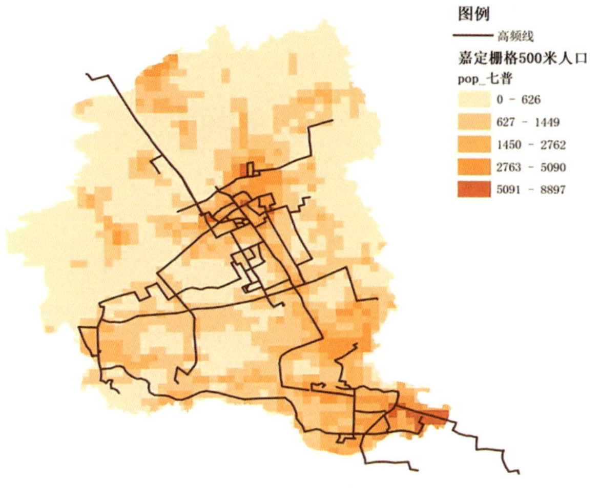

图 5-7　高频干线网示意图

来源：作者自绘

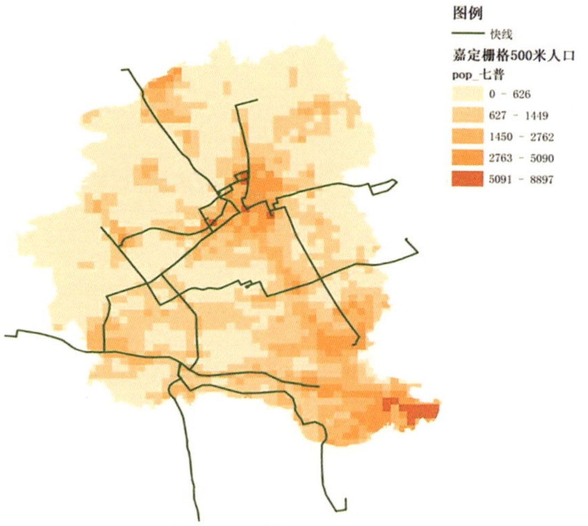

图 5-8　快线网示意图

来源：作者自绘

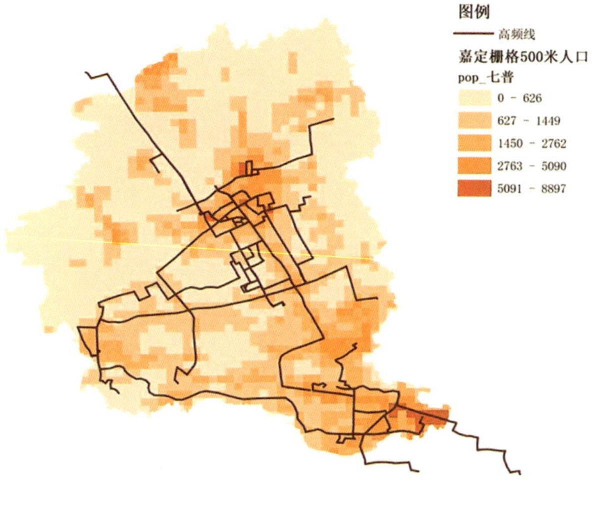

图 5-9　公交服务保障线网

来源：作者自绘

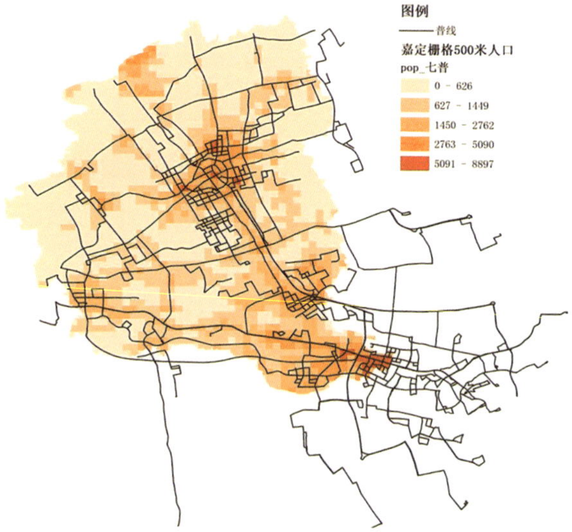

图 5-10　公交普线网

来源：作者自绘

6　结论

嘉定现状的家庭汽车拥有量高，建成区人口岗位密度局部区域较高、大部分区域人口岗位密度处于中等或中等偏低水平，通勤出行距离较长，由于既有的轨道 11 号线、地面公交无法提供快速、可达服务，嘉定居民对于小汽车出行依赖性较高。但是，按照“集聚百万人口”的新城发展目标，坚持绿色集约、公交优先，重构系统完善的覆盖全域、服务全民的多层次公共交通服务体系非常迫切和必要，在大力优化现有地面公交线网服务能力的同时，鼓励社会资本参与灵活、响应的公共交通服务供给和运营，提升公共交通服务吸引力，成为新城公共交通服务重构的重要任务。

作者信息

吴娇蓉，同济大学交通运输工程学院教授，wjrshtj@163.com。

参考文献

[1] 嘉定区发展和改革委员会．嘉定新城“十四五”规划建设行动方案[R]．上海：嘉定区发展改革委员会，2021．

[2] 上海市嘉定区人民政府，上海市规划和自然资源局．上海市嘉定区总体规划暨土地利用总体规划（2017—2035年）[R]．上海：上海市嘉定区人民政府，上海市规划和自然资源局，2017．

[3] 上海市规划和自然资源局，上海市嘉定区人民政府．嘉定新城总体城市设计（公众版）[R]．上海：上海市规划和自然资源局，上海市嘉定区人民政府，2021．

[4] 吴娇蓉项目组．嘉定新城公共交通线网优化[R]．上海：同济大学交通运输工程学院，上海市嘉定区交通委员会，2021．

[5] 上海市城乡建设和交通发展研究院．2021年上海市综合交通发展年度报告[R]．上海：上海市城乡建设和交通发展研究院，2021．

[6] 上海市人民政府，上海市规划和自然资源局．上海市城市总体规划（2017—2035年）[R]．上海：上海市人民政府，上海市规划和自然资源局，2017．

[7] 吴娇蓉，王宇沁，谢金宏，等．一种基于机器学习的公交干线网生成方法：202010287090.2[P]．2020-07-28．

数字未来城市及规划探索 *

吴志强　韩婧　甘惟　刘晓畅　李舒然　鲁斐栋　滕雨薇　荣丽莹　杨婷

（同济大学建筑与城市规划学院，上海，200092）

1　基本概念：未来城市与数字未来城市

1.1　什么是未来城市？

“未来”是一个相对于过去和现在的时间概念名词，意指往后将要到来的光景。“城市”是一个复杂的社会现实，是一个在一定地域内集聚的社会综合巨系统。作为一种客观存在，城市的形成、发展和运行都是按照其自身固有的规律，从低级到高级、从简单到复杂、从过去现在到未来动态向前演进的。“未来城市”在城市的基础上，增加了时间前置属性，因而，可理解为人类在不同发展阶段、技术条件和社会文化背景下，面向今后一定时间范围，提出的具有针对性、预测性、理想性的城市发展设想。

简言之，“未来城市”，就是城市未来的情形和状态；是人们立足于历史和现实经验，以提出城市未来发展目标、制定行动方案，并通过各种机制手段将其付诸实施为主要内容的创造性、探索性实践；是对实际尚未发生的一种关于城市社会与空间的情景叙述和描摹产物。

判断一个城市方案与实践算不算得上未来城市，可以从两个层面来衡量：第一，凡是历史上和今天都没有出现过的、没有落成现实的方案与实践，都有可能是未来城市，这是筛选评判未来城市的第一层标准；第二，并非所有从未出现的空间、技术、制度等都是好的，只有让城市生活更美好，方案供给与当时城市社会价值观、发展预期需求相匹配、相一致的，才能最终获选，并进化为未来城市的物质实在。

通过回顾历史上未来城市 8000 年以来的演变，可以发现，未来城市的创造是存在规律可循的，人类所有的未来城市愿景形成与方案建构，均是在城市生命规律的约束下依托梦

* 本文为同济大学上海新城建设研究中心与上海市规划和自然资源局合作课题“数字未来城市及规划探索”阶段性成果。

想引力和技术推力这两大动因而不断向前发展的[1]。未来城市的试验史就是一部人类通过技术工具逐步满足自身需求梦想的发展史，技术的演化为完成不同水平的梦想、解决不同层次的矛盾问题提供了可能性，进而塑造了不同历史阶段的未来城市方案。在技术革命发生之前，梦想是未来城市的一种指引，人们通过梦想展开对现状的批判，并不断追逐梦想；当技术开始进步并不断迭代，就催生了大量创新、改善城市的可能（当然也有可能对城市造成破坏）。这两股力量相互叠加、影响、促进、转化，共同作用于未来城市生命体的演进历程。

1.2 关于数字未来城市

当下的城市已经深受信息化、数字化的影响，高密快速的交通网络和无处不在的通信系统让人们能够在家工作，让生产活动变得更加频繁自由。新技术的不断产生、成熟、推广，让城市的经济结构、生活组织经历着前所未有的高频重组和变革，数字空间的出现让城市的运行部分脱离了地理空间的束缚，从而产生了新的城市运行模式和空间变化[2，3]。

依据未来城市演进的“技术－梦想”机制可知，在近 20 年的计算机科学与信息技术大发展背景下，尤其是近 5 年人工智能、5G、大数据、云计算、物联网、区块链等数智融合技术步入深度攻关，并在城市生产、生活、生态系统领域展开广泛试验应用，数字未来城市继早年数字城市、传统四代智慧城市之后，正在新技术的推动和赋能下，走向可以自我学习、自我迭代的、更高级的人工智能城市发展阶段（图 1–1）[4，5]，并呈现出四方面鲜明特性。

一是具有自主学习的能力。在新一代人工智能技术取得重大理论与技术突破的背景下，城市的智能化走到人工智能城市阶段，与过去智慧城市之间最大的提升就是具备“学习”能力。一方面，城市发展的历史数据借由当前的科技与研究的手段是可表征和可展示的，

图 1–1 数字未来城市的进化之路

来源：作者自绘

从过去城市发展过渡至人工智能城市，城市不再仅仅以互联互通为目标，而是将借助新一代人工智能技术根据自身发展进行自我学习和更新迭代。另一方面，新一代人工智能技术的发展，越来越多的算法可以基于城市实时数据进行模型参数的迭代和更新，从而使模型具有随着数据变化而不断进化的能力，因此可以不断模拟城市问题、发现漏洞并寻求创新解决方案。将人工智能算法部署在城市中，使得城市能够普遍具备自我优化和学习能力，发现自身发展的规律并解决发展过程中存在的问题，实现城市本身的人工智能化转型。

二是可通过学习发现规律。在可便捷获取数据的同时，城市通过一系列的技术应用，包括各类传感器系统、物联网监测和大数据分析等，使城市可监测控制范围内的所有数据充分流动在新城各层管理系统中，通过数据解构还原新城每一天的运营发展情况，而海量的城市数据构成了城市学习的基础，模拟城市环境，可视化分析解决城市潜藏问题，帮助归纳城市发展、运营和管理中的规律。相比传统城市数据无法解决的“不见民心，不见流动，不见动态，不见理性，不见关系，不见文脉”的技术理性缺憾，数字城市的建设通过信息化技术可以实现：城市发展动态的大数据汇集感知、城市发展状态的云计算分析诊断、城市发展过程的人工智能规律识别，提供移动互联的公共参与规划和建设决策。从而快速实现“见民心，见流动，见动态，见理性，见关系，见文脉”的城市研究效果，支撑城市更加合理发展。

三是可推演城市发展未来。通过人工智能技术反映的城市规律，不仅仅能看到城市今天的问题，还能预判明天的问题，从而帮助规划师以最小的干预来制定规划。在总结规律的基础上，进而利用人工智能技术模拟推演未来城市不同层面的生活场景，科学合理预判或者干预城市发展过程中将遇到的问题。通过人工智能支持的城市建设模拟评估，包括：建立城市发展规划的区域协同模型、实现城市区域发展的多中心决策场景推演、进行城乡区域建设的即时动态评价优化、实现跨区域交通基础设施建设、区域水系安全预警、水资源联合检测和灾难预警等城乡区域发展问题。

四是具有智能自组织系统。以人类行为记录为素材的城市空间感知对城市规划、社区服务、公共资源配置等方面具有重大意义。人是城市的主体，解决城市问题的关键在于理解人类行为，根据人类行为感知城市的空间特性，理解公共资源消耗的特征，最终提出优化城市管理运营的方案。利用信息通信技术手段感知、分析城市运行的各项关键信息，并在此基础上实现城市的智能化管理和运行。城市内部复杂的信息流、市民日常生活中烦琐的需求，将不会、也不必要全部流入职能部门的管理系统，而是在边缘基层就可以得到解决，这是人工智能技术为城市的组织模式带来的一项颠覆性突破。因此而构建起城市“迷走神经系统”，不必经过城市“大脑”而在系统内部自我调节，这是城市新理念建设的一个重要要素。

依循城市生命体历史演进的客观规律，数字未来城市是数字（智能）技术与城市社会经济走向全面融合的一种发展必然。数字未来城市的动力规律，就是运用以人工智能为领雁的“大智移云链”技术，解决智能时代城市发展过程中数字市民的需求问题。数字未来城市将以新空间为载体，以数字（智能）技术为先进工具，着力强化社会精细化治理，提高城市综合服务水平，培育打造经济社会发展的新动能和新增长极。

2 数字未来城市的“上海方案”

2.1 上海急需改变的传统城市发展模式

上海的兴旺，是因为上海和国际的联系以及和国内的联系两个扇面的互动；上海的未来兴旺，必须突破上海国际交往和国内联动的生命线。基于此，上海未来城市发展，急需改变以下几点：

割裂了与长三角的整体发展。虽然长三角地区协同发展的理念和政策已经提出并推行了多年，但实际上的协同总体上仍未走出初级阶段，上海与长三角地区的其他城市之间仍存在创新链、产业链、服务链等多个链条上的断层和不通畅，资源配置效率仍有极大的改进空间，破除藩篱、深度融合任重而道远。

弱化了与世界主要创新策源地的联动。科技创新功能应该是上海未来城市发展的核心功能，它是上海城市发展的“灵魂”，是上海城市发展的“牛鼻子”，对“四个中心”和整个城市发展具有引领作用。然而，要发展为世界级创新策源地的上海，在与世界其他主要创新策源地城市（如纽约、波士顿、旧金山、东京、巴黎、洛杉矶、伦敦、首尔等）之间的互动联系方面，却并未达到应有的强度和密度。只有积极融入全球高水平科技创新中心城市的交流网络，代表国家参与全球重大科技问题的国际合作，进一步建立和完善跨国科技创新对话机制，加强与国外高水平研究机构的交流合作，积极发起和参与国际科技创新合作，才能在高频深度的互动中促进本地科技创新实力的提升，吸引创新资源的注入。

缺乏两个扇面交集点的空间。要增强上海面向国际、服务国内两个扇面的集聚和辐射能力。一方面，把有形通道加密做优，打造空中、海上、陆上、网上“四位一体”大通道；另一方面，依托金融中心、贸易网络、自由贸易试验区建设等通道，为企业实施国际化战略布局助力。

缺乏产业创新提升的策源空间。任何的创新策源都离不开城市空间的物理承载。城市空间的异质性与多样性是孕育人才、资金等创新资源集聚进而形成社会创新生态的前提条件。上海城市建设已步入存量时代，核心区域的开发空间已日渐局促，而城市更新受限于资金、政策、利益相关者等各方面因素，大多需要经历一个相对漫长的过程，致使上海低成本、便利化、全要素、开放式的众创空间大量短缺，高房价令新就业青年人才、初始创新创业人才望而却步。上海虽然对各类人才整体吸引力较高，但是绝对优势相对过去已不再显著，而且对高科技人才的吸引动力对比其他城市并不突出，正在逐渐被周边的新一线城市反超。

急需树立生态文明及碳中和思维。习近平总书记多次强调“中国将力争于2030年前实现二氧化碳排放达到峰值，努力争取2060年前实现碳中和”，“要把碳达峰、碳中和纳入生态文明建设整体布局”。当前上海正处在转变发展方式的关键时期，发展模式由外延增长型转变为内生发展型，土地利用方式由增量规模扩张向存量效益提升转变，这一总体趋势对高密度城市空间的绿色智能化、节能降碳化提出了非常迫切的要求，必须牢固树立生态文明理念及碳中和思维，将生态文明及碳中和的指导思想贯彻落实到未来城市的所有细分行业和重点领域中。

急需树立全民科技创新参与意识。对标其他世界科技创新中心城市，上海市民的科技创新活动参与意识还存在较大差距。必须以服务科技创新、服务人的全面发展为导向，以提升公民科学素质为宗旨，促进创新国际化、社会化、市场化和精品化发展，推进科技融入生活，使市民切身感受“科创在我身边”，努力营造崇尚创新、勇于创业、宽容失败的创新文化氛围，倡导创新创业基因植入城市文化，推进创新无所不在，鼓励创业成就梦想。

急需建设支撑未来智能城市的新基建和新服务。新基建是数字未来城市的必要底盘，新服务是牵引数字未来城市经济发展的动力引擎，只有稳扎稳打铸就好底盘，以人为本配置好引擎，让硬基建与软服务有效协同运转，发挥最大功效，才能使整个城市社会真正步入智能化的高级阶段。目前，上海在“新基建”的建设中，主要存在建不了、建不好、建不快、建不强这四方面问题[1]。一些新基建设施的选址难、进场难、能耗保障难、资金紧张等问题突出，尚未形成能够针对性指导设施落地的技术标准和建设导则。此外，数据资源和服务市场开放不足，无法形成能够与新基建组合出拳的应用生态链，难以使新基建和新服务通过实际应用场景的打磨检验互相促进和提升。

亟需培植国内外人才“客人转化为主人”的家园。21世纪的竞争，核心是人才的竞争。上海市在吸引外来人才方面绝对不能放松。上海不仅需要高层次“塔尖人才”，也需要有潜力的“年轻人才”。数百万国内外精英中坚人才正是上海未来发展的潜力所在。然而，上海在营造具有归属感的城市家园方面，以及在人才特别关注的住房、落户、创业环境等社会福利与公共服务供给方面，仍存明显短板。尤其是近些年，因控制人口及产业转移的政策导向，上海对人才的吸引力已被多个其他新一线城市所超越，常住人口和非上海生源应届生留沪比例持续下降，急需扭转策略，积极加大加强对人才的引进力度，以避免“人才红利”的滑坡与错失。只有让青年人才在沪拥有认同感，激发出国内外来人才的主人翁精神，充分调动五湖四海人才参与城市建设的积极性、主动性、创造性，让国内外客人转化为本地的主人，才能实现经济社会持续高质量发展。

1 详见“2020年5月7日市政府新闻发布会问答实录”上海市人民政府副秘书长马春雷回答央视记者提问的相关内容，http：//www.shio.gov.cn/sh/xwb/n790/n792/n1114/n1123/u1ai24588.html。

2.2 “上海方案”的特征

纳百川，纳世界，融入家园成主人。国际化是上海的最大特色，也必然是上海方案的第一特征。“海纳百川”是上海历史与现实最鲜明的写照；“服务全国”是上海的责任，也是上海加快发展的必然要求。纳百川、纳世界就是要在兼收并蓄多元包容、吸纳外部资源的同时，切实提升上海国际数字之都的综合能级与世界影响力，让数字未来城市在上海这个大舞台上能够施展身手。

求创新，求时尚，追求卓越为自豪。精致有品、包容创新是海派文化的关键特质。把创新放在城市发展全局核心地位，坚持科技创新和制度创新双轮驱动，做中国乃至全球创新力量最前沿的城市，是上海方案的首要任务。面向人民需求，传承时尚文化基因，做好“时尚之都”品牌，将时尚精神与创新精神相融合，与时俱进，开拓创新，追求卓越，让上海更具时代魅力、更富创新活力。

重实效，重品质，精致生活守契约。上海的城市精神素来以“精细极致”著称。上海在超大城市的精细化管理探索与实践方面，也一直走在全国前列。不论已有基础的中心城区，还是要着力重点打造的五个新城，以精细化体现上海的大城之美、大城之爱，打造高品质生活、实现高质量发展，以有温度的人性化尺度，不断提高城市功能的复合度，提升城市设施的适应性，为城市提供多元融合的可能性，并在此过程中探索出各方共商、共建、共享的精细化治理模式，是上海成为全球城市中“品质”代表、真正成为世界一流大都市必须要花大力气打好的一张王牌。

多元素，多空间，绽放地带创亮点。多元文化的交汇是上海的城市特点之一，这种特点反应在城市空间中，缔造出一个个承载了艺术、文化、生活等有温度的城市节点。未来，上海应继承发扬这种建设思路，把城市作为一个有机生命体统筹谋划，将更多的能够代表上海城市价值追求和面向未来理想的元素融入到城市空间中，创作出更多优秀的城市亮点，利用多层级、多中心的城市亮点去激发城市活力。

2.3 “上海方案”的内涵

广纳世界和全国人才，成为数字时代世界的策源节点，以创新牵引高品质的经济生活和都市文明，形成全市多层次多中心绽放的永续模式。

无论什么时代，人都是城市的根本。没有国际和国内源源不断的人才输入和智力支持，就不会有今天上海的成就。数字未来城市的“上海方案”，一定是国际化的、创新的方案。国际化的实质体现在全球资源向一个城市的高度汇集，包括国际交易、国际投资及国际人才的汇集。上海势必在与之相适应的城市实体环境和服务设施建设上，给予足够超前的支撑，进而成为数字时代全球创新网络中的枢纽性节点。

同时，上海“五个新城”的规划建设和中心城区的再生，将牵引上海都市圈空间结构向更广范围、更多层次、更高品质发展升级。新城的“新”，除了是时间维度上的新，更是“创新”

的“新”。传统城市是在历史长河中自发而缓慢地形成的丰富内涵和持久魅力，正是新城建设的最大短板和难点。在知识经济和社会发展背景下，以“知识创新”的理念，通过技术创新、制度创新、文化创新来建设和发展新城；进而，以新城本身作为创新的主体和载体，成为区域创新体系的源泉和引领地，这是一种全新的以知识为核心的新城发展模式。眼下，以人工智能为领雁的“大智移云链”融合技术加速重塑人类社会，为上海的数字未来新城发展创造了前所未有的机遇和赛道，为全市巩固提升城市能级和核心竞争力，构筑多点绽放、多极增长、有机共兴、全面开花的可持续发展格局锚定了战略支撑点。

3 上海数字未来新城建设的“新场景”

数字未来新城的智能场景，除了关注美好生活的锦上添花，更要考虑针对当前城市老百姓——尤其是“533 人群”（表 3–1）的雪中送炭，让数字（智能）技术支持解决未来城市中最为紧迫的城市痛点问题，以更好地实现新时期、新发展阶段、新型城镇化的核心需求。

通过对新城人民需求进行详细的调研，总结新城人民生活主要痛点集中体现为六个问题：交通不便、治安隐患、生态优势发挥不充分、配套设施欠缺、人气不足、弱势群体关注不够。近期，上海可优先围绕新城普遍存在的六大核心痛点进行智能新场景的设计、建设与运营，在全国形成引领新城新区数字化提升的“上海样板”。中远期，进一步丰富智能场景类型，从城市基础功能类型出发，有条件地攻关更多城市复合场景及群落场景，最终形成全面的城市场景系统。

表 3–1　　城市需求感知的对象：533 人群

城市使用者 (User)						服务供应者 (Offer)			城市管理者 (Admin)		
普通人	老	弱 / 幼	病	残	孕	投资者	经理	服务员	市 / 区政府	街道主管部门	治安管理
U0	U1	U2	U3	U4	U5	O1	O2	O3	A1	A2	A3

来源：作者自绘

3.1 弹性多元的高效出行

新城进行无人驾驶创新试点应用，补完公共交通服务。根据市民出行数据完成线路规划，根据企业作息时间规律、园区活动安排等信息，灵活制定无人车班次；以更加灵活的方式缓解路网运输压力；无人车作为数据输入端，通过车辆搭载监控摄像实现“无人公交 + 巡逻”合一，成为智能安防系统中的一环，实现快速响应。

新城建设无缝衔接的交通枢纽，强化新老城交通联系效率。根据人群出行规律，智能调节轨交、公交班次密度；智能停车、智能接驳提升“最后一公里”出行效率；根据轨交枢纽人流数据采集，进行多场景模拟，优化轨交枢纽空间布局，提升高流量时段人流聚集的事前、事中管理能力，提前准备应急预案，快速响应。

新城铺设智能弹性路缘，道路空间精细化管理。针对人行道空间被挤压，城市不同时间段出行需求不同的问题，在城市铺设动态路缘。基于人工智能技术对出行规律的学习，根据不同时段的不同需求，对路面做出弹性划分。通过对城市路段不同时间使用情况的学习，不断优化路面划分形式，形成更符合出行需求的智慧道路。

3.2 定向即时的安全警示

城区全域智能安防，以数据为核心的高效治理。同时，依托人工智能识别技术，可及时发现需要救助患者，并通过定位系统、移动设备、5G 网络等，向周围群众推送信息，寻找自动体外除颤器，抓住心源性猝死的“黄金四分钟”，提高患者生存率。依托人工智能技术，对道路环境的安全性进行长期学习与跟踪，为夜间出行的居民规划出行路线、提醒潜在危险。向个人移动设备推送周边安全警报，引导市民远离危险，并智能推荐逃生路线。

儿童安全家园。依托动作识别、人脸识别智能，在儿童上下学沿路、游玩活动场所布设安全监控系统，及时发现拐卖、跌倒、车祸等危险，并向监护人发出警报。打造无忧玩耍的儿童游戏空间。

3.3 清洁友好的蓝绿网络

新城生态指数监测和预警。实时监测环境指数碳排放量、个人碳足迹、PM2.5 等污染指标、水质情况、本地气候、温度、风速等；智能算法实时改进建议及模拟预警，通过人工智能算法，为环境治理提供决策支撑和预测预防信息依据。

新城动物、植物状态监控及预告。根据动植物习性特征、生态轨迹追踪、环境信息感知等信息的综合智能分析，对动物迁徙、繁殖，植物开花、播种、结果等生存状态进行预测；向居民推送相关信息，帮助居民亲近自然、保护自然，塑造生境友好城区；智能识别动植物分布，提升城市生态观测效率。

3.4 创新精细的公共服务

智能家庭医疗。全域智能健康护理，发挥人工智能预诊及家庭智能医疗终端服务能力，将医疗场景分解到家庭及社区，缓解综合性医院流量压力。

精细城区管理。实现智能施工管理、高空抛物监测、文明养宠管理、智能城管监控。

3.5 健康快乐的活力家园

人工智能餐饮街。打造新城青年的休闲创新活动根据地，借鉴德国“固定餐桌”（Stammtisch）的餐桌俱乐部文化，通过特色人工智能用餐体验吸引和引导青年群体积极社交、去“宅”化。

儿童智能泛在教育。发挥在线教育优势，完善终身学习体系，建设学习型社会。利用智能化手段，为儿童提供无处不在的学习氛围和活动空间，比如在公园／街道植入 AR 互动科普场景、在地下通道等闲置空间举办智能主题教育展览。

3.6 关怀开放的包容城区

居家养老的智能环境，实现智能健康监控、智能交互、远程医疗、子女远程关爱等智能场景空间。

打造畅通连续的无障碍出行环境，智能识别无障碍环境完整度，完善无障碍出行服务。利用图像识别技术，监测新城无障碍设施完整度，并及时通知相关责任机构进行修补。打造“可以听的城市”，在交叉口、公园、公服设施等增加语音播报服务，帮助视障居民实时提醒周边情况。机器人巡检，利用图像识别发现通行不便的区域，并进行相应整改。

不分内外的畅行城区。“一个身份”畅行新城，建立统一标准的外地／国际人才数据信息登录机制，一张身份证／护照即可享受与本地居民相同的城市服务。

4 上海数字未来城市的发展思路、模式、路径

4.1 发展思路

思路一：“人”是数字未来城市的核心、初心与最终目的。人们到城市来是为了更好的生活。数字智能时代，城市即服务，市民即用户。谋划数字未来城市的各项工作部署都必须围绕彰显“人”的价值这一中心思想，而避免陷入“物”的堆积、技术的堆积的歧途。就现阶段而言，虽然在疫情的冲击下，全球经济步入衰退，各种不确定因素相互叠加，致使国际形势错综复杂，但我国整体已转向高质量发展的新阶段，经济实力、科技实力、综合国力跃上新台阶，今日到 21 世纪中叶的国民经济和社会发展根本任务，就是要努力实现人民群众对美好生活的向往和追求。只有坚持人本位、人的全面发展，才能满足人民群众需求的多元性和差异性。在新梦想、新需求的导向下，数字未来城市必须以解决人民生活中的痛点作为攻关的出发点，仅仅为“智能”而“智能”的城市一定是不智慧的，为“数字”而“数字”的城市一定是没有未来的[6]。

思路二：智能的社会服务是数字未来城市建设的关键驱动力。对于智能社会的建设，先进技术是手段，而最终目的是为人们提供智能的社会服务。通过人机物三元空间的融合，能够灵敏感知到各类需求，并对社会资源要素予以最优配置，迅速提供各类社会服务和资源。

思路三：社会大系统的人机物融合是数字未来城市的实现途径。通过搭建全域、城乡及社区的统一网络，融合社会各垂直领域，将人类社会、物理空间和信息空间融合成为一个具有灵敏感知、智能决策、快速响应等智能特征的智能社会大系统。

思路四：全社会统一的数据开放和安全平台是数字未来城市的创新底座。社会是人们

生产、生活、治理等各领域相互融合的复杂巨系统，各领域的交叉点是潜在的数据融通点，也是社会创新的源泉。

4.2 发展模式

协同长三角数字化共转型，积极与全球数字经济创新中心城市互动互联，建立跨地域数字资源的协作网络，以数据生产要素链接服务国内大循环和国内国际双循环；持续供给更多的数字创新创业空间，用数字化场景牵引技术创新和广阔市场，以数字化转型推动生态文明建设，助力“碳达峰”“碳中和”；培育全民的数据意识、思维及能力，引导全民参与数字共治共享和数字创新；铺设“物联、数联、智联”的城市数字底座，系统规划“城市神经元系统”，繁育充满活力的家园数字生活服务生态，面向儿童、老年人、残障人士、外籍人士等特殊人群提供多元适应性服务，创造无处不在、优质普惠的数字生活新图景，实现人民城市数字化美好生活新体验。

4.3 发展路径

数字未来城市的发展路径包括：规划引领、分期实施、基础先行、重点突破[6]。

规划引领上，坚定“让城市更智慧、百姓生活更美好”的战略目标与核心价值，紧抓上海各领域数字化发展的先发优势，立足当前经济社会发展实际，做好城市全域改革与数字化建设之间全面接轨的顶层设计，进而绘制出数字未来城市的全景蓝图。

分期实施上，可分为三个阶段：第一阶段是“筑基”，夯实基础支撑能力；第二阶段是“强枢”，创新智慧运行体系；第三阶段是“赋能”，实现数据高效赋能。

基础先行上，打造一流数字基础设施，为数字未来城市奠定扎实基础。数字基础设施主要包括信息基础设施和对物理基础设施的数字化改造两部分，它将城市的数字化转型从服务层落到物质层，是城市空间层面重要的载体系统。

重点突破上，从家园精准需求感知入手，突破数字（智能）技术与未来城市的整合。家园是以人、物业、建筑和事务为核心要素的最小城市生活空间单元，承担着越来越多的社会治理和城市服务功能。家园作为消费活动的集中地与产业创新的策源地，有望成为城市经济增长的新动能。家园服务正从“柴米油盐”的日常生活供给和“家长里短”的传统居委职能向更广阔的“创、养、娱、闲”等消费领域拓展，未来还将有更多贴合居民新生活诉求的业态被引入社区 15 分钟生活圈。智能家园场景是“大智移云链”介入城市复杂系统的重要基层抓手，是实践数字未来城市理论模型的必要细胞单元，只有在微观场景层面取得进展和突破，才有可能真正实现城市级的智化需求。具体地，以城市“人”的需求为核心，结合上海的特点，集成构建“功能元场景 – 复合场景 – 群落场景”的多层级人工智能应用场景体系。通过“中心大脑 – 中枢系统 – 迷走神经”的分层计算系统布设，对数字未来城市进行“分器官”智化，最终实现“微社会整体智能”。

5　空间规划的响应策略

5.1　规划预留城市数字化关键廊道及节点空间

规划与新一代信息基础设施融合的城市空间布局，重点整合现有人、车、物等空间廊道，高标准规划预留城市数字化关键廊道及节点空间。

规划预留上海大脑与上海数据中心设施布局，重点以优化算力结构分布为导向，形成城市大脑 + 辅脑 + 副脑多中心、立体化的三级城市众脑结构。推进以“上海计算”为导向的算力支撑提升，着力推进云计算中心建设，对外提供计算资源、存储资源等服务的机构或单位，以高性能计算机为基础面向各界提供高性能计算服务，优化数据中心与超算中心等计算能力，加快形成边缘计算节点布局，推动形成跨区域的数据中心统筹建设和资源共享机制，建设长三角数据流通和交换平台，实现存算均衡、空间集聚、边缘计算合理。

规划以“上海连接”为导向的感知网络部署，率先布局 5G、IPv6 等下一代互联网，加快政务网络改造整合，促进公益 Wi–Fi 创新转型，建设“物联、数联、智联”三位一体覆盖全市的新型城域物联专网。

规划以“上海枢纽”为导向的基础网络，加快构建高速、移动、安全、泛在的新一代信息基础设施，持续扩容、优化城域骨干网络，提升网络流量承载能力。

5.2　规划数字未来城市的节点标志，以点到网完成空间的智能化转型

在数字未来城市的示范性区域，打造数字未来城市的节点标志。以老百姓的需求为导向，以老百姓的幸福感为评价标准，在上海五个新城布局未来三年未来数字城市的节点性标志空间，重点包括城市的道路、广场、公园等空间的智能化，形成上海城市空间数字化的示范性项目，以点到网完成上海城市空间的数字化与智能化转型。同时，建议规划与自然资源局联合其他各部门编制《上海城市总体空间智能化的规划》，与过去的空间总体规划形成衔接，为上海数字城市发展提供支撑，为上海空间数字化及智能化形成总体的纲领。

5.3　规划选址数字未来城市永久峰会会场，发起世界标杆城市联盟，汇聚全球顶尖专家与行业精英

上海的数字未来城市必须放眼世界，向世界范围内的标杆城市学习，同时向世界传播上海经验，重点通过主动承担世界大都会城市市长峰会的职能，充分发挥国际交流中心的地位，选址数字未来城市的永久会场，每年组织讨论数字未来城市和可持续发展问题的国际性论坛，主要邀请世界各国标杆城市的管理领袖及行业专家参与讨论。峰会的主要价值在于为上海的数字城市建设提供世界样板，并且获得直接来自标杆城市管理者的一手经验，为上海市建设数字城市提供路径借鉴，促进上海数字城市软硬件建设与国际接轨，融入世界顶级城市联盟，与此同时其也可以让上海的成果传遍全球，并将其建设成为上海从工商

城市走向智能数字城市的一个汇聚点。

针对上海数字城市建设的痛点、难点、堵点，结合标杆城市联盟和市长峰会，每年向全球发布攻关需求，建立科技奖励机制，通过招标的形式吸引全球科技创新人才、团队汇聚，充分发挥市场力量，解决未来数字城市发展的关键问题。

数字化背景下的未来城市，最终一定走向“三元空间”的融合——物理空间、社会空间、数字空间基于网络通过“数据”连接在一起。上海作为全球城市和区域中心城市，若要积极应对由于数字化所引发的更加灵活多元、既扁平又集聚的高速空间变革，就需要城市做好更加充分的应对准备。上海未来城市的规划不仅应当全面提升对“空间”的治理，更应当构建一套“数据”治理体系，以全面的思考和良好的策略实现对“三元空间”的统筹规划，为城市和居民带来福祉。

作者信息

吴志强，同济大学建筑与城市规划学院教授、中国工程院院士，wus@tongji.edu.cn。

韩婧，同济大学建筑与城市规划学院博士研究生，hanjing815@tongji.edu.cn。

参考文献

[1] 吴志强，韩婧，滕雨薇，等．青岛中德未来城：循律鼎新，致爱家园 [J]．生态城市与绿色建筑，2018(02)：27–33．

[2] 卡斯特．网络社会的崛起 [M]．夏铸久，王志弘，译．北京：社会科学文献出版社，2003．

[3] 童明．信息技术时代的城市社会与空间 [J]．城市规划学刊，2008(05)：22–33．

[4] 周晓频．数字城市是城市的终极目标 [J]．经济工作导刊，2000(14)：18–19．

[5] 吴志强．智慧城市：初心与反思 [J]．当代建筑，2020(12)：4–5．

[6] 吴志强．数字城市战略规划的思想方法 [J]．软件和集成电路，2021(05)：26．

上海五个新城数字化转型研究

周向红

（同济大学经济与管理学院，上海，200092）

1 引言

上海三个“智慧城市三年行动计划”构建了城市数字化转型的基础能力，包括宽带、管线、云计算中心、基站等基础设施。目前已率先建成“双千兆宽带第一城”、已累计建设5G室外基站3.14万个，5G室内小站4.98万个。一网通办、一网统管成为牵引，已经整合接入公共安全、绿化市容、卫生健康、气象、水务等30多个部门的100多项基础数据，超过80%的事项可以“全程网办”，泛在化、融合化、智敏化已经成为上海数字化转型的基础。不过上海作为超大城市，也存在地区之间不均衡；能否借助数字化转型缩小信息化差距的同时，构建新的节点，并形成新的增长级。这不仅是上海市政府对新城战略定位，也是学术界研究的焦点。

以互联网、大数据、人工智能、区块链等为代表的新一代信息技术的加速应用，将人类各种活动投射到虚拟世界。经济动能、市场环境和资源禀赋等现实约束都受到数字孪生城市的影响。信息技术重塑了传统的组织协调、生产或者传递产品、服务等领域的固有模式，并通过赋能信息处理能力，显著提升了区际物流和信息流的运行效率，降低了移动和交易成本，深刻影响经济社会未来发展。目前研究显示互联网流量、网络宽带等信息流，航班货运量、铁路流量等交通信息流在城市间的交互，可以影响城市在国家体系中位置变动，进而改变区域空间的格局。

上海要求新城以独立的综合性节点城市为定位，以打造引领高品质生活的未来之城，推进人民城市建设的创新实践区和上海服务辐射长三角的战略支撑点为目标，成为推动城市组团式发展，形成多中心、多层级、多节点的网络型城市群结构的重要战略空间。实现这些目标一方面需要认真谋划；另一方面需要数据赋能促进新城与主城区资源共享，并接入国内、国外更广、更深的市场，成为国内、国外双节点。

信息化差距及信息化均衡过程的演变一直是动态过程。一方面，劣势地区努力通过赶超不断缩小信息化差距，期望形成新的标杆、新的节点。另一方面，优势地区也希望通过固守信息化进程中的领先优势，继续享受既得利益。对于新城而言，一方面需要与主城区互相砥砺，另一方面也需要加强与长三角互动，同时必须突破传统经济要素空间组织模式，将土地、资金、人力、技术、数据等生产要素以云方式切入跨场景、跨部门的痛点难点中，将功能完备、职住平衡、生态宜居与数字空间有机融合；借助新一代数字技术实现跨城区、跨城市的交通、通信、算力等城市基础设施，促进公共服务的均等化和共享。具体实现过程中，以独立的综合性节点城市为目标，促进功能聚合、界限融合、时空整合等。

2 国内外数字化转型政策梳理比较及对新城启示

新城是城市发展产物，英国新城建设曾走在世界前列。1946 年英国颁布“新城法”（New Town Act），从 1946 年到 1950 年开始建设 14 座卫星城，在伦敦周围有 8 座，第一代英国新城以哈洛（Harlow）新城为代表。北美、欧洲由于城市化进程较早，也有较成熟的新城建设。上海在 1956 年提出建设卫星城镇的设想。1957 年 12 月，中共上海市第一届二次大会决定在上海周围设立卫星城镇，分散一部分工业企业，减少市区人口过分集中。1958 年，国务院批准将江苏的宝山、嘉定、川沙等 10 个县划归上海市。1959 年底，先后规划建设闵行、吴泾、安亭、松江、嘉定等 5 个卫星城。20 世纪 70 年代相继规划建设金山卫、吴淞宝山两个卫星城。尽管各国新城都有新城实践，霍华德理论、阿伯克龙比的大伦敦规划、第二次世界大战后工党上台推行的住房和新城建设政策等，也提供了一些理论和实践条件。但是在新城发展过程中，仍然会遇到一些问题，如常见的产城分离、睡城等。世界各地的新城建设过程中也一直在寻求更完美的解决方案。

近年来随着信息社会演进，数字化转型已成为全球破解城市复杂巨系统发展难题的共识，如英国发布“数字宪章”、日本推进“超智能社会”、新加坡提出“智慧国计划”，数字化已成为提升城市核心竞争力和治理能力现代化水平的关键之举。

2.1 核心概念界定

数字化转型（Digital Transformation）最初是企业范围的概念。IBM 认为，数字化转型是通过整合数字和物理要素，系统进行整体战略规划，进而实现“客户价值”和“运营模式”两方面的整合转型[1]。摩根大通则认为，数字化转型由打造领先的数字化体验、布局生态圈、创新数字产品、打造技术型组织和能力等一系列措施共同组成[2]。数字化转型在过去几年拥有大量的研究成果，研究主要集中在数字化转型的推动力，数字化转型所需的资源和能力以及其转型的过程和方式、好处等多个方面。早期的企业数字化转型多聚焦于企业在内部信息系统的管理上，如内部资源规划配置、客户关系管理系统等[3]。随着网络时代的到来，数字技术的应用范围不断拓展，在大数据、区块链等新兴信息技术下的数字化转型领域的研究越来越多。乔治等（2016）认为借助大数据和数据科学进行管理学研究能够提高已知实证研究结果的准确性，还有可能促使管理者提出新的研究问题，采用更精细的分析单元[4]。丹部等（2019）指出人工智能可以应用于人力资源管理的挑战：小数据集带来的约束、公平及道德法律问题、员工对基于人工智能的决策的负向反应等[5]。陈冬梅、王俐珍等（2020）提出作为强调企业与环境动态匹配的学科，战略管理面临着数字化推动带来的红利和问题[6]。

数字化转型领域不断拓展，研究工作不断深入。近年来，随着数字化转型关注度的提升，这一概念伴随智慧城市演进逐渐扩展到城市数字化转型等领域。

2.2 城市数字化转型的研究

目前，有关城市数字化转型的相关理论在国内外研究中仍在探索中，学界对于城市数字化转型尚未形成统一的定义。IBM认为，城市数字化转型是通过要素整合，系统地进行整体战略规划，提供了政府、交通、政府、电力、能源、医疗、安防、教育在内解决方案，帮助城市实现新产业、新模式、新环境、新服务与新生活[7]。李文钊提出城市数字化转型是城市为了适应技术变革的浪潮，其自身也需要进行适应性的数字化变革[8]。哈梅莱伊宁指出城市数字化转型是城市积极支持现代数字技术，以促进数字化以及基于数据的创新和知识经济的出现[9]。安东尼提到数字技术的发展使城市转型，以简化智能服务并提供新产品，改变了公民和利益相关者的生活、工作、协作和交流方式[10]。因而，本文将城市数字化转型界定为城市在互联网、大数据、人工智能等新兴信息技术创新应用的基础上，以市民为中心，以数据要素为驱动，依托虚实空间，将场景、设施、机制有机结合，集聚产业动能，将数字资源与土地、区位、人口、资本等融为一体，提升城市动态治理水平及核心竞争力。

数字化转型在城市中的应用在国内外城市建设发展中离不开顶层设计的支持，国外政府积极利用数字技术改善治理和服务；如美国发布的《白宫城市数字化转型行动倡议》、新加坡的“智慧国2025”计划，日本的“I–Japan”战略等[11]。阿赫梅多娃以俄罗斯大型项目“智慧城市”——萨马拉为例，讨论了历史城市如何进行数字化转型，确定了历史区域结构中创新技术实施方案[12]。国内超大城市治理数字化转型起源于20世纪80年代初的“经济管理信息化”，成熟于2012年的“信息惠民”和“新型智慧城市”建设[13]。北京、上海等超大城市分别在城市大脑、数字政府、智慧城市等不同话语叙事之下，不断推进中国特色的超大城市治理数字化转型[14]。

2.3 城市数字化转型政策发展研究

城市数字化转型政策不仅为推进城市治理体系和治理能力现代化提供保障，有利于提升城市治理绩效和生活品质；而且是促进数字技术发展、组织与社会数字化转型的推手。王法硕等构建了包括政策工具类型和智慧城市政策子系统在内的智慧城市二维政策分析框架，采用内容分析法对长三角城市群26座城市的36份智慧城市政策文本进行统计分析。研究发现，当前长三角城市群智慧城市政策存在强制性政策工具使用过度、法治化程度不高、市场机制不够健全、社会力量参与不足等问题[15]。李智超引入动态过程视角，以智慧城市政策试点的推广为考察对象分析了地方政府进行智慧城市试点的多重逻辑，在政策试点的不同阶段，地方政府进入试点也展现为不同的行为逻辑[16]。郭雨晖、汤志伟等基于政策工具视角以国家层面的296篇智慧城市政策和新型智慧城市政策作为研究对象，显示出我国国家层面智慧城市政策呈现出供给型政策工具过溢、环境型政策工具较弱、需求型政策工具缺位的现状[17]。

2.4 北京、上海数字化转型政策文件比较研究

选取2011—2021年间的144份上海市、北京市两个超大城市数字化政策文件为研究样本，运用共词分析、聚类分析等方法，从高频主题词、政策聚焦点等角度对政策文本进行分析。研究发现上海和北京城市数字化推进各阶段都呈现出不同的政策特征，城市数字化的发展从信息汇集到数字底座、数据驱动、数据赋能转变，从数字化系统向数字化应用、数字化生态转变，从分散化向集约化、孪生驱动转变，展示出从设施、产业、服务向空间、场景、机制有机结合的变迁逻辑。

2.4.1 上海的数字化转型政策文件研究

通过对上海城市数字化转型政策关键词的聚类分析之后得到五大组群，即“城市数字新基建”“产业智能化创新”“数字化转型”“数据共享”和“政务服务平台建设”。将聚类结果与政策文本结合，梳理出上海市数字化转型相关政策的五大核心内容，具体见图2–1。

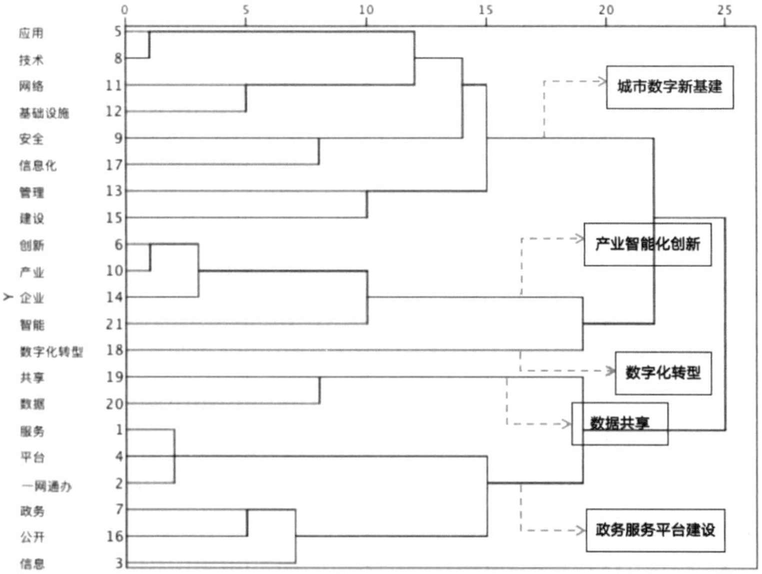

图2–1 上海市城市数字化转型政策高频词聚类图

来源：作者自绘

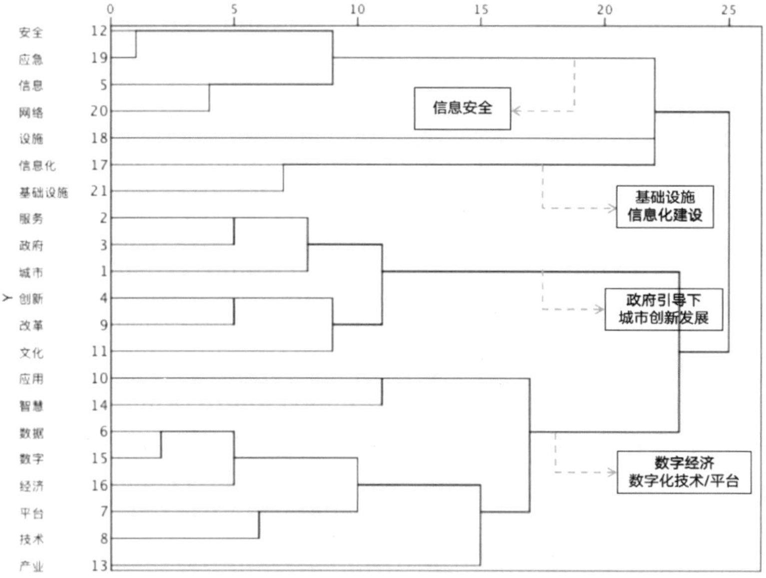

图 2-2　北京市城市数字化转型政策高频词聚类图

来源：作者自绘

2.4.2　北京的数字化转型政策文件研究

通过对北京市城市数字化转型政策关键词的聚类分析之后得到四大组群，即“信息安全”“基础设施/信息化建设”“政府引导下城市创新发展”“数字经济、数字化技术/平台”。将聚类结果与政策文本结合，梳理出北京市数字化转型政策的四大核心内容，如图 2-2 所示。

2.4.3　上海与北京的趋同、差异分析

（1）趋同分析

强调基础设施。两地都在以大数据、5G、人工智能、区块链等新兴信息技术的依托下，以数据为关键生产力要素引领产业转型和治理方式转型，拓展城市数字化场景。

强调保障措施。两地均加大对数字化转型发展的财政资金投入，如《北京市“十三五”时期信息化发展规划》统筹利用财政专项资金，加大对大数据、云计算等新一代信息技术和产品研发以及公共服务平台、应用示范项目的支持力度；《上海市城市管理精细化“十四五”规划》指出，要加强城市维护资金的统筹安排，健全城市维护标准定额，发挥好城市维护资金对城市管理精细化工作的保障支撑和引导推动作用。

（2）差异分析

着力点有所差异。上海市在今年年初首提“城市数字化转型”，并发布了《关于全面推进上海城市数字化转型的意见》和《上海市促进城市数字化转型的若干政策措施》等政策着力消除制约上海数字化转型过程中的政策性门槛，为全面推进城市数字化转型提供制度保障，制定本政策措施，形成上海城市数字化转型的制度框架体系，取得一批具有重要

影响力的制度性成果。北京市尚未出台完全对于城市数字化转型的政策文件，相关的政策文件多以“智慧城市”“数字北京”“政务服务数字化转型”“数字经济标杆城市”等来促进城市中各行业、各领域的数字化转型。

数字化转型基础有所差异。上海数字化转型基础夯实，首先具有全国最领先的信息基础设施，目前已经率先成为5G和固定宽带“双千兆”第一城。其次具有海量的价值数据，上海作为一座常住人口接近2500万，经济总量全国第一的超大型城市，数字流量不仅丰沛，而且高质。同时具有丰富的应用场景，如社区、企业、医院、学校、交通、旅游景区等，比如上海目前轨道交通已经达770多公里，世界第一。此外具有扎实的科技和产业基础，拥有一大批大科学设施，数量具有全国首位，高水平的科研机构。结构合理的人才梯队，50%以上的5G研发人才在上海。集成电路产业、芯片产业占全国的四成，人工智能领域占全国的三分之一等。上海市以上的数字化转型基础优势突出，基础扎实。北京市近年来依托在软件和信息服务业的领先优势，拥有知名互联网和技术企业、高端技术人才等良好的数字产业发展基础，形成了比较完整的数字业态，在数字社会、数字生态、资金、人才保障等具有较大优势，为城市的数字化转型夯实基础。

2.5　总结及启示

除了比较了上海、北京数字化转型政府推进政策，本文还结合城市化率、信息化率等指标选取了新加坡、纽约、伦敦、东京、巴黎，以及国内杭州、深圳等城市进行比较和分析。发现这些城市虽有侧重，但有异曲同工之妙。新加坡在数字化转型中突出以公民为中心的建设理念；纽约关注经济增长与公平公正，强调社会发展可持续性与弹性；伦敦打造世界级城市数据解决方案；东京创造安全多彩的社会环境，实现公共数据自由交流。杭州推进数字化改革，建设一体化智能化公共数据平台；雄安新区是未来数字智能之城，构建全数字过程城市，强化创新驱动现代化建设；深圳打造全球数字先锋城市和具有深度学习能力的鹏城智能体。

综上所述，新城数字化转型过程应遵循价值共识，充分体现“人民城市为人民”，以“数字为民、科技向善”为价值导向，通过全面推动数字化转型，提升城市核心竞争力。上海应继续发挥优势，全面升级新城数字基础，构建“物联、数联、智联”的面向未来的底座，并因地制宜在经济、生活、治理领域全面发力，成为国际数字之都的品牌窗口。

3　新城数字化转型难点及挑战

新冠疫情提升了人们对数字化转型认识。大家可以从北京通、津心办、随申办、浙里办等感受到政府数字化转型进程和决心。此外，这次疫情防控过程中，借助新兴技术，政府打破了“条条”与“块块”，实现扁平化信息管理，革新组织架构。人们也逐渐意识到，技术和算法已经成为行政主体的重要组成，数据、算法、个体、组织相互交织和传统行政主体科层制的组织结构一起构成了行政目标实现的前提。政府即平台，大多数其他公共组织的非组织化功能可通过数字技术实现，组织间、部门间关系在特定场景下的差异化存在和动态调整，也使人们充分认识到数字赋能和精细化管理的作用。

3.1 数字化转型的难点：跨、融、推

随着数字化转型推进深入，大家逐渐意识到困难。比如智慧跑道，通常被施工单位理解为就是一些简单的物联感知 + 塑胶跑道，而不是从跑者来感受该技术应用。跑步的成绩能否被赛事认可；跑步的成绩能否与全面健身、朋友圈九宫格联系起来；这些才是场景可持续使用的关键。对于城市而言，该场景如果不与赛事路线、社区健身设施、公园景观路、双碳建设结合，则很容易碎片化。数字化转型中智慧跑道场景需要跨、融、推，将管理公园的绿林局，分管群众体育的体育局，负责数字化转型的科委、经信委，研发的高校科研机构，协助落地的高科技公司结合在一起；在这过程还需要和赛事公司路线策划，以及跑者之家；甚至与个人碳汇账户联动。通过数字化转型，将生活、空间、治理等多个维度有机融合，促进空间之美与数据之美相辅相成，实现生态空间向价值高地转换，将信息技术在城市空间点、线、面有机融合；这才是智慧跑道数字赋能的底层逻辑。

3.2 五个新城数字化转型禀赋差异

上海五个新城数字化转型还面临禀赋差异的挑战。

嘉定是唯一的国家级历史文化名镇，嘉定老城独具“十字加环”格局，“教化嘉定”源远流长。嘉定新城位于沪宁发展轴上的枢纽节点，是上海西大门也是长三角一体化的西部桥头堡，也是上海体现国际化大都市现代化新城区的主要载体。嘉定新城以现代服务业、世界级体育休闲产业和高科技产业为主导，以“国际汽车智慧城”和长三角新能源智能汽车“硅谷”为契机，力争打造成为长三角城市群中的“创新技术策源地、创新要素集散地、创新成果转化地”。

青浦具有 6000 年文化历史，保留了新石器时代的崧泽文化、良渚文化、马家浜文化与战国时代的遗存，被考古界誉为“上海的发祥地”。位于青浦淀山湖畔的青浦新城，是由现青浦老城、青浦新区（东部）、向西延伸区域和朱家角镇区四部分组成，它具有居住生活、产业、旅游等综合功能，作为青浦的政治、经济文化中心，东有虹桥商务区的加持，西有长三角一体化示范区的带领，承接着“上海西部门户”的重要角色。

奉贤“贤文化”源于有关奉贤地名的传说，相传春秋时孔丘弟子言偃曾来此讲学，清代设县时，取“敬奉贤人”之意命名为奉贤县，这是一种精神愿景，也是一种历经千年的文化。奉贤新城数字化转型初显成效，“数字江海”品牌进一步打响，实现有限资源数字化集聚无限发展，无限资源网络化链接无限发展；遇见未见的产业空间、贤美文化的公共空间、温馨友好的生活空间，基本实现“产城融合”“人产融合”“人城融合”“站城融合”；

全面构建“四城一都”“四地一区”，实现新城数字经济 GDP 占比明显增长、数字化人才数量明显增加、智慧管理水平明显提高、城市美誉度明显提升。

南汇享有“非遗荟萃”之称，拥有 16 个非物质文化遗产。南汇新城是中国（上海）自由贸易试验区临港新片区的主城区，是临港新片区建设具有较强国际市场影响力和竞争力的特殊经济功能区和现代化新城的核心承载区。新城的规划范围为大治河以南，上海绕城高速（G1503）—瓦洪公路—两港大道—中港以东，规划面积为 343.3 平方公里。

松江“风气和”，深受儒道佛互补文化影响，在长期积淀中，形成了孔子所说的“吾道一以贯之”的传承脉动和地域风俗，拥有“上海之根”的称号。松江新城常住人口约 95 万，松江区地区生产总值达到 2600 亿—3000 亿元，基本建成具有国际影响力的科创走廊和重要科技创新策源地，基本形成独立的长三角综合性节点城市功能和地位。

考虑到新城差异，数字化转型过程中需强调空间格局及各新城现有产业基础、资源禀赋等；将功能完备、职住平衡、生态宜居与数字空间有机融合，科学合理规划布局、形成一区一特（特色战略、特色地标、特色场景、特殊政策），载体要素承载能力提升、培育优良转化环境。在空间、机制、场景不断融合过程中，以分布式管理架构支撑跨行业、跨区域的复杂城市巨系统。

4 新城数字化转型的关键——面向未来的数字城市基础设施

4.1 ICT 基础设施的作用

信息通信技术（Information and Communications Technology，ITC）基础设施投资是经济增长的重要催化剂，也是新城数字化转型的关键。20 世纪 80 年代末掀起的以电子信息技术为主的网络革命开创了一个划时代的新世界。互联网络将整个世界的个人与企业紧密联结起来，并通过高效率的信息生产、加工、传递、获取环节提升了社会的运行效率，促进了经济增长。随着时间的推移，学界对信息通信技术与经济增长之间关系的认识踵事增华，并深刻意识到二者的关系有一个逐步深化的过程。19 世纪 80 年代末罗默 (1986) 和卢卡斯（1988）关于内生经济增长模型的研究断鳌立极，促使学者开始关注决定经济增长的内生因素，而索洛（1987）提出的著名“索洛悖论”；更是激发了学者关于信息通信技术对经济增长作用机制的探求热情。2000 年以来，信息通信技术的快速发展使得国内学者充分认识到 ICT 对经济增长的重要作用，并进行了很多有益的开拓性研究。林毅夫和董先安关于信息技术与经济增长的课题分析中，将信息化进程的经济影响分为了三个阶段：第一阶段，信息技术革命引起信息产品创新部门的生产率率先增长；第二阶段，产品创新部门生产的新型信息通信设备价格下降，进而刺激了经济各个部门中企业的信息通信技术投资，此即所谓的信息通信技术资本深化；第三阶段，信息通信技术催化经济各部门进行广泛的大规模改造重组，并改进市场交易的效率，从而提高了劳动生产率。北师大课题组在对信息通信技术产业统计口径进行界定的基础上，从行业规模估算角度测算了 ICT 对 GDP 增长的贡献。后来学者多以“索洛悖论”为出发点，基于增长核算及 TFP 指数测算对信息产业的经济贡献度进行测度。

ICT 基础设施更是建立广泛市场联系的基本纽带，有利于新城成为独立综合节点。ICT 基础设施可加快各种生产要素的流动，从而通过提高区域经济的互联性以促进区域市场的一体化最终达到推动经济增长的目的。同时，要素的流动和重置也会影响和决定经济活动的分布，进而促进产业结构的变迁和升级。信息网络基础设施投入主要通过直接和间接两种途径拉动地区经济增长。一方面信息网络基础设施投入是一种基础设施投资，可以形成固定资产投资，直接表现为国内生产总值的增加，即直接促进经济增长；另一方面信息网络基础设施投入具有溢出效应，人们利用网络进行互动学习等加快了人力资本积累、降低了信息不对称程度等；从而间接提高了生产效率、增加了经济总产出，即信息网络基础设施投入会影响全要素生产率，具有网络溢出效应。综上可知，ICT 基础设施投资对经济增长的影响可以通过两种渠道实现：一是直接途径“基础设施—经济增长”，二是间接途径“基础设施—中介效应—经济增长”。

4.2 ICT 基础设施投资决策系统总体因果关系分析

ICT 基础设施是经济发展的基础，改变了信息的生产和传播方式，重塑了现代经济的整体面貌。ICT 基础设施投资对经济增长的作用可分为两个阶段：前一阶段为基础设施投资建设阶段，此阶段基础设施尚未形成存量资本，而是作为要素的大量投入如各种建筑材料、生产设备及劳动力的投入，将激发社会需求，从而带动相关产业的发展；后一阶段为基础设施的建成使用阶段，这一阶段基础设施将作为社会存量资本存在，为各种组织与个人无偿或低成本使用，提高区域经济活力，推动经济的增长。

ICT 与经济增长之间的模型，具体如下；首先应用 VensimPLE 软件做出 ICT 基础设施投资决策系统内部各元素之间的相互因果关系图。根据 ICT 基础设施投资决策 SD 模型因果关系图，构成基础设施投资决策系统的主要几个反馈回路（图 4–1）。

（1）反映 ICT 基础设施投资与城市资源互动关系的反馈回路包括：ICT 基础设施投资→土地资源需求→城市空间占用→城市能源消耗→项目预期收益→ ICT 基础设施投资。

（2）反映 ICT 基础设施投资与 GDP、产业和就业之间的互动关系的反馈回路包括：① ICT 基础设施投资→产业规模集聚→规模效应→ GDP →全社会固定资产投资→ ICT 基础设施投资；② ICT 基础设施投资→经济实体投资→就业率→就业人口→产业产值→ GDP →全社会固定资产投资→ ICT 基础设施投资；③ ICT 基础设施投资→经济实体投资→就业率→可支配收入→消费能力→消费支出→ GDP →全社会固定资产投资→ ICT 基础设施投资。ICT 基础设施投资与 GDP 之间是正反馈回路，无论是 ICT 基础设施投资还是 GDP 规模的增加都能促进彼此的增长。回路②中反映的是 ICT 基础设施的网络效应对

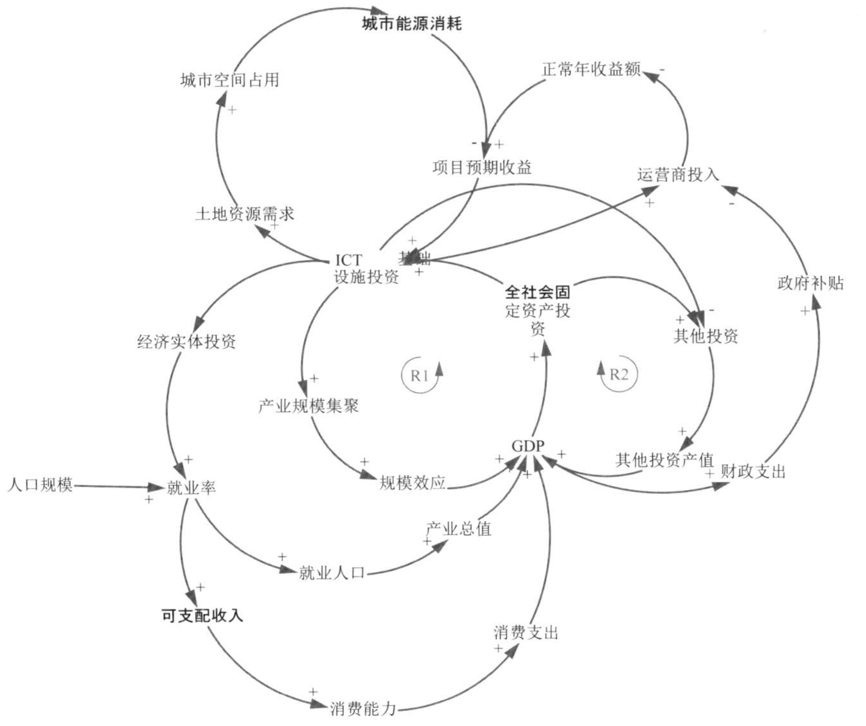

图 4–1　ICT 基础设施投资影响评价系统因果关系图

来源：作者自绘

社会成本的降低效果，成本的降低将激励经济中的投资行为，提高经济活力，进而提升社会就业水平，拉动经济增长。回路③中反映了ICT基础设施投资通过影响可支配收入和消费，促进经济增长的机制。

（3）反映 ICT 基础设施投资与其他部门和产业投资的关系的回路包括：ICT 基础设施投资→其他投资→其他投资产值→ GDP →全社会固定资产投资→ ICT 基础设施投资。这是一个负反馈回路，原因是ICT基础设施投资对其他投资具有挤出效应，会减少其他部门、产业的投资规模，从而减少其他部门和产业的产出增加，进而制约经济增长。

（4）反映 ICT 基础设施投资与运营商互动关系的回路包括：① ICT 基础设施投资→运营商投入→正常年收益额→项目预期收益→ ICT 基础设施投资；② ICT 基础设施投资→ GDP →财政支出→政府补贴→运营商投入→正常年收益。

4.3　面向未来的数字城市基础设施和指标设计

数字城市基础设施的“乘数效应”与正外部性、ICT 基础设施投资的边际收益递减与拥挤性非常典型，此外 ICT 基础设施对经济增长的间接效应也非常明显，包括人力资本提升效应、劳动生产率促进效应、产业结构优化效应。《2020 全球计算力指数评估报告》显示，计算力指数平均每提高 1 个点，数字经济和 GDP 将分别增长 3.3‰和 1.8‰。而由于数据中心的产业链条长、覆盖门类广、带动效应大，通过算力枢纽和数据中心集群建设，将带动产业上下游投资。根据相关报告，预计将拉动五千亿元级别投资机会。目前引爆股市的“东数西算”概念在青浦新城规划、奉贤数字江海都有项目规划。

结合新城发展及定位，未来在新城基础设施规划设计过程既需要考虑新城建、新基建等分类；也需要结合未来发展趋势；还需要重点关注“网连接、智通达”的网络通信设施，“端感知、全透明”的物联感知设施，“云计算、边协同”的算力基础设施，“全方位、强韧性”的城市安全设施。

具体实施过程中，既需要考虑规定性动作，以便共享基础设施ICT的空间溢出效应及产业集聚效应；也需要设计一系列技术发展及相关维度的指标。指标体系重点考虑基础环境和技术应用两个维度，在重视ICT应用的同时，强调基础环境对提升信息基础设施发展水平的重要性。具体如表4-1、表4-2。

表4-1　各新城基础设施目标示例

序号	指标名称	属性值	2025年目标值
1	5G网络覆盖率	预期性	≥95%
2	5G网络移动宽带平均下载速率	预期性	500 Mbps
3	固定宽带平均可用下载速率	预期性	≥120 Mbps
4	感知终端部署规模	预期性	≥20万个
5	电动汽车充电桩规模	预期性	≥6000个
6	家庭固定宽带千兆用户渗透率	预期性	≥50%
7	新建住宅全屋千兆覆盖家庭FTTR入户数	预期性	≥10万户
8	IPv6活跃用户占比	预期性	≥85%
9	人均数据中心算力	预期性	≥3000GFLOPS
10	新城道路通信管道覆盖率	预期性	≥90%

来源：作者自绘

表4-2　各新城公共服务设施目标示例

序号	指标名称	属性值	2025年目标值
1	数字商圈商街	预期性	≥1个
2	数字景区/公园	预期性	≥2个
3	数字酒店	预期性	≥50家
4	数字文化场馆	预期性	≥1个

续表

序号	指标名称	属性值	2025 年目标值
5	未来数字医院	预期性	≥ 1 个
6	数字孪生校园	预期性	≥ 2 个
7	数字体育场馆	预期性	≥ 1 个
8	智能公交站	预期性	100%

来源：作者自绘

此外，新城数字化转型过程还需制定一些特色指标。结合五个新城功能定位差异、区位特征、重点产业布局等，形成特色鲜明的信息基础设施发展格局。嘉定新城：面向智能交通相关产业的 5G+ 工业互联网、工业光网等；青浦新城：面向长三角一体化的区域数据汇集和网络枢纽设施，支撑“东数西算”的算力调度平台设施；松江新城：支撑 G60 科创走廊创新策源的 AI 算力基础设施；奉贤新城：支撑美丽健康产业、打通产业互联网和消费互联网的云网和数字化平台基础设施；南汇新城：支撑临港产业发展的公共算力中心、支撑数字孪生城市示范区建设的数字孪生平台。

5 新城数字化转型“平台逻辑”

数字化转型的底层逻辑到底是什么？虽然人们对数字化转型概念内涵和外延还有一定争议。不过有几点已达成共识——数字化转型是围绕数据展开的，场景是呈现数字化转型的关键。此外，数字化转型的目的，是需要将人、事、物，也就是管理的诸要素之间形成链接，提高生产率。互联网 +，将世界成为地球村；元宇宙等技术进一步链接融合虚拟世界与真实世界。未来几年，城市形态将会发生根本改变，城市空间不再局限于物理空间，物质属性的三维空间和数字属性的虚拟空间融合在一起。人们不仅不需要千里迢迢往返不同的地方办理各类手续，还会迎来和虚拟人“混居”的时代，逐渐习惯虚拟人一起工作学习、生活。实际上这一状态，已经初见端倪，这也就是元宇宙的概念。2022 冬奥会，除了冰雪运动、各类高科技设备与服务令观众叹为观止，气象主播“冯小殊”实际是个虚拟人，原型正是气象节目主持人冯殊。与此类似的，还有虚拟歌手“陈水若”、虚拟学生“华智冰”已经备受关注。

为适应趋势发展，新城数字化转型，需进一步清晰明确城市为平台、新城为节点的格局，以形塑未来、多元赋能的转型先行示范为功能导向，加大政策创新突破和实施推进力度，建立健全相关领域法规、技术标准和规范。以数字化转型关键基础设施为例，工业经济时代的基础设施架构于铁路、公路、机场等为代表的物理基础设施，呈现明显地理边界和行政空间。数字经济时代下，一些新型基础设施呈现出无边界的特征。无边界是一种非常理想的状态，在规划设计过程中需要突破一系列规章制度，才能让基础设施释放红利。

在具体实践中首先要充分考虑城市用地分类（R、C、M、W、U、S、T、F、D、G）等，同时也要兼顾数字经济的网络分布和去中心化的特征，需要多规合一、弹性规划突破创新。综合用地，为研发、工业混合用地，是一种定功能不定比例的综合用地形式，在数字化转型发展中需要更多的灵活性，随着产业及企业发展，实现功能转换及比例调整，更好地适应未来的不确定性。此外，为了适应未来出行方式，如一网通达未来出行体系、出行即服务新模式等，需要规划弹性路网。这些都涉及跨部门、跨行业、跨领域、跨层级、跨系统的合作，也就是政府文件“跨、融、推”等工作要求。

此外，对应“跨、融、推”要求，新城数字化转型路径设计需要多个视角融合，即将规划设计的视角——空间、公共政策的视角——机制、信息技术的视角——算力等有机整合，围绕产业升级，遵循“场景驱动、融合赋能、协同发展”原则，重塑业务流程，充分释放数据融通的红利。如，实现网上预约和医院业务系统融合，将医院付费和医保卡、银行支付、移动支付、信用、数字人民币对接，可以减少排队时间；如奉贤新城数字化转型就提出指标，希望能借助互联网＋等措施，将线下门诊平均排队时间调整到 15 分钟以下。类似这样的场景有很多，新城数字化转型路径围绕生活空间、产业空间、公共空间展开。以场景为链接，将需求、设施、机制融为一体，如活力公共空间，包括数字商圈商街、数字文旅、未来出行、公共服务设施、智能运管中心等；美化数字家园，包括智慧居住、便捷生活、安全环境等；数字驱动的产业空间，包括数字经济园区、服务生态体系、数字孪生园区等。

6　结语

20 世纪末以来，信息技术为代表的高新技术发展在全球范围内发生，产生了一批以信息采集、加工、传播、利用为主的企业，并逐渐壮大形成新的业态，产业结构突破性地扩展到更高层次领域。

现阶段的整体性革命，全方位赋能、革命性重塑的数字化转型将对经济、生活、治理等领域产生积极变化。新城将衔接市、区战略要求，紧扣提升城市能级和核心竞争力这条主线，发挥区位优势，全面推进产业在“1+3+1”进行重点布局。其中，“1 ”是指面向未来的基础设施，“3”是指产业空间、生活空间、公共空间，后面一个“1”是指保障措施。新城数字化转型在实体空间和虚拟空间的设备、设施、系统、平台、功能性空间实现虚实交融，并与居住空间、社区环境、未来出行、数字文旅、产业园区之间实现有机结合。

世界正在以飞快的速度改变，并在改变各种规则、角色以及相互关系；而社会科学还没有对此作出足够的研究。无论是古典经济学，还是新古典经济学，由于时代局限未能充分考虑数字经济的三个维度：时间、空间、异质性。因此数字经济学既需考虑古典、新古典的基本规则，也需要进一步回应数字化如何改变结构和市场行为。正如康德所指出的，“我们的一切知识都起始于经验，这话是毫无疑义的；但是，我们的一切知识虽然都起始于经验，却并非因而就是完全出自经验”。在具体落实过程中，新城应以重点场景揭榜挂帅、重点项目挂图作战、重点目标比学赶超争先进位为手段，以新特色、新平台、新场景的"跨、融、推"促进高质量经济发展、创造高品质生活、实现高效能治理为标准。未来新城数字化转型将叠加政策优势、发挥独特区位优势、发挥产业基础优势，承接绿色生态优势，形成创新优势、产业优势、数字优势，最终使新城成为探索城市数字化转型最佳路径的"先行区"。

（感谢刘雨欣、崔兆财等同学的支持，收稿日期为 2022 年 2 月）

作者信息

周向红，同济大学经济与管理学院教授、博士生导师，xhz7@tongji.edu.cn。

参考文献

[1] BERMAN S J. Digital transformation: opportunities to create new business models[J]. Strategy & Leadership, 2012, 40(02): 16–24.

[2] OMARINI A. The digital transformation in banking and the role of FinTechs in the new financial intermediation scenario[J]. MPRA Paper, 2017.

[3] BOERSMA K, KINGMA S. From means to ends: The transformation of ERP in a manufacturing company[J]. The Journal of Strategic Information Systems, 2005, 14(02): 197–219.

[4] GEORGE G, OSINGA E C, LAVIE D, et al. Big data and data science methods for management research[J]. Academy of Management Journal, 2016(05): 1493–1507.

[5] TAMBE P, CAPPELLI P, YAKUBOVICH V. Artificial intelligence in human resources management: Challenges and a path forward[J]. California Management Review, 2019, 61(04): 15–42.

[6] 陈冬梅，王俐珍，陈安霓．数字化与战略管理理论：回顾、挑战与展望[J]. 管理世界，2020, 36(05): 20, 220–236.

[7] WIIG A. IBM's smart city as techno–utopian policy mobility[J]. City, 2015, 19(02–03): 258–273.

[8] 李文钊．双层嵌套治理界面建构：城市治理数字化转型的方向与路径[J]. 电子政务，2020(07): 32–42.

[9] HÄMÄLÄINEN M. A framework for a smart city design: Digital transformation in the Helsinki smart city[M]//Entrepreneurship and the Community. Springer, Cham, 2020: 63–86.

[10] ANTHONY JNR B. Managing digital transformation of smart cities through enterprise architecture–a review and research agenda[J]. Enterprise Information Systems, 2021, 15(03): 299–331.

[11] 杜传忠，陈维宣，胡俊．发达国家人工智能发展经验以及中国的借鉴[J]. 湖南科技大学学报（社会科学版），2019, 22(03): 45–52.

[12] AKHMEDOVA E, VAVILONSKAYA T. Digital transformation of existing cities[C]//E3S

Web of Conferences. EDP Sciences, 2019, 110: 02027.
[13] 黄璜. 中国“数字政府”的政策演变：兼论“数字政府”与“电子政务”的关系[J]. 行政论坛，2020，27(03)：47-55.
[14] 李文钊. 数字界面视角下超大城市治理数字化转型原理：以城市大脑为例[J]. 电子政务，2021(03)：2-16.
[15] 王法硕，钱慧. 基于政策工具视角的长三角城市群智慧城市政策分析[J]. 情报杂志，2017，36(09)：86-92.
[16] 李智超. 政策试点推广的多重逻辑：基于我国智慧城市试点的分析[J]. 公共管理学报，2019，16(03)：145-156+175.
[17] 郭雨晖，汤志伟，翟元甫. 政策工具视角下智慧城市政策分析：从智慧城市到新型智慧城市[J]. 情报杂志，2019，38(06)：201-207，200.

五个新城组态式自生长数字孪生底座平台研究

陈启军[1] 黄新林[1] 钮心毅[1] 安琨[1] 胡玉海[2] 周其刚[3]

（1. 同济大学电子与信息工程学院，上海，200092；
2. 华为支计算有限公司，深圳，518000；3. 中国电信上海公司，上海，200120）

21 世纪，数字技术创新与产业变革升级日新月异，深刻改变着人们的生产生活方式，对各国经济社会发展、全球治理体系、人类文明进程影响深远。尤其在全球对抗新冠疫情中，数字化在疫情防控、复工复产方面发挥了重要作用，数字化理念被社会大众广泛接受。国家“十四五”规划和 2035 年远景目标纲要提出加快建设数字经济、数字社会、数字政府，以数字化转型整体驱动生产方式、生活方式和治理方式变革[1]。

习近平总书记在上海考察时指出，城市治理是推进国家治理体系和治理能力现代化的重要内容，强调要着力提升城市能级和核心竞争力，不断提高社会主义现代化国际大都市的治理能力和治理水平[2]。面对日益激烈的全球竞争和城市发展的复杂性，各城市正面临越来越大的压力，并追求更有效的资源分配和城市管理。城市数字孪生通过物联网传感器从现实世界收集数据，实现构建现实世界的数字孪生体。除物联网外，运用大数据、人工智能、云计算、机器学习和分析等新一代科技，数字孪生体不仅可以准确实时反映现实世界的变化，还可以进行监测反馈，赋能城市规划及应急管理。这与数字化转型新时代提出的经济、生活、治理新要求不谋而合。

数字孪生被评选为十大战略技术趋势之一，被公共机构认为是城市规划、管理和服务的有效工具。实际上，全球政府都越来越认识到利用实时数字数据来监察公共服务、改善城市规划和优化治理决策的价值。如虚拟新加坡平台、法国重塑大巴黎、3D 东京等以城市信息模型为基础实现对城市规划、建设、交通、医疗等不同程度的可视化管理；我国雄安新区规划建设管理平台、深圳可视化城市空间数字平台、南京江北新区智慧指挥中心、杭州“城市大脑”集成地理信息系统与互联网技术，规划管理城市建设、建筑、交通、文旅、健康等推动全面、全程、全域实现城市治理体系和治理能力数字化。

1 数字孪生底座平台的内涵及重要意义

1.1 数字孪生底座平台的内涵

数字孪生概念首次由迈克尔·格里夫斯（Michael Grieves）教授在美国密歇根大学的产品全生命周期管理课程上提出，即在虚拟空间构建的数字模型与物理实体交互映射，最初被称为“镜像空间模型”[3]。2010 年，美国国家航空航天局（NASA）从航天工程角度提出了关于数字孪生的定义：“一种集成化的多种物理量、多种空间尺度的运载工具或系统的仿真，该仿真使用了当前最为有效的物理模型、传感器数据的更新、飞行历史等，来镜像出飞行中孪生对象的生存状态”[4]。近年来，得益于物联网、大数据、云计算、人工智能等新一代信息技术的不断发展，数字孪生的探索和应用外延不断扩展[5]，数字孪生的发展日新月异。《数字孪生应用白皮书 2020》指出：数字孪生是以数字化方式创建物理实体的虚拟实体，借助历史数据、实时数据以及算法模型等，模拟、验证、预测、控制物理实体全生命周期的技术手段[6,7,8]。

数字孪生的概念由制造业延伸到城市领域，通过对物理世界的人、事、物等所有要素数字化，在网络空间再造一个与之对应的“虚拟世界”，形成物理维度上的实体世界和信息维度上的数字世界同生共存、虚实交融的格局。物理世界的动态，通过传感器精准、实时映射到数字世界[9]，数字世界通过虚拟运营反馈监测、预测物理世界。

城市数字孪生底座平台可以定义为城市物理世界与虚拟空间相互对应、相互映射、协同交互的复杂巨系统，在网络空间塑造一个与之实时映射的“孪生城市”，实现全要素数字虚拟化、全状态实时可视化、全领域开发组态化、全周期协同智能化，形成物理维度上的实体世界和信息维度上的虚拟世界同生共存、虚实交融、协调生长的城市发展格局[10]。

1.2 上海数字化转型存在的不足

上海市从 2018 年起，便开展了一系列数字孪生实践。通过数字孪生技术与管理上的深度融合，打破信息壁垒，实现“一网统管全城”，该系统整合接入公共安全、绿化市容、住房和城乡建设、交通、应急、生态环境、卫生健康等领域 22 家单位 33 个专题应用，探索研发地图服务、气象服务、交通保障、应急处置等插件，为跨部门、跨系统的联勤联动增效赋能[11]。

上海提出从“城市是生命体、有机体”的全局出发，统筹推进城市经济、生活、治理全面数字化转型，聚焦“数智赋能”的基础底座构建，建设城市数字孪生底座平台，提供城市全要素数字化表达、动态三维呈现、智能决策支持、模拟仿真推演等。在硬实力方面，上海已经取得了很大的突破和成果。但是在软实力方面，上海还面临着问题，尤其是在“事前预防、事中监管、事后评估”方面还有空间可以提高。

1.2.1 缺乏顶层设计理论与方法

城市治理体系各领域、各区域、各模块信息系统独立建设，缺少有效整合和利用，跨部门信息共享和业务协同无法切实落地[12]。横向的职能分工和纵向的权力运作造成组织结构效率低、滞后性的问题，无法真正实现多元共治的治理状态，极大限制了资源的合理分配和有效利用。随着数字化进程的不断推进、城市问题的日趋复杂和城市安全的风险变化，上海全面推进城市数字化转型不是单个领域的突破，而是倡导城市经济、生活、治理的全方位转型，数字孪生的内涵将利用信息技术融合跨界到政治、法律、管理制度、流程规范中，实现高效支撑和保障。

1.2.2 缺乏技术实施标准及规范

数字孪生城市的核心之一是构建城市信息模型（CIM）平台，其难点是统一时空框架表达。但在数字孪生理论研究与落地应用过程中，缺乏数字孪生相关术语、系统架构、适用准则等标准的参考，导致不同用户对数字孪生的理解与认识存在差异。

当前，数字孪生城市缺乏相关模型、数据、连接与集成、服务等标准的参考，尚未形成可兼容异构信息系统的统一标准的时空数据底层框架。机构和厂商各自推进，难以确保统一编码、多模态数据的精准融合表达，导致模型间、数据间、模型与数据间集成难、一致性差等问题，造成新的孤岛；缺乏相关适用准则、实施要求、工具和平台等标准的参考，造成用户或企业不知如何使用数字孪生。

此外，城市矢量时空、建模、政府业务数据、物联网等多源数据的融合处理存在一定困难。矢量数据、栅格数据、模型数据、点云数据等涉及多个专业，存在多种数据采集或设计建模软件标准格式，格式间存在数据融通的壁垒[13]。各部门业务系统数据格式不统一、数据权限不明确、数据对接机制不健全，都将制约数字孪生城市作用的发挥[14]。

1.2.3 缺乏自主可控的产品供给

软件定义是数字孪生的关键：软件作用于数据层、模型层和功能层，采集处理数据，将模型代码化、标准化，便于物理模型在虚拟世界中的精确映射，并进行辅助决策。然而，当前数字孪生城市涉及的新型测绘、标识感知、协同计算、全要素表达、模拟仿真等多项关键技术自身发展和融合应用还有待加强。海量数据加载技术、云边计算协同技术、模拟仿真技术等成熟度不高；利用人工智能、边缘计算对动态数据快速分析处理能力不足；设计软件大部分由国外企业主导，短时间内我国在技术和市场方面难以超越，核心技术自主水平不足，基础研究有待加强，以通过构建软件开源生态，带动基础软件创新突破。GPU芯片、操作系统、驱动中间件与国外存在一定差距，传感器从技术到成本都不能满足全域感知部署需求，需要靠市场来进行培育[15]。

1.2.4 缺乏开放的组态式平台

上海市当前存在多张底图，据不完全统计，包括住房与城乡建设系统推进的城市信息模型平台与建筑能耗管理平台、自然资源与国土规划主导的时空大数据平台、公安政法条线依托进行城市安全和综合治理的城市底图。每个底图自成体系，条线与条线之间难以打通，导致各类系统仅支撑本区域本系统内应用，无法随需、随时支撑其他部门调用，且数据积淀已久，难以放弃也难以整合。

1.2.5 缺乏典型场景示范

城市规划、建筑管理等行业性孪生应用多，基于数字孪生的城市治理、服务等应用普遍深度不足。由于城市级异构大数据汇集和跨行业跨领域应用还处于初级阶段，各专业、各行业领域的算法模型成熟度不高、尚待沉淀；此外，数字孪生模型与数据融合不深，应用主要体现为静态可视化，数字空间的模拟仿真、态势预测等价值远未释放，不少应用以数字孪生之名，行传统信息化之实，缺少作为典型应用场景的示范。

1.2.6 缺乏持续发展的机制体系

目前的数字孪生实践大多致力于开发软件、系统，而缺少对其持续性发展机制、运营模式以及共建共享共治的生态体系的挖掘。数字孪生城市应着眼于能否运营，能否用数字城市的杠杆去带动数字经济，而不仅仅是建设一个应用、一个系统、一个平台。要通过体制机制创新，形成数据治理、数据开发的数据安全利用机制，释放城市数据要素活力。面向数据跨地域协同的实际需求，结合我国城市群（带）发展和城乡一体化发展的战略规划，将若干中心城市的先进治理能力扩展到整个区域，实现邻近区域的数据打通和业务协同，促进城乡数据公共服务的均等普惠[16,17,18,19]。

1.3 建设数字孪生底座平台的必要性

通过城市数字孪生底座平台的建设，实现物理世界和虚拟世界之间的精准映射、协同交互、动态反馈，及时发觉、解析和处理城市发展中的复杂问题，促进资源的高效配置，形成城市建设和治理的新模式[20]。抓住五个新城建设契机，推动数字城市与物理城市的同步规划、同步建设，把数字化转型新理念、新模式融入新城“规建管用”各方面，推动系统集成，鼓励新城在数据开放利用、数字技术创新、行业转型赋能等方面先行先试，率先打造支撑经济、生活、治理各领域数字化转型联动的城市数字底座，探索未来城市的新型公共设施与服务。

1.3.1 把握城市运行规律

城市数字孪生底座平台可以针对不同需求生成不同尺度的城市信息面板，通过现实世界与虚拟世界的精准映射解决城市治理场景中隐蔽性问题，突破城市管理面临的技术瓶颈。通过数字孪生底座平台的数据呈现和模型渲染可以更加直观地观察各类城市要素，监测城市运行过程，了解各类城市部件、城市建设项目的全周期过程。各种领域、各种维度、各种深度、各种场景的城市途径可以清晰展示城市资源的空间布局、城市要素流动、城市结构和功能的发展变化、城市治理活动的过程追溯，并且在人工智能、虚拟仿真等技术的支持下对大数据进行分析，模拟城市事件，有助于深入挖掘城市运行规律、预测城市发展趋势。

1.3.2 构建城市闭环管理

数字孪生城市使得城市治理过程各环节层层相扣，帮助追踪和监测，管理链条得以闭环。此外，其能促进城市治理活动全过程数据的建立，在及时发现和纠偏的同时，帮助调整方式、评估效果和总结反馈，对城市治理权力的运用和职责履行进行监督，规范城市发展。

1.3.3 促进城市资源利用

城市数字孪生底座平台通过全面数据采集、资源共享、技术研发、需求感知、人机交互等，将多源数据进行汇聚融合、处理解析，极大提高了技术应用效能，避免共性技术重复研发，使各部门、各行业融入统一体系之中，形成高效资源分配模式。

1.3.4 实现共建共治共享

以城市数字孪生作为信息化系统工程建设，破除条块分割，消除信息鸿沟，以共建共治共享的理念为指导，发挥数字化的最大效益。

数字化转型的核心要素是数据资源，数据资源的开发利用和网络信息安全技术体系的建设是数字孪生的关键技术。支持大数据资源开发利用和信息共享服务的技术和制度创新，增加数据增值产品有效供给，推动信息共建共享，成为信息产业发展建设的主引擎。

健全政府治理体系，破除社会治理中存在的弊端，提升政府主导社会治理和提供公共服务的能力。通过数字孪生底座建设，推动政府治理和社会自我调节、居民自治良性互动，调动群众参与社会治安防控、公共安全预警与应对等方面的积极性。

2 数字孪生底座平台的总体架构

依托新一代感知网络、多元算力、人工智能物联网（AIoT）、三维建模、数字仿真、隐私计算等前沿根技术，建立起包括数字孪生内涵、总体架构、数据流图、系统功能、场域图谱、实施路径、技术标准、安全保障、推进机制等复杂巨系统要素的工程体系；实现城市可视化、可验证、可诊断、可预测、可学习、可决策、可交互的“七可能力”；构筑面向政府、市场、社会“多元共治”的城市数治为主要内容的城市数字孪生底座平台。

2.1 总体架构

总体架构由一网（全真交互感知系统）、一云（边中协同智能计算）、四大中枢（智能模型多维映刻中枢、孪生流体联接中枢、全智认知赋能中枢、全真时空仿真中枢）、N个场景化形成孪生体系七大横向层，以及城市数字孪生技术标准规范、运营运维管理规范、云服务管理规范、安全管理规范四大纵向层构成“七横四纵”体系，并形成上海模式的1个“数字孪生底座”+X个“城市治理孪生体、工业互联网孪生体、城市生活孪生体”的城市数字孪生示范区（图2–1）。

城市治理孪生体：坚持超大城市精细化治理“全生命周期理念”，支撑观、管、防“一网统管”的能力建设，通过实时全域感知网的数据治理，同时叠加人工智能数据化的孪生算法模型，持续为“公共安全、绿化市容、住建、交通、应急、民防、气象、卫生健康”等城市治理场景的监测和决策赋能。

城市生活孪生体：以新兴的孪生技术、政务数据、社会数据为支撑，打破时空界限，推动生活领域的革命性变革，构建一套面向民生的数字校园、数字医院、数字社区、数字公共交通、数字商圈、数字文旅、数字家政等在线场景服务。充分利用大数据挖掘和人工智能分析，融合人物事商多元化的生活要素和市场主体，为城市数字生活场景的使用者，降低线上和线下的数字鸿沟，提供无差别普惠的数字化服务、无障碍应用的数字环境、特殊人群的虚拟现实仿真服务等。

工业互联网孪生体：数字孪生技术已成为工业经济领域重要的降本增效工具，通过物联传感、数字建模、模拟仿真、行业模型和算法，结合先进的可视化，构建对物理制造的

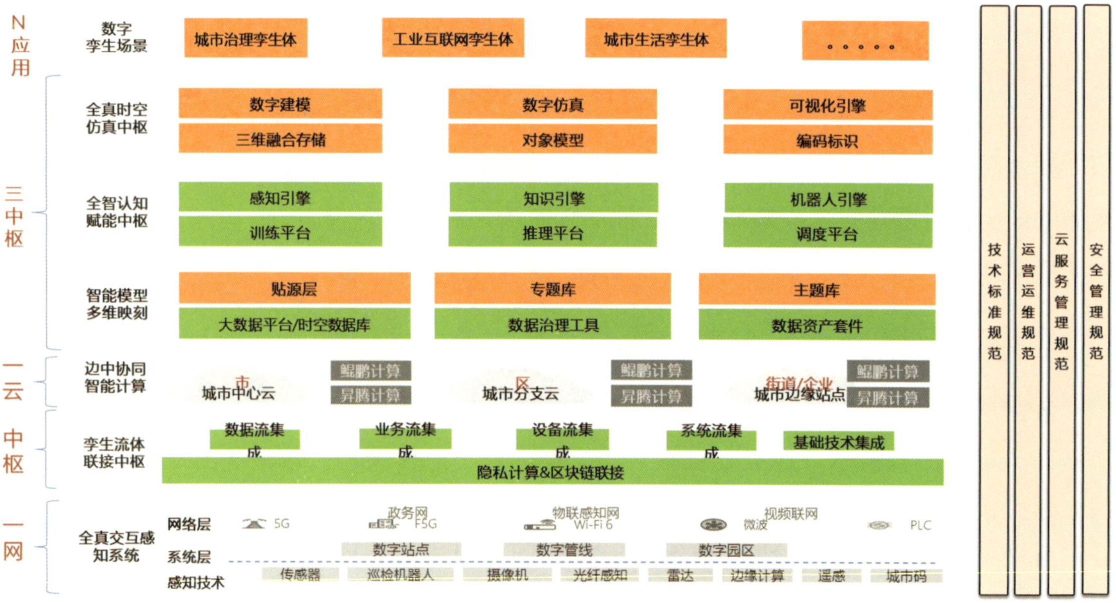

图2–1 城市数字孪生底座平台架构图

来源：作者自绘

全生命周期虚拟孪生。基于工业互联网孪生体，提供面向产品研发阶段的设计虚拟仿真评估能力，提供工艺设计阶段的工艺系统虚拟验证能力，提供生产制造阶段的运行大数据／人工智能决策、制造资源状态评估与预防性维护能力，提供试验测试阶段的虚拟试验测试评估能力，能够有效地与面向全生命周期跨地域／专业的综合研制集成融合，从而支撑和发展高端制造业新模式。

2.2 管理规范

2.2.1 技术标准规范

为了保证数字底座平台的开放性，以及多个能力平台服务协同共享、资源融合，持续保证“平台＋生态”技术开放的竞争力。“一云”可使用以 OpenStack 等开放云平台为核心的接口。

四大中枢的建设应满足“统一认证、接口标准化开放、可以动态调度、可弹性伸缩”的要求，以服务化的方式提供数据库、中间件、大数据基础平台、区块链、人工智能引擎、三维建模、仿真等部署能力，为多租户的跨区域和跨行业的服务发放，可以做到“集中上架、分布式部署、各取所需、灵活应变、简化维护”。同时还可以根据生态伙伴的场景化需求，调用统一标准化的服务接口，因地制宜地支撑生态伙伴的二次开发和集成，持续为数字孪生创新场景提供基础的数据资产、应用资产、算法模型资产。

2.2.2 运营运维规范

按照“管运分离”的理念，加强上海城市数字孪生底座平台的需求管理、建设管理、运营管理标准制定，逐步健全建设运维管理制度，明晰相关方管理职责。形成“政府＋市场、平台＋系统”的分级分层建设管理新模式，大幅减少系统分散建设和信息孤岛，有效提升集约化程度。构建市、区“两级平台、三层管理”的上海数字孪生底座的信息资源共享体系，支撑跨层级、跨地域、跨系统、跨部门、跨业务的协同管理和服务。

2.2.3 云服务管理规范

采用云服务模式进行建设，具有统一管理、统一服务、云服务种类丰富、资源保障高效、技术选型试错风险低等明显优势，并可根据业务需求快速采购，且云服务能力由云服务商建设和保障，可充分发挥云服务企业的技术优势，提升云运营运维水平。

通过制度化的云服务模式以及科学的需求评估、规范的云服务使用管理与考核办法，城市数字孪生底座的 IAAS、PAAS、大数据、数据库、人工智能、区块链、孪生引擎等新一代信息技术的云服务，将不断促进新技术与数字上海的创新融合，加快上海城市数字孪生的建设步伐。

2.2.4 安全管理规范

建立信息数据安全、关键系统安全及管理等方面的标准及规范，需要重点关注包括数据安全、信息系统安全、信息安全管理、安全防护等标准。

3 数字孪生底座平台建设的科学问题与关键技术

城市数字孪生底座平台的建设需要物联网、云计算、大数据、CIM、仿真、人工智能等相关先进技术的研发与融合[21]，数据资源、模型资源、技术资源、知识资源等要素将逐渐汇聚，大量的模型、技术、知识相互交融创新将呈现井喷式增长。通过对城市数字孪生底座平台的研究，待突破的科学问题与关键技术如图 3–1。

3.1 城市巨系统分布式控制与优化

分布式控制与优化理论与技术的出现，为城市数字孪生系统提供了新的调节手段，但这种调控自由度要真正发挥作用，必须解决分布式加速、非凸混合控制、无梯度随机优化等共性理论与关键技术，充分利用城市巨系统的计算、存储与通信能力，扩展信息利用的规模和手段，更为精准地分析城市状况和变化趋势。因此，从城市巨系统的新特点出发，面向城市分布式控制与优化的应用需求，研究城市治理 – 城市生活 – 工业互联网协同作用框架下的分布式加速、非凸混合控制和无梯度随机优化方法和关键技术。对于这些问题的研究，不仅对城市巨系统的调控具有理论和应用价值，同时对相关学科的理论发展和实际应用具有重要推动和引领作用（图 3–2）。

3.2 面向多主体海量数据的实时仿真

数字孪生城市充分利用空间信息构筑虚拟平台，将包括城市自然资源、社会资源、基础设施、人文、经济等有关的城市信息，以城市信息模型的形式获取并加载上去，从而为

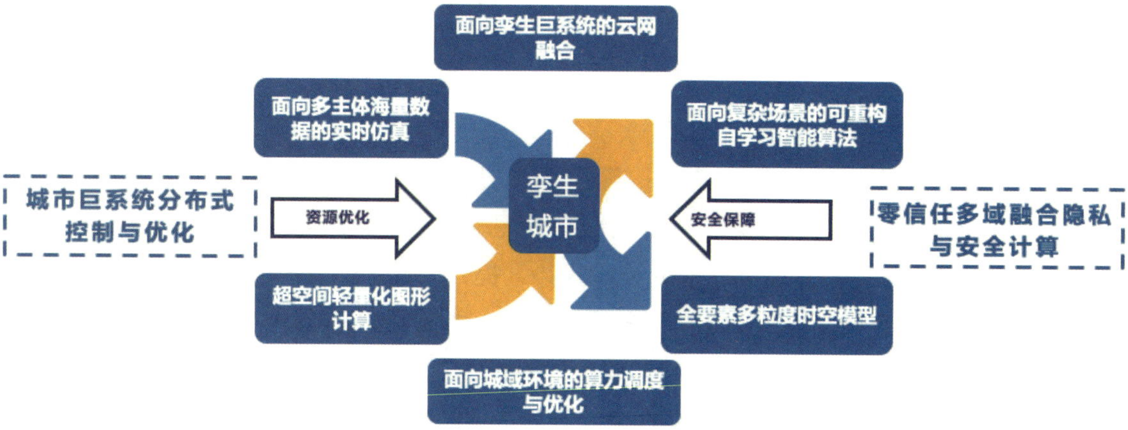

图 3–1 数字孪生底座平台建设的科学问题与关键技术

来源：作者自绘

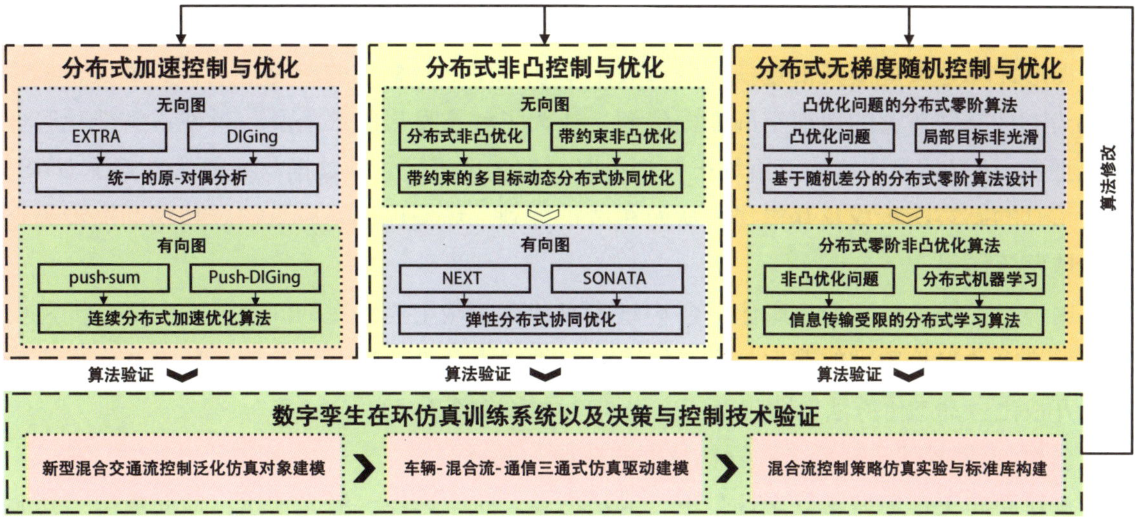

图 3–2 城市巨系统分布式控制与优化的整体技术路线图

来源：作者自绘

政府和社会各方面提供广泛的服务。在这样一个大背景下，数字孪生城市所呈现的是海量异构数据依存与交互、多主体参与的复杂巨系统。这个系统里有政府、企业、市民、地理环境等，人与人、地与地、人与地相互作用、相互依存、相互博弈，不同子系统和构成要素之间既相对独立又密切相关。这个系统所蕴含的复杂逻辑是前所未有的、从未被认知的，而且系统是开放的、异构的，这些独有的特点都对传统的仿真技术提出了新挑战。

（1）城市实体全要素数字化表达

全要素数字化表达空间物理实体，通过空天、地面、地下和不同级别的数据采集，结合新型测绘技术，对城市数字化和语义化建模，实现由粗到细、从宏观到微观、由室外到室内等不同粒度、不同精度的城市孪生还原，形成全空间一体化并且相互关联的城市数据底板，实现数字空间与物理空间的一一映射，为数字孪生城市可视化展现、智能计算分析、仿真模拟和智慧决策等提供数据基础，共同支撑城市智慧应用[22]。

（2）多主体海量数据的实时仿真

数字孪生城市具有模拟仿真推演，预测未来发展态势的能力。在数字空间中通过数据建模、事态拟合，进行某些特定事件的评估、计算、推演，为管理方案和设计方案提供反馈参考[23]。与物理世界相比，数字世界具有可重复性、可逆性、全量数据可采集、重建成本低、实验后果可控等特性。在虚拟孪生世界中，可以为城市规划、城市更新、应急方案、无人车训练等方案优化提供细化的、量化的、变化的、直观化的分析与评估结论。

（3）数字孪生城市的校核与验证

任何一个仿真系统都是和具体任务相关的，校核与验证是建模仿真的重要环节。只有当系统、实验框架、模型和仿真器相互匹配时，这个仿真系统才是有意义的。模型有效性和仿真器的正确性是仿真系统校核与验证的两个重要方面。

3.3 超空间轻量化图形计算

图形计算是大规模城市建模、城市数字孪生底座平台构建的研究重点。三维城市模型已成为一种非常普遍的地理空间数据资源，成为了城市发展的必需品，对城市智能化管理至关重要。语义信息丰富的三维城市模型可以有效实现不同领域数据与地理信息系统（GIS）相关信息的高层次集成及互操作，从而在城市规划、环境模拟、应急响应和辅助决策等众多领域发挥作用。

围绕当前城市数字孪生底座平台构建图形计算领域主要存在的问题，重点研究大规模城市建模多源异构数据的获取与融合技术、三维城市场景快速可视化建模技术及实现模型数据开放化、动态化方法，即包括三方面研究内容（图 3–3）：

（1）大规模城市建模多源异构数据的获取与融合

构建面向大规模城市复杂场景下，卫星影像、航空影像、激光雷达、地面数据、众源数据等多源异构数据的获取技术；实现多源数据的采集、存储、处理、融合方案。

（2）三维城市场景快速可视化建模

基于融合数据，实现对城市场景和事件的可视化建模；研究大数据量三维模型快速存取浏览漫游技术，提出三维场景大规模城市建模的轻量化构建方案以提升建模速度，实现模型实时搭建；构建大规模区域模型的轻量化处理方案。

（3）模型数据开放化、动态化实现

基于时空编码的开放性大数据架构，实现网格关联组织城市多源异构时空数据，实现大规模模型数据的开放化、动态化；针对海量数据存取、计算、融合，采用 GPU 图形计算实现并行处理及资源的合理分配方案。

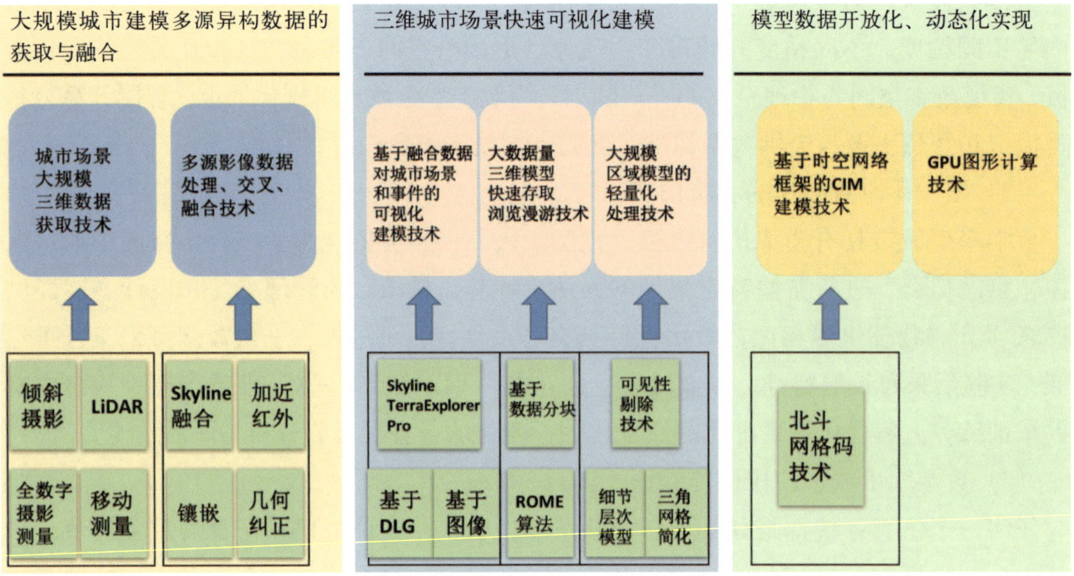

图 3–3　数字孪生城市图形计算技术路线

来源：作者自绘

3.4 面向复杂场景的可重构自学习智能算法

面向复杂场景的可重构自学习智能算法是建设城市数字孪生底座平台，推动城市数字化转型规模化发展的关键技术之一。智能算法按照“部署－感知－解析－调控”的思路对定制化无线接入点部署、安防监控的异常行为识别与描述、多模态信息融合与场景理解、知识图谱表示学习进行技术研究（图 3–4）。

3.4.1 面向感知场景的定制化无线接入点部署

针对接入点部署依赖实际感知场景以及感知设备的可移动性特点，利用深度学习技术建立以感知场景图像为输入的无线接入点地图，并进一步考虑感知设备的移动性，在考虑长期感知性能期望的条件下优化无线接入点部署的位置，输出定制化的无线接入点部署方案，以在保证信号感知覆盖范围和服务质量的前提下尽可能少部署无线接入点以减少能耗，减小无线接入点间干扰，降低部署成本。

3.4.2 面向数字化城市视频安防监控的异常行为识别与描述

针对数字化城市视频安防监控系统中，异常行为识别与描述领域存在的异常行为识别精度不高、安防监控视频描述难以完整体现安全隐患信息等新问题，以提高数字化城市安全主动防控智慧化水平为出发点，结合数字化城市实际场景中安防监控视频数据和异常行为特性，以深度学习为解决问题的技术手段，形成面向数字化城市安防监控系统的异常行为识别和描述理论方法。通过建立原创性的新型高效理论方法和基础，实现提前感知安全风险、及时触发城市安全管控，提升城市风险主动防控智能化水平的目标。

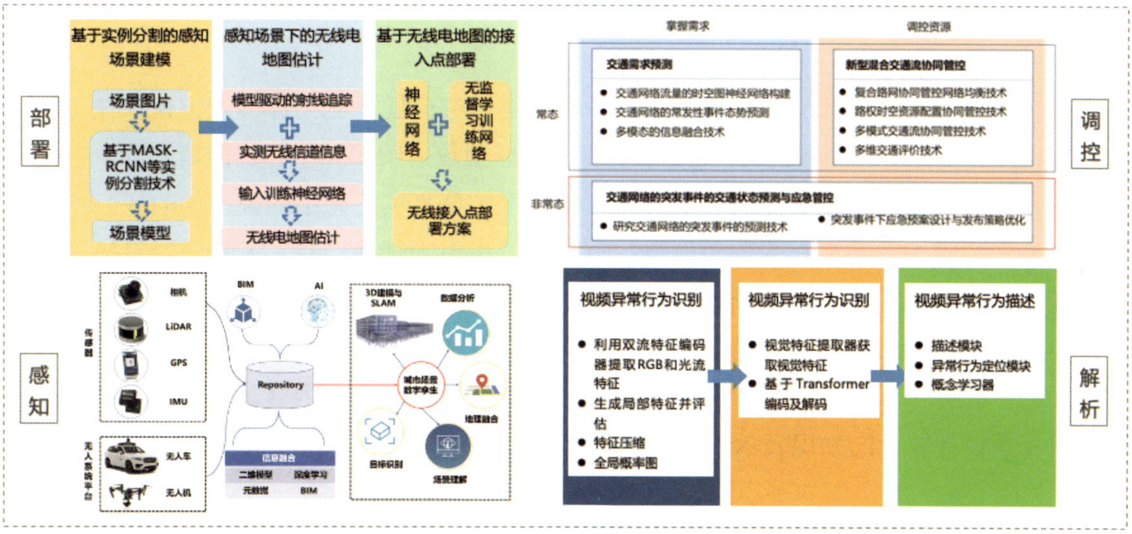

图 3–4　智能算法技术路线

来源：作者自绘

3.4.3 面向典型城市治理场景的时空资源自适应调控

面向常态和非常态这两大类城市交通治理场景，分别进行需求预测和管控方法研究，以掌握需求动态、调控时空资源。面向常态交通场景，研究交通需求预测，构建表述交通网络流量的时空图神经网络进行交通需求的预测，并面向活动、会展等常发性事件进行态势预测，综合运用多模态的信息融合技术，实现多源数据潜力的充分挖掘。面向新型混合交通流，从单点、干线、网络多个维度出发，面向多模式对象，进行资源配置和协同管控，并通过精准交通评价动态反馈效果。面向非常态交通场景，研究突发事件的预测，并面向应急需求进行预案设计与发布策略的优化。

3.4.4 面向数字孪生城市多模态信息融合与场景理解

数字孪生城市底座包含创新设计面向数字城市孪生的建筑信息模型（BIM）。BIM 涵盖了几何学、空间关系、地理信息系统、各种建筑组件的性质及数量（例如供应商的详细信息）。建筑信息模型可以用来展示整个建筑的产品生命周期，包括了兴建过程及运营过程，提取建筑内材料的信息十分方便，建筑内各部分、各系统都可以呈现出来。建筑信息模型用数字化的建筑组件表示真实世界中用来建造建筑物的构件。对于传统电脑辅助设计用矢量图形构图来表示物体的设计方法来说是个基本的改变，因为它能够结合众多图像来展示对象。简而言之，BIM 可以将建筑信息模型视为参数化的建筑 3D 几何模型。此外，在这个模型中，所有建筑构件所包含的信息除了几何外，同时具有建筑或工程的数据。

BIM 主要包含两个任务：一是开发一个信息融合框架，通过元数据层扩展 BIM 以支持异构数据集成；二是通过改进的 3D 重建方法和实时扫描，增强 BIM 中物理空间和虚拟空间之间的实时同步。

3.4.5 知识图谱表示学习

知识表示学习（KRL）是知识图谱的一个关键研究问题，它为许多知识获取任务和下游应用铺平了道路。KRL 主要分为表示空间、评分函数、编码模型和辅助信息四个方面，具体包括：①表示关系和实体的表示空间；②用于衡量事实三元组的合理性的评分函数；③用于表示和学习关系交互的编码模型；④嵌入方法中的辅助信息。表示学习包括逐点空间、流形、复向量空间、高斯分布和离散空间。评分指标一般分为基于距离的评分函数和基于相似性匹配的评分函数。当前研究热点是编码模型，包括线性 / 双线性模型、分解和神经网络。辅助信息包括文本、视觉和类型信息。因此，主要研究内容是 KRL 的四个方面，研究目标是设计强大的知识表示学习模型。

3.5 全要素多粒度时空模型

城市是由多种要素及其空间关系构成的综合复杂系统。随着城市要素的类别、形状和结构的不断变化，其复杂性也越来越高。为了有效管理庞大的城市地上地下空间，理解和处理城市的动态变化特征，有必要根据这种动态性和复杂性来创建三维城市模型。研究主要从面向城市全周期全要素模型总体框架、多粒度多来源模型数据融合方法、模型数据集成管理与共享机制、面向应用场景的模型适配加载、多粒度时空模型构建标准几个方面层层递进。

搭建完整、开放、安全、可扩充、可维护的融合技术和管理体系，适应未来发展的体系框架；研究 GIS、BIM 等多来源模型及不同几何和信息粒度的模型数据融合方法，考虑信息的转译等自动化过程；运用适宜的、标准化的数据预处理、数据检查、数据入库和入库后处理并将标准化后的数据进行服务共享的机制研究；实现基于场景应用的模型按需加载匹配方法，包括场景的规模、信息维度、信息粒度等，以最轻便适宜的形式加载场景模型；模型功能、模型描述、模型构建、模型组装、模型验证、模型运行、模型管理进行规范。

3.6 零信任多域融合隐私与安全计算

数字孪生城市融合了物理世界与虚拟世界，是一个超级大数据系统，网络威胁在“物理域”“信息域”“网络域”多领域全面铺开，存在于物理域城市和数字孪生体的智能感知、边缘计算、智能传输等多个层面。数字孪生城市的信息域安全（隐私保护），不仅涉及个体公民隐私，也涉及城市经济、治理、运营、生活等多领域全方位的信息安全，对城市和国家安全具有重大意义。数字孪生城市的虚实交互、智能干预、泛在互联、开源共享等特征使其成为网络攻击的重点目标，而物理世界数字化以及与虚拟孪生体的动态互动，使得城市运行高度依赖数据的运行，一旦入侵，可能导致对整个城市的毁灭性打击。因此，亟待研究数字孪生城市信息域 – 网络域 – 物理域 – 跨域融合的隐私与系统安全（图 3–5）。

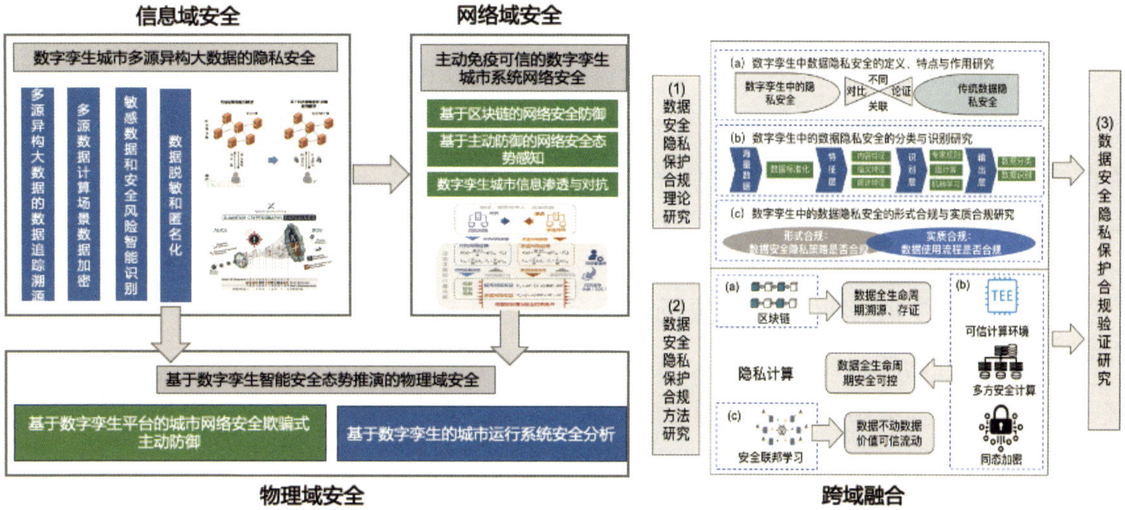

图 3–5 零信任多域融合隐私与安全计算技术路线

来源：作者自绘

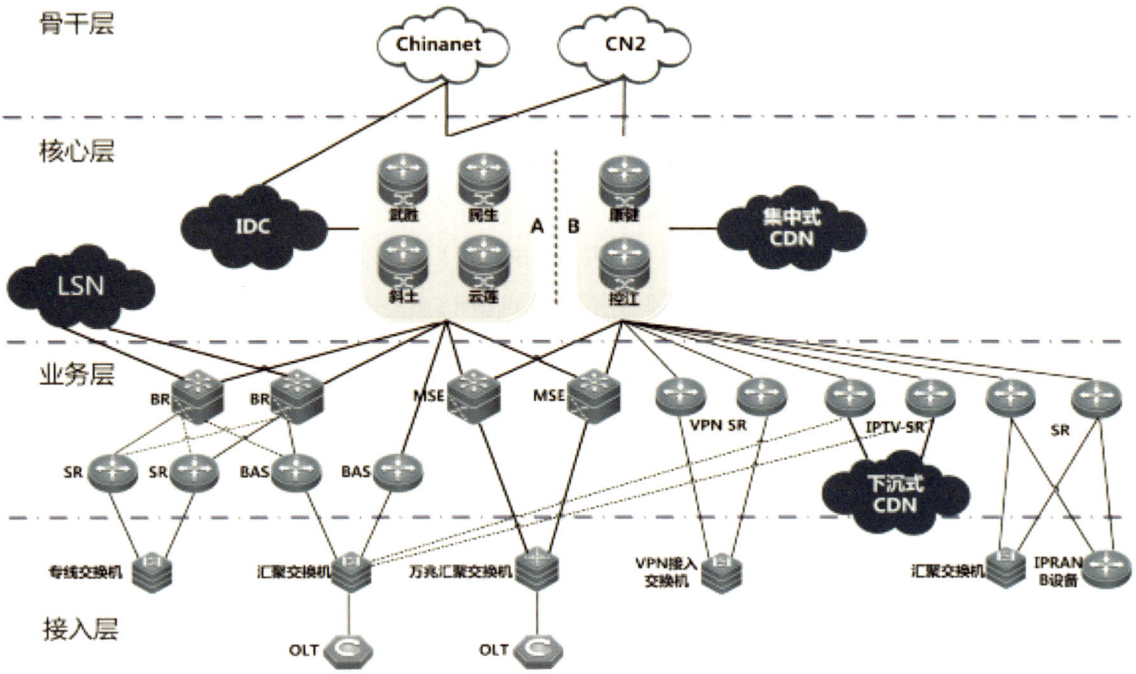

图 3–6　IP 城域网总体架构示意图

来源：作者自绘

3.7　云网融合

以云网一体为最终目标，持续推进城市数字化转型基础设施“组态式”云化重构，坚持网随云动。以“一网多平面、异网少层级”扁平化架构，面向数字孪生应用场景和业务承载，结合流量调度 SDN 化，打造泛在、高速、敏捷的新型城域网络（图 3–6）。

3.8　面向城域环境的算力调度与优化

面向城域环境的算力调度需要考虑开放式算力及异构算力的管理与运营，搭建从资源层、云平台、管理层到用户层的调度中心，处理海量数据的算力调度。研究内容主要包括多模态边缘数据采集、数据驱动下多为虚拟模型、多领域多层次数字孪生模型建模、基于策略梯度的强化学习高效仿真以及动态实时人机交互技术（图 3–7、图 3–8）。

4　数字孪生底座平台的重要场景示范

上海市以推动新城经济、生活、治理三大领域整体转型为目标，围绕解决产业升级、城市管理和民生服务中的难点痛点问题，加快建设一批综合性、特色化的标杆应用场景，覆盖三大空间领域，公共活动空间、数字生活空间、未来产业空间。

图 3-7 开放式算力资源池统一运营目标框架

来源：作者自绘

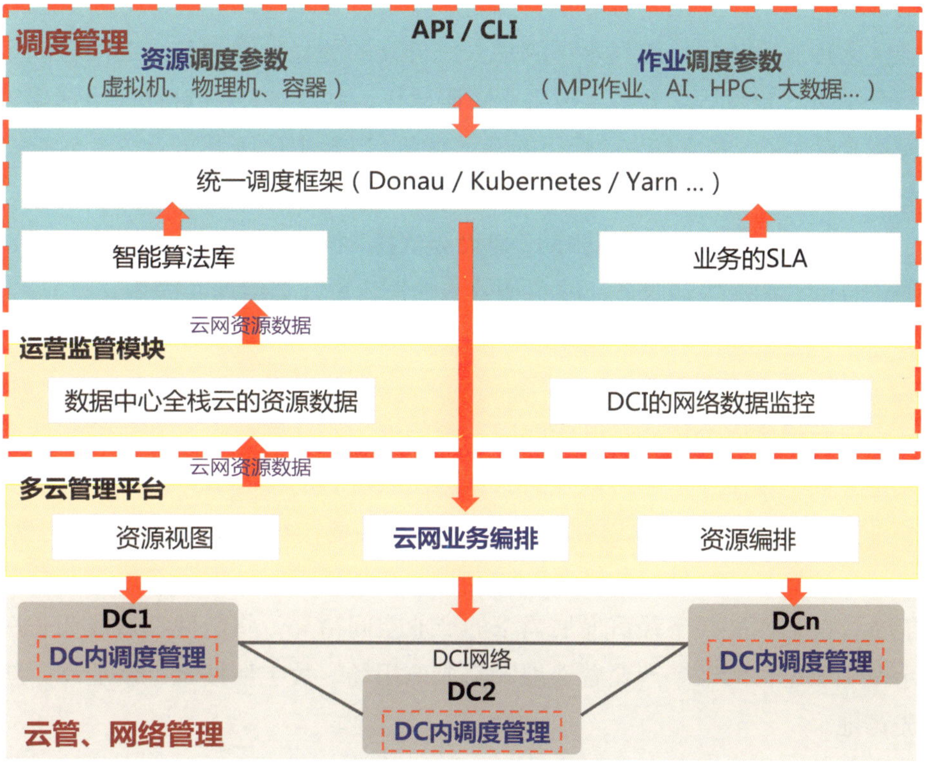

图 3-8 异构算力资源池统一调度管理平台目标框架

来源：作者自绘

4.1　公共活动空间

通过数字化技术全面塑造新城的空间竞争力，以赋予活力、高效复用为规划建设原则，建设高品质的城市公共功能区，服务全年龄段人口，打造各具魅力特色的新城文化。

完善现代化市政建设设施，以更加细节和动态的方式管理城市公共资源；建设数字商圈商街，增强数字技术在商业场景的深度应用，推动商业主体、商业品牌、商业活动数字化焕新；深化“上海文化”品牌和世界著名旅游城市的数字内涵，推广文旅公共服务平台，加快数字文化场馆、数字酒店、数字景区建设。

推动实现人、车、路、环境等交通基本要素的数字化，构建多天气多场景下的数字化交通模式；加快实施交通政务“一网通办”、道路设施数字化管养、交通执法数字化革新、应急响应智能化防控等一批交通治理数字化转型场景。

推动新城公共活动空间的公共服务设施智慧化，进一步汇聚高水平、特色化、品牌化的公共服务资源，更好承载新城核心功能，带动创新人才和高端功能加快集聚。

4.2　数字生活空间

以“数字家园、人人与共”为主旨，以“15分钟社区生活圈”为目标，加快推动社区数字化转型，以数字新技术赋能社区生活服务和社区治理创新，共同建设智慧居住空间、便捷都市生活、安全幸福环境，创造惠及每一位市民的“美好数字家园”，更高质量提升社区治理服务效能，更高水平满足人民群众的美好生活向往。关注社区生活数字化升级、绿色生活、智慧居家养老、数字无障碍建设，结合“15分钟社区生活圈”的打造，面向人民群众最关心、最直接、最受用的需求事项，以数字化场景牵引技术创新，满足市民个性化、高品质的生活需求。比如，智慧社区商业、智慧社区综合活动中心等。

以党建为统领，以“两张网”建设为依托，推动街镇平台赋能基层，做实服务延伸功能，促进自治共治、主动服务、减负增效，加快建设社会治理共同体。

4.3　未来产业空间

以数据要素为核心，以物联网、大数据、云计算、人工智能等新技术应用为手段，建设企业高度聚集、产业协同发展、数据高效流转的核心载体，立足上海、面向全国、辐射长三角区域，逐步实现数据驱动产业数字化转型，打造有竞争力的数字生态系统。

在新城打造一批特色鲜明的数字园区和智能工厂，增强新城园区的数字化赋能与转型能力，构建匹配数字经济发展需求的产业空间格局，将新城打造成为长三角城市群中具有示范引领地位的数字产业首选地和集成应用场，数字新技术、新业态、新模式率先涌流的先锋地。

推动传统园区服务的数字化转型，构建数字赋能的服务生态体系，持续提升园区数字化转型的生态支撑力。率先实现数字孪生技术在园区建设与运维中的应用，依托BIM、

CIM、物联感知、绿色能源等技术，构建全面感知、实时反馈、便捷高效、绿色低碳的园区运营管理体系，探索将虚拟园区作为园区展示、数字产品和服务交易、数字体验的平台。

5 结论

通过对城市数字孪生概念及必要性的理解，探索以上海五个新城为基础的数字孪生底座平台建设方案，提出需要解决的科学问题及关键技术，助力上海乃至全国数字化转型实践。城市数字孪生是城市层面上的新一代创新技术综合应用创新，是未来城市发展的重要方向，也是中国城市数字化转型的重要抓手。致力于新型技术集成创新、城市发展动态感知、多源数据协调计算、生活场景仿真模拟、虚实世界协同管控、组态平台持续迭代，实现城市全领域、全时空、全周期的智能管理。在此基础上，形成涵盖物联网、大数据、区块链、AR/VR、仿真、BIM/CIM的庞大产业链，孕育研发出一批数字孪生科技产品、培育创造出一批数字孪生典型场景、壮大发展出一批数字孪生领军企业，带动聚变出数字孪生产业，打造高质量经济引擎、描绘高品质生活图景、提供高效能治理工具，驱动高起点高标准高能级城市数字化转型。

感谢陈斐斐、范睿、郭律、郭露露、会勇、刘超、李光耀、刘建、刘鹏宇、陆剑锋、乔非、王健、王俊元、王中杰、辛炜博、肖晴、王宇雷、杨勤、叶伟、悦怡、郑更河、赵家慧、周向红（排名不分先后）对本文作出的贡献。

作者信息

陈启军，中国（上海）数字城市研究执行院长，qjchen@tongji.edu.cn。

黄新林，中国（上海）数字城市研究副院长。

钮心毅，中国（上海）数字城市研究副院长。

安琨，中国（上海）数字城市研究副院长。

胡玉海，华为云计算有限公司 Stack 业务副总裁。

周其刚，中国电信上海公司，教授级高级工程师。

参考文献

[1] 上海市人民政府办公厅关于印发《上海市全面推进城市数字化转型“十四五”规划》的通知[J]. 上海市人民政府公报，2021(24)：3-12.

[2] 李泽华，张永刚．曲靖建设云南副中心城市探要[J]. 曲靖师范学院学报，2021，40(04)：1-7.

[3] GRIEVES M. Digital twin：Manufaturing excellence through virtual factory replication[EB/OL].[2022-02-12]. https：//v.youku.com/v_show/id_XMzEyODczMzA2MA==.html.

[4] 彭慧．数字孪生的前世今生[EB/OL]. (2021-4-07)[2022-02-12]. http：//i4.cechina.cn/21/0407/08/20210407085931.htm.

[5] 陶飞，马昕，胡天亮，等．数字孪生标准体系 [J]. 计算机集成制造系统，2019，25(10):2405-2418.
[6] 郎为民，田尚保，等．数字孪生的前世今生 [J]. 电信快报，2022(07):1-3+9.
[7] 夏毅，陈作炳，包卿希，等．基于施工单元数字孪生体的水泥工程建造可视化管理研究 [J]. 数字制造科学，2022，20(02):120-124.
[8] 葛世荣，王世博，管增伦，等．数字孪生－应对智能化综采工作面技术挑战 [J]. 工矿自动化，2022，48(07):1-12.
[9] 龙小昂，王雷．数字孪生技术为科技发展开创新机遇 [J]. 中国安防，2021(03):37-41.
[10] 李林，程承旗，任伏虎．北斗网格码：数字孪生城市 CIM 时空网格框架 [J]. 信息通信技术与政策，2021(11):1-5.
[11] 庄嘉．构建警社互动的社会综治格局 [J]. 检察风云，2021(23):17-18.
[12] 刘祺．当代中国数字政府建设等梗阻问题与整体协同策略 [J]. 福建师范大学学报：哲学社会科学版，2020(03):16-22+59+168.
[13] 王芳，王赟赟．城市数字合作机制研究 [J]. 全球城市研究（中英文），2022，3(01):91-110+191-192.
[14] 胡新光．数字技术赋能公共交通系统智慧生态建设 [J]. 城市公共交通，2021(10):36-40.
[15] 钟添荣，仇巍巍．基于城市信息模型的智慧城市孪生应用平台研究 [J]. 自然资源信息化，2022(02):43-49.
[16] 单志广．后疫情时代的智慧城市 [J]. 财经界，2021(19):20-23.
[17] 后疫情时代的智慧城市：智慧城市建设启示录 [C]//. 清研智库系列研究报告（2021 年第 4 期）.[出版者不详]，2021:3-7.
[18] 杨虹．新型智慧城市建设正逐步成为群众对生活需求的“定制卷”[N]. 中国经济导报，2021-08-25(002).
[19] 唐斯斯，张延强，单志广，等．我国新型智慧城市发展现状、形势与政策建议 [J]. 电子政务，2020(04):70-80.
[20] 毛子骏，黄膺旭．数字孪生城市：赋能城市“全周期管理”的新思路 [J]. 电子政务，2021(06):67-79.
[21] 康永．数字孪生技术在智慧机场建设中的应用综述 [J]. 科技和产，2022，22(05):255-261.
[22] 张健，常青，查波，等．数字化转型视角下的智慧园区典型场景探讨 [J]. 智能建筑电气技术，2022，16(02):111-115.
[23] 陈阳．实景三维中国是时空信息泛在应用的重要契机：访泰瑞数创科技（北京）有限公司董事长刘俊伟 [J]. 中国测绘，2022(05):40-43.

基于实体－虚拟空间共现理论的规划策略与场景探索：以上海市嘉定新城嘉宝智慧湾为例*

刘乐峰 刘超

（同济大学建筑与城市规划学院，上海，200092）

1 实体－虚拟空间共现理论发展背景

随着计算机的发展与兴起，“数字化”的概念逐渐进入大众视野，即用二进制 0 和 1 来表达所有的信息，实现基于计算机的识别计算、控制储存，达到要素数字化[1]。数字社区就是数字化、信息化的社区[2]，其特点是采用数字化信息的手段使管理、服务人员与居民间实现有机连接。作为一种网络系统，其目的是为社会化信息提供者、社区管理者与居民提供一个可以实时交流的信息互动平台[3]。得益于互联网的高速发展、各种多媒体技术的应用，诸多信息可以及时呈现，因而通过网络营造出一个丰富多彩的虚拟社区，从而一定程度上方便了社区治理。在此基础上，逐渐发展出“智慧社区”的概念。仇勇懿、汪承亮认为，未来社区是一个全新的社区数字化精益管理平台，核心功能是面向治理[4]。另有学者认为，未来社区应当突出高品质生活，聚焦人本化、生态化、数字化三个维度，形成创新智能社区集成系统。与之对应，浙江省在建设未来社区时，旨在打造“宜居宜游宜业”的生活共同体和心灵之家[5]。总的来说，社区集成系统内容复杂，既有物质层面的建设、数字平台的搭建，又包括精神层面如舒适感、安全感等方面的考量[6]。

在中国，2015 年 7 月国务院发布了《关于积极推进“互联网＋”行动的指导意见》，鼓励将“互联网＋”与传统产业的融合，推动互联网向生产领域的拓展。诸如阿里巴巴、京东、拼多多等互联网公司，如今已经渗透进人们生活生产和各个行业的方方面面，借助技术手

* 住房和城乡建设部 2022 年研究开发项目基金支持。

段提升了各种要素的组织和创造力。上海数字化建设要求随着新城建设一同提出，《关于全面推进上海城市数字化转型的意见》《上海市全面推进城市数字化转型“十四五”规划》等有关要求指明城市数字化转型是城市的未来动力，占据数字化新赛道就能更好地掌握未来发展理念。

城市开放空间作为人类生产生活重要空间载体，承载着越来越多的城市公共活动，也是智慧城市和数字社区未来的重要着力点。但是目前城市增量开发到存量补充的转型锚定了公共空间的相对总量。同时城市中供人群使用的公共空间数量却在逐步减少，品质不能满足市民需求，即存在部分城市开放空间的利用率不高和分配不均[7]。由于我国前期粗放式的城市开发建设过程招致城市公共空间被挤占等城市顽疾[8]。故而，开放空间数量不足、分配不均、品质不高和活力欠佳的问题充斥着如今城市建成环境。与实体空间相对应的虚拟空间的发展在近几十年发展迅速。脱胎于人类想象和意识中的虚拟空间间接促生了互联网中的虚拟空间，其诞生的意义与实体空间相互耦合，满足和顺应人类的虚实感受和创造。曼纽尔·卡斯特（Manuel Castells）于1996年著的《网络社会的崛起》中提出在网络社会中，人类的一切活动将获得地理上的延伸，互联网将重构社会时空。米歇尔（William J Mitchell）的《比特城市》中也提出网络空间的功能在一定程度上与城市空间功能出现了重叠。可见网络空间和实体空间二者并不是相互独立的存在，它们存在竞争、协作、互补的关系。虚拟空间的现实意义愈发被投影在人群生活生产的方方面面，进而影响空间使用并再定义了空间的属性，城市规划、地理信息和相关行业已深受影响。而该渗透影响最关键的风险是，互联网直接作用影响的是人群的交往方式和社会经济联系，使其具有相当的灵活性。而在早先第二次世界大战后重建便存在的现代物质环境割裂了本就复杂的社会经济联系基础上，建成环境中的实体空间更不具有与附加虚拟空间使用相匹配的灵活性，二者的矛盾大大加深。这样的设计陷阱早已被预料到，互联网悄悄改变了城市实体空间，原来的功能边界、组织结构以及社交关系被不断冲击[9]。虚拟数字世界已经在现实发展的逻辑下冲进了实体物理世界，城市规划和设计理应挖掘、顺应并回应其规律。

2 相关研究综述

现代城市规划视角下的城市空间研究历经了理想主义、功能主义、人文主义和复杂城市，但事实上，空间的内涵一直未被深度挖掘、思辨和实验。随着互联网时代发展的加速，城市空间的内涵不断被深化、被延展，其对城市空间的影响在可见的未来会有深远的影响，而我们的城市设计理论和方法也应给予回应。

2.1 城市建成环境中公共空间的分析评价

现有的城市公共空间评价分析方法主要有包括网络结构效率、活力密度、多维形态、微气候与体感舒适度四大方面。在公共空间的网络结构效率分析上，尽管社会网络分析法

（Social Network Analysis，SNA）从空间社会属性出发，但被应用于描述基于社会连接的公共空间网络 [10]。在公共空间的活力密度分析上，大多用到人口热力图、POI 核密度图和交通流量图等。其中密度图的各种测算指标上被广为使用的包括活力密度、活力稳度等 [11]。公共空间的形态分析自康泽恩流派以来便是城市研究的重要领域，也是公共空间描述、评价和设计的主要思路之一。在二维上主要分析建筑肌理和路网轴线的连通特征以及路和建筑的黑白图底关系，其中空间句法理论可以用以分析公共空间形态 [12]。在三维上主要分析广场街道的宽高比、绿视率、天空率等要素类型。在公共空间的微气候与体感舒适度的分析上，主要集中在物理指标描述，包括建筑环境学中用于衡量微气候环境的各种物理指标：热环境指标、风环境指标、湿环境指标等，将公共空间中的物理指标进行测算，并与人的感受连接起来。

2.2 国内信息化时代下的城市空间设计实践

互联网的大规模使用显著地影响着人们公共生活的方式，而生活方式的改变就会进一步引起城市实体空间的变化。互联网技术在中国的跨越式推进使得这种变化在中国的城市中表现得更加显著，一些传统意义上的城市功能空间正在发生巨大的变化。已有的实践结论有：互联网环境下公共空间设计的四个关键词，包括无界、体验、碎片、全龄 [9]；公共空间将承载碎片化生活、各类非主流文化需求等新的内涵；城市土地利用更强调兼容混合，工作、娱乐、生活、休闲更强调模糊边界。在公共参与方面，互联网也在一定程度上提升了国内居民参与规划设计，但是效果不显著。整体来说，国内互联网语境下的城市空间设计偏向项目实践缺少理论革新精神。

2.3 国外互联网空间和城市空间融合研究

国外对于线上线下的互动的研究集中在共同出现（co-presence，简称共现）概念，源自社会学研究和计算机科学的交互。共现是基于存在范畴的理解，存在包括六种不同概念：现实存在、沉浸性、交通性、社会丰富性、媒介内的参与者、参与者的媒介 [13]。共现是出现的交互，是两个及以上的人通过任何可以表征其出现的要素让另外的人感受到他的出现进而达到交流和交往的形式。传统规划建筑设计中共享空间的营造便是完全受制于空间要素的共现，即时间地理学中的共存（co-location）。而空间的内涵也就自然而然受到空间本身空间属性的约束，进而导致空间设计完全受制于空间，而空间的效率在某种程度上远不及网络效率，虚拟空间的出现提供了再次定义和解释空间的机会：虚拟空间和实体空间像两块磁石同时吸引着中间的我们。

当然，地理学第一定律并没有因为去空间性的网络空间的诞生而失效，恰恰相反，有研究表明互联网空间并不是完全独立于现实空间的，面对面交谈和互动的人越多，他们通过技术交流的可能性就越大。例如，大多数电话和电子邮件都发生在 50 公里范围内的人与人之间[14]。互联网空间对实体空间的影响在此可以被理解为补充了距离的撕扯导致的交流不畅。又例如研究社交参与对行为[15]、身份问题[16]以及社会技术系统的设计[17]的影响。网络空间与实体空间的磁力效应也是在一定距离内才会存在的，即大多数情况下空间距离仍是网络交往的宏观约束。

与我们认知的一样，面对面互动组成的空间社交网络展现出与由互联网联系组成的跨社会社交网络相似的特征。但是不一样的是，每个人在每个网络中的参与差异很大。互联网和现实空间的两种类型网络之间的高层结构存在相似[18]。进而，社交网络和共存社交网络如何相互补充以形成全球融合的社交关系成为近年来的主要研究命题。例如，在线社交网络有助于增强社区结构并降低平均路径长度[19]。共现研究的主要兴趣点一直关注在远程操作、虚拟现实和电信应用上[20]。但是此类研究一直没有结合城市空间设计的具体实例。笔者通过阅读、总结大量城市空间设计和参与的新闻或案例，寻找存在结合共现理论的空间设计手法和场景：交互式公共艺术的设备载体、网红社会经济效应带来的跨空间链接、游戏《原神》与肯德基线下实体店的策划联动和宝可梦 GO 类的虚拟现实游戏等。不可否认的是，这些场景事件的突显和技术产生的发展之间往往存在时间差，也是城市规划设计应用整合的环节。例如，交互式的公共艺术装置延续了过去单一的广场雕塑或公园装饰雕塑，并赋予了更新颖、更全面的艺术表现形式[21]。网红文化或者 APP 应用对城市空间体验和叙事的改造是强烈的，值得学界和业界重视。而最近游戏《原神》与肯德基线下实体店互动的事件，即大量线上用户线下群体互动的行为，一度让空间的邂逅和偶遇变得不再浪漫。大家早有耳闻的宝可梦 GO 游戏，将真实的环境与游戏相结合，在游戏最火热的时期，无论是在商业广场、城市公园还是边角绿地等公共空间都有人们因游戏结缘的场景。整体来说，国外网络空间语境下的空间设计理论比较完备和多学科交叉融合较多。

2.4 研究创新点

本研究不仅是规划方法的智能化，也是规划对象的智能场景探索。传统的城市空间分析和设计注重物理空间和社会空间的二元交融，而本研究侧重于互联网深度影响实体空间的研究及设计。虚拟空间的诞生与发展不像电力、电灯、电梯、汽车、电话、广播、电视等发明对实体空间组织效能贡献良多，刺激实体城市的加速进化，虚拟空间如同一种全新的空间类型，拥有与实体空间类似的普在性、即身性以及与个人的社会性存在不可分割的种种空间属性，可以与实体空间相抗衡。融合和协调未来虚拟和实体空间是城市发展的趋势，也是重要诉求。此外在已有的研究和案例中，关于二者融合的描述性研究偏多，涉及具体的空间设计和项目实施基本没有，如何应对这样一种没有现实基础的概念课题，在发挥已有技术和技术趋势的基础上，合理推演和判断未来空间演化的类型和样板，是难点也是特色。希望本研究和设计可以在已有现实理论基础上结合未来想象，向真正可触摸的未来迈进一步。

3 规划设计方法

本研究以城市开放空间作为研究对象，分析城市开放空间的类型、特征及利用模式，选取嘉定嘉宝智慧湾周边部分城市开放空间进行调研，结合空间的网络结构效率、活力密度、多维形态、微气候与体感舒适度和人群虚拟空间使用偏好进行调查，总结城市开放空间存在的问题，探寻城市未来公共空间的特征和模式。最后通过延伸传统城市设计策略，改变叙事顺序，宏观上设计开放空间结构，结合微观的共现场景勾勒每个生活、生产情景，以形成互联网功能和实体空间功能互补互促的空间设计工具和素材库，最终刻画城市未来公共空间的典范。在理论研究上，对互联网和实体空间发展研究的脉络分别进行梳理，追踪网络和实体空间交融研究的始末。通过探讨网络和实体空间融合的意义、手法和案例等，对未来城市中互联网影响下的城市开放空间设计理论提供具体的方法和建议等。在实践应用上，主要以互联网投影在实体空间上的设计难以落地的问题为起点，结合嘉宝未来智慧湾的实践尝试，对具体的空间设计和场景设想提出解决方案，形成未来线上线下空间融合的典型示范，推进人民数字城市建设。

3.1 设计框架

虚拟空间和实体空间的融合的未来公共空间是什么样子的？在城市设计的语境下未来的公共空间又是什么样子的？首先，城市设计本质上是通过预判公共需求，来塑造城市空间与形态，从而创造高品质城市场所的过程[22, 23]。故而本研究从现状空间评价的问题导向和人群虚拟期望的目标导向两个角度出发，分别从现实空间评判和虚拟需求驱动两个方向逼近折中点，即实体空间体验化和数字空间实体化的折中点引发共现的社会学主题，并作为核心概念和目标，赋予已有城市设计手法深层次含义

通过三条线性空间和点轴面的树形思路构建整体空间结构，并通过合理的未来学想象创建共现的十大场景设想，融入各个人群需求的未来体验。但是本研究思路存在如下争议和改进处：现状实体空间评价缺乏与社会经济系统的耦合，存在空间决定论的嫌疑；虚拟人群目标单一、调查笼统和结论弹性过大。此框架作为研究模板可以优化并有深化研究的意义（图 3—1）。

3.2 上海市嘉定新城嘉宝智慧湾实体空间评价

现状实体空间评价主要是对开放空间的评价，开放空间是指建筑之间的空间。通过空间网络分析、活力密度和多维空间品质三个维度，利用已有空间数据源对基地周边 3 公里范围内进行问题导向的评测。主要问题是空间形态的品质低下和界面生硬，体现在路网结构：密路网可达性略有提高，胜辛北路局域可达性高和城北路全局可达性高；建筑肌理：居住品质需提升，存在大量商业综合体，缺少商业街，交通设施占地大，割裂城市肌理；公共空间：基地周边基本没有第三空间和开放空间；街道形态：城北路和胜辛路城市的界面形象差，

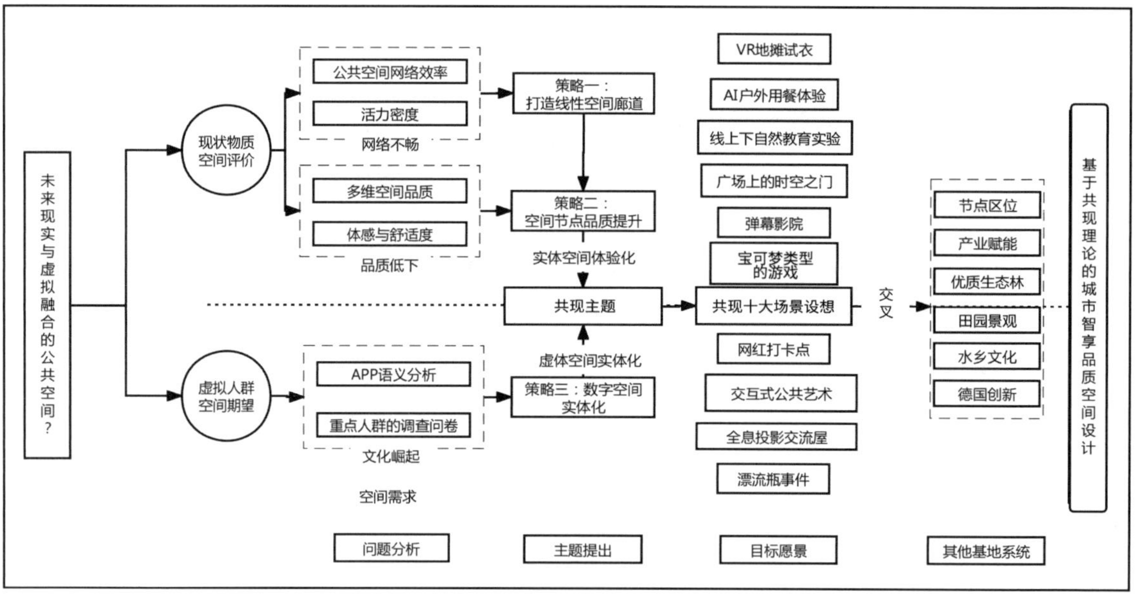

图 3–1　基于共现理论的设计框架

来源：作者自绘

整体绿视率偏低，街道感弱；天际线：基地内需要地标性建筑。总之，现状的空间品质欠佳。这也是绝大多数基地现状都会存在的问题，但本研究的目标是在更高层面，是对空间活力而非空间品质的提高，它涉及空间设计的本质。

3.2.1　空间网络分析

基地位于环城公园内，路网稀疏与周围路网链接较少，可达性低。通过路网规划后，控制性详细规划（简称“控规”）路网的可达性略提高，本次规划密路网的路网可达性显著提高，其中胜辛北路局域可达性高和城北路全局可达性高。作为南北功能区的过渡衔接地段，其路网密度的适度调整有利于局域中心性的提高（图 3–2）。

3.2.2　活力密度

基地周边公园、校园、商业广场作为公共空间分布表征，和公交车站、图书馆、菜市场、地铁站、咖啡厅、便利店等第三场所分布表征共同体现了空间场所的分布缺失。同时对比东南边居住密度高、北部和老城产业区分布集中的特点可以发现：居住、办公人群的第三场所均分布在菊园及老城区，公园等开放空间也集中老城区和西北片区。基地周边基本没有第三场所和开放空间，从 POI 密度上可以判断基地位于人群活力低值区（图 3–3）。

3.2.3　多维空间品质

整体绿视率偏低街道感弱，其中平城路和胜竹路绿视率较高，城北路和胜辛路（干

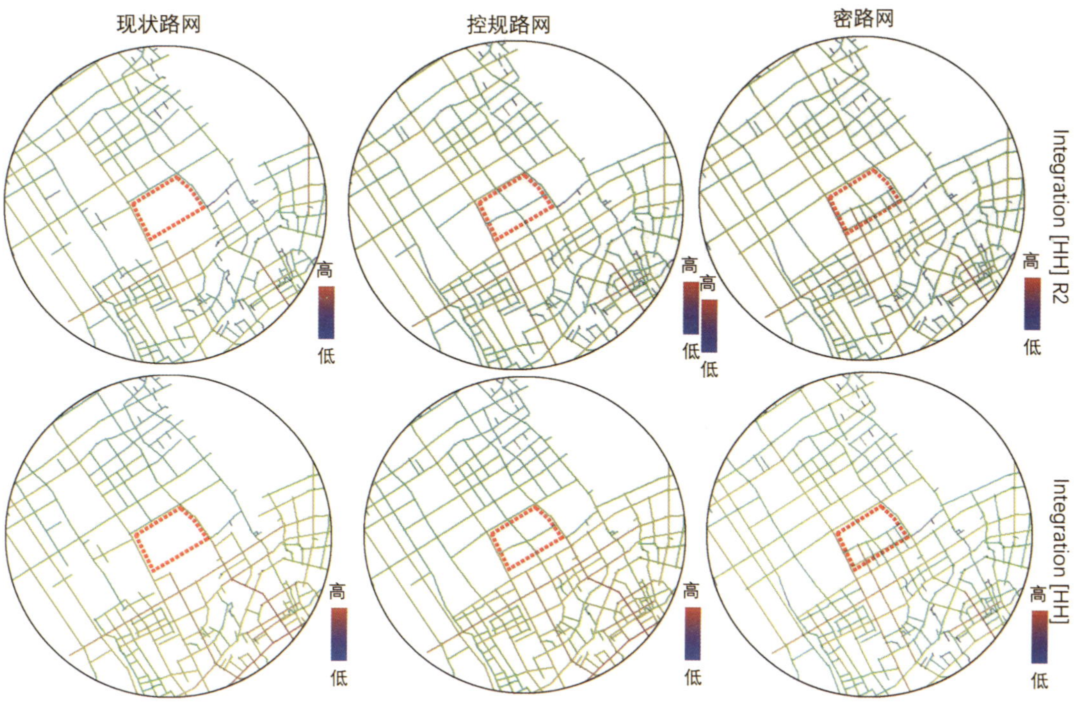

图 3-2 路网空间分析

来源：作者自绘

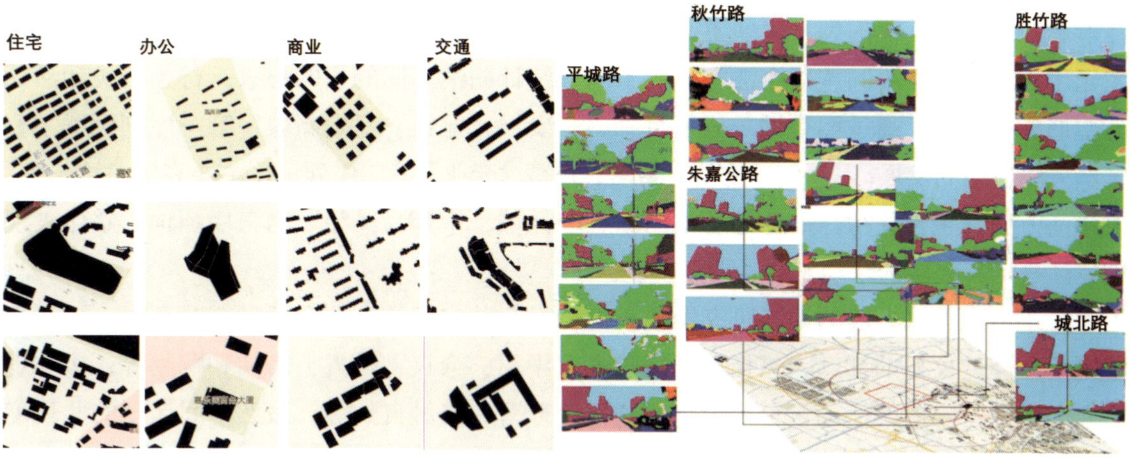

图 3-3 活力密度分析

来源：作者自绘

道）天空率较高，城市的界面形象差，街道的建筑围合感均较低，街道尺度不宜慢行（图3-4）。

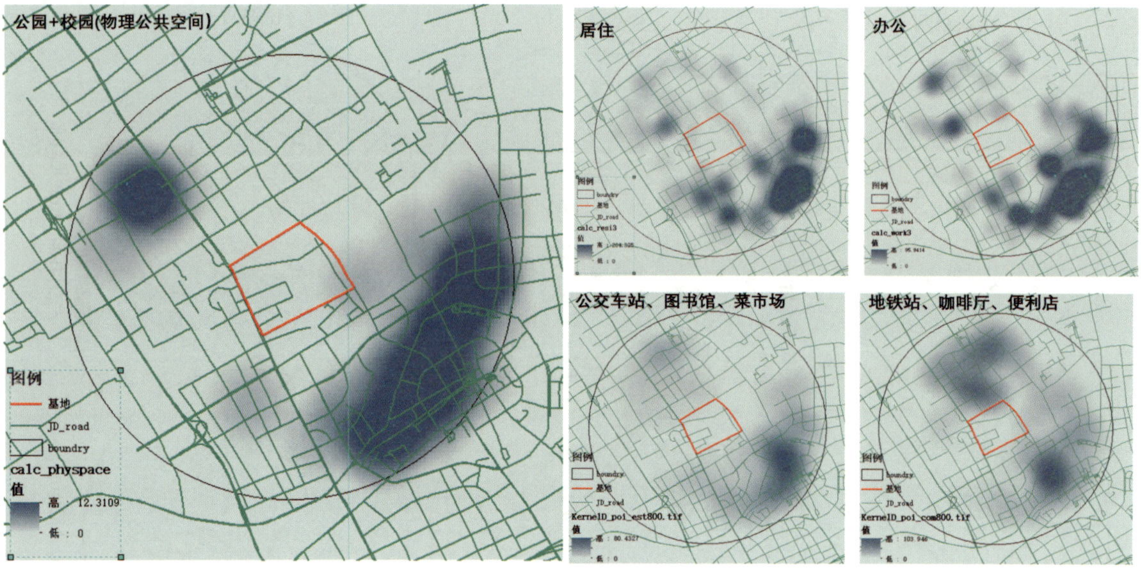

图 3-4　空间品质分析

来源：作者自绘

3.2.4　人群虚拟空间期望

分析产业和居住人群的未来生活趋势。每个人的自发性活动、社会性活动更趋向于以兴趣为出发点，相同兴趣的人比以往更容易聚在一起从而催生出许多新的亚文化族群，如打卡族、夜跑族、快闪等，这些不同族群的生活方式是丰富多样的，人的需求更加复杂与多元化。所以基于不同族群生活方式的不同，统计归纳不同的人的诉求、行为方式和活动类型形成数据库。通过网络词云分析可知，“发展、建设、嘉定新城”第一序列词群主要表示关注当地的发展；“买房、房价、新房、户型、产业”第二序列词群主要表示关注工作、生活两方面，包含住房、产业等基本需求；“区域、南翔、吴泾”第三序列词。整体表现出关注嘉定与区域的联动发展（图 3-5）。

对于不同世代人群的调查研究发现，他们对公共空间的利用和活动分为两类：①和虚拟空间结合度良好的活动，包括电影、唱歌、学习、会议、跳舞、表演和购物等；②和虚拟空间结合度一般的活动，包括锻炼、钓鱼、野营和接触自然等。虽然不同活动的共现度不同，但是均存在与互联网结合的可能（图 3-6）。

3.3　嘉宝智慧湾规划设计策略

3.3.1　总体设计：线性纽带与主题设计分区

划定基地范围内开放空间的红线范围作为主要研究设计区域。将公交巴士线、互动铺装线和慢行步道线三条线路的线性空间作为打通整个区域联系的纽带，串联整个公共开放空间。并且依据三条线路的交叠关系和环境条件将公共空间区域分为 15 个主要的共现区（图

图 3-5　网络词云分析

来源：作者自绘

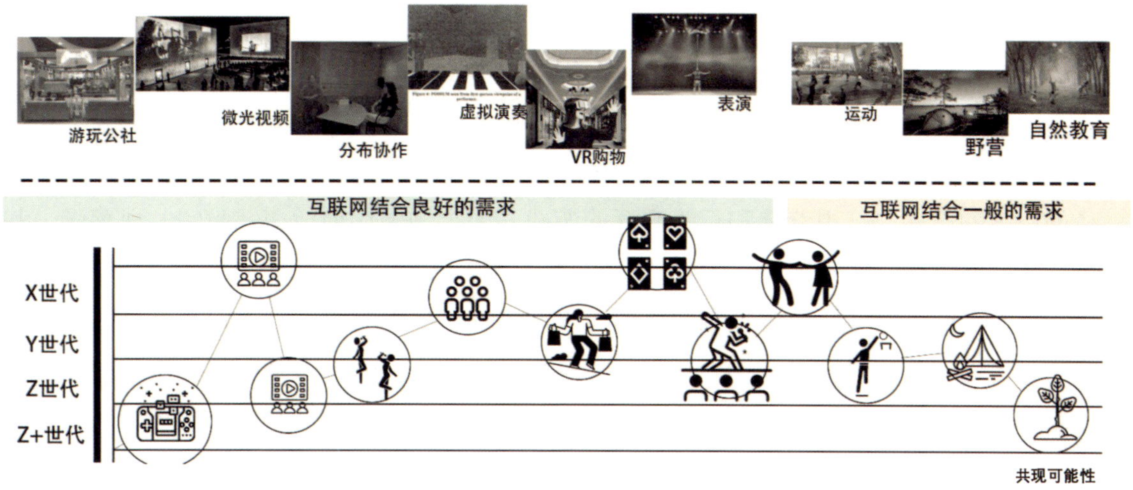

图 3-6　人群对虚拟空间期望分析

来源：作者自绘

3-7）。每个共现区的主题与建筑功能和场地用途设定相关，同时 15 个共现区也是与微观场景设计的过渡。

公交巴士线作为连接南北通勤人员的无定站无定线的主要交通工具，其自身便含有人车交互、车车交互的隐形涵义。依靠蓝牙技术或者相关技术的数字场域，通过乘坐巴士人群的数字信息判别公交热力，达到人与人之间的弱连接共现。无定站无定线的设备摈弃了

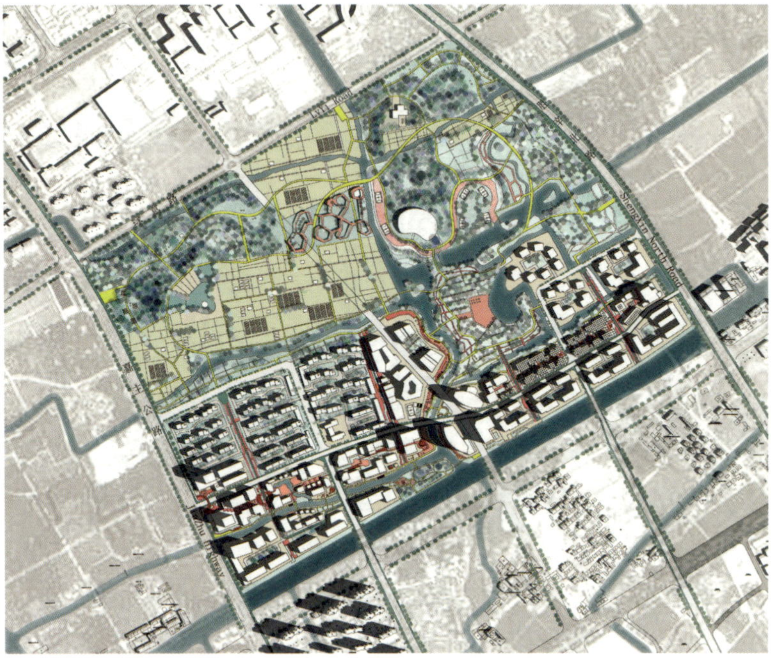

图 3–7　嘉宝智慧湾平面图

来源：作者自绘

固定站点与人流不匹配导致的资源分配不均的问题，不设置固定的站点，但是可以根据不同人群需求、公交位置、路线、站点以及实时运载人数设置灵活的复合功能站点，降低私家车的路权分配和行人友好的路口和过街装置。

互动铺装线的交互可变铺装作为吸引行人的线性空间，衍生自交互式公共艺术，其自身也含有临近人群产生交互波动的特点，作为间接触觉、视觉效果，其共现技术可应用于路径的引导和传感、氛围营造和行为交互的游戏，大大增强场地活力，激活共现感受。甚至可以通过该技术引导人流，促进共享空间的真实发生，提升邂逅质量，打破人群交往壁垒。

慢行步道线主要分布在蓝绿空间之间，在慢行步道线上每隔 300 米会布置一个共现栈屋，结合传统漫步和骑行的优越环境，给予自然空间和人工环境交融的美好场景。共现栈屋根据不同时段的人群行为活动需求，可以有不同用途：在早高峰时段可以用于早点摊铺，傍晚休闲时刻则用于灰空间的商业和休憩，并且可以记录一天中行经人群的友好提示或漂流瓶寄语。步道边设置全息投影轨道，用于强化漫步时的共现交流，可以选择安静地游憩或者与好友共同赏玩。

3.3.2　节点设计：功能模式与共现情景

活动事件经常发生的场所一般是大规模强中心性的广场或者小面积有趣味的微空间。未来空间的活力在于微空间，而微空间的活力在于场所共现程度的设计，即空间使用者通过空间达成交流沟通的本质，实现视觉、触觉、嗅觉、听觉和感觉组成的空间与意识的交

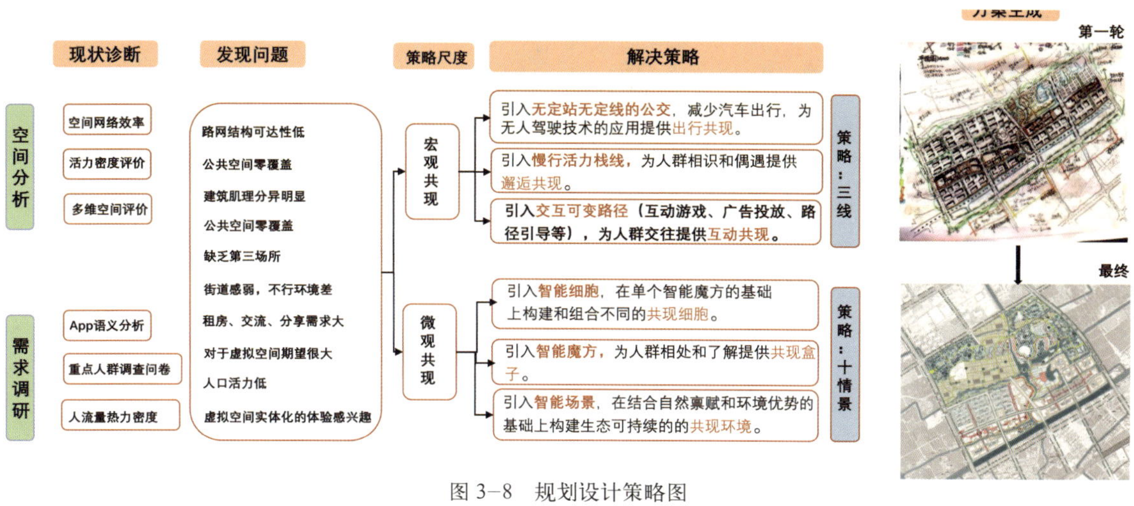

图 3–8　规划设计策略图

来源：作者自绘

互。通过三种开敞程度不同的共现空间模式作为承载社会活动的容器，以 3 米 ×3 米和 5 米 ×5 米的魔方盒子为基础设计要素单元，由此展开类型学视角下的衍生单元要素控制设计，并通过聚类组合、序列组合和场景放大形成十大共现的场景模式（图 3–8）。

三类共现模式主要指较为封闭的智慧共现盒子、半封闭半开敞的智慧共现细胞和开敞的智慧共现情景。共现盒子是指具有远程或者一定规模化的内部集中交流的单元体。盒子体在混合现实边界理论支撑下集中多项顶尖技术：交互式虚拟共现系统（MR–Collab）、协作虚拟环境（CVEs）或共享虚拟环境（SVEs）、AR+VR 技术和 3D 代理人视觉增强技术、蓝牙和 Wi–Fi 数字场域等，已有研究应用于在线分布式会议、学习、音乐、购物、决策、游戏和音乐中。盒子体最基础的要素单元包含：游戏盒、音乐盒、民俗盒、会议盒、自习盒、观景盒和历史学习盒等。其中按同类型重复堆叠可以形成功能组合如 VR 大排档餐饮；不同类型单元按照功能分区可以形成会议、自习室功能盒群以及可移动的大型游戏盒群。随机散点分布也是该类共现盒子功能发挥效益的选择。

智慧共现细胞是指以半开敞的盒子构架为基础，通过序列组合形成独特空间体验的室外场景集合，包含时空长廊、共现屋、VR 试衣商业街、休憩驿站和漂流瓶屋。其中最特色的是以水、墙、路为屏幕播放电影或信息的弹幕影院型的细胞场景，人群可以通过露天电影院结合自由弹幕实现无声的时空共现。共现细胞的组成基本要素包括：镜子细胞、交通细胞、屏幕细胞、商业细胞、冥思细胞、休憩细胞和装置细胞等。

智慧共现场景是指没有空间建构物、没有边界的空间感受的开放环境。通过 VR 和 AR 等强化现实的技术构建其他人的存在的跑步场景、舞台场景、体育场景、钓鱼场景和广场之门等。也有通过视觉、听觉等强化的过山车场景，和通过空间语言暗示的仪式感场景。

根据场景的三大微观策略，将其组合排列并赋予功能，可以形成十大共现模式（图 3–9）：自习室和会议室场景、可移动的大型游戏盒子场景、VR 大排档和试衣等商业场景、

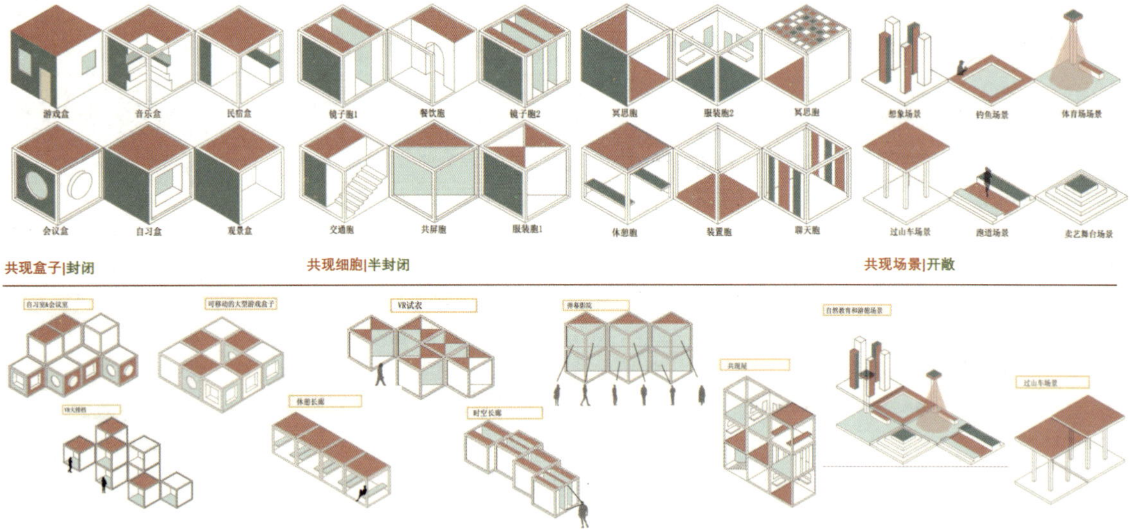

图 3–9　共现模式图

来源：作者自绘

弹幕影院和投屏场景、共现屋及漂流瓶场景、广场时空之门和舞台街头艺人场景、运动场和跑步道场景、自然教育和游憩场景、时空长廊以及想象光柱场景和过山车场景。上述模式可以多个应用到同一场景中，在分清场景设计要素的主次关系后，可以与基础品质空间的提升相结合共同应用在未来场景设计中。自习室和会议室场景中可以远程开会或者远程监督学习的方式构建使用空间；可移动的大型游戏盒子场景可以构建互动游戏和音乐等娱乐设施达到虚拟代理人的共同体验；VR 大排档和试衣等商业场景可以通过增强现实的手段将吃饭购物等日常行为数字化增加生活的便利度；弹幕影院及投屏场景可以通过简单的弹幕形式达到大型线下交流的目的；共现屋及漂流瓶场景包含诸多个人的但是匿名的空间隐私信息，类似于漂流瓶的方式传递信息流达到陌生人交流；广场时空之门和舞台街头艺人场景通过可控制的裸眼 3D 技术带动场地活力和氛围；运动场和跑步道场景是通过全息投影的方式和自己喜爱的篮球明星或者名人交流的装置场景；自然教育和游憩场景是博物馆和钓鱼等生态观赏行为附加的增强感知自然的场景；时空长廊和想象光柱场景是类似于建筑空间的深化内涵和语言所表达的强烈的光线、构图、颜色变换的场景；过山车场景是通过尖叫声达到不同活动在不相互影响的基础上相互吸引的场景。本文以嘉宝智慧湾为设计基地，以五个未来空间设计设想呈现共现场景。

3.4　共线场景解析

3.4.1　场景一

选址在的基地地铁站点广场作为对外门户被定位成信息流、人流、物流等交会的 TOD 数字街区。这里聚集从事商业商办等依赖地铁站的孵化型小企业，对于共享的服务设施和

图 3-10　场景一

来源：作者自绘

可以交流的空间品质要求高。场景设计利用出地铁站后集中的人流的商业价值布置盒子形式的 VR 服装店，吸引人群消费和体验促进经济可持续发展。而且地铁站伊始便是互动铺装的起点，通过数字化设施或者简单的光影设计均可达到互动的目的。在广场上逗留和路过的上班族或居民可以欣赏到全息投影显示的戏剧或真人电影，通过裸眼 3D 技术重塑和赋能空间，提升场所活力和趣味性。悬浮在空中的廊道以及信息巨幕是场景的核心，巨幕显示了场地周边生活或路网的人提出的意见、传达决策的信息或者开放聊天的内容。在没有功能传递作用的时候也可以作为公共艺术装置描绘不同的数字场景（图 3-10）。

3.4.2　场景二

选址在基地内南部河流交会的西北角也是东西轴线的中心区的街头广场作为网红潮玩街区。这里生态环境本底优越，并且也是人流汇聚的地区。周边建筑均是小高层办公楼宇，周边场地是较高密度下的场地空间。此场景设计结合驳岸一侧的步道、绿化以及整个下沉的内街的断面关系营造内外有机联系的环境。负一层商业街作为互动铺装的主要路径，岸边的步道作为慢行活力栈线的主要路径。并且负一层沿街均布置餐饮设施，街内也布置早餐、美妆、游戏的共现盒子。临近办公楼宇底层有功能复合的共现屋，既方便工作者的生活便利，也可以宣泄自己的情绪。办公楼宇架起的灰空间是灵活的运动场地，可以模拟成篮球场并且可以和其他人观赏球赛，也可以模拟成羽毛球、乒乓球等各种户外球类场所。最后场地上方是架起的过山车设施，每次有一组成员从上方呼啸而过的时候，便可以感受到场地的新鲜感和活力（图 3-11）。

图 3-11　场景二

来源：作者自绘

3.4.3　场景三

选址在创业客集居区的东北处与中央湿地南边生态次绿轴交界处的艺术休闲街区。周围建筑是以办公、居住、文化、商业复合功能盒子组成的创客街区。为场地提供源源不断的休闲、艺术、休憩和交流的灵感创意功能。行人友好的过街系统和无定站无定线共现巴士可以友好地处理人车边界，做到随用随停。南北向的林荫道内东侧布置直播和音乐盒子，西侧布置时空长廊作为冥思空间。河畔场地布置露天弹幕影院，结合互联网接入端口，给予路过和观看的人评论和发表感想的窗口。穿越创客区的路径上有广场时空之门，打开门可以透过数字屏幕看到创客区另一头广场发生的事情。广场之门之后是共现迷宫柱，每个柱子是流动的信息屏幕，整个光柱组成了仪式空间（图 3-12）。

3.4.4　场景四

选址在基地北部自然农林地保护区内的自然数字博物馆。周边优质的农林用地保持了区域的生态基因，并是一个适度介入教育、休闲功能的场景选择。用六边形的两层连廊围合成不同主题的自然教育区：包括大树、灌木、花草鱼虫的辨别和教育，通过二维码或者代理人传授的技术达成场景构建。穿越区域的漫步道以绿化、硬质铺装和全息轨道构成，通过实时的电话联系投影可以结合路标的功能形成智能标识系统。漫步道一侧是休憩主题的盒子可以依照不同人的休闲的需求投射在不同屏幕上并且促进互动。漫步道另一侧是河畔垂钓，水面或许会有虚拟仿生鱼和远程钓鱼的需求，形成不一样的垂钓景观（图 3-13）。

图 3-12　场景三

来源：作者自绘

图 3-13　场景四

来源：作者自绘

3.4.5　场景五

选址在南部东西轴线沿河西岸的一个产业、商业、文化和居住混合的水乡文化街区。设计本身手法便是依循了古代南方城市前河后街来复兴现代水乡文化的原则，现代古城活力兴起必然借助科技的力量才能做到街河双生。河流的环境加上全息文化展馆营造古城文化历史展示和互动。河流中央突出的一块小圆屋象征着漂流瓶的摇篮，人们可以在闲暇时

图 3-14　场景五

来源：作者自绘

刻进入并写下感受并且阅读他人的评论，就像是一个倾吐心声的树洞，可以通过漂流瓶结识不同的朋友（图 3-14）。

4　总结与讨论

本文的创新点在于对共现概念的引入、设计和与实践的结合；对共现概念和研究脉络进行综述梳理；提出共现和城市设计结合的研究和设计框架；对达到共现状态的中观和微观设计手法的总结；对共现模式、场景和具体意向图的想象和描绘。本文的不足包含，关于未来城市、未来公共空间、未来生活和未来科技等一切不确定性的因素还需要进一步梳理。空间设计和共现的社会认知、人机交互的联通性的有效性存疑。人群对于虚拟空间的偏好转换成空间语言更是动态变化，难以精准精细预测。无论是广度和深度上都有研究和设计深化的空间，建议为今后的研究与实践提供一定基础。

作者信息

刘乐峰，同济大学建筑与城市规划学院硕士研究生。

刘超，同济大学建筑与城市规划学院助理教授，liuchao1020@tongji.edu.cn。

参考文献

[1]　黎林峰．数字城市大会：闪耀智慧之光 [J]．中国建设信息，2009(21)：6-21．

[2]　寇有观．数字城市与智能社区 [J]．建筑学报，2002(05)：39-42．

[3]　顾朝林，段学军，于涛方，等．论“数字城市”及其三维再现关键技术 [J]．地理研究，2002(01)：

14–24.

[4] 仇勇懿，汪承亮，胡国林，等．中国城市未来社区治理的探索与建议 [J]．城建档案，2019(08)：93–95.

[5] 柴贤龙，徐呈程，靳丽芳，等．关于浙江未来社区建设若干重大问题的对策建议 [J]．决策咨询，2019(03)：65–67.

[6] 刘琦，孙佳爽，张天予．环境行为学视角下的智慧社区建构研究 [J]．住宅科技，2017，37(12)：51–54.

[7] 赵丽萍．“互联网 +”背景下城市开放空间应用研究 [D]．青岛：青岛理工大学，2016.

[8] 吴志强，甘惟．转型时期的城市智能规划技术实践 [J]．城市建筑，2018(03)：26–29.

[9] 何凌华．互联网环境下城市公共空间的重构与设计 [J]．城市规划，2016，40(09)：97–104.

[10] 邹晴晴，王勇，李广斌．基于 SNA 的新型集中社区公共空间网络结构优化 [J]．地理科学进展，2016，35(07)：829–838.

[11] 黄晶，贾新锋，李勋．基于综合量化分析的城市街区空间公共化改造：以郑州主城区一般城市街区为例 [J]．规划师，2017，33(08)：85–91.

[12] 张玺．基于空间句法的旧城居住型轨道站点周边城市公共空间研究 [D]．北京：北京工业大学，2013.

[13] LOMBARD M，DITTON T．At the heart of it all：the concept of presence[J]．Journal of Computer–Mediated Communication，2010，3(02).

[14] WELLMAN B．Computer networks as social networks[J]．Science，2001，293(5537)：2031–2034.

[15] MILLEN D R，PATTERSON J F．Stimulating social engagement in a community network[C]//Proceedings of the 2002 ACM conference on Computer supported cooperative work．2002：306–313.

[16] NASS C，LEE K M．Does computer–synthesized speech manifest personality? Experimental tests of recognition，similarity–attraction，and consistency–attraction[J]．Journal of experimental psychology：applied，2001，7(3)：171.

[17] HERRMANN C S，MUNK M H J，ENGEL A K．Cognitive functions of gamma–band activity：memory match and utilization[J]．Trends in cognitive sciences，2004，8(08)：347–355.

[18] KOSTAKOS V，VENKATANATHAN J．Making friends in life and online：Equivalence，micro–correlation and value in spatial and transpatial social networks[C]//2010 IEEE Second International Conference on Social Computing．IEEE，2010：587–594.

[19] PAN J J，PAN S J，YIN J，et al．Tracking mobile users in wireless networks via semi–supervised colocalization[J]．IEEE transactions on pattern analysis and machine intelligence，2011，34(03)：587–600.

[20] RIVA G．Applications of virtual environments in medicine[J]．Methods of information in medicine，2003，42(05)：524–534.

[21] 罗伟安，钱丹．交互性体验在城市公共艺术设计中的表现研究 [J]．艺术科技，2017，30(10)：308.

[22] BENTLEY I．Responsive environments：A manual for designers[M]．London：Routledge，1985.

[23] BUCHANAN B G，SMITH R G．Fundamentals of expert systems[J]．Annual review of computer science，1988，3(01)：23–58.

新城发展背景下智慧交通建设方法探索与实践

李林波　白烜志　翟犇　吴兵

（同济大学交通运输工程学院，上海，201804）

1　如何建设新城智慧交通

1.1　智慧交通的发展与内涵

《交通强国建设纲要》（2019）强调大力发展智慧交通，随后上海市发布了《上海市交通行业数字化转型实施意见（2021—2023 年）》，特别提出了要加快交通领域“新基建”，全力支持五个新城“新布局”，继续推进交通两网“新融合”和全面构建数字交通“新场景”。为适应新形势下交通发展的数字化、信息化和智能化要求，满足出行者安全、高效、舒适和便捷的出行需求，智慧交通成为促进新城交通可持续发展与满足居民多样化出行需求的着力点。

智能交通是将先进的信息技术、数据通信传输技术、电子传感技术、电子控制技术以及计算机处理技术等有效集成运用于整个交通运输管理体系，而建立起的一种大范围内、全方位发挥作用的，实时、准确、高效的综合运输和管理系统。在智能交通建设过程中，美国发布了智能交通系统（Intelligent Traffic System，ITS）国家框架体系，即“国家智能交通运输项目规划”，明确规定了智能交通系统的七大领域，体现了政府主导，注重安全与效率的意旨；日本经历了实用化、普及化以及大范围智能交通信息的综合传递三个阶段，体现了注重实用、合理规划、稳步推进的特点；西欧国家主要是在“欧洲高效安全交通系统计划”和“保障车辆安全的欧洲道路基础设施计划”的指导下展开交通运输信息化领域的研究、开发与应用，2004 年进行了欧洲智能交通系统整体体系框架的研究，实现智能交通系统开发国家之间、城市部门之间的开发协同，形成技术标准，体现了与民间并行推进，注重标准与应用的特色；与欧美发达国家、日本相比，我国在智能交通系统方面的研究与应用起步较晚，2000 年制定了国家智能交通系统体系框架，规定我国智能交通系统发展主要集中在道路交通管理、不停车收费、出行者信息服务、城市交通管理和公共交通系统等方面，通过“智能交通系统关键技术开发与示范工程”的10个示范城市确定，拉开了我国建设智能交通系统的序幕，主要体现了以示范工程促发展的特征。

在智能交通的基础上，融入物联网、云计算、大数据、移动互联等高新信息技术，通过汇集交通信息，提供实时交通数据下的交通信息服务，大量使用了数据模型、数据挖掘等数据处理技术，从而实现智慧交通的系统性、实时性、信息交流的交互性及服务的广泛性。从这个意义上讲，智慧交通似乎是智能交通的一种升级，指向的还是交通硬件设施的智能化，这固然是智慧交通发展的重点，也是技术突破的关键，但将智慧交通简单地理解为交通终端设施或平台的技术改造与升级，未免有以偏概全之嫌，因为对于城市发展来说，硬件设施建设只是一种核心要素，如要全面提升交通系统的效能与服务水平，更需要从交通规划、设计、管理等层面进行全面的把握，对智慧交通进行深刻的理解，才能更好地促进城市交通智慧化的可持续发展。

1.2 新城建设与嘉宝智慧湾建设背景

随着我国城市化进程的推进，城市承载的人口不断激增，传统单中心式的城市发展模式对大型城市已不适用。近年来，我国众多核心城市为拓展城市增长空间、疏解建成区人口、促进区域协调发展，都规划了新城的建设。“十四五”时期，上海提出将嘉定新城建设成为“引领高品质生活的未来之城，全市经济发展的重要增长极，推进人民城市建设的创新实践区，城市数字化转型的示范区和上海服务辐射长三角的战略支撑点”的要求，嘉定新城将发挥沪宁发展轴上的枢纽节点作用，率先建设国家智慧交通先导试验区。

作为嘉定新城三大样板示范区之一，嘉宝智慧湾未来城市实践区要塑造独具特色的城市服务功能，加快建设国家智慧交通先导试验区，塑造长三角“智慧交通高地”的无人驾驶、智能出行等城市服务功能。智慧交通初步建设方案充分考虑国家战略、城市定位、行业发展、技术革新、交通管理服务需求等方面，以交通强国、新基建作为行动指南，以人工智能、无人驾驶、云计算、大数据等新技术应用为载体，充分发挥智慧交通对嘉宝智慧湾未来城市实践区综合交通发展的引领、赋能作用，打造嘉定新城乃至上海市智慧交通示范样板，提高新城综合交通发展水平和城市能级。

2 智慧交通系统基本架构

智慧交通是基于当前先进的交通技术、通信技术、信息技术和计算机技术，依托于具体的区域综合交通体系对交通服务效能与水平的跨越。根据广泛调研，对智慧交通的先进技术和实践应用现状进行整理，同时对国内外智慧交通建设案例和发展模式进行总结，建构出嘉宝智慧湾智慧交通系统的总体框架，提出智慧交通系统安全、高效、绿色、舒适的建设目标和人“悦”其行、物“畅”其流的规划愿景。从系统构成来讲，嘉宝智慧湾智慧交通

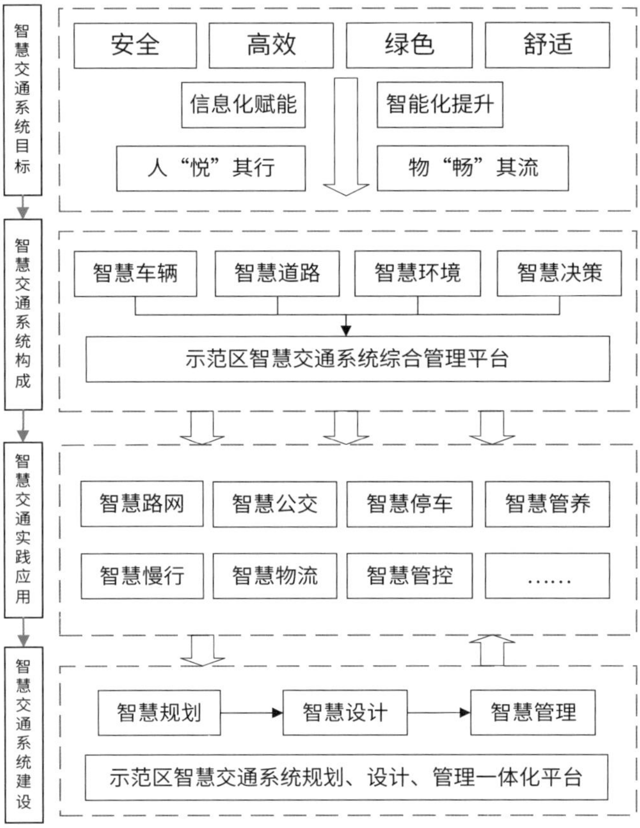

图 2–1 嘉宝智慧湾智慧交通系统架构
来源：作者自绘

系统主要由智慧车辆、智慧道路、智慧环境、智慧决策四部分组成。从实践应用层面来讲，智慧交通系统主要包括智慧路网、智慧公交、智慧停车、智慧慢行、智慧物流、智慧管控、智慧管养等。在传统的规划、设计、管理的基础上，运用先进的信息化和智能化手段使其更好地服务智慧交通系统的建设，从而实现智慧规划、智慧设计和智慧管理（图 2–1）。

2.1 智慧交通系统构成

2.1.1 智慧车辆

智慧车辆是由高效、便捷、安全、节能的出行需求驱动发展的新型车辆。智慧车辆主要实现能动管控和智能驾驶两大功能。能动管控主要包括车联网、能量管理、动力控制等功能；智能驾驶主要包括环境感知、规划决策、运动控制等功能。

智慧车辆的技术要素主要包括通信、信息、计算、控制等跨领域技术。具体包括：①物联网：构建车、路、云相连的未来交通网络，实现各类交通信息的实时传递；②大数据：海量交通数据的收集、处理和应用，提升交通管控、车路协同及车辆控制性能；③人工智能：研究、开发智能化技术，用于模拟、延伸和扩展现有交通系统中人的行为；④控制理论：

以交通系统为受控对象，采用现代数学方法提升其安全、节能、效率等性能；⑤ 5G 通信：第五代移动通信网络，满足智能网联车辆对网络通信的需求；⑥边缘计算：在靠近物或数据源头侧（如路侧）提供最近端感知、决策、控制服务；⑦芯片技术：小型化、集成化的车规级电路，提供常见的智能网联车辆算法加速；⑧交通技术：更完善的交通系统模型构建，及基于共享出行的多模式协同。

2.1.2 智慧道路

智慧道路是借助物联网、大数据、人工智能等新一代信息技术，构建以数据为核心，以信息的收集、处理、分析和发布为主线，实现道路基础设施数字化、管理科学化、运行高效化和服务品质化，从而解决交通问题、降低运行能耗、提升出行体验的新型道路。智慧道路的设计和运行应为全部使用者（包括所有残疾人）提供安全的通道，各个年龄段的行人、骑车人、机动车驾驶人和公交乘客都能够安全出行和安全过街。智慧道路需达到交通安全、健康改善、低碳经济、环境改善等效益。

2.1.3 智慧环境

智慧环境依赖智慧交通云平台的建设，根据受众不同，可将智慧交通云平台分成三类：面向政府部门的智慧交通云平台；面向智慧交通相关企事业单位的智慧交通云平台；面向用户的智慧交通云平台。

（1）面向政府部门的智慧交通云平台。是一种基于云计算技术的平台技术框架，能够有效整合和配置政府部门的信息资源，对于政府部门的管理和服务职能进行有效优化，提升政务办理的效率和服务水平，同时实现信息资源的共享。

（2）面向智慧交通相关企事业单位的智慧交通云平台。主要是指企业内部针对企业自身业务特征而构建的云平台，旨在优化企业办事效率，提升企业业务流程。

（3）面向用户的智慧交通云平台。对公众开放，实现公交信息、停车诱导、车位查询等智慧交通相关应用的功能。旨在为出行者提供相应的信息，以提高出行效率和出行体验。面向用户的智慧交通云平台可与现有出行平台进行整合。

2.1.4 智慧决策

智慧决策是智慧交通的内在逻辑支撑，主要利用丰富的信息资源，对交通的规划、设计和运行提供交通调度指挥与管理辅助决策，一方面针对一线管理人员平台，借助综合交通策略提供一系列交通预案和智能运行机制；另一方面遵循绿色交通运行评价指标体系，量化发展目标、实施效果和实施路线图，使决策者全面、客观地掌握城市交通系统发展水平，提升交通综合管理决策水平。智慧决策系统具体包括数据资源中心、综合交通监测预警系统、综合交通行业监管系统、综合交通决策支持系统等。

2.2 智慧交通系统建设

2.2.1 智慧规划

智慧规划是在连续数据环境下，利用系统性的思维，衔接城市规划、交通规划，研究智慧交通建设内容、时序、功能及技术路线，形成可持续、可扩展的智慧交通实施方案。智慧规划主要解决传统规划由于数据资源缺乏所导致的需求预测不准、设施布局缺乏系统性、共享理念欠缺以及运营管理脱节等问题。随着连续数据环境的出现与完善，对于出行需求特征与规律有着更加深刻的认识，而规划设计与管理的一体化思维，为规划方案水平的提升提供了必要的条件，使得智慧规划方案更能面向实际，增强出行体验，并在信息充分交换的基础上最大程度提升整个交通系统的效能，缓解交通拥挤等问题。通过智慧规划，能够明确技术方案及架构、解决系统建设与运营的重难点、分析风险和建设计划等。

2.2.2 智慧设计

智慧设计是在连续数据环境下，通过对交通运营数据的全面分析，深刻把握交通运行的特征与规律，对交通设施、交通组织和交通管控给出精细化的设计方案，以更加全面、系统、细致的处置措施改善交通运行的平顺性、舒适性、安全性以及高效性。智慧设计引入基于建筑信息模型(Building Information Modeling，BIM)的工程管理系统等先进的建设技术，设计单位为了保证施工质量，为将实物和模型的相同部分更好形成对比，也为了更方便查询施工过程中的数据，建立 BIM 模型，其中包含了工程项目质量及管理过程中所需信息，如：质量的标准、构建的尺寸和规格、材质的坐标位置等。设计方就各项工程、各部分工程验收及重大节点验收参与评价，同时提出遇到的问题和解决方案，其解决办法如下：由代表建设单位的监理监督和执行；将 BIM 模型完成后再运用基于 BIM 的工程管理系统进行节点的管理和职能的设置。

2.2.3 智慧管理

智慧交通管理主要通过交通信息的全面感知，进行交通运行数据的实时采集与传输，通过数据融合与挖掘，及时解析交通运行状态的变化，从而提出相应的精细化解决策略与方案，不断提升交通运行服务水平。智慧交通管理需要依托综合交通信息平台的建设，通过各种感知设备汇集各方面的交通运行数据，进行精细化的交通运行状态研判，为各种具体的应用提供信息支持。智慧交通管理通过全面打通信息壁垒，极大程度上掌握各方面的交通信息，一方面为交通的运行提供决策支持，另一方面又可以为规划设计提供反馈建议，使得管理成为一个良性互反馈的过程，不断提升交通管理的服务水平。

3 嘉宝智慧湾智慧交通建设方案要义

作为嘉定新城三大样板示范区之一，嘉宝智慧湾未来城市实践区要充分考虑国家战略、城市定位、行业发展、技术革新、交通管理服务需求等方面，以人工智能、无人驾驶、云计算、大数据等新技术应用为载体，加快建设国家智慧交通先导试验区，塑造长三角“智慧交通高地”的无人驾驶、智能出行等城市服务功能。

3.1 基于 MaaS 理念的多模式复合交通体系

出行即服务（Mobile as a Service，MaaS）是近年出现的一种新的运输服务理念，旨在深刻理解公众出行需求的基础上，将各种运输方式整合在统一的服务体系中，是利用大数据决策进行运输资源的最优调配，以最大限度满足不同出行需求的一体化出行服务生态，并以统一的信息服务平台来对外提供出行规划、预定、支付、清分、评价等服务。显然，MaaS 系统是一个集约化的服务平台，对于一个示范区域来说，由于空间的限制难以进行具体的实施，然而其集成化的服务理念对于多模式复合交通体系的建设来说，具有良好的借鉴意义，也是未来推行 MaaS 系统的基本举措。

嘉宝智慧湾的交通出行方式主要有游艇、公交、地铁、小汽车、自行车以及步行等，在这样狭长的地带来协调这些交通方式，需要充分考虑到各种交通方式的服务对象与需求，根据需求分布、服务要求以及基础设施状态来进行综合的考虑与设计，从而建立起层次分明、衔接有序、快捷高效的多模式复合交通体系，提升用户的出行一体化程度及由此带来的深度出行体验。基于这样的考量，结合嘉宝智慧湾的城市设计情况，MaaS 理念下的多模式复合交通体系主要从交通服务通道和多模式交通衔接两个关键点进行分析。

3.1.1 交通服务通道优化

交通服务通道主要涉及对外通道（地铁、公交、高速路、主干道等）和内部通道（水路、公交、小汽车、自行车等）。

嘉宝智慧湾地块周边拥有沈海高速、嘉安高速、绕城高速三条高速公路，拥有宝钱公路、胜竹路等主要公路，未来该地块北侧规划有辅环快速路，可以便捷快速地通往太仓、南通、昆山、宝山、青浦、松江、闵行等地，通过高速公路也可以便捷地到达虹桥枢纽、上海火车站、上海南站等交通枢纽，因此优化高速公路与城市道路的衔接，保证高速出入口附近区域的通畅十分必要。为保证片区在建设后能保持现状的通畅性，可以对片区东西向车流进行动态诱导，引导车辆避开拥堵区域上高速，同时在主要通道上设置绿波带。考虑到方案的可行性，近期可设置诱导屏，远期车联网普及后通过车联网给出诱导信息。

3.1.2 多模式交通衔接优化

多模式交通衔接主要考虑轨道交通站点、公交站点（公交 + 慢行）、道路节点（主干

+ 高速）的衔接。

在智慧枢纽内部设计方面，基于各种智能设备，通过智慧监控、智慧安检、智慧诱导、智慧票务等手段提升枢纽内部快速通过的能力，通过智慧出租、智慧停车提升换乘衔接的能力。具体结合应用场景来说，智慧监控能够对客流进行识别、预测与疏导；智慧出租能够组织、管控和调度出租的运行，完成枢纽交通快速疏散；智慧停车能够基于停车诱导屏和高精度地图，提升用户停车体验；智慧安检能够通过乘客信用体系，实现乘客精准辨识；智慧诱导能够通过智能路牌助力便捷换乘；智慧票务能够支持扫码、交通卡、人脸识别等支付方式，实现枢纽进站快速通行（图 3–1）。

在智慧公交站台设计方面，通过提供各种服务提高换乘的舒适性，优化出行者换乘等车的体验，例如：提供免费城市 Wi–Fi 热点和手机充电设施等生活服务，区域公交实时运行状态和站点、线路和换乘信息等交通信息服务，查阅新闻、电子图书和天气预报等本地生活信息服务（图 3–2）。

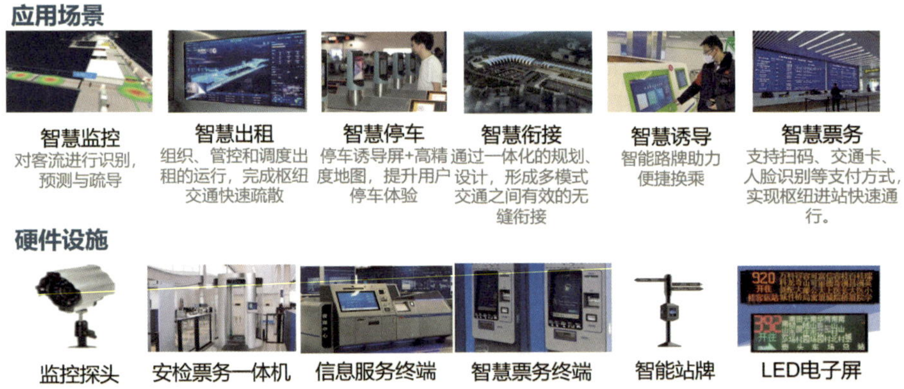

图 3–1　智慧枢纽内部硬件设施与应用场景

来源：作者根据相关资料绘制

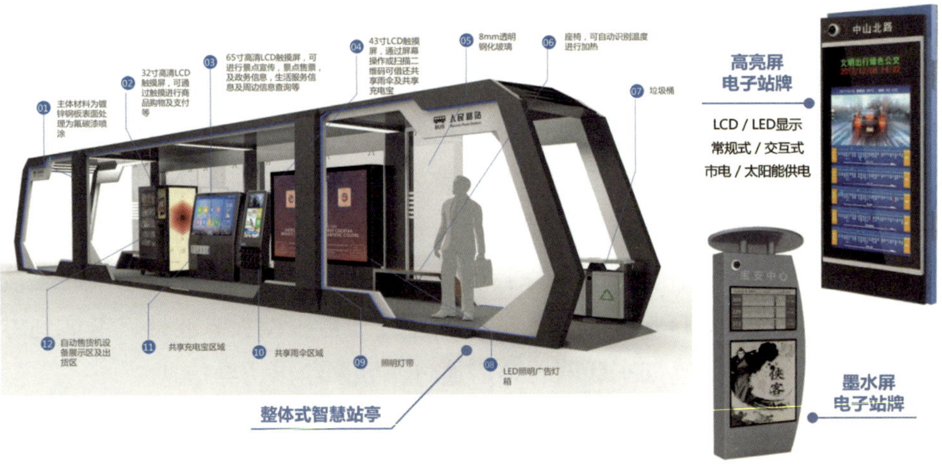

图 3–2　智慧公交站台设计理念

来源：作者根据相关资料绘制

3.2 基于碳中和理念的无人驾驶公交示范线路

嘉宝智慧湾目前用地基本处于规划状态，只有少量公交线路覆盖，因此，对该片区智慧公交服务网的规划建设，应从规划思路与设计理念的视角展开。

第一，需要结合嘉宝智慧湾片区土地结构，对智慧公交网络进行设计，规划建设无人驾驶公交示范环线和无人驾驶公交联络线。嘉宝智慧湾片区呈狭长状分布，在进行无人驾驶公交示范环线和无人驾驶公交联络线规划时，需要结合用地情况和未来出行需求，侧重于加强地块之间的联系，方便核心地块的人员出行。

第二，给出嘉宝智慧湾智慧公交站点选址与公交车辆配置。对于智慧公交联络线，结合用地功能与城市设计方案，对智慧公交站点进行选址，尽可能减少出行者的步行接驳距离。智慧公交车辆采用大型无人公交，近期采用固定班次运行，远期采用定制化、预约制出行。对于无人公交示范环线，智慧车辆采用需求响应小巴，近期采用固站点运行，远期不设固定站点。

智慧公交车辆以新能源电池为驱动，搭载如自动驾驶技术、司机监控系统（Driver Monitoring System，DMS）、语音交互、精准广告推送、乘客异常行为监测等先进的人工智能技术，提供便捷出行、生活服务、精准营销等高品质舒适体验。

3.3 智慧停车服务体验示范区

立足城市交通发展战略，着眼当前、惠及长远，统筹动态交通与静态交通。将停车管理作为交通需求管理的重要手段，基于共享经济的理念，从交通大系统的角度考虑停车与互联网的结合，对停车系统的规划、设计与运营管理进行信息化赋能，大力提升停车系统的科学性与高效性；适度满足居住区基本停车和从严控制出行停车；停车设施建设应以居住区、综合交通枢纽、轨道交通站点、医院、学校、旅游景区等特殊地区作为重点，而非全面增加供给。

基于路网容量下，在核心区设置室内停车场智慧停车示范区：商业中心（400 泊位）、嘉宝智立方（800 泊位）。智慧停车示范区能够提供以下核心功能：车位及停车信息发布、停车预约、室内外一体化车位导航、反向寻车、无感支付、新能源车充电服务等。

在嘉宝智慧湾区域内设置三级停车诱导系统，对嘉宝智慧湾核心区进行停车组织优化：在具有相同用地性质的地下停车场之间设置地下连廊，整合停车资源；将停车场出入口设置在支路上；多个停车场共用一个出入口，减少对道路交通的影响，加强出入口控制；加强路网容量复核，提供多模式复合交通的服务，有效提升停车环境。

3.4 全要素智慧慢行系统建设

智慧慢行系统不仅是交通通道，更是生活平台。智慧慢行道路应以安全、绿色、活力为目标，在步行空间设计、自行车空间设计、公交空间设计、交通稳静化措施的基础上，通过信息化和智能化的赋能，如多杆合一、全息感知、泛在互联、“云－边－端”一体化协同等，在全要素优化设计中，提升慢行过程的资讯获得感、休闲娱乐感、购物满足感，极大满足出行者的多样性需求。

传统的慢行交通主要指步行与非机动车出行，由于这两类出行方式在空间上的可压缩性以及出行距离通常较短，对于通行效率的要求不高，在规划中通常更加注重便利与舒适性。嘉宝智慧湾目前慢行环境较差，多处人行道、非机动车道缺失，各类慢行设施如非机动车停车区等也存在不足，但规划区域内有较好的生态资源，结合城市设计方案，能够构建绿色、智慧、舒适的慢行环境。

结合嘉宝智慧湾生态环境及规划情况，将嘉宝智慧湾的慢行区域分为三块：慢行核心区、生态慢行区以及活力农田区（图 3–3）。慢行核心区内经济活动强，是城市规划设计的核心区域，有较大的吸引力与人流量；生态慢行区内以林地、景观用地为主，生态资源充足，适合发展建设生态绿道；而活力农田区内以耕地为主，开发难度大，可考虑依托现有资源建设好慢行交通廊道，发展现代农业或旅游业。

嘉宝智慧湾的慢行交通系统建设主要由智慧街道建设、智慧路口建设、生态绿道建设构成，其中智慧街道建设主要在慢行核心区展开，智慧路口与生态绿道建设主要在慢行核心区、生态慢行区展开。

在慢行核心区、生态慢行区和活力农田区三个区域建设智慧街道，其中慢行核心区要做到无障碍街区、智慧慢行示范区；生态慢行区要做到充满生态活力、慢行交通舒适宜人；活力农田区要做到慢行设施完备、慢行交通安全便捷。

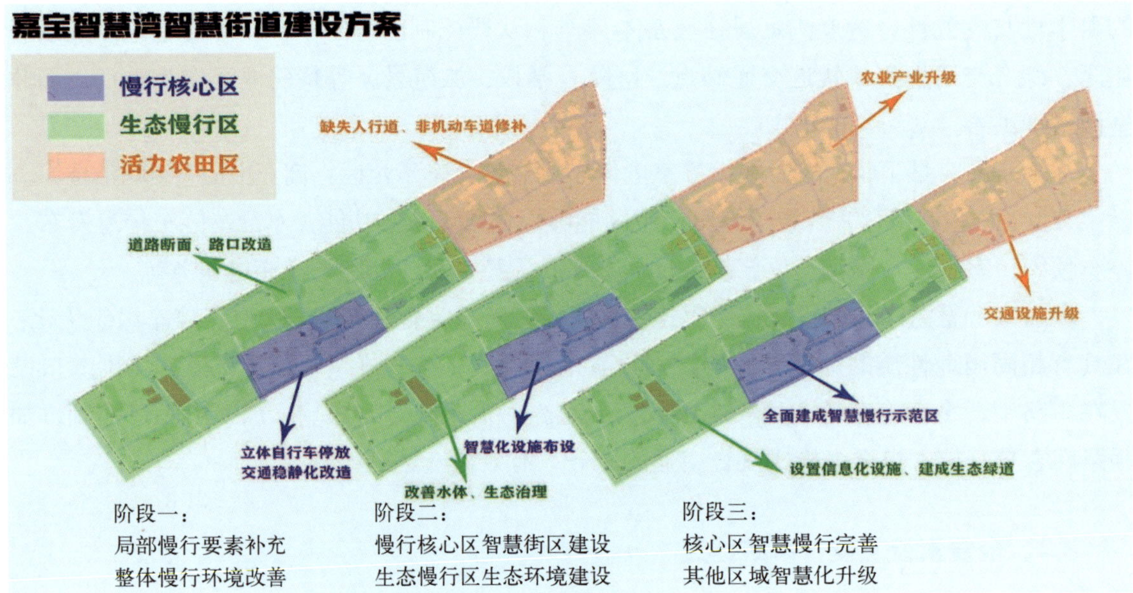

图 3-3　嘉宝智慧湾的慢行区域划分示意图

来源：作者自绘

智慧路口根据交通环境可以分为三级，采取感应控制。自动驾驶公交联络线沿线路口应进行干线协调控制，具有全息感知雷达、电子警察、行人闯红灯抓拍、行人过街提示系统等设备与功能。

生态绿道主要分为生态运河绿道和健康运动走廊。生态运河绿道为串联区域的主要路线，以绿色生态为主题；健康运动走廊结合景观等设置，采用松软地面，且应该具备骑行道，路侧设置微公园，满足各种健身需求。同时在绿道旁设置多级驿站，为行人提供多样的服务。

3.5 多场景智慧无人车服务

随着5G、大数据和人工智能等智能科技的发展，智慧无人车服务（智能环卫车、智慧零售车、智慧配送车、智慧安防巡检车）的系统和技术的功能愈发强大，各类智慧车辆设备和服务可以在更多应用场景中投放使用。

嘉宝智慧湾规划区分为慢行核心区及非核心区两部分，主要的居住、研发与配套服务设施集中在慢行核心区，配套设施包含一处由居委会、综合健身馆、卫生服务站、日间照料中心、老年活动室、养育托管点、文化活动室、社区食堂、生活服务点等构成的社区级公共服务设施（市民中心），一处幼儿园，一处信息模块局和一座邮政所。主要的智慧车辆服务集中在慢行核心区域，在慢行核心区内提供更为多样化、便捷化的无人车智慧服务。

3.5.1 智能环卫车

智能环卫车可以完成吸扫作业、洗地作业、垃圾收集、垃圾转运等工作。为提高环卫效能，按既定的清扫路线和速度，执行多元化策略的清扫，将非核心区定义为Ⅰ型环卫区域（如图3–3中生态慢行区），按照一天两次的环卫频率进行清扫；将核心区定义为Ⅱ型环卫区域（如图3–3慢行核心区），按照一天三次的环卫频率进行清扫。同时协调多台或多种类智能环卫车工作，提高效率。

3.5.2 智慧零售车

智慧零售车具有无人零售（满足园区内的居民、工作人员、参观人员等的及时需求）、三餐便民（为园区内居民、员工提供高品质餐饮）、客流识别（实时识别用户需求最集中的区域）的功能。主要在园区内的慢行核心区域进行投放，能够扩大区域内商业零售店的辐射范围，没有入驻的品牌可通过智慧零售车为智慧湾内的人员提供服务。

3.5.3 智慧配送车

智慧配送车配有可支撑自动驾驶的硬件设备和软件技术，如视觉传感器、激光雷达、GPS定位、多元传感器感知技术、融合定位技术等，并配有支撑其服务与工作的技术软件，借助智能决策技术等，对配送车辆的送货路径、送货车调度等进行计算；能根据园区内人流的变化智能切换自动驾驶路线以及根据用户需求上线产品的计算平台。

智慧配送服务分为地下运输、无人物流中型车运输和无人快递小车运输三个种类。其中地下运输不占用地面空间，对地面交通无干扰，绿色环保，承担企业的日常送货、进货及居民和员工日常快递取送服务；无人物流中型车运输配合嘉宝智慧湾慢行核心区域中企业的日常送货、进货等需求；无人快递小车运输为嘉宝智慧湾慢行核心区域的居民等服务，完成从驿站／智能柜到智能柜／居民的快递接驳运输。

3.5.4 智慧安防巡检车

智能安防巡检车上配备了常规视角相机、鱼眼相机、惯性导航、GPS 等车载传感器，可以通过处理和计算视觉传感器捕捉到的大量图像信息，快速准确地筛选出包含道路病害的图像，并且基于多传感器的融合算法，自动分析、识别出路面病害的位置、类别、严重程度和物理尺寸等信息，实时发送检测结果到车载人机交互程序。巡检人员通过车载人机交互程序及时获得巡检结果，对有路面问题的路段进行反应，进行快速修补。

智慧安防巡检车能够 24 小时不间断巡逻，及时发现高空抛物、路侧树木倒伏、路侧车辆停车不规范等问题。对嘉宝智慧湾全范围实行安防巡逻，核心区域采用 24 小时不间断的无人安防车巡逻方案。

3.6 全覆盖智慧管养

智慧管养主要基于智慧管养设备的布设，建设智慧管养数字化平台，在智慧管养平台的基础上进行日常的运维管理，保证管养设备的正常运行。

考虑到智慧管养的项目生命周期，对全覆盖智慧管养系统的建设主要分为三个阶段。第一阶段是异常状态感知，通过智慧市政设备和道路巡检车感知异常状态；第二阶段是建设智慧管养数字化平台，管理这些智慧设备，实时获取其运行状态，并在此基础上开发多种功能；第三阶段是在智慧管养平台的基础上进行日常的运维管理，保证各类市政设施的正常运行。

结合用地与地块功能与等级，对嘉宝智慧湾片区划分为两个区域建设智慧管养系统。

区域一为智慧管养系统的示范区，布设智能设备，依托数字化管养平台，使用先进的巡检维修 APP，实现对市政设备的管理与养护。具体来说，建设智能联网、能够基于多源传感器对自身异常状态进行检测的智能公共设施（例如路面、井盖、公交站、路灯、垃圾桶、绿化和其他公共设施），并将公共设施集成到数字化管养平台上，平台开发有故障上传、巡检、检修等功能，如果设备出现异常，则上传至平台，平台根据算法调度养护人员前往检修，实现全自动管养。

区域二为智慧管养系统的过渡区，该区域暂不布设智能市政设备，仅将公共设施集成到平台上，需要人工巡检，以工单的形式将故障信息上传至平台，再分配养护人员前往检修，

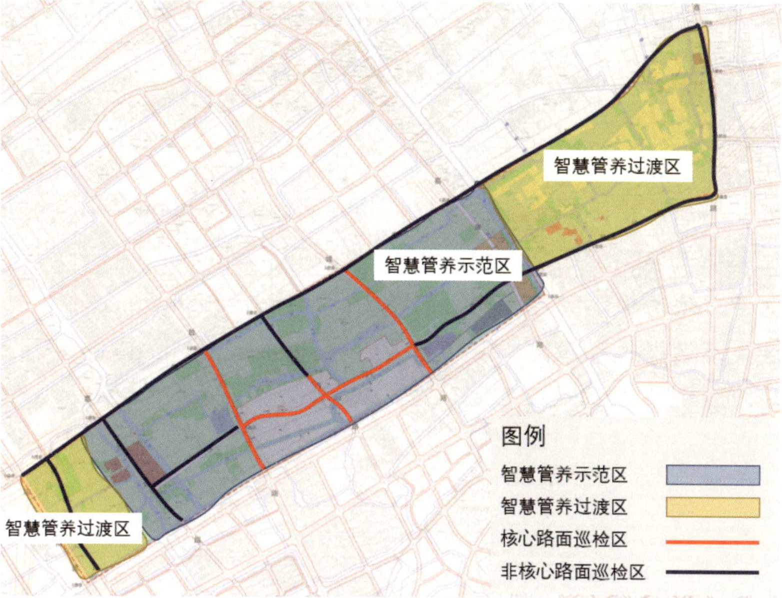

图 3-4 智慧管养分区情况

来源：作者自绘

实现半自动管养。

智能巡检车的检测路径方面，由于园区内现状用地中存在工业仓储用地，重型卡车通行较多，导致路面受损情况严重，因此在园区内进行路面检测时进行分路面管理如图 3-4，在核心路面（如红色标识道路）内实行一周两次道路路面检测，在非核心路面（如蓝色标识道路）实行一周一次的道路路面检测。

4 新城智慧交通建设的前瞻性与现实性

郊区新城作为区域城市化的重要载体，引领郊区发展建设，与周边板块集聚、联动、互补发展。在当前精细化治理和绿色出行优先背景下，新城交通应摒弃个体机动化导向的建设模式，以智慧化手段实现交通系统的存量挖潜，并超前打造智慧出行场景，以适应新形势下新城交通发展的数字化、信息化、智能化要求。然而，新城建设在开启过程中，万象更新，很多规划要义并未明确，在此基础上进行智慧交通的规划建设，难免会出现很多不确定性因素导致规划的理念与思路得不到有效实施。一方面，智慧交通的规划建设本身具有一种前瞻性，是用最新或超前的技术对示范区交通进行信息化赋能与施策，实现交通的跳跃式发展，并起到引领与促进智慧交通行业发展的作用；另一方面，智慧交通尽管是智慧的，也更是现实的，只有深刻满足了居民多样化的出行需求，才能彰显智慧交通的生命力，走可持续发展的道路。因此，新城智慧交通的规划建设，首先要明确智慧交通的内涵，从智慧规划、智慧设计、智慧管理的视角理解智慧交通不仅是硬件设施的装备，更是连续数据环境下精细化交通规划与设计的转型，既要紧跟前沿技术的发展，又要深刻体悟示范区主体功能布局与生活方式的特殊性，明了示范区交通现状与规划的具体条件，然后进行技术的选择与方案的优化，方能做到始克有济，逐步实施。

作者信息

李林波，同济大学交通运输工程学院副教授，llinbo@tongji.edu.cn。
吴兵，同济大学交通运输工程学院教授，wubing@tongji.edu.cn。
白烜志，同济大学交通运输工程学院硕士研究生，1418674095@qq.com。
翟犇，同济大学交通运输工程学院博士研究生，zhaiben@tongji.edu.cn。

国家战略视角下的上海“五个新城”发展建议

李舒　吴亮　任峰

（同济大学政治与国际关系学院，上海，200092）

上海是长三角一体化的龙头，“五个新城”建设是上海在“十四五”期间做出的重大战略部署，对长三角地区乃至全球城市建设将产生深远影响。目前，各界对新城理解不一，有专家担心“五个新城”是上海阻止资源外溢、吸引人才而构筑的“马其诺防线”。事实上，“五个新城”建设是上海承担国家重大战略的创新举措，更将为长三角一体化带来重大改革发展变量，在长三角激起“裂变”和“聚变”效应，为区域协同和高质量发展打开改革空间；为“一带一路”向纵深推进提供重要支撑。

因此，新城不仅要解决好“如何建设”的问题，还需要站在中央决策的视角，分析新城对长三角一体化、都市圈和城市群建设等国家战略的支撑价值；站在长三角三省一市决策者的视角，分析新城对浙江、江苏等地的协同价值，使“五个新城”建设成为践行中央“构建多中心、多层次、多节点的网络型城市群结构”精神的生动实践。建议：①在统筹规划的前提下，赋予新城更多自由发展权；②以“五个新城”建设为契机，突破区域协同体制机制障碍，鼓励城际之间的自由合作；③将上海“五个中心”建设演变为长三角“五个中心”建设；④完善政绩考核和利益共享机制，探索区域协同发展和共同富裕新机制；⑤推动信息基础设施建设，共同打造数字新城，实现长三角智能社会一体化治理；⑥以“五个新城”建设为抓手，实现上海全球城市的功能补位。

1　国家战略催生上海“五个新城”创新举措

2021年是“十四五”的开局之年，上海提出把嘉定、青浦、松江、奉贤、南汇五个区规划建设成为独立的综合性节点城市，即“五个新城”。2022年伊始，上海“五个新城”建设拉开序幕，首批重大项目集中开工。推进“五个新城”建设，是上海服务构建新发展格局的必由之路，是更好服务长三角一体化发展等国家战略的重要举措，也是上海面向未来的重大战略选择。

中央一直高度重视上海在整体国家战略中的地位和作用，不断赋予上海承担国家战略、参与国际合作与竞争的使命和责任。党的十八大以来，中央对上海发展做出了一系列重要指示，要求上海继续当好全国改革开放的排头兵、创新发展的先行者，上海承担起自贸试验区和科创中心建设两大国家战略，同时也在“一带一路”倡议中扮演着对外交往国际枢纽的重要角色。进入中国特色社会主义新时代之后，在关乎国家区域发展的六大战略中，长江经济带发展、长江三角洲区域一体化发展两大战略均与上海密切相关。而上海的发展始终服从和服务于国家发展战略目标，同时上海也积极发挥地方的主动性和创造性，在服务全国中发展自己。“五个新城”的建设，正是上海支撑国家战略的创新之举，主要表现在以下三个方面：

第一，启动建设多层嵌套式的城市发展体系，为中国未来城市化道路的新方向蹚出改革之路。改革开放以来，我国经历了人类历史上规模最大、速度最快的城镇化进程，国家统计局数据显示，1978 年我国常住人口城镇化率尚不足 20%，2011 年末首次超过 50%，而到 2021 年末则达到了 64.72%。然而在城镇化进程中，发展大城市还是发展小城镇的争议一直存在，经济空间经历了从“分散聚集”走向“集中聚集”再向“聚集扩散”过程，由行政级别决定资源分配与市场失灵共同导致中国城市出现过度分化——在地区人口分化同时出现的人均收入分化，不仅不利于社会公平，而且严重威胁着经济效率。党的十九大报告提出：“以城市群为主体构建大中小城市和小城镇协调发展的城镇格局。”实际上，现代化的城市体系是多种形态的大中小城市协调共存的体系，多层嵌套的城市体系才是中国未来城市化道路的方向。上海“五个新城”是中国特大型城市第一次提出在城市内部再“嵌套”建设功能不同的中型城市，实现对大城市功能的承接和对长三角中小城市辐射带动，真正实现了城市组团式发展。可以说，“五个新城”是中国城市创新理论的又一生动实践，是为中国特大型城市再城市化、多中心化、建设网络型城市群的改革蹚出了一条新路。

第二，更好发挥对内辐射的扇面作用，进一步推动上海成为国内大循环的中心节点。中心节点是赋能，即发挥上海的龙头优势和作用，进一步促进长三角城市群和区域一体化发展，带动长江经济带实现产业升级，为国民经济循环更加顺畅作出贡献。经济走廊是节点城市发挥辐射带动作用的基础和依托，“五个新城”应根据各自的地理位置，分别依托相应的交通通道，打造特定经济走廊，如嘉定新城应依托 G15、G2、沪宁铁路等形成智能经济走廊，建设智能汽车和数字经济节点城市；青浦新城依托 G50、S58 等形成生态经济走廊，建设绿色产业和高端服务业节点城市；松江新城依托 G60、S32 等打造科创经济走廊，建设科创中心节点城市；奉贤新城依托 G15 和杭州湾大桥沿线布局先进制造走廊，建设高端制造节点城市；南汇新城则依托海港空港和跨海交通走廊，进一步拓展对外经济交往，建设海洋经济中心城市。

第三，更好发挥对外开放的桥头堡功能，进一步推动上海成为国内国际双循环的战略链接。战略链接则是指能量交换，即充分发挥上海国际经济中心等作用，实现内外要素链接、产能链接、市场链接和规则链接，成为“走出去”的最好跳板，“引进来”的前沿阵地。持续提升上海城市能级和代表国家参与国际合作竞争的核心竞争力，核心是加快构建上海四大发展格局：一是形成长三角一体化发展格局；二是建设中心辐射、两翼齐飞、新城发力、南北转型的空间新格局；三是完善经济发展格局；四是打造城乡融合发展格局。其中，加快构建中心辐射、两翼齐飞、新城发力、南北转型的空间新格局的重中之重是新城发力。“五个中心”建设能够强化上海的“四大功能”，即国际资源配置功能、科技创新策源功能、高端产业引领功能、开放枢纽门户功能。

2 “五个新城”打开长三角国家战略高速高质发展新空间

以上海为“龙头”的长三角一体化发展，是我国面对未来全球竞争的重大国家战略。根据规划，“五个新城”将建成引领高品质生活的未来之城、上海经济发展的重要增长极、推进人民城市建设的创新实践区、上海服务辐射长三角的战略支撑点。上海直接在市域内打造“节点城市”，推动上海由 1 个城市变为 1+5 个城市，是都市圈城市群“破圈发展”的新尝试，为长三角一体化带来重大改革发展变量，打开了长三角国家战略高速高质量发展的新空间。

2.1 “上海裂变”补上长三角城市群结构短板

“中心城市 – 都市圈 – 城市群”的网络型结构，是承载发展要素的重要空间形式，其内部空间结构的格局至关重要，空间结构的合理性，可用经济空间割裂度（城市行政区划内经济规模最大区县与边界区县的比值）来衡量，比值越大说明城市内部被割裂程度越严重，对周边的辐射带动能力越低。

以2018年数据测算，上海区域经济空间割裂度为9.57，虽低于北京，但高于苏州和广州。在郊区的 GDP 占比、财政收入占比、人口占比等方面，上海排名也基本在四个城市的后位。数据反映出，上海城市发展的中心度较高，新城经济引擎作用相对较弱，未能很好承接服务功能，城市的自我服务能力严重不足，更不要说形成近沪服务带动功能。这意味着，“五个新城”合计面积尽管超过700平方公里，但在发展规模上与周边的昆山等城市存在等级差，是上海大都市圈发展相对薄弱的一环。这在很大程度上限制了上海作为中心城市的服务范围和辐射范围。

网络型城市群结构要求城市之间环环相连，一环不连，便难成网。从这个层面看：①“五个新城”建设是上海优化城市空间结构，构筑新发展格局的必然之举。“五个新城”既有上海传统基因，同时又保有自己的特殊功能属性。原来上海一家独大，新城区域是“薄弱地带”，现在上海由“1”变“1+5”后，中心城区与“五个新城”形成互相联动的“钻石型”布局，城市结构更完善，更具弹性和韧性。②“五个新城”是长三角城市群“补环”“强环”

的内在要求。上海是长三角的中心城市，但在地理位置上处于东部，这决定了上海对长三角的辐射带动是扇形的，扇形辐射面积有多大，取决于扇骨的长度。“五个新城”以裂变的方式在上海与周边地区之间铺设了一条“功能传输带”。每个新城均为独立节点性城市，以各自为核心形成新的服务半径，放大了上海作为都市圈中心城市的辐射带动作用——从原来1000多平方公里中心城市的对外辐射，转变为几千平方公里城市集群的对外辐射。

2.2 “上海裂变”诱发“长三角聚变”

建设独立综合性节点城市，意味着“五个新城”不仅仅是上海的五个区，更是长三角五个全新的城市主体。按照《长江三角洲区域一体化发展规划纲要》实施方案，上海大都市圈整体框架为“1+8”，即上海和苏州、无锡、常州、南通、宁波、嘉兴、舟山、湖州。“五个新城”使上海大都市圈两层架构进化为“1+5+8”的三层结构。在此基础上，长三角城市群的26座城市也演进为“1+5+25”的新格局。“五个新城”今后应逐步离开上海庇护，融入长三角城市群。这意味着，“上海裂变”将加快推进“长三角聚变”，进而提速长三角一体化步伐。

这种“聚变”可能率先表现在省际毗邻区域的协同发展。例如，青浦新城处于沪湖廊道，其定位为生态型水乡都市和现代化湖滨城市，在创新研发、商务贸易、旅游休闲等方面可与江苏昆山协同推进“环淀山湖战略协同区”建设，打造世界级湖区。奉贤新城位于滨江沿海发展廊道，经过金山连接浙江平湖，三地可联动推动沿湾地区协作发展，形成集产业、城镇和休闲功能于一体的战略空间；而G60科技走廊也将加速城市之间创新合作，形成聚变效应。

这种“聚变”将推动资源要素的融合效应，为推动长三角城乡融合发展和共同富裕奠定扎实基础，最终实现《长江三角洲区域一体化发展规划纲要》提出的“都市圈同城化”。毗邻地区优先“聚变”，将打破城市之间传统的行政分割及保护主义限制，使要素流动不受城市距离和体制的约束，在较短时间内实现城市间的通达，进而推动城市间公共服务和基础设施水平的均等化，最终实现近沪地区及周边与上海的同城化发展。而同城化发展又将进一步化解次级城市分布松散、关联程度有限的问题，促进城市群空间优化与空间自组织演进。

2.3 长三角一体化将呈现“网络型竞合”新特征

习近平总书记在《国家中长期经济社会发展战略若干重大问题》中指出：“东部等人口密集地区，要优化城市群内部空间结构，合理控制大城市规模，不能盲目‘摊大饼’。要推动城市组团式发展，形成多中心、多层次、多节点的网络型城市群结构。”上海在城市内部以裂变方式建设独立新城，推动长三角城市群结构改善，进而为长三角一体化提供两大动力集束：

第一，由行政驱动变为功能驱动。“五个新城”的出现，使城市群范围内的地理逻辑超越行政逻辑，中心城市的边缘地区有机会、有条件跨越行政边界发挥功能和资源配置的节点作用，从而生长为城市群中的新城市。“五个新城”需要摆脱对中心城区的单向依附性，一改过去行政化、内敛化的发展特征，由“眼睛盯着上海”变为“目光四射”，激活了原本被行政区划分隔的产业链、创新链。创新策源功能的核心依托空间从行政性边界拓展为功能性边界，这是城市发展观的突破。

第二，由省际驱动变为城市驱动。“五个新城”不是上海的自留地，而是五个全新的长三角城市主体。随着城市建设管理权的下放，在三省一市省际合作框架下，“五个新城”可以催生丰富多样的城市间合作组合。

3 以“五个新城”建设发展为契机推动国家战略的建议

作为国家重大战略，《长江三角洲区域一体化发展规划纲要》提出，进一步加强长三角中心区城市间的合作联动，建立城市间重大事项、重大项目共商共建机制。上海向长三角“释放”出五个独立新城，“大上海”裂变成 6 个城市，长三角城市群形成“1+5+25”新格局，为加快推进长三角“城市层”的合作提供了更多的改革组合空间，有利于进一步提高长三角乃至长江经济带的经济集聚度、区域连接性和政策协同效率，并对上海的全球城市功能实现全新补位，支撑“一带一路”向纵深推进。为此提出以下建议：

第一，在统筹规划的前提下，赋予新城更多自由发展权，真正体现城市的“独立性”。借鉴“强县扩权”“直辖制”“管镇联动”好的经验做法，持续推进市权下放，进一步深化行政审批制度改革，在规划、土地、投资等方面给予新城更大的建设和管理自主权；将上海自贸区临港新片区、张江国家自主创新示范区、虹桥国际开放枢纽的先行先试政策向新城复制推广，鼓励新城在政府管理上进行制度创新；赋予“五个新城”与中心城区同等的行政权限，区分“五个新城”与中心城区的不同职能和考核机制，适当优化“市－区（新城）”的治理关系；研究出台支持新城建设独立综合性节点城市的政策举措，如加强对新增建设用地指标的保障支持力度，加大新城交通基础设施、市政公建配套、改革试点项目市级投资力度和出资比例。

第二，以“五个新城”建设为契机，突破区域协同体制机制障碍，鼓励城际之间的自由合作。当前，长三角一体化发展进入攻坚期，有关领域的体制机制建设还需下大力气持续推进。建议借鉴科技攻关思路，以建设“五个新城”为契机，梳理阻碍一体化发展的体制机制改革清单。前期可先由“五个新城”对标清单、认领任务，体现和发挥其区域协同功能，条件成熟时可将“揭榜挂帅”制度推广到整个长三角。

在此基础上，探索协同发展的扁平化机制，鼓励城际之间的自由合作。在现有省际合作基础上，进一步提升区域协同的城市主体性。凡是跨省之间的城市合作，可以直接上报长三角区域合作办公室或长三角区域合作与发展联席会议进行讨论，提高协同效率。加强长三角中心区城市间的合作联动，建立城市间重大事项、重大项目共商共建机制。可考虑设立“长三角城市群协同发展规划管理办公室”，协调区域内城市群协同发展专项规划的审议与审批、重大建设项目的选址审批、调解城市群协同发展和空间安排上的不同意见和纠纷、监测城市群发展和规划实施情况、发布城市群协同发展的信息、开展重要课题研究等工作，探索建立规划制度统一、发展模式共推、治理方式一致、区域市场联动的协同发展新机制。探索共建合作园区等合作模式，共同拓展发展空间。依托交通大通道，以市场化、法治化方式加强合作，持续有序推进 G60 科创走廊建设，打造科技和制度创新双轮驱动、产业和城市一体化发展的先行先试走廊。协同推进港口航道建设，推动港航资源整合，优化港口布局，健全一体化发展机制，增强服务全国的能力，形成合理分工、相互协作的世界级港口群。

第三，将上海“五个中心”建设演变为长三角“五个中心”建设，将上海中心城区的功能疏解进一步放大到长三角范围，在“五个新城”与其他城市之间引入良性竞争机制。围绕国际经济、金融、贸易、航运和科技创新“五个中心”建设，着力提升上海大都市综合经济实力、金融资源配置功能、贸易枢纽功能、航运高端服务功能和科技创新策源能力，有序疏解一般制造等非大都市核心功能。提升上海服务功能，面向全球、面向未来，提升上海城市能级和核心竞争力，引领长三角一体化发展。

超大城市单单采取非核心功能疏解的策略是不恰当的，而应考虑同步实施核心功能共享和非核心功能疏解。“五个新城”建设必然伴随着上海中心城区部分功能的疏解，预计一批企业、大项目会陆续迁入新城。但从区域一体化角度出发，上海重大功能性项目的布局不应只限于新城，而应面向整个长三角。建议在新城建设过程中，向周边地区同步输出不符合上海中心城区定位的优质项目。这一方面有利于其他地区分享上海发展红利，进而体现上海引领辐射作用、降低周边地区对“五个新城”建设的疑虑，另一方面也给新城建设引入竞争机制。

第四，完善政绩考核和利益共享机制。完善重大经济指标协调划分的政府内部考核制度，逐步取消政绩考核的传统标准，以区域间总体发展水平为“指挥棒”。完善利益共享机制，积极推进共建产业园区体制、机制和技术创新，探索和推进园区共建的股份合作模式、援建模式、托管模式、产业招商模式以及“异地生产、统一经营模式”，建立符合产业园区建设实际的考评体系和管理机制。制定和实施跨地区的税收分成和经济指标统计办法，对企业跨行政区域的横向经济联合、投资或产业转移等经济活动，不同城市可以按一定比例共同分享产值和利益收入。建立与产业转移承接地间利益分享机制，加大对产业转移重大项目的土地、融资等政策支持力度。

第五，加快构建新一代信息基础设施，推动信息基础设施达到世界先进水平，建设高速泛在信息网络，共同打造数字新城，并辐射长三角。加快推进 5G 网络建设，统筹规划“上海 - 五个新城 - 长三角数据中心”，推进区域信息枢纽港建设，实现数据中心和存算资源协同布局。加快量子通信产业发展，统筹布局和规划建设量子保密通信干线网，实现与国家广域量子保密通信骨干网络无缝对接，开展量子通信应用试点。共同推动“五个新城”重点领域智慧应用，大力发展基于物联网、大数据、人工智能的专业化服务，提升各领域融合发展、信息化协同水平。围绕城市公共管理、公共服务、公共安全等领域，支持有条件的城市建设基于人工智能和5G物联的城市大脑集群。加快长三角政务数据资源共享共用，提高政府公共服务水平，合力建设“上海－新城－长三角工业互联网”。积极推进以“互联网＋先进制造业”为特色的工业互联网发展，打造国际领先、国内一流的跨行业跨领域跨区域工业互联网平台。

第六，以“五个新城”建设为抓手，实现上海全球城市的功能补位。利用“五个新城”建设契机，建设具有较强国际市场影响力和竞争力的特殊经济功能区核心承载区：进一步突出开放性和国际化，实施高水平全方位开放和深层次改革系统集成，努力营造国际一流营商环境，吸引国际优质资源参与；进一步突出未来感，加快建设智慧互联的数字城市、色彩缤纷的公园城市、生态韧性的海绵城市、综合利用的无废城市、绿色环保的低碳城市、集约高效的立体城市；进一步巩固扩大上海链接全球创新资源的高地优势，推动全球高端创新资源全面接入长三角，如，引导战略产业组建国际化的产业联盟，深度促进创新国际化，将产业链上下游企业都纳入联盟，让国际一流技术、人才和资源在产业联盟中流动循环；在“五个新城”拓展全球创新创业“直通车”，实现国际创新创业交流由“碎片式”向“系统化”升级。在开通与美国硅谷、英国伦敦和新加坡直通车的基础上，逐步扩展到德国、以色列等国家，达到资本、人才、信息、技术和教育资源等实时互通。在“五个新城”构建全球创新超级链接器，实现国内国际资源供需对接。成立长三角技术经理人协会，打造国际一流技术管理基地，为长三角发展培养国际化、技术化和商业化的职业经理人。建立长三角知识产权数据平台，积极引进港澳台地区和东北亚、“一带一路”沿线国家及其他各国知识产权主管部门经验，探索建立知识产权信息合作机制，推动相关国际组织、主要国家和地区专利数据信息资源开放共享；建设知识产权跨境交易平台，开创知识产权跨境转化的“上海自贸区模式”，打造知识产权强国战略的区域样本。以教育合作为抓手，与国外几大湾区加强交流与合作。在“五个新城”建设国际教育示范区和国际青年创业就业示范基地，充分发挥上海名校云集的优势，组建国际高校联盟，鼓励与日韩和欧美高校探索开展相互承认特定课程学分、实施更灵活的交换生安排、科研成果分享转化等方面的合作。

作者信息

李舒，同济大学特聘教授，同济大学国家现代化研究院副院。

吴亮，同济大学特聘教授，同济大学国家现代化研究院常务副院长。

任峰，同济大学国家现代化研究院研究员，1050665847@qq.com。

新城智慧交通规划探索与实践：以上海嘉定新城为例

云美萍 董怡佳 李林波 王方凯 谢之权 周子昊 吴兵

（同济大学交通运输工程学院，上海，201804）

1 新城智慧交通规划的定位与解读

“十四五”是上海加快建设成具有世界影响力的社会主义现代化国际大都市的关键时期，在开局之年上海吹响了“新城发力”的号角，其中加快智慧交通建设是五个新城（嘉定、青浦、松江、奉贤、南汇）发展的主要内容。新时代、新机遇和新发展赋予了新城智慧交通规划新的定位与要求。

1.1 上海五个新城建设背景

在“发展壮大城市群和都市圈”，“优化提升超大特大城市中心城区功能”的政策背景下，上海通过国土空间布局的重塑优化，加快构建“中心辐射、两翼齐飞、新城发力、南北转型”的空间新格局。在上海“十四五”规划纲要中明确提出大力实施新城发展战略，要把五个新城——嘉定新城、青浦新城、松江新城、奉贤新城和南汇新城——建设为长三角城市群中具有辐射带动作用的独立综合性节点城市[1]。与卫星城和单纯郊区新城的定位不同，“五个新城”跳出了上海市域的“中心城 + 郊区”的二元空间模式，将打造成为上海未来发展具有活力的重要增长极和新的战略支点[2]，这也意味着上海的城市空间将从单中心变成多中心。

要发挥新城独立性综合节点的功能，离不开交通发展的主导作用。新城的建设以增强城市核心功能为目的，新城的发展与上海中心城的发展应形成合力，这离不开便捷的交通联系。与此同时，新城对周边城市群的辐射带动作用也离不开畅通高效的交通联系。上海市“十四五”新城规划建设推进大会明确指出“五个新城”建设要聚焦“交通便利”，打造“一城一枢纽”，加快形成与外省市联系直接高效、新城之间网络顺畅、新城内部完善便捷的交通体系[3]。

智慧交通的规划和建设可为新城功能的实现及强化提供更加可靠的交通支撑与联系保障。在城市信息化建设和交通行业数字化转型的革新背景下，为满足出行者安全、便捷、高效和多样化的出行需求，新城交通的规划建设应以智慧化手段实现交通系统的存量挖潜，全方位实现人享其行的服务品质，超前打造智慧出行场景，从而发挥新城的枢纽功能定位，让智慧交通的建设成为五个新城交通系统高质量发展的重要抓手。

1.2 智慧交通规划的定位

交通运输系统的构成要素为：人和货物、交通工具、交通设施、交通环境、交通规则和信息。城市综合交通规划面向总体交通需求，按照供需平衡的理念，确定未来交通运输系统的布局、规模、结构等方案，侧重于交通运输系统构成要素间的静态或准动态的平衡。智慧交通系统是在较完善的交通设施基础上，将先进的信息技术、通信技术、系统工程技术等集成运用于交通运输系统，以期实现动态调控交通供需平衡。它以信息的采集、分析处理、交换、共享、发布为主线[4]，对交通系统运行状态进行实时监测，从而提供决策支持。因此，智慧交通规划更加侧重于交通运输系统构成要素间的动态平衡，以信息化、智能化等手段动态协调供需平衡，全方位提升交通系统管理水平和服务质量。智慧交通系统规划，是指根据用户对出行服务和对交通管理的需求，考虑计算机、通信、信息等相关技术的发展和应用特征，确定未来智慧交通运输系统的建设任务、建设规模，以及交通系统的智慧化管理模式、控制方法等，以达到精准管理、智慧服务之目的。智慧交通规划即是有计划地引导交通系统智慧化的一系列行动的展开，是一个动态的工作过程，即规划者如何提出各种目标，又如何将提出的目标付诸实施的方法（图 1-1）。

1.3 新城智慧交通规划的特点

新城的基础条件及其发展定位，以及未来交通发展理念，均赋予新城智慧交通规划以新的特点。

新城智慧交通规划需满足“市区一体化、全维融合”的要求，同时实现五个新城“各具特色”的目标。五个新城智慧交通规划需与上海市智慧交通规划战略保持一致，同时根据自身发展特色各有侧重，实现中心城区与五个新城全维融合，最终实现市区一体化。例如，嘉定新城具有发展新能源和智能网联汽车、智能传感器等产业的先天优势，其智慧交通发展定位为“智慧交通先导试验区”，而青浦新城的特点为绿色生态的宜居环境，其智慧交通发展定位为“低碳化韧性交通典范”。

新城智慧交通需赋能于综合交通的便捷联络，助力新城形成辐射长三角的战略支点。五个新城要成为上海融入、服务长三角的纽带和战略支点，必须通过交通发挥其辐射带动作用，凸显其综合性节点城市的功能。这意味着新城的交通必须通过多元化的智慧交通信

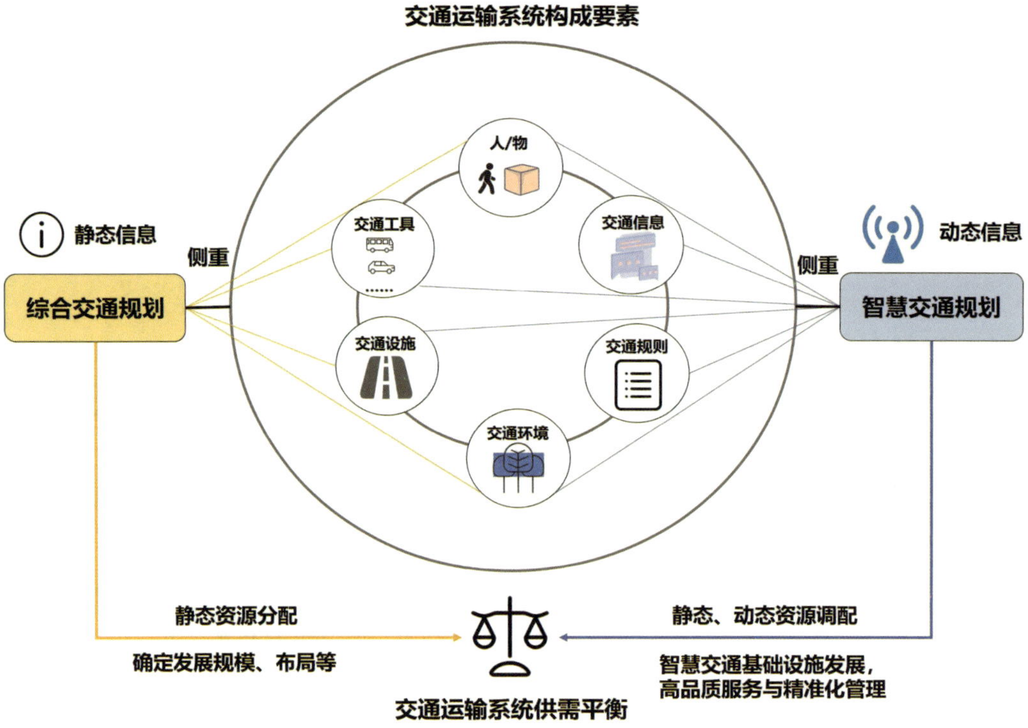

图 1—1　智慧交通规划定位

来源：作者自绘

息服务，赋能综合交通的发展，使其实现新城内部、新城之间、新城对外的强效联结。

新城智慧交通建设坚持高点定位，面向未来全龄友好的出行需求，建成展现新理念的示范和样板。五个新城突出高效智能，注重智慧科技在城市交通、公共服务、基础设施等领域的深度融合；“十四五”时期为新型基础设施建设、交通数字转型、上海交通信息化新阶段迈进、城市精细化管理与城市治理温度持续提升等一系列发展理念的践行时期，新城智慧交通规划需全面激发多方位的创造力与活力，把握数字化新时代发展的主动权，面向未来的全龄化出行需求，按照高质量发展标准，建成为展现新理念的智慧交通示范样板。

2　新城智慧交通发展：机遇与挑战

国家不同层级的战略方针、上海的新时代发展目标以及新城的建设要求，为新城的智慧交通发展提供了前所未有的机遇，同时面临的挑战也不容小觑。

2.1　发展机遇

国家政策指引发展方向——智慧交通发展的时代机遇。《交通强国建设纲要》《关于推动交通运输领域新型基础设施建设的指导意见》《中华人民共和国国民经济和社会发展第十四个五年规划和二〇三五年远景目标纲要》等相关政策指出，要发展交通基础设施数字化转型建设、自动驾驶技术、车联网技术研发、智慧出行信息服务等方面。交通运输作为国民经济基础性、先导性行业，亟需借助智慧交通规划注入发展的新动能，并促进交通运输服务品质转型升级。

长三角一体化发展战略——新城智慧交通的建设机遇。长三角一体化建设要求新城智慧交通建设引领区域交通融合发展，尤其在对外交通融合衔接、设施互联互通、执法协同合作、管理服务共享等方面，需利用智慧交通提升区域综合交通服务水平，加强对长三角一体化发展的支撑。

上海“十四五”规划明确新城发力——市区联手加大对新城发展的支持力度。在新城建设方面提出了以下措施：加强政策供给和资源保障，在财政资金、规划土地、建设标准、管理运营等方面加大聚焦和支持力度；创新投融资模式，用好用足社会资本加快新城建设；构建形成聚合力、增活力的新城开发管理体制机制，调动区级积极性，增强新城开发建设的自主权，形成市区间的推进合力[5]。上述措施均为新城智慧交通的规划提供了强有力的保障措施。

2.2 面临挑战

如何同步交通基础设施建设，落实上位规划战略，构建新城前瞻性智慧交通体系。智慧交通规划理应是在较完善的交通系统之上进行进一步升级，然而，目前各新城交通基础体系仍待完善，智慧交通规划将与交通设施网络、公共交通线网、停车设施及枢纽场站的规划建设同步，因此，在规划编制过程中需与其他规划保持高效协同，同时还应承接国家战略及相关上位规划。可见，在基础设施不完善的情况下超前预见未来智慧交通的发展趋势，实现新城智慧交通的跨越发展，构建前瞻性的智慧交通体系，这是规划中面临的最大挑战。

如何充分挖掘新城的资源禀赋，因地制宜地发展智慧交通。以嘉定新城为例，《上海市智能交通系统顶层设计（2021—2025 年）》给出了五个新城智慧交通系统建设的定位，嘉定区需把握智能网联车示范发展方向，打造智慧交通高地。同时《嘉定新城“十四五”规划建设行动方案》提出，要将嘉定新城在未来五年内打造成长三角乃至全国范围内“无人驾驶率先突破、数字高速先行通车、智慧交通创新赋能、城市品质共同提高”的国家智慧交通先导试验区。目前嘉定新城未来车路协同示范道路、无人驾驶示范区等的后续发展尚不明确，如何吸收国内外先进经验、把握智能网联汽车行业的发展趋势，将嘉定新城打造成为国家级智慧交通先导试验区，是智慧交通规划的重大挑战。

如何面对未来的城市人口发展特点，提出满足全龄人口出行需求的智慧交通规划方案。习近平总书记在考察上海期间提出“人民城市人民建，人民城市为人民”的理念，新城规划建设也强调 “坚持以人民为中心”“创造优良的人居环境”的要求。为此，在智慧交通规划中，需要考虑“全龄友好”的目标，尤其是考虑人口老龄化特征，提供智慧、安全、舒适的交通出行服务。

3 新城智慧交通规划目标

以嘉定新城为例，介绍智慧交通专项规划的目标。从嘉定区以及嘉定新城的发展目标出发，结合新城智慧交通的定位，提出相应的规划目标。

3.1 愿景与目标

（1）嘉定区发展愿景

嘉定区处于上海都市区西部，是环太湖战略协同区和北部长江口战略区的连接地带，嘉定新城为沪宁廊道上的西北门户节点城市（图 3–1）。嘉定区以汽车研发及制造为主导产业，智能网联汽车为产业特色。未来，嘉定将建设成为上海大都市圈的现代化新型城市，打造汽车嘉定、科技嘉定、教化嘉定、健康嘉定、美丽嘉定。到 2035 年，基本建成产城融合的世界级汽车产业中心，上海科创中心重要承载区，生态人文宜居的长三角综合性节点城市[6]。

（2）嘉定新城发展目标

未来，嘉定将建成为具有创新活力、人文魅力、综合实力的科技教化之城和沪苏合作桥头堡，不断深化汽车产业中心承载区建设，集聚发展新能源和智能网联汽车、智能传感器等产业；依托嘉闵线及北延伸、沪通铁路和安亭北站和嘉定北站等站点周边开发建设，

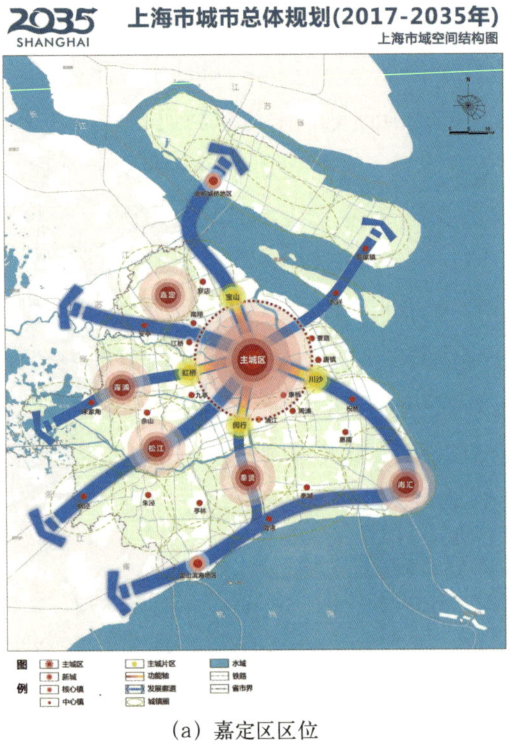

（a）嘉定区区位

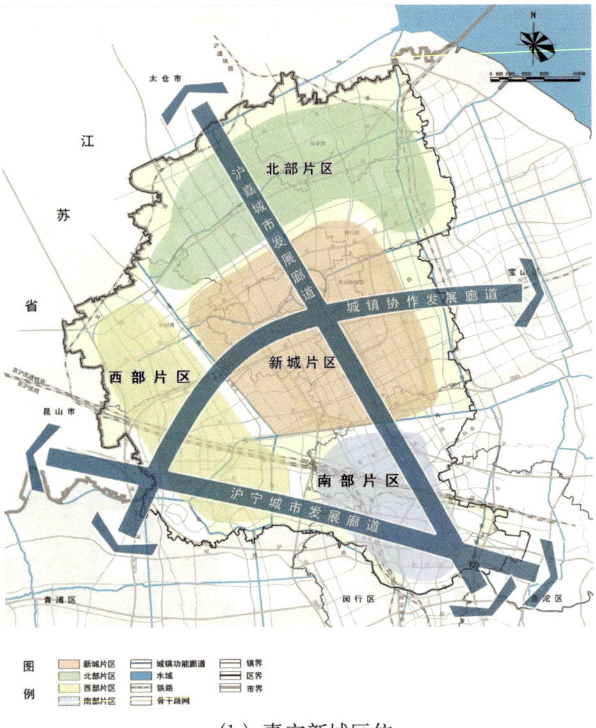

（b）嘉定新城区位

图 3–1 嘉定区及嘉定新城

来源：（a）《上海市城市总体规划（2017–2035 年）》（b）《嘉定区总体规划（2017–2035 年）》

立足嘉昆太、连通苏锡常；聚焦环远香湖、嘉定老城、横沥河文化水脉等重点区域建设，提升保利大剧院、上海赛车场等文体设施功能[7]。

3.2 智慧交通规划目标

实现嘉定新城与近沪城市、中心城的便捷高效联系。要发挥嘉定新城沪苏合作桥头堡以及综合性节点城市的功能，需要打造新城枢纽，运输子系统互联互通，信息共享共用，为上海中心城与近沪长三角城市群建立畅通便捷的交通联系。

围绕嘉定智能网联汽车产业特点，形成特色鲜明的智慧交通服务。自上而下贯彻上位规划战略要求，推动信息技术在交通领域的深度融合和创新应用；自下而上立足新城特色与智慧交通发展基础，打造先进交通模式先导区，为新城交通发展赋予新动能，提高新城出行品质。

以人为本，提供全龄友好的均等化智慧出行服务。以服务为主线，以服务对象为核心，考虑低幼龄、老龄人群等的特点，构建覆盖全龄段出行人群的智慧交通服务体系。结合基础设施优化改造和先进信息技术应用等手段，促进交通的智慧化、均等化服务，让人民群众有更多获得感、幸福感，实现从“人便其行”到“人享其行”的交通强国美好蓝图。

4 智慧交通体系框架

考虑到区级、市级智慧交通系统的对接，嘉定新城智慧交通体系框架沿用上海市智能交通系统的五层架构体系：交通基础信息数据采集层、交通基础信息数据传输层、交通数据信息分析处理层、子系统应用层、用户层（图 4—1）。交通基础信息数据采集层中，主要由路侧传感器、新基建设施支撑车路协同数据的采集；数据传输层中，一方面是区级各机构委办间互通，另一方面是区级单位与市级单位间的传输。

5 子系统建设重点

立足独立综合性节点城市的目标愿景，围绕“实现便捷高效的联系”“基于嘉定特色的智慧交通”“全龄友好的出行服务”的规划目标，结合嘉定新城的现状与发展需求，梳理嘉定智慧交通子系统中的建设重点主要是五方面：智慧道路建设、智慧交通信号控制系统、智慧公交系统、智慧枢纽、全龄化低碳慢行区（图 5—1）。

5.1 智慧道路建设

嘉定区率先建成了无人驾驶示范基地，但具有前端感知功能的道路在全区不足 5%，数据采集主要依靠视频检测和线圈，尚未全覆盖。这与智能网联汽车、智慧交通的发展需求相距甚远。因此，智慧交通系统规划中应重点关注道路智能感知设备建设、路侧设施的智慧化改造、数字标志标线应用等，上述建设内容统称为智慧道路建设。

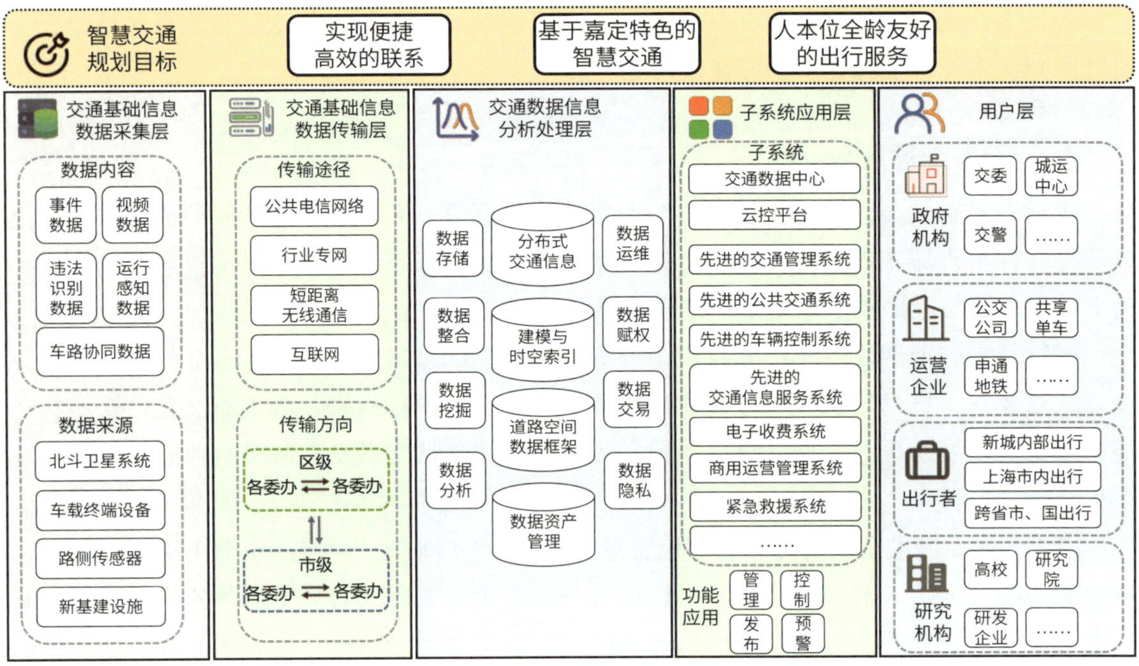

图 4–1 嘉定新城智慧交通体系框架

来源：作者自绘

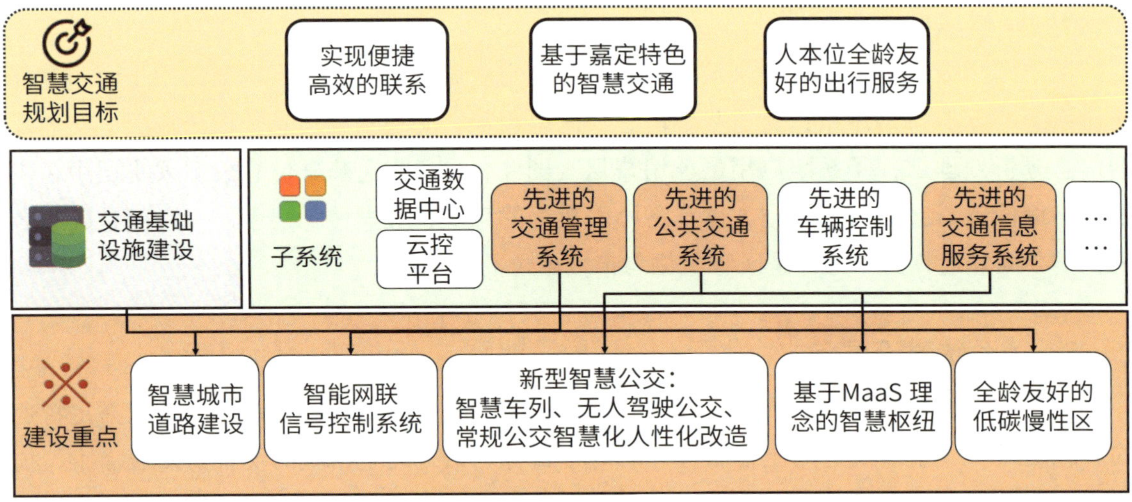

图 5–1 嘉定新城智慧交通子系统及其建设重点

来源：作者自绘

（1）道路智能感知设备建设

实现由低品质“道路可通行”向高水准“人车路交互协同”的升级，建设道路智能感知设备，实践区范围率先开展智慧道路建设，逐步向老城和新城推进。构建三级智慧道路布局，即基本级、中级、高级。基本级智慧化道路通过安装智慧设施，提高道路的数字化、信息化水平；中级智慧化道路在基本级的基础上，以单辆车为服务对象，实现单辆车－道路协同；高级智慧化道路在中级的基础上，以多车协同为服务对象，实现网联协同的智慧化管控环境，为车辆提供感知数据共享，支持自动驾驶、车辆协同决策、在线调度，满足协同化应用场景的需求。

（2）路侧设施的智慧化改造

在创新、协调、绿色、开放、共享的发展理念下，对道路进行资源整合，集约化建设公共服务终端等各类路侧设施，持续推动新城的多杆合一、多箱合一建设。

（3）数字标志标线应用

在重要商圈、图书馆、学校等区域试点智慧斑马线、可变车道、潮汐车道等数字标志标线新技术，提升交通设施品质智能化水平，挖掘设施潜力，提升交通安全与通行效率。

5.2 智慧交通信号控制系统

嘉定新城高速公路网密度较高，连续流间断流衔接是重点。目前交通控制水平较低，信号控制系统联网率仅为56.5%，大多采用单点固定配时方案，制约了新城交通控制管理水平，建立科学高效的交通信号控制系统势在必行。

（1）开展高速－地面联动式智能控制

目前高峰时段高快速路主线及出入口拥堵已成为常态，造成“进不去”和“出不来”的现象。“进不去”即快速路主线的拥堵造成车辆排队蔓延至上游，波及地面道路车辆无法驶入快速路，甚至会蔓延至地面主干路乃至衔接交叉口；“出不来”是由于下匝道衔接交叉口的疏散能力有限，造成车辆在出口匝道排队，甚至蔓延至高快速路主线。针对上述问题，应开展高速－地面联动式智能控制，将高快速路出入口匝道与地面相邻信控路口协同控制。

（2）推进交通信号控制联网联控

对现有的多品牌信号控制平台接口进行二次开发，提供统一的开发接口和交互界面，实现新城智慧交通信号控制路口的集中管理。积极推进全区信号灯智能化改造，最终通过区域集中、统筹控制、智能配时等方面，实现高效精准交通管控。

（3）探索并建设下一代信号控制系统

统筹考虑新城的信号控制联网改造方案，未来五年逐步建立产、学、研稳步一体化合作机制，建立车路协同试验研究基地，与高校、研究所、企业等单位签订战略合作协议，为车路协同技术的产品研发和成果转换提供有效机制。

5.3 智慧公交系统

嘉定区居民出行调研显示，私家车出行占主体，公交出行分担率仅为13%，准点率和可靠性是公交服务急需改善的方面。为了提高公交吸引力，需重点引导新型智慧公交体系发展，特别是基于车路协同和车联网技术推进智慧车列与无人驾驶公交，提供全新的公交出行模式。此外，还应关注公共交通全龄化出行需求。

（1）智慧车列系统建设

智慧车列是道路上采用列车化运行的新型公共交通服务模式。传统的轨道列车运行需要轨道和列车，并在固定站点停靠。为克服地铁和轻轨“站站停”导致平均车速低的问题，智慧车列系统采用预约式的“点对点”运送模式，利用现有城市道路和智能网联的客运汽车，车辆在出发后直达目的站，无需沿途停靠，从而显著提高平均车速。按照出行者的预约需求，中央控制和调度中心派送不同车型的车辆运送乘客，形成集约化、大运量、专门化的公交客运车列，将乘客安全、及时、快速、舒适和点到点地运送到预约车站。智慧车列交通系统由六大子系统构成：优化的交通道路系统、道路智能信息化系统、智能乘客服务与中央控制系统、智能网联车辆系统、运营安全保障系统和智能维修保养系统。2021 年已在沪宜公路（陈翔路—叶城路）长约 8.2 公里的路段开通了智慧车列示范线；2022 年之后将在嘉定新城的更大范围内陆续投入使用（图 5–2）。

（2）自动驾驶公交示范线路

综合考虑新城发展规划、道路条件、出行需求，选取远香湖示范区打造自动驾驶公交示范线路，选用自动驾驶微循环巴士，在远香湖中央活动区形成“两横三纵一环”自动驾驶公交线网，未来将实现 L4 级自动驾驶，打造全国首个商业运营的自动驾驶响应式公交

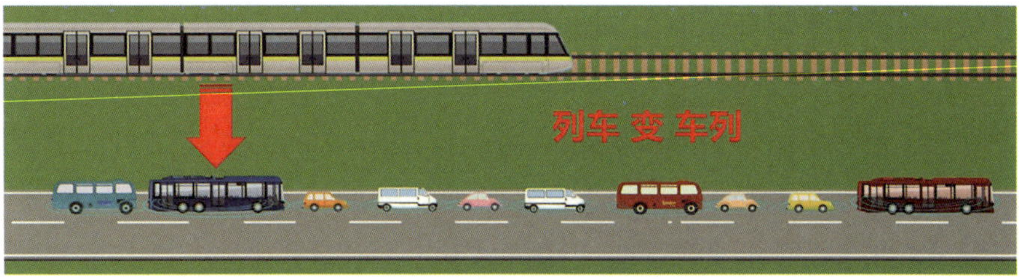

（a）概念图

（b）实景图

图 5–2　智慧车列概念图与实景图

来源：（a）作者自绘（b）https：//www.sohu.com/a/472381064_121106832

示范区（图 5–3）。

（3）常规公共汽车智能化改造

对常规公交车辆进行人性化、智慧化改造，改造为低底盘车辆，方便全龄人口上下车。为常规公交车辆安装车路协同检测设备、车联网通信设备，便于公交优先控制和智能调度。推动公交站台人性化、智慧化改造，实现新城公交站台信息化服务全覆盖，进行无障碍公交站台改造，体现人文关怀，提升公交站台服务品质，建设集成多种出行与生活服务的智慧公交驿站（图 5–4）。

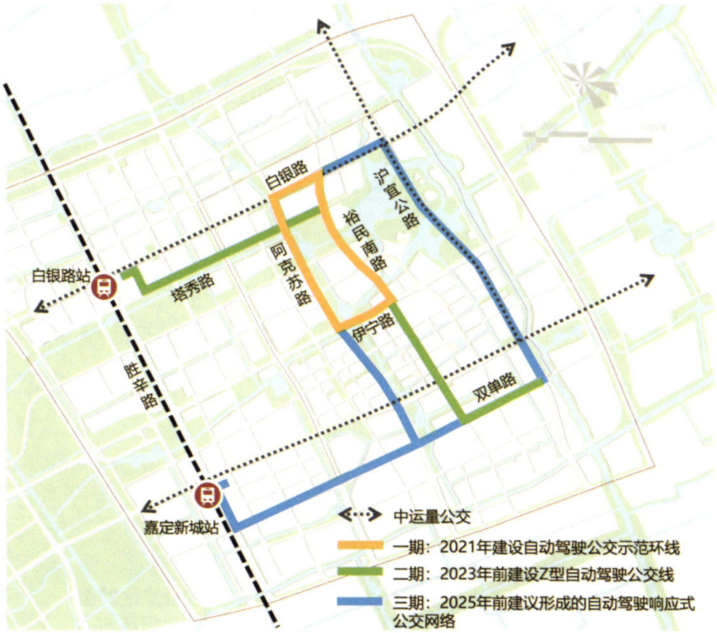

图 5–3　自动驾驶公交线网方案

来源：作者自绘

图 5–4　智慧公交站台示意图

来源：作者自绘

5.4 智慧枢纽

立足嘉定新城枢纽功能定位，明确智慧枢纽规划目标，针对安亭枢纽、嘉定北站、嘉定新城站，将传统枢纽进行智慧升级，采用“出行即服务”（Mobility as a Service，MaaS）理念，提供一站式出行信息服务。

（1）枢纽智能化升级

推动各枢纽八大功能模块升级，分别是：智慧监控、智慧疏散、智慧停车、智慧安检、智慧诱导、智慧票务、智慧地铁以及单车管控。

未来嘉定新城将构建“一主二辅”的枢纽体系。“一主”即为安亭枢纽（安亭北站、安亭西站），服务上海西北地区，重点形成与沪宁、沿江、沿海方向的城际联系。“二辅”即嘉定北枢纽与远期建设的嘉定东枢纽。针对上述枢纽的功能定位，分阶段进行智慧服务升级。包括辅助人脸识别安检系统，安检互通互认实现枢纽间无缝衔接，通过增加中运量、智慧车列、定制公交等，加强安亭枢纽与上海市级枢纽（虹桥、浦东）及沪宁轴线节点城市间的便捷联系（图 5–5）。

（2）打造 MaaS 理念下的枢纽智慧出行服务

MaaS 的核心理念为“整合”，将各种交通方式的出行服务进行整合，打造一站式出行。配合市级部门，整合道路、枢纽、地面公交、轨道交通、共享汽车、共享单车等资源，推

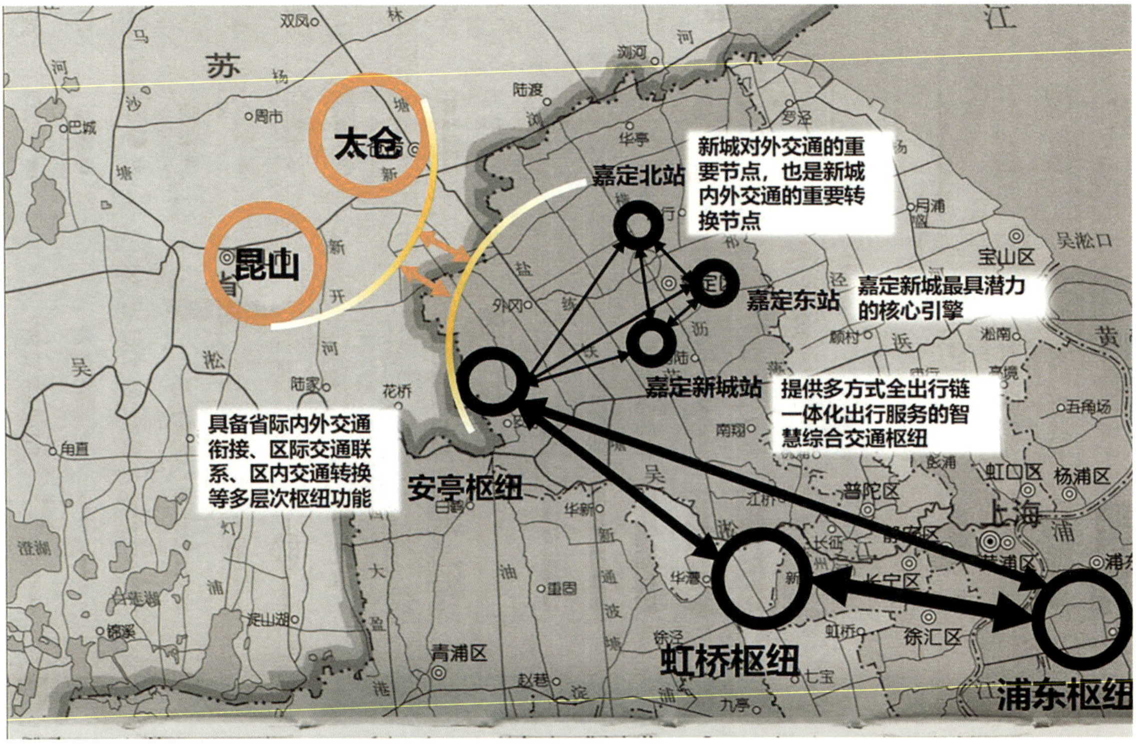

图 5–5 嘉定新城枢纽定位图

来源：作者自绘

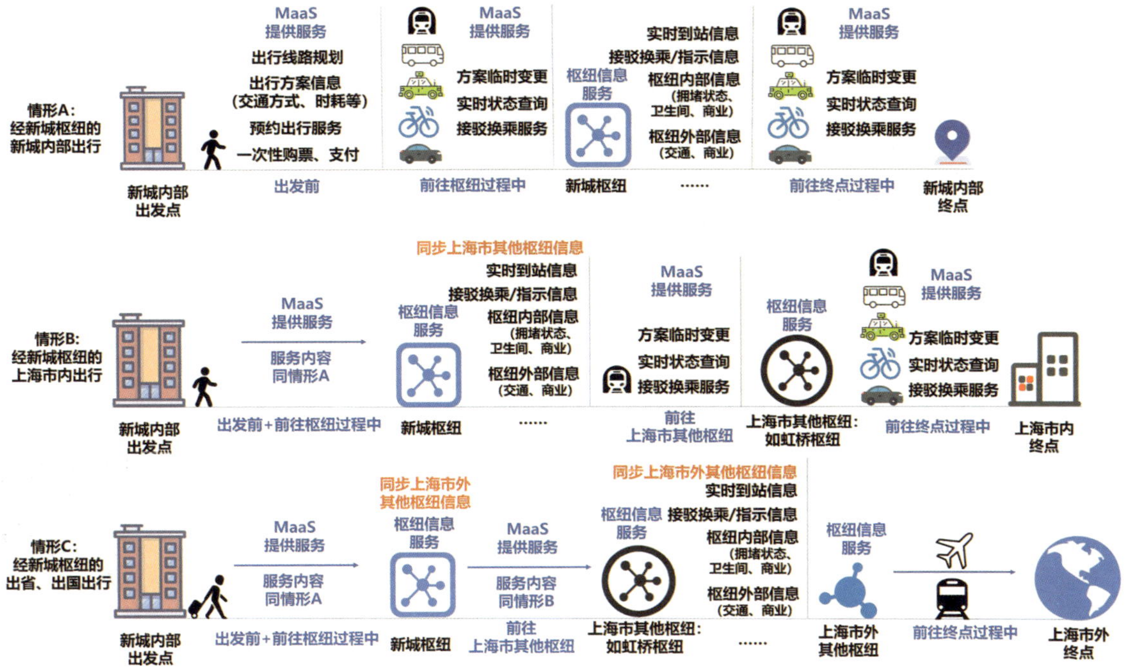

图 5–6　MaaS 中的枢纽信息服务示意

来源：作者自绘

进一站式出行信息服务。面向不同级别枢纽，打造相应的枢纽信息服务、业务办理，提供快捷方便的枢纽换乘体验。加强各枢纽间联系，实现信息互联互通，保证枢纽内部高铁、普铁、地铁、智慧车列、中运量、普通公交等交通方式换乘便捷。基于已有的“嘉定行”App 打通运输方信息壁垒，提供全市出行信息服务，进一步整合综合交通运输模式：地铁、公交车、共享汽车、共享单车、长途客运、网约车、中运量、出租车、智慧车列、普通铁路、高速铁路、航空（图 5–6）。

5.5　全龄友好低碳慢行区

要实现“人享其行”的目标，应为全龄人群提供均等的出行服务。为此，新城智慧交通考虑低幼龄、老龄以及特殊人群的出行需求，建设“全龄友好”的低碳慢行示范区。规划重点有以下三方面：

（1）行人流量监测警示系统

可以实时监控人流信息，准确监测重点区域人流密度，结合时间与地理位置，直观反映人群拥挤程度与流向，并且在人群拥堵时，及时发布拥挤甚至预警信息，尤其能在节假日期间为行人的安全、舒适保驾护航（图 5–7）。

（2）通学路段动态限速管控

在幼儿园、中小学出入口所在路段实施相应的限速管理，示范区域内共涉及 2 所幼儿园、2 所中小学、3 条路段。通过车路协同与信息交互，规范车辆按照限速通过（图 5–8）。

图 5-7　人流量监测示意图

来源：http：//jqivs.com/info.asp?second_id=3008

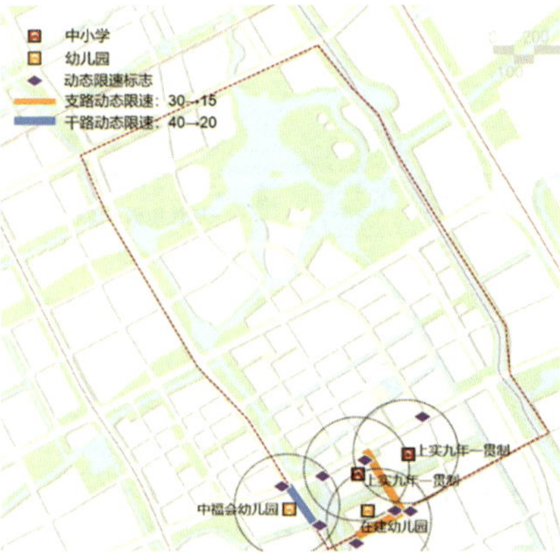

（a）远香湖通学路动态限速管控布局

（b）通学路段动态限速管控示意图

图 5-8　通学路动态限速管控

来源：作者自绘

（3）安全的智慧过街系统

增加智慧过街设施，包括智慧斑马线、智慧人行灯、人行过街按钮、主路交通预警和转弯安全设施等，设置过街盲道钟，通过声音提醒盲人；利用智慧灯杆安装视频检测，使用人工智能技术精准识别弱势群体步态（老人、儿童和残疾人），同步优化慢行交通信号。

智慧斑马线由路口智能红外语音警示柱和信号灯同步匀光道钉或方砖组成，通过对人体视觉、听觉适当增强刺激，提升慢行交通参与者在信号灯控路口的守法率，对改善“中国式过马路”和低头族效果明显，可有效预防和减少路口慢行交通事故，推动文明城市创建（图 5-9）。

主路交通预警和转弯安全设施，在大型车辆右转区域，设置红外探测器、语音报警器以及转弯防护设施，显著减少大车右转盲区的安全隐患（图 5-10）。

6　总结

本文初步探讨了新城智慧交通的思路、方法与实践，分析了新城智慧交通规划的定位，论述了智慧交通规划面临的机遇和挑战，并以上海嘉定新城为例，阐述了新城的发展愿景和智慧交通的规划目标，在此基础上提出了智慧交通体系框架，详细阐述了智慧交通系统的建设重点，包含智慧道路、智慧交通信号控制系统、智慧公交系统、智慧枢纽、全龄化低碳慢行区等。期望本文的探讨和实践能为新城智慧交通系统规划相关的工作提供思路和参考。

(a) 智慧斑马线

(b) 街道盲钟

图 5-9　行人过街智慧设施

来源：（a）http：//www.n127.com/dawuliu/jbeidg-news-13405843.html（b）作者自绘

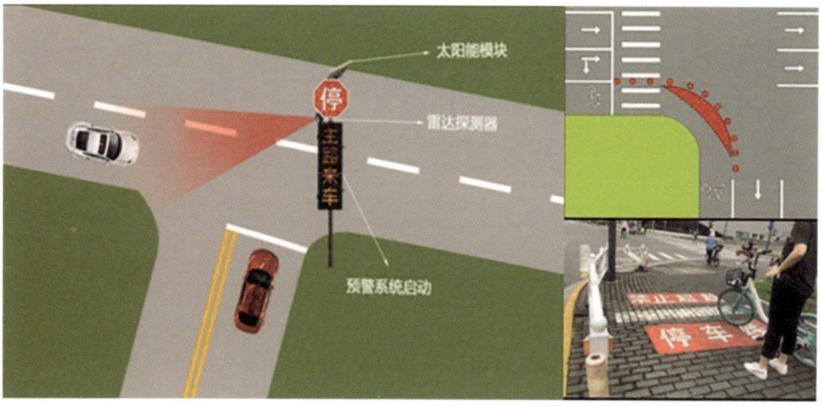

图 5-10　主路交通预警和转弯安全设施示意图

来源：作者自绘

作者信息

云美萍，同济大学交通运输工程学院研究员，yunmp@tongji.edu.cn。

董怡佳，同济大学交通运输工程学院博士研究生，dongyijia@tongji.edu.cn。

李林波，同济大学交通运输工程学院副教授，llinbo@tongji.edu.cn。

王方凯，同济大学交通运输工程学院博士研究生，wangfangkai@163.com。

谢之权，同济大学交通运输工程学院博士研究生。

周子昊，同济大学交通运输工程学院硕士研究生，2131384@tongji.edu.cn。

吴兵，同济大学交通运输工程学院教授，wubing@tongji.edu.cn。

参考文献

[1] 上海市人民政府．上海市国民经济和社会发展第十四个五年规划和二〇三五年远景目标纲要[EB/OL].(2021-01-30)[2021-12-21]. https://www.shanghai.gov.cn/nw12344/20210129/ced9958c16294feab926754394d9db91.html.

[2] 赵菊玲．权威解读：上海“五大新城”“新”在哪里？未来如何规划建设？[EB/OL].(2021-01-30)[2021-12-23]. https://baijiahao.baidu.com/s?id=1692106655216936666&wfr=spider&for=pc.

[3] 上海市规划和自然资源局．全力推进“五个新城”建设！这个会议为上海“十四五”新城规划建设划重点[EB/OL].(2021-03-02)[2021-12-21]. https://ghzyj.sh.gov.cn/gzdt/20210302/4ab65087466e4ccb831bf31bfc525177.html.

[4] 徐建闵．智能交通系统[M].北京：人民交通出版社，2014：2.

[5] 上海市人民政府．关于本市“十四五”加快推进新城规划建设工作的实施意见的相关情况[EB/OL].(2021-03-19)[2021-12-26]. http://www.shio.gov.cn/sh/xwb/n790/n792/n1143/n1148/u1ai27325.html.

[6] 上海市嘉定区人民政府，上海市规划和自然资源局．上海市嘉定区总体规划暨土地利用总体规划（2017-2035年）[R].上海：上海市嘉定区人民政府，上海市规划和自然资源局，2017.

[7] 上海市人民政府．上海市国民经济和社会发展第十四个五年规划和二〇三五年远景目标纲要[EB/OL].(2021-01-30)[2021-12-21]. https://www.shanghai.gov.cn/nw12344/20210129/ced9958c16294feab926754394d9db91.html.

图书在版编目（CIP）数据

新城济语：同济新城建设研究集 / 彭震伟主编 . --
上海：同济大学出版社，2022.8
ISBN 978-7-5765-0349-4

Ⅰ . ①新… Ⅱ . ①彭… Ⅲ . ①城市建设—研究—上海
Ⅳ . ① F299.275.1

中国版本图书馆 CIP 数据核字（2022）第 154149 号

新城济语——同济新城建设研究集
彭震伟　主编

责任编辑：周原田
责任校对：徐春莲
封面设计：张　微
版式设计：朱丹天

出版发行：同济大学出版社
地　　址：上海市杨浦区四平路 1239 号
电　　话：021-65985622
邮政编码：200092
网　　址：www.tongjipress.com.cn
经　　销：全国各地新华书店
印　　刷：上海安枫印务有限公司
开　　本：787mm × 1092mm　1/16
字　　数：612 000
印　　张：24.5
版　　次：2022 年 8 月第 1 版
印　　次：2022 年 8 月第 1 次印刷
书　　号：ISBN 978-7-5765-0349-4
定　　价：228.00 元